我国粮食主产区粮食和生态 "双安全" 的脆弱性研究

罗海平 等著

中国财经出版传媒集团

经济科学出版社
Economic Science Press

·北京·

图书在版编目（CIP）数据

我国粮食主产区粮食和生态"双安全"的脆弱性研究 /
罗海平等著 . -- 北京：经济科学出版社，2025.4.
ISBN 978 - 7 - 5218 - 6938 - 5

Ⅰ. F326.11

中国国家版本馆 CIP 数据核字第 2025MZ7069 号

责任编辑：宋　涛
责任校对：郑淑艳
责任印制：范　艳

我国粮食主产区粮食和生态"双安全"的脆弱性研究
WOGUO LIANGSHI ZHUCHANQU LIANGSHI HE SHENGTAI
"SHUANGANQUAN" DE CUIRUOXING YANJIU

罗海平　等著

经济科学出版社出版、发行　新华书店经销
社址：北京市海淀区阜成路甲 28 号　邮编：100142
总编部电话：010 - 88191217　发行部电话：010 - 88191522
网址：www. esp. com. cn
电子邮箱：esp@ esp. com. cn
天猫网店：经济科学出版社旗舰店
网址：http：//jjkxcbs. tmall. com
北京季蜂印刷有限公司印装
710×1000　16 开　20.25 印张　300000 字
2025 年 4 月第 1 版　2025 年 4 月第 1 次印刷
ISBN 978 - 7 - 5218 - 6938 - 5　定价：118.00 元
(图书出现印装问题，本社负责调换。电话：010 - 88191545)
(版权所有　侵权必究　打击盗版　举报热线：010 - 88191661
QQ：2242791300　营销中心电话：010 - 88191537
电子邮箱：dbts@ esp. com. cn)

序

　　罗海平同志是我在广东财经大学带的第一位研究生，2007年7月进入深圳大学中国经济特区研究中心攻读博士学位，2010年入职南昌大学，现已成长为南昌大学中国中部经济社会发展研究中心的研究员、教授、博士生导师。粮食安全的生态问题是罗海平教授十余年来主要的研究领域，目前围绕这个主题已主持完成了3项国家社会科学项目、发表了近60篇学术论文和研究报告，本书是他第二个国家社会科学项目的最终成果。翻看了厚厚的书稿，查看了大量相关材料，我同意为本书作序。

　　首先是祝贺，祝贺罗海平教授的团队又出新作！

　　粮食安全是国家安全、经济安全的重要保障和支撑，是社会稳定的基石，是总体国家安全观的重要组成。生态安全是国家安全的重要方面，是粮食安全的重要保障，还是可持续化粮食安全的重要前提。粮食安全和生态安全均属于国家重大安全战略。国家"十四五"规划提出"以国家粮食安全为底线，健全农业支持保护制度"，以望实现"生态环境持续改善，生态安全屏障更加牢固"。粮食主产区是国家粮食安全的主体功能区，又是我国重要的生态屏障或生态涵养区。生态脆弱性是制约粮食安全和生态安全的"关键问题"。本书从生态安全的角度考察粮食安全，基于粮食和生态"双安全"目标来评估粮食主产区的生态脆弱性，多维度考察"双安全"的脆弱性并进行时空动态演化的预警，在此基础上构建了防控"双安全"脆弱性的政策和措施。该研究从

"双安全"的视角出发具有前瞻性，选择粮食主产区作为研究对象具有很强的代表性，同时考察生态脆弱性这个关键问题，切中了要害。因此，本书的研究非常重要，且具有重要意义。

本书聚焦于实现粮食主产区粮食和生态"双安全"目标，从粮食安全和生态安全相互促进（正向影响）和相互"掣肘"（负向影响）的理论机理出发，运用VSD模型分别对单一目标下的粮食安全和农业生态安全脆弱性、"双安全"目标下的粮食安全生态代价及脆弱性协同进行了多个维度的研究，最后在进行粮食主产区粮食安全政策演变路径分析的基础上提出并设计了防控脆弱性的策略，以实现"双安全"的政策路径和对策建议。总体来看，本书具有如下几个特点和特色。

一是本书内容体系设计完整、线索清晰、逻辑性强、论证科学。本书围绕粮食和生态"双安全"目标，从粮食主产区粮食和生态安全现状分析，到粮食安全与生态安全相互作用的内在理论机制构建，再到脆弱性实证检验，最后落脚于脆弱性防控和"双安全"目标对策建议，整个研究环环相扣，层层深入，将时间维度和空间维度的演化分析融于整个研究中。基于全国、粮食主产区、三大主体功能区、省域等不同尺度进行比较及动态演变趋势分析，实现了"双安全"目标下粮食主产区生态脆弱性预警时间和空间维度上的结合。按照"理论与机理→形势与问题→粮食安全和生态安全单一目标的脆弱性→'双安全'目标下生态代价和脆弱性耦合协同→脆弱性防控和'双安全'实现政策设计"的研究路线一步步递进式实证剖析粮食主产区粮食和生态"双安全"实现的脆弱性约束及演化规律，所有实证都进行了时间动态、空间演化及未来预期三个层次的剖析。纵观最终成果，整个研究环环相扣、层层推进，系统性和逻辑性较强。

二是本书方法灵活多样、模型运用科学和数理实证研究运用恰当。从粮食和生态"单一安全""双安全"维度出发，利用VSD模型进行脆弱性暴露度、敏感性和适应能力的实证测算，并应用因子分析法进行影响因素的诊断；在脆弱性空间演化和变迁分析中运用了Moran指数、Kernel密度估计、Markov链模型及重心迁移模型；基于土地利用变化矩阵和土地利用变化图谱研究粮食主产区耕地利用的变化，运用生态系统服务价值（Ecosystem Services Value，ESV）及其损失测算模型、最小耕地需求测算模型、当量因子评估法和功能价值评估法研究耕地利用与粮食生产下的生态价值损失；从"双安全"协同角度出发，基于系统的耦合协同模型，测算粮食安全和生态安全的耦合协同度，采用基于欧几里得函数的组合赋权法、修正的耦合协同度模型、重心—标准差椭圆模型、马尔科夫链模型和相对发展度模型对粮食主产区"双安全"脆弱性的协调发展特征进行分析。总体来看，所用方法和模型都紧紧围绕"双安全"主题，形成了多视角、多维度和多体系的分析研究。

三是本书作为国家社科项目最终成果，据了解已在科学研究和咨政服务等多个领域产生了系列重要影响，展示了其积极价值。在《当代经济研究》《统计信息与论坛》《新疆社会科学》等CSSCI源刊上共发表和录用10余篇论文，其中1篇被国务院发展研究中心《经济要参》采纳刊发，并被作为学习党的二十大精神的代表成果重点推荐，产生了重要的学术和咨政服务影响。研究成果质量高，另有2篇论文分别荣获中国知网学术精要PCSI论文、高被引论文及期刊年度优秀论文奖。这些成果的取得是非常不易的！

作者给了我本书国家社科基金项目鉴定专家的评审意见，总体来看，专家对成果肯定性较多，评价较好，现摘录一些如下：

"总体而言，报告研究思路较清晰，框架逻辑性较强，研究采用理论研究与实证分析相结合、定性与定量相结合的研究方法展开研究，研究报告进行大量数理分析，研究成果具有一定的应用价值。"

"选题具有重要现实意义，政治方向正确，资料翔实、论证充分，阶段性高端成果多，项目完成优秀，学术规范性强。从单一安全到双重安全的评价、协调分析具有一定的创新性；从'双安全'视角构建粮食与生态理论研究新范式具有一定的理论价值；对生态脆弱性进行'双安全'预警具有一定的方法创新价值。"

"成果的文献综述做得很好，收集参考了大量国内、国外文献，运用知识图谱直观地展示了该领域的作者、成果、机构、主题、关键词等研究现状。"

"综合评价看，该成果作者聚焦研究主题，运用多学科研究方法，收集大量数据信息，很好地按照研究计划完成课题研究，展示出作者熟练掌握研究方法工具的运用能力和理论联系实际分析解决问题的能力。"

"该成果将粮食主产区生态脆弱性置于'双安全'目标下进行实证预警研究，突破了单一的粮食安全或生态安全的目标设定，从而服务于生产区双重主体功能实现。研究丰富了粮食安全的生态内涵，拓展了粮食安全研究新视野，利于引导粮食安全的长期性和可持续性研究。"

"研究方法灵活多样、模型运用科学和数理实证研究运用恰当，形成了多视角、多维度和多体系的分析研究。"

关于"该成果哪些观点可能或已经引起争鸣"，专家肯定了本书中提出的"我国粮食主销区粮食生产效能减退、主产区粮食作物结构发生剧变，将成为威胁我国粮食增产的一大因素。"

"该成果工作量较大，整体研究思路较清晰，研究内容体系较完整，内容较丰富，结构较合理，论证较严密，形式较规范，较好地实现了课题的预期研究目的，整体质量较好。"

……

专家对于本成果的肯定褒扬之词还很多，就不再一一罗列了。总体上我是赞成以上专家对本书的肯定的。

我认为本书中所发现的规律和问题对确保粮食和生态"双安全"及生态脆弱性预警和防控具有较大的创新价值与警示意义。研究发现，我国粮食主销区面临着粮食生产效能减退、主产区粮食作物结构发生剧变的问题，这将成为威胁我国粮食增产的一大因素。粮食种植面临着成本持续上涨、水土资源约束趋紧、土壤质量退化、生物多样性降低等挑战。

我认为研究发现的粮食和生态"双安全"脆弱性特征具有重要的学术价值和应用价值。研究发现，粮食主产区省际层面的暴露性水平、敏感性水平、适应能力水平及脆弱性水平均呈现出地区差异性。粮食主产区粮食安全暴露性指数呈波动下降趋势，粮食安全系统所承受的综合压力有所减小；敏感性指数呈小幅波动上升趋势，粮食主产区粮食安全系统对外界压力的反应力增强。粮食主产区粮食与生态安全脆弱性耦合协同的重心总体向南迁移，未来十年耦合协同水平将向磨合阶段和高水平耦合进阶，并形成稳态。

同时，本书提出的"双安全"下粮食主产区生态脆弱性防控及"双安全"实现路径的对策建议也具有重要参考价值。本书提出，强化脆弱性预警管控、农业生态环境脆弱性监管，健全"双安全"风险防范体系，强化内外协同的粮食风险管控；强化"双安全"协同治理，推进粮食主产区农业生态补偿，加强"双安全"区域治理协同，强化功能区的粮食供应链治理，增强国际粮食安全治理能力；强化农业生态保护，提升农业用水效率，提升复合种植能力，减少农业面源污染，优化粮食和生态结构；强化新型农民培育，建立生态文明的大农业和大食物观等政策建议。这些对策建议具有重要现实意义。

作者团队立足粮食主产区，研究粮食主产区的粮食安全和生态安全问题已经十余年，产生了大量优秀的高质量成果，形成了较大的咨政影响和学术贡献。希望团队能继续聚焦粮食安全问题展开深入研究，为我国粮食安全研究作出更大贡献！

是为序。

叶祥松
2025 年 4 月 10 日
（广州大学经济与统计学院教授、博士生导师）

目　　录

绪论 ·· 1

第 1 章　粮食和生态"双安全"的理论与机理构建 ················ 9

1.1　理论研究进展 ·· 9
1.2　理论概念与方法 ··· 51
1.3　粮食和生态"双安全"理论机理 ································· 62

第 2 章　粮食和生态"双安全"的形势与问题 ······················· 67

2.1　粮食功能区与粮食主产区 ·· 67
2.2　粮食主产区粮食安全保障效能 ·································· 71
2.3　粮食主产区农业生态支撑 ·· 96
2.4　本章小结 ·· 106

第 3 章　粮食安全脆弱性的评估 ·· 110

3.1　粮食安全脆弱性水平 ·· 111
3.2　粮食安全系统脆弱性水平的动态性 ··························· 122
3.3　粮食安全系统脆弱性的空间属性 ······························ 129
3.4　粮食安全系统脆弱性因子识别 ·································· 138
3.5　本章小结 ·· 148

第 4 章　农业生态安全脆弱性评估 ···································· 153

4.1　农业生态脆弱性评价指标模型 ·································· 154
4.2　农业生态脆弱性水平测度 ·· 161

4.3　农业生态脆弱性时空属性⋯⋯⋯⋯⋯⋯⋯⋯⋯⋯⋯⋯⋯⋯ 172
　　4.4　农业生态脆弱性水平的重心迁移⋯⋯⋯⋯⋯⋯⋯⋯⋯⋯⋯ 178
　　4.5　本章小结⋯⋯⋯⋯⋯⋯⋯⋯⋯⋯⋯⋯⋯⋯⋯⋯⋯⋯⋯⋯ 180

第 5 章　粮食安全保障的生态代价测度与预警⋯⋯⋯⋯⋯⋯⋯⋯⋯ 183
　　5.1　粮食安全的生态系统服务价值测算⋯⋯⋯⋯⋯⋯⋯⋯⋯⋯ 184
　　5.2　粮食安全保障耕地转换的生态代价测算⋯⋯⋯⋯⋯⋯⋯⋯ 198
　　5.3　粮食生产过程中的生态系统服务价值损失⋯⋯⋯⋯⋯⋯⋯ 211
　　5.4　粮食安全保障的生态系统服务价值综合损失⋯⋯⋯⋯⋯⋯ 216
　　5.5　本章小结⋯⋯⋯⋯⋯⋯⋯⋯⋯⋯⋯⋯⋯⋯⋯⋯⋯⋯⋯⋯ 218

第 6 章　粮食和生态"双安全"脆弱性的预警⋯⋯⋯⋯⋯⋯⋯⋯⋯ 222
　　6.1　粮食与生态安全脆弱性测算⋯⋯⋯⋯⋯⋯⋯⋯⋯⋯⋯⋯⋯ 223
　　6.2　基于脆弱性的粮食安全与生态安全耦合协同⋯⋯⋯⋯⋯⋯ 239
　　6.3　耦合协同水平的动态演化趋势预测⋯⋯⋯⋯⋯⋯⋯⋯⋯⋯ 245
　　6.4　基于脆弱性协同的"双安全"路径⋯⋯⋯⋯⋯⋯⋯⋯⋯⋯ 248
　　6.5　本章小结⋯⋯⋯⋯⋯⋯⋯⋯⋯⋯⋯⋯⋯⋯⋯⋯⋯⋯⋯⋯ 254

第 7 章　粮食和生态"双安全"脆弱性防控政策⋯⋯⋯⋯⋯⋯⋯⋯ 256
　　7.1　粮食安全政策的演进路径⋯⋯⋯⋯⋯⋯⋯⋯⋯⋯⋯⋯⋯⋯ 258
　　7.2　粮食安全政策的演进逻辑⋯⋯⋯⋯⋯⋯⋯⋯⋯⋯⋯⋯⋯⋯ 271
　　7.3　"双安全"目标下脆弱性防控对策⋯⋯⋯⋯⋯⋯⋯⋯⋯⋯⋯ 273

第 8 章　研究结论与启示⋯⋯⋯⋯⋯⋯⋯⋯⋯⋯⋯⋯⋯⋯⋯⋯⋯ 281
　　8.1　研究结论⋯⋯⋯⋯⋯⋯⋯⋯⋯⋯⋯⋯⋯⋯⋯⋯⋯⋯⋯⋯ 281
　　8.2　政策启示⋯⋯⋯⋯⋯⋯⋯⋯⋯⋯⋯⋯⋯⋯⋯⋯⋯⋯⋯⋯ 283
　　8.3　进一步研究的方向⋯⋯⋯⋯⋯⋯⋯⋯⋯⋯⋯⋯⋯⋯⋯⋯⋯ 285

参考文献⋯⋯⋯⋯⋯⋯⋯⋯⋯⋯⋯⋯⋯⋯⋯⋯⋯⋯⋯⋯⋯⋯⋯⋯ 286
后记⋯⋯⋯⋯⋯⋯⋯⋯⋯⋯⋯⋯⋯⋯⋯⋯⋯⋯⋯⋯⋯⋯⋯⋯⋯⋯ 312

绪　　论

粮食安全和生态安全均属于国家重大安全战略。国家"十四五"规划提出"以国家粮食安全为底线，健全农业支持保护制度"，以实现"生态环境持续改善，生态安全屏障更加牢固"。粮食主产区是国家粮食安全主体功能区，贡献了我国历年约75%的粮食产量和95%的粮食增产，又是我国较为重要的生态屏障或涵养区。生态脆弱性是制约粮食安全和生态安全的"关键问题"。为此，基于粮食主产区粮食和生态"双安全"目标，考察"双安全"保障和支撑的生态脆弱性并进行时空动态预警非常必要。

粮食和生态的"双安全"研究，源于粮食和生态安全特定内涵和特殊内在关系，以及粮食生态安全研究中理论方法的融通运用。国外学者重点从粮食安全的生态内核出发，构建粮食生态安全研究的理论范式。根据粮食安全和生态安全的内在关系，研究主要分两类：一类是把生态安全作为实现可持续粮食安全的前提，使农田生态安全从属于粮食安全研究。它是最早由1974年联合国粮农组织（FAO）"让所有人在任何时候都能获得充足的粮食"的"粮食安全"定义决定的。"粮食安全"不仅仅要有"充足粮食"的目标状态，更要有以生态安全为支撑的可持续性。同时，生态与粮食安全存在矛盾的转换，普遍认为石油农业是导致农业土地贫瘠的根本原因。为此，农业未来必然转向生态农业（Common and Perrings，1992）。传统农业的出路在于改进农田生态系统（Lester Bronw，1996）。因此，联合国粮农组织和经济合作与发展组织（OECD）联合发布的《农业展望：2013—2022》（*Agricultural Outlook* 2013—2022）指出在资源环境约束下生态安全和粮食安全的矛盾将不断加深。另一类是将粮食安全研究置于统一的生态安全研究范式下，使粮食安全从属于生态安全研究。生态系统服务价值理论将提供粮食和原材料食物作为生态系统产品的直接价值，实现了粮食安全和生态安全研究的范式统一（Doughty R et al.，2018）。除此之外，从生态系统脆弱性的角度研究生态对粮食产量的影响及响应，同样实现了粮食与生态安全的"统一"（Hagenlocher M et al.，2018；Martin S，2019）。

国内学者更侧重在粮食安全研究上引入生态理论模型并进行实证运用。主要的粮食和生态"双安全"预警测度理论模型有生态足迹法、生态系统服务价值法及耦合指标评价法等，其中生态系统服务价值法最具解释力也应用最广（罗海平等，2019，2020）。国内外学者对区域粮食安全和生态系统服务价值的测算（周晨等，2018）、影响因素（祝宏辉等，2020；黄敏等，2019）及动态演化（李秀霞等，2018；邓伟等，2020）等问题做了大量探索性研究。一是重点探讨了土地利用变化对生态系统服务价值的影响，认为初始土地利用类型面积差异是生态系统服务价值存在时空差异性的主要驱动因素（雷金睿等，2020）；二是基于遥感技术（GEE）、当量因子法或直接市场法等研究土地利用类型演变尤其是农地非农化下的生态系统服务价值及损失（杨文杰等，2019；娄佩卿等，2019）；三是实证剖析粮食安全（粮食供求）与生态安全（生态系统服务价值）的关系，实证测算人类粮食生产活动对自然生态系统的影响（娄佩卿等，2019）；四是实证测算生态的粮食生产潜力，如龙斯玉（1985）测度了江苏省农业生产力，赵艳霞等（2003）测度了黄土高原光温及农业气候生产潜力，刘琰琰等（2016）测度了四川盆地玉米作物的气候生产潜力，杜国明等（2018）测度了三江平原粮食生产潜力。

生态脆弱性是评估和考察生态系统安全较为重要的指标。生态脆弱性是生态系统在特定时空尺度相对于外界干扰所具有的敏感反应和自我恢复能力。国内生态脆弱性研究最早是从20世纪80年代识别生态脆弱区域开始的。朱震达（1991）最早正式提出生态脆弱带这一概念。2000年之后，生态脆弱性研究越来越受到重视。张殿发等（2000）分析了北方农牧交错区土地荒漠化的环境脆弱性机制，王让会等（2001）以新疆维吾尔自治区塔里木河流域为例对干旱区内陆河流域生态脆弱性进行了评价研究，邱彭华等（2007）对海南西部地区生态脆弱性进行了分析，马骏等（2015）对三峡库区生态脆弱性进行了评价分析，申婧等（2018）对生态脆弱性研究进行了系统的文献梳理。刘慧（2020）、徐超璇（2020）、鲁春霞（2021）等对研究区生态脆弱性进行了时空演化和影响因素的分析。不难看出，生态脆弱性分析法较少运用于粮食安全研究中，且鲜见粮食主产区生态脆弱性研究文献。

综上，尽管生态安全视角的粮食安全研究越来越深入，但仍存在以下不足：一是生态视角的粮食安全研究理论范式还不稳定，在理论解释上，此研究未能实现粮食安全和生态安全的自洽和融通；二是生态理论在粮食安全研究的创新运用不够，经典的生态经济理论如生态足迹、生态系统服务价值、生态脆弱性等运用于粮食安全研究的较少；三是对粮食主产区的生态脆弱性预警与监测的关注度不够，这与粮食主产区的粮食和生态"双安全"地位和影响严重不符。因此，对同时身为我国重要的粮食安全主体功能区和生态安全功能保护区的粮食主产区进行生态脆弱性风险评估和预警极其重要！

本书围绕粮食主产区粮食和生态"双安全"展开研究，全书共分为8个章节，分别是"双安全"的理论研究与理论机制、粮食主产区"双安全"的保障形势与问题、粮食主产区粮食安全的脆弱性测度与预警、粮食主产区农业生态安全的脆弱性测度与预警、粮食主产区粮食安全保障的生态代价的预警分析、粮食主产区"双安全"脆弱性协同性的预警分析、"双安全"目标下脆弱性防控政策分析、研究结论与启示。本书立足脆弱性预警，从水平变化、动态趋势、空间迁移的角度来研究粮食与生态"双安全"的基本现状、特征及演化规律，通过双目标的协同分析为"双安全"目标下脆弱性防控提供理论参考。

第1章 粮食和生态"双安全"的理论与机理构建。首先对粮食安全和生态安全领域的研究成果、研究趋势，以及对"双安全"相关研究主题的文献进行梳理，之后再介绍粮食安全、农业生态安全、脆弱性与生态脆弱性等理论概念，介绍生态系统服务价值与功能价值评估、系统论与耦合协同、空间统计分析等研究方法，构建粮食安全和生态安全的理论机理，从而理清粮食主产区的粮食和生态"双安全"目标下脆弱性防控的研究逻辑。

第 2 章 粮食和生态"双安全"的形势与问题。首先介绍了我国粮食功能区的概况、粮食安全保障情况及存在的问题。然后通过粮食主产区的资源概况和粮食生产的形势分析了我国粮食主产区粮食生产的现状，通过介绍粮食主产区农业生态形势来分析我国粮食安全保障的生态资源现状及存在的问题。

第 3 章 粮食安全脆弱性的评估。基于脆弱性分析架构，利用 VSD 模型从暴露性、敏感性和适应能力三个维度构建粮食主产区粮食安全脆弱性评价指标体系，我国粮食主产区粮食安全脆弱性的时空演变特征，并结合 Moran 指数、Kernel 密度估计和 Markov 链模型对粮食主产区粮食安全脆弱性水平的空间分布特征、区域差异及动态演化趋势进行分析，最后借助因子贡献度模型对造成粮食安全脆弱性的主要贡献因子进行识别。

第 4 章 农业生态安全脆弱性评估。首先利用全局主成分分析法对粮食主产区 13 个省份进行农业生态脆弱性评估，然后利用单变量和双变量空间自相关理论来分析粮食主产区农业生态脆弱性及其与粮食单产之间的空间关系，最后结合重心迁移模型对粮食主产区农业生态脆弱性的重心迁移轨迹进行探究。

第 5 章 粮食安全保障的生态代价测度与预警。基于土地利用转移矩阵和土地利用变化图谱模型，对粮食主产区的耕地利用变化进行分析，利用生态系统服务价值（ESV）分析耕地粮食生产的生态系统服务价值，之后再利用最小耕地需求测算模型、当量因子评估法及功能价值评估法实证测算粮食主产区粮食安全保障下的 ESV 损失。

第 6 章 粮食和生态"双安全"脆弱性的预警。基于 VSD 模型从暴露性、敏感性和适应能力三个维度来构建粮食安全与生态安全脆弱性评价指标体系，基于组合赋权法、修正的耦合协同模型，利用重心—标准差椭圆模型和马尔科夫链模型对二者耦合协同水平的时空变化规律和演进趋势进行分析，最后结合相对发展度模型判定发展类型。

第 7 章 粮食和生态"双安全"脆弱性防控政策。通过总结梳理各个时期我国的粮食安全政策，来厘清我国粮食安全政策的演进路径，分析我国粮食安全政策的演进逻辑。同时，基于前6章的实证和理论研究，提出"双安全"目标下的脆弱性防控对策。

第8章 研究结论与启示。系统总结实证研究结论和问题，并提出实现粮食主产区粮食和生态"双安全"的对策启示。

本书的研究具有如下几个方面的特色和创新：

研究对象具有代表性，研究内容具有较强的问题针对性，研究体系科学清晰。以往大部分的研究或专注于单一省（区）或县域的研究，或以全国为研究对象，但中国粮食安全较为重要、较为关键的保障力量来源于13个粮食主产区。为此，本书以粮食主产区为研究对象，使得研究对象具有代表性。通过研究粮食主产区的粮食安全脆弱性和生态安全的脆弱性，来进一步分析粮食主产区粮食安全与生态安全的协同性，将粮食安全与生态安全放在同等地位进行研究，构建了二者的耦合协同模型，形成了符合粮食主产区"双重主体功能"粮食—生态"双安全"的研究目标，为我国粮食安全与生态安全之间的协调发展拓展了研究思路。本书的研究围绕"双安全"主题展开，从理论分析和理论机制构建，到现状分析，再到各个研究内容的实证分析，最后依据研究提出防控对策，整个研究环环相扣、层层深入。本书将时空变化分析融入整体研究中，先研究粮食主产区粮食安全和农业生态安全单一目标下的脆弱性，再研究粮食安全保障下的生态代价，最后分析"双安全"的耦合协同，整个研究体系层层递进、脉络清晰。

研究方法灵活多样，不论是理论分析还是实证模型都运用较为恰当。首先，运用文献研究法、归纳研究法及比较研究法，通过梳理相关文献，对本书研究的理论概念、理论方法、理论机制和相关研究文献进行系统梳理，同时分析粮食主产区"双安全"的现状；其次，从单一粮食安全目标出发，利用 VSD 模型构建粮食安全脆弱性评价指标体系，运用 Moran 指数、Kernel 密度估计、Markov 链模型研究粮食安全脆弱性的空间演变，利用因子贡献度模型明晰脆弱性的原因；再次，从单一生态安全目标出发，基于全局主成分分析法构建粮食主产区农业生态脆弱性评价模型，利用 Z – Score 标准化方法和莫兰指数（Moran's I）研究其时空演变，并运用重心迁移模型分析粮食主产区农业生态脆弱性的演变轨迹；再次，从单一代价出发，基于土地利用变化矩阵和土地利用变化图谱研究粮食主产区耕地利用的变化，运用生态系统服务价值（ESV）及其损失测算模型、最小耕地需求测算模型、当量因子评估法和功能价值评估法研究耕地利用与粮食生产下的生态价值损失；最后，从"双安全"协同角度出发，基于系统的耦合协同模型，测度粮食安全和生态安全的耦合协同度，采用基于欧几里得函数的组合赋权法、修正的耦合协同度模型、重心—标准差椭圆模型、马尔科夫链模型和相对发展度模型对粮食主产区"双安全"脆弱性的协调发展特征进行分析。总体来看，从单一目标，到单一代价，最后到双目标协同，研究的方法和模型都紧紧围绕"双安全"主题，从多视角、多维度和多体系分析了粮食安全与生态安全之间的协同发展。

同时，本书还存在如下几个方面的学术价值和社会影响：

本书研究中发现的问题和结论对我国粮食安全与生态安全之间的协同发展具有重要的理论和现实意义。研究发现，从单一目标来看，粮食主产区粮食产量贡献大，但粮食生产仍面临较多风险与挑战。粮食安全脆弱性和农业生态脆弱性总体呈现波动式下降态势，暴露性水平、敏感性水平、适应能力水平及脆弱性水平均呈现出地区差异性。粮食安全脆弱性水平在空间格局上主要呈现出由"南低北高"向"南北齐低"的演变趋势，并存在较强的空间自相关性。农业生态脆弱性水平重心坐标的迁移路径则相对较为复杂，经历了"西南→东北→西北→东北"的往复演化过程，并且重心整体上是自西南向东北方向迁移的，移动幅度较大。从单一代价来看，粮食主产区的投入—产出水平较高。在粮食生产中，耕地利用变化呈"北增南减"的空间分异特征，这种变化对生态系统服务价值和粮食产量的影响具有正负两个方向的作用。主产区省际层面的粮食产能和生态系统服务价值存在地区差异性，但在相邻区域之间又呈现趋同性，同时存在生态—农业产出错配的现象。从双目标协同来看，主产区粮食安全脆弱性和生态安全脆弱性逐年降低，且存在明显的区域分异现象。粮食安全与生态安全脆弱性的耦合协同发展态势良好，耦合协同的重心总体向南迁移。

绪 论

研究为推进粮食主产区实现粮食和生态"双安全"目标下脆弱性防控提供了理论支撑和研究范式。一是研究基于已有的理论成果，对相关研究进行了系统的梳理总结，为粮食与生态"双安全"的研究奠定理论基础；通过建立粮食与生态"双安全"脆弱性、空间相关性及耦合协同模型，为"双安全"的研究提供了系统的研究范式。二是突破了单一的粮食安全或生态安全的目标设定，以粮食主产区粮食安全和生态脆弱性的风险评估和预警为切入点，形成了着力实现粮食主产区国家粮食安全主体和国家生态安全"双重主体功能"为目标的粮食—生态"双安全"研究理论范式。三是将生态经济研究中的经典理论和模型引入粮食生产安全研究，突破了传统粮食安全研究中"生态"被视为"环境变量"的学术惯性，推动了"生态环境"从"生态承载"向"生态安全"概念与内涵的深化，为实现粮食与生态的"双安全"目标建立了新的范式路径。

研究提出的实现粮食与生态"双安全"目标的政策建议具有重要参考价值。研究提出，优化对粮食主产区利益的补偿机制，加大对主产区的利益补偿，以保障农户生产积极性。强化对主产区的政策扶持和财政拨款。建立和完善粮食主产区农业生态环境的补偿机制，有效控制林草湖"逆生态化"和耕地非农建设。从政府、农户和企业等多个角色来考虑，统筹规划、协调发展，进一步优化各粮食主产区农业生态安全系统。打通粮食生产全流程的"痛点"与"堵点"，改善粮食技术生产条件，加强粮食良种培育，推广高效化肥、低毒农药，并逐步应用生物防治技术，降低粮食生产过程中的生态压力。加强粮食仓储建设，扩建、增建运输道路，减少粮食在储备和运输过程中的损耗。生态安全脆弱性主导型省份应在稳定粮食生产的基础上重点建设生态环境，同步发展型省份则需进一步优化粮食安全保障并提升生态环境承载力。建立科学的"两安全"评价机制与监督机制，根据当地的实际情况，统筹兼顾、因地制宜地建立粮食生产与农业生态环境的双重考核机制，并利用互联网信息技术等手段，实现对粮食主产区农业生态安全的实时动态监管。

综上所述，本书以粮食与生态"双安全"为核心展开研究，从单一目标下的"粮食安全"到单一目标下的"生态安全"，再到"双安全"目标下粮食安全的"生态代价",最后延伸到"双安全"耦合协同发展的研究路线和体系,构建了具有独特性和创新性的"双安全"目标下生态脆弱性的预警与防控研究范式,为我国粮食和生态"双安全"的协同保障提供了重要的启示和参考价值。

第1章 粮食和生态"双安全"的理论与机理构建

1.1 理论研究进展

1.1.1 粮食安全理论研究进展

我国政府高度重视粮食安全问题。在党和政府的共同推动下，我国粮食安全领域早已成为社会各界关注的焦点，学术界也在这一领域积累了大量的研究成果。对我国粮食安全研究成果进行了阶段性归纳，整体把握研究态势，可以为后续学者的创新性研究奠定基础。目前，虽已有学者运用归纳总结法和文献分析法对我国粮食安全展开综述探讨，涉及农业政策、农业可持续发展、粮食储备、粮食补贴、粮食供求及耕地利用等多个方面，但这些研究基本上是对大量文献的定性分析，在文献选择、热点方向判断等方面表现得较为主观，并且探讨内容大多局限于我国粮食安全领域的单个方面，缺乏全面性和系统性。以中国知网（CNKI）作为数据库来源，为确保结果的精准度和权威性，将检索范围限定在北大核心期刊（2840篇），以及EI（49篇）、CSSCI（1649篇）、CSCD（664篇）来源期刊内。因为粮食安全研究具有其时效性，所以选取近二十年的文献为最佳，故时间跨度选定在2000~2021年；以"粮食安全"为主题词进行高级筛选，在筛选结果出来后剔除书评、资讯、论坛、调查报告、新闻报道、会议综述等非学术论文及重复和无作者文献条目，最终得到有效文献共2998条；最后利用筛选出的众多文献形成数据集进行知识图谱分析，全面透析当前粮食安全研究现状、热点领域及前沿趋势。

（1）粮食安全研究文献特征。

①我国粮食安全研究现状分析。

分析我国粮食安全领域相关文献发文量的时间分布（见图1.1），能有效反映出该领域特定时期的研究状况。总体来看，近二十年来该领域发文量呈上升趋势，研究历程可分为迅速增长（2000~2009）和稳定推进（2010~2021）两个阶段。

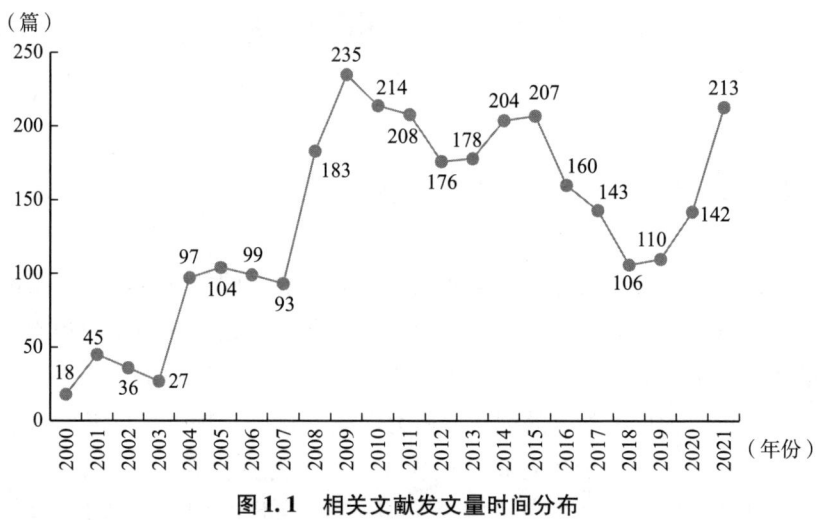

图1.1 相关文献发文量时间分布

在第一阶段中，该领域年发文量由2000年的18篇上升至2009年的235篇，研究文献数量呈现爆发式增长。2001年中国加入世界贸易组织（WTO），凭借国际市场来优化粮食结构和增加粮食产量。2002年第九届全国人民代表大会常务委员会修订通过的《中华人民共和国农业法》对"粮食安全"进行了立法保障。由此在2001~2004年，我国粮食安全领域内国际贸易等相关研究呈增长趋势。为应对"粮食减产"危机，在2004~2008年我国先后出台了对种粮农民的直接补贴、良种补贴、农机工具购置补贴等一系列扶持粮食生产的政策措施。与此同时，在2006~2009年，世界性粮食大危机（粮食海啸）的爆发冲击着国内粮食市场，我国粮食安全面临着较大的威胁。为此，该领域研究不断深入，在2007~2009年，农业补贴、粮食安全问题等相关研究文献数量大幅上涨，并于2009年该领域年发文量达到顶峰。

在第二阶段中，该领域年均发文量高达172篇，年发文量均高于100篇。研究文献数量整体波动较小，且呈现出较为稳定的研究态势。随着我国粮食产量连年增长，粮食安全形势呈现好转态势，在2010~2018年，该领域的研究热度相对下降，研究文献发文数量也随之减少。2019年，国务院新闻办公室发布《中国的粮食安全》白皮书，重点阐释当前我国粮食安全未来发展方向。2020年1月中共中央、国务院发布《关于抓好"三农"领域重点工作确保如期实现全面小康的意见》中强调确保粮食安全始终是治国理政的头等大事。加之新冠疫情暴发以来，包括中国在内的世界各地区粮食安全和农产品贸易受到一定的冲击，新时代下我国粮食安全研究受到了不同领域研究学者更为广泛的关注，使得2019~2021年发文量有较大幅度增长。

可以发现，自2000年至今，我国粮食安全领域研究热度仍然不断攀升。该领域学术研究受国家政策和国际环境影响，呈现出较为明显的与政策"同向而行"的特点。在早期，我国粮食安全研究成果与粮食安全政策的实施之间存在相对滞后性，但在中后期这种滞后性逐渐缩短。

②研究作者共现分析。

设置节点类型为"author"，得到我国粮食安全研究作者共现图谱（见图1.2）。图谱中节点大小反映作者出现频次，连线数量和粗细代表作者合作关系及强度情况。图1.2中共有809个节点，506条连线，网络密度仅为0.0015，说明该领域不同作者之间学术联系整体较弱。

发文量在10篇以上的作者共有11位，其中排名前三的作者依次是王雅鹏、何蒲明、公茂刚。发文量较多且联系相对紧密的有王雅鹏与何蒲明，张卫健与邓艾兴，成升魁与刘晓洁，王学真、公茂刚与高峰等四组合作关系。此外，该领域也存在较多发文量较高的个体性研究作者，如钟钰、罗海平、武拉平等。依据普赖斯定律可以确定我国粮食安全研究的核心作者，具体公式为：

$$M \approx 0.749 \sqrt{N_{\max}} \qquad (1.1)$$

其中，M 为论文的篇数，N 为所统计年限最高产作者的论文数。发文数量达到 M 值即可确定为该领域的核心作者。依据统计可知，N 取值为 32，得到 $M \approx 4.24$，取整数 5，表明发文量达到 5 篇及以上为核心作者。由 CiteSpace 统计可知该领域核心作者共有 43 位（见表 1.1），他们奠定了该领域的学术研究基础。普赖斯定律认为只有核心作者发文占总发文量 50%，学科高产作者群才形成。经计算，该领域核心作者总发文数量仅占论文发表总数的 12.88%，说明该领域高产作者群尚未形成，研究成果相对分散。

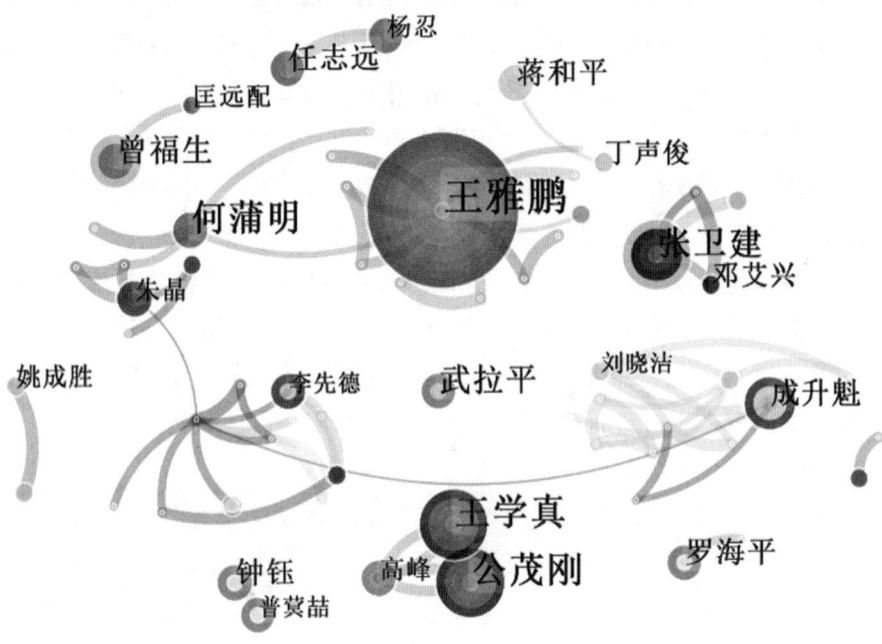

图 1.2　研究作者共现图谱

表 1.1　　　　　　　　我国粮食安全研究核心作者

发文量	作者（发文篇数）
20 篇及以上	王雅鹏（32）、何蒲明（22）、公茂刚（20）
10～20 篇	王学真（19）、张卫健（15）、钟钰（12）、曾福元（12）、任志远（12）、罗海平（11）、武拉平（11）、成升魁（11）

续表

发文量	作者（发文篇数）
6~9篇	蒋和平（9）、普蓂喆（9）、朱晶（8）、刘彦随（8）、高峰（8）、邓艾兴（7）、许经勇（6）、万宝瑞（6）、谢永生（6）、董运来（6）、赵黎明（6）、韩立名（6）、姚成胜（6）、陈秧分（6）、李先德（6）、武舜臣（6）、刘晓洁（6）
5篇	高帆（5）、邓群钊（5）、张吉祥（5）、蔡运龙（5）、杨忍（5）、唐华俊（5）、丁晓华（5）、顾国达（5）、尹清华（5）、向涛（5）、管大海（5）、王帅（5）、余兆鹏（5）、高鸣（5）、李天翔（5）

③研究机构共现分析。

设置节点类型为"institution"，得到我国粮食安全研究机构共现图谱（见图1.3）。图谱中机构节点大小反映研究机构出现频次，连线数量和粗细代表研究机构合作关系和强度情况。图谱中共有676个节点，224条连线，网络密度仅为0.008，说明整体来看该领域研究机构之间合作关系不紧密。

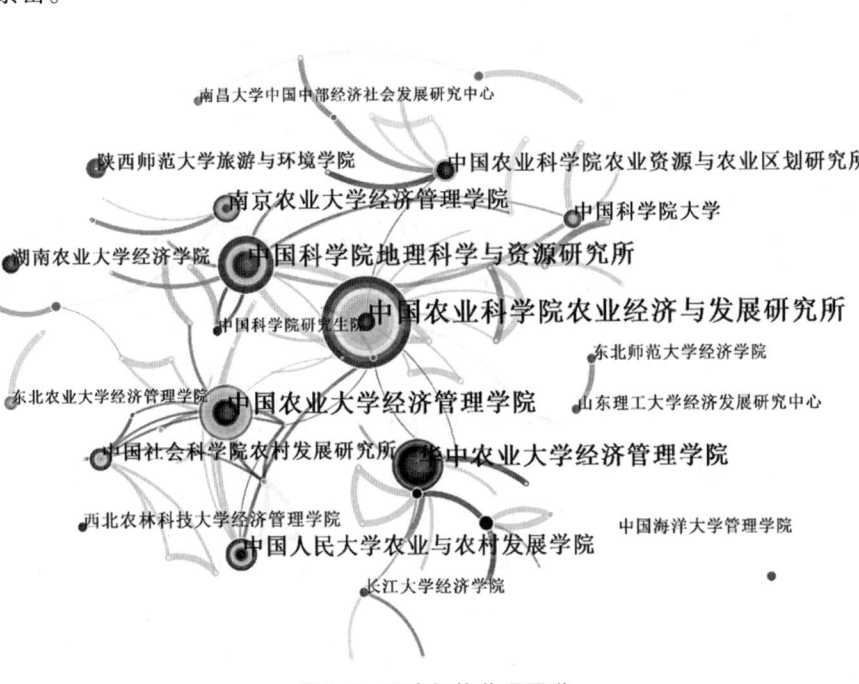

图1.3 研究机构共现图谱

从发文数量来看，我国粮食安全研究以农业类高校与研究所为主，按二级机构进行统计，中国农业科学院农业经济与发展研究所（81篇）发文数量最多，其次是中国农业大学经济管理学院（60篇）、中国科学院地理科学与资源研究所（53篇）、华中农业大学经济管理学院（52篇）等。从区域角度来看，我国粮食安全研究机构坐落在东部和中部地区居多，西部地区较少；高发文量的研究机构则主要集中于北京及其周边地区，这得益于北京拥有雄厚的教育资源，有着国内最早和较多的从事粮食安全研究的985、211高等院校，以及有强大的科研力量作支撑。尽管这形成了较大的研究集群，但局限于同一地区，缺乏跨区域合作，长远来看不利于该领域研究进一步发展。从合作关系来看，中国农业科学院农业经济与发展研究所与中国科学院地理科学与资源研究所，中国农业大学经济管理学院与中国人民大学农业与农村发展研究院、中国社会科学院农村发展研究所等构成了该领域内两个规模较大的合作集群，但并未形成紧密的合作网络。

（2）我国粮食安全研究热点分析。

关键词是对文献研究主题和实质内容的高度凝练，对关键词进行分析可以直观呈现该研究领域的知识结构、研究热点及研究趋势。其中，关键词共现、关键词聚类、关键词时间线及关键词突现是4个重要的考量指标。

①关键词共现分析。

设置节点类型为"keyword"，得到我国粮食安全研究关键词共现图谱（见图1.4）。图谱中关键词节点大小代表出现频次，连线的数量与粗细则表明关键词之间的共现关系与紧密程度。此外，为了更加明确关键词之间的关系和地位，将高频关键词与其所对应中心性以表格形式呈现（见表1.2），其中中心性反映关键词的重要程度。由表1.2可知，除检索主题词粮食安全以外，粮食生产（129次）出现频次最高，中心性为0.1，其次是中国（100次）、耕地保护（61次）、粮食产量（56次）等，对应的中心性分别为0.07、0.05、0.06。一般认为，若中心性高于0.1，则表明该关键词较为重要。在众多关键词中，仅有粮食生产的中心性达到0.1，表明在我国粮食安全领域内该关键词十分重要。综合表1.2与关键词共现图谱可知，我国粮食安全领域研究内容涉及范围广泛，粮食生产、中国、

第1章 粮食和生态"双安全"的理论与机理构建

耕地保护、粮食产量、粮食、气候变化、对策、农业、城镇化、耕地等是该领域研究的热点主题。

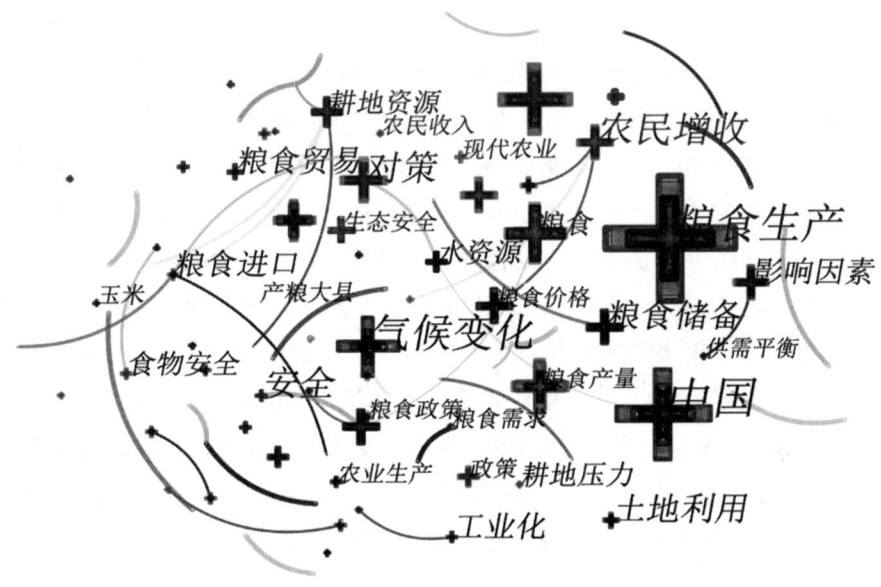

图1.4 关键词共现图谱

表1.2 高频关键词

关键词	频次	中心性	关键词	频次	中心性
粮食生产	129	0.10	粮食储备	40	0.04
中国	100	0.07	农民增收	36	0.03
耕地保护	61	0.05	粮食价格	36	0.04
粮食产量	56	0.06	影响因素	34	0.01
粮食	55	0.03	耕地资源	33	0.02
气候变化	52	0.03	水资源	29	0.02
对策	50	0.04	生态安全	28	0.04
农业	45	0.04	土地利用	22	0.01
城镇化	41	0.03	城市化	18	0.01
耕地	41	0.03	粮食供求	17	0.01

②关键词聚类分析。

关键词聚类分析是基于关键词的属性,通过数学方法并按照某种相似性来定量地确定关键词之间的关系,最后按照这种关系程度对关键词进行聚类分析,以此来了解目标主题的研究热点。

在关键词共现图谱的基础上应用 CiteSpace 的对数似然比算法(LLR)生成 25 个聚类,依据各个聚类规模大小及所含关键词,进一步设置仅显示前 13 个聚类(#0~#12),最终得到关键词聚类图谱(见图 1.5)。模块值(Q)和平均轮廓值(S)是检验聚类可信度的两个指标,一般而言,Q 值和 S 值在 0.5 以上的聚类被认为是合理的。关键词聚类 Q 值为 0.5934,S 值为 0.9303,表明聚类可信度较高。聚类标签数字越小,聚类所包含的关键词就越多。这 13 个聚类的标签依次为粮食安全、粮食生产、粮食、气候变化、中国、土地流转、城镇化、粮食产量、耕地资源、生态安全、食品安全、农业生产、乡村振兴。结合上述聚类结果及各聚类所含关键词,将我国粮食安全研究热点归为五大内容,即国内粮食安全现状研究、农业与农民增收研究、粮食生产现状研究、农业耕地资源保护研究及农业可持续发展研究。

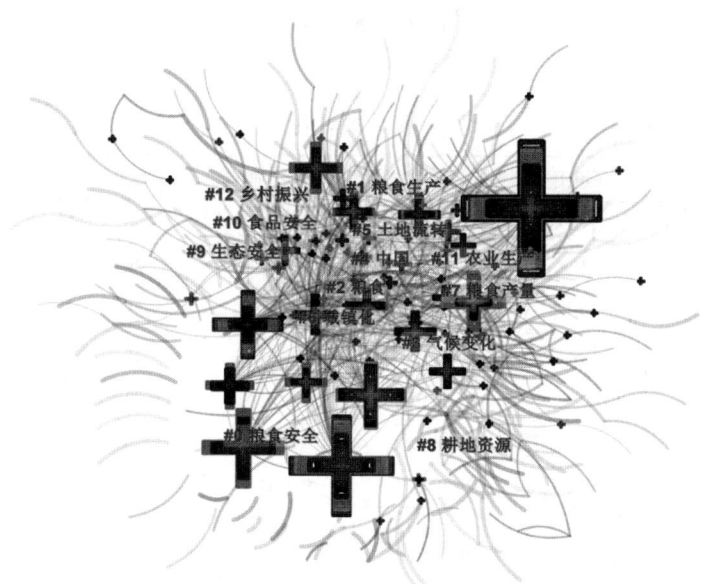

图 1.5 关键词聚类图谱

热点一：国内粮食安全发展现状研究。主要包括#0"粮食安全"和#4"中国"，涉及关键词包括耕地保护、土地利用、耕地质量、农业发展、小麦、粮食危机等。准确把握我国粮食安全发展现状，有助于我们应对今后面临的新风险和挑战。粮食安全发展现状主要表现为粮食安全具体状况、面临问题及综合评价三个方面。在具体状况方面，众多学者从不同角度对我国粮食安全具体现状进行分析，涉及粮食产量与结构、粮食价格与贸易、粮食流通与仓储、粮食消费等（唐金成等，2022；王晓梅等，2022；黄季焜，2021；高鸣等，2021；李辛一等，2020），同时把粮食、谷物、口粮等自给率作为粮食安全具体状况分析的评判指标（王柳等，2021；佟光霁等，2021）。总体来看，我国粮食安全总体向好的方向发展，守住了"谷物基本自给、口粮绝对安全"的战略底线。在面临问题方面，学者们从农业风险（侯守杰，2021）、供给和需求端（崔宁波等，2020）、城镇化发展（徐李璐邑，2020）、生态安全（罗海平等，2018）、气候变化（刘立涛等，2018）等视角对当前我国粮食安全面临问题进行分析，认为当前我国粮食安全面临着粮食供需结构性矛盾突出、资源短缺与生态安全压力过大、粮食产业竞争力弱、粮食作物经济效益低、粮食支持政策效果有限及粮食浪费等诸多问题（张亨明等，2022；卫志民等，2021；辛翔飞等，2021；谢华玲等，2020；王济民等，2018）。在粮食安全综合评价方面，国内学者多数借助指标体系进行综合评价，既包括单个指标的评价，又包括多个指标的评价，既涉及宏观层面，又涉及微观层面，同时从多个角度出发，不断地修订和拓展粮食安全综合评价指标体系。在早期，我国粮食安全综合评价指标体系构建多从粮食生产与供给的角度出发，更加关注粮食数量安全（马九杰等，2001；姚成胜等，2015；张元红等，2015），随着国内粮食安全形势的变化及研究的不断深入，近年来逐步转向粮食贸易、流通、生态安全、可持续性发展等角度的探讨（罗海平等，2021；李秀香等，2020；张慧等，2017）。

热点二：农业与农民增收研究。主要包括#5"土地流转"、#6"城镇化"及#12"乡村振兴"，涉及关键词包括农业、农民增收、城市化、现代农业、农业补贴、"三农"等。

"三农"的核心是农民,推动农民增收能有效地处理新时代"三农"问题(邹一南,2021)。然而,受疫情影响,我国农业农村发展受阻,农民持续增收变得更加困难。为打破这一困境,我们需要统筹"三农"工作,采取多方面措施,逐步恢复农村经济秩序(魏后凯等,2020)。从内部来看,一方面要加快推进农村"三产融合",充分延伸产业链和价值链,进而拓宽农民的增收渠道(金丽馥等,2021);另一方面,要推进农村土地及集体产权制度创新,全力盘活乡村"沉睡的资产资源"(李小静,2021)。从外部来看,国家可以通过出台农业补贴(李俊高等,2019)等政策措施来鼓励、支持和引导农业农村发展,进而推动农民增收。

"三农"的基础是农业,我国是农业大国,农业发展质量的好坏影响着国民经济的发展,推进农业的现代化发展则是提升其质量的关键。当前,我国城镇化进入迅速发展时期,在推进我国农业现代化进程中产生重要影响。一方面,城镇化对农业现代化有促进作用,具体从资本(刘魏等,2018)、劳动力(王跃梅等,2013)、农业用地(杨李梅等,2013)及农业技术(汪慧玲等,2014)等方面得以体现;另一方面,城镇化对农业现代化有阻碍作用。城镇化的无休止发展,改变着农民的收入结构,降低了农业的吸引力(何秀荣,2021),促使土地的"非粮化""非农化"。此外,城镇化的快速发展也促使了占用耕地、土壤污染及农村劳动力缺乏(何可等,2014)等问题的出现,进而阻碍我国农业发展。为此,要加快推进农业现代化进程,提升我国农业发展质量,我们应更加关注我国城镇化发展,努力协调城镇化与农业发展之间的关系。

热点三:粮食生产现状研究。主要包括#1"粮食生产"、#2"粮食"、#7"粮食产量"及#11"农业生产",涉及关键词包括对策、耕地、粮食储备、粮食价格、影响因素、粮食供求等。

粮食是人民生存的必需品,是一个国家独立自主的重要保障。高效的粮食生产能够提供充足的粮食产量和粮食储备。改革开放以来,我国粮食总产量在波动中稳步增长,品种结构也在不断优化调整。同时,粮食生产格局变化也较为明显,表现为粮食生产核心区不断北移,粮食产能向主产区和产粮大县集中(鲍国良等,2019)。随着粮食产量的逐年增长,政府粮食库存已十分庞大,这不仅浪费自然资源、社会资源,还会增加市场风险,威胁粮食安全。为此,政府作为中国粮食储备的"绝对主体"(刘鹏等,2017),必须确定符合中国国情的储备标准,进而提出适度有序粮食"去库存"、剥离储备多重职能等相关政策(普喆等,2020),以缓解我国粮食储备压力。

热点四:农业耕地资源保护研究。主要包括#8"耕地资源",涉及关键词包括长效机制、土地资源、耕地保护、耕地红线、土地利用等。

耕地是保障粮食安全的重要载体。我国十分重视耕地保护,然而,近年来耕地数量与质量的预警从未停止,耕地保护依旧任重而道远(左停,2021)。借鉴相关文献可知,国内耕地保护研究主要包括耕地制度、耕地动态变化、耕地经济补偿及耕地安全(郑沃林等,2016)四个方面。

在耕地制度方面,主要包括耕地保护制度演变及实施效果研究。我国耕地保护制度的演化过程大致可分为四个阶段:第一阶段为意识觉醒期(1949~1977);第二阶段为概念深化期(1978~2003);第三阶段为制度发展期(2004~2011);第四阶段为转型完善期(2012至今)(牛善栋等,2019)。不同阶段的耕地保护制度虽有所差异,但均在我国耕地保护实践中发挥了重要作用。从实施效果来看,当前耕地保护制度在保护耕地数量及质量方面取得了一定的成效,但总体来看,耕地保护制度的实施绩效低下,甚至耕地总量动态平衡制度反而成为导致耕地质量下降、生态环境恶化的诱因(郭珍,2017)。因此,在不断完善我国耕地保护制度体系、提升制度质量的同时,我们更需建立健全制度实施的保障机制与监督体系(刘桃菊等,2020),以提升耕地保护制度实施效果。

在耕地动态变化方面,主要表现为耕地数量、质量及耕地分布的变化。从耕地数量上来看,近年来中国耕地数量总体稳定,做到了总量的动态平衡,但不同省市之间耕地数量增减差异较大,区域差异明显(袁承程等,2021)。其中,我国西部地区是新增耕地的主要来源,而东部地区由于城市化和社会经济的高速发展,同时受土地资源禀赋所限,新增耕地潜力不足,耕地数量总体呈现下降趋势。从耕地质量上来看,由于近二十年来耕地的"占优补劣",我国耕地生产力明显下降。农民长期不合理地使用化肥、农药，加上受到工业排放"三废"和乡镇工业污染的双重影响，大量土地被污染。此外，水土流失、盐渍化等原因导致耕地退化日趋严重。综合来看，近年来我国耕地质量总体呈下降趋势（张红旗等，2018）。从耕地面积地区分布来看，虽然近年我国新增耕地的重心逐渐向西北迁移（程维明等，2018），但从长远角度来看，我国耕地仍将主要集中在沿海东部季风区，总体呈现东多西少的基本分布格局。

在耕地经济补偿方面，主要表现为对耕地资源正外部性的一种补偿。耕地资源因其天然属性而具有较强的正外部性。然而，当前我国耕地资源因其外部性所带来的外溢价值时常被忽略，导致耕地总体效益被低估。这不仅会打击我国耕地保护的积极性，更会促使我国耕地逐渐非农化发展（王迪等，2012）。为此，我们需要对耕地资源正外部性进行相应补偿，推动耕地保护外部性效益的内部化。同时，我们还要对耕地资源正外部性进行科学评估，为耕地保护经济补偿标准提供依据（牛海鹏等，2014）。

在耕地安全方面，耕地安全包括耕地的数量安全、质量安全和生态安全三个方面。其中，数量是基础，质量是根本，生态是保障（陈美球，2017）。国内众多学者针对耕地安全评价展开研究，既包括单一方面的安全评价，又包括综合多方面的安全评价（单娜娜等，2011；李楠等，2012）。其中，单一方面评价成果以生态安全居多（张宇等，2021；韩磊等，2019），而数量、质量两方面研究较少。

热点五：农业可持续发展研究。主要包括#3"气候变化"、#9"生态安全"及#10"食品安全"，涉及关键词包括生物能源、玉米、农业保险、耕地压力、脆弱性、生态环境等。

农业可持续发展是指农业的发展满足当代人需求的同时，又不对后代人满足其需求的能力构成危害。我国高度重视农业可持续发展，2004～2020年中央连续17年发布了中央一号文件聚焦"三农"问题，提出拨付专项资金，以解决中国农业发展中存在的问题，从而实现农业可持续发展。在政策的推动下，国内学者围绕着我国农业可持续发展展开研究，其中农业可持续发展影响因素与农业可持续发展综合评价受到重点关注。在影响因素方面，国内学者从农业（焦晋鹏等，2019）、科技（张桠楠等，2022）、金融

(张军伟等，2020)、人口（张宏胜，2022）、耕地（袁浩博，2017）等视角进行探讨，深入分析不同因素对我国农业可持续发展的影响。在综合评价方面，农业可持续发展综合评价以构建科学系统的指标体系为基础，由于评价标准并未统一（高鹏等，2012），不同角度的指标选取有所差异，但大多都包含经济、社会、资源及环境等维度（孙炜琳等，2017；王艺浩等，2021）。研究方法上主要有主成分分析法（王艺浩等，2021）、层次分析法（周子英等，2019）、欧氏距离法（王惟帅等，2019）、熵值法（张利国等，2019）、生态足迹模型（刘钰等，2019）等。研究主体上大部分围绕国家层面（王颖等，2021）、省级层面（刘俊等，2020）展开研究。此外，一部分学者还对特定地理区域（缪建群等，2021）的农业可持续发展问题展开研究。

③关键词时间线图谱分析。

在 CiteSpace 可视化界面中单击"Timeline View"按钮对聚类图谱进行切换，得到关键词时间线图谱（见图1.6）。相同聚类的文献被放置在同一水平线上，文献的时间置于图谱的最上方，时间顺序为从左往右。借助关键词时间线图谱，我们可以观察到每个聚类随时间兴起和衰落的过程。

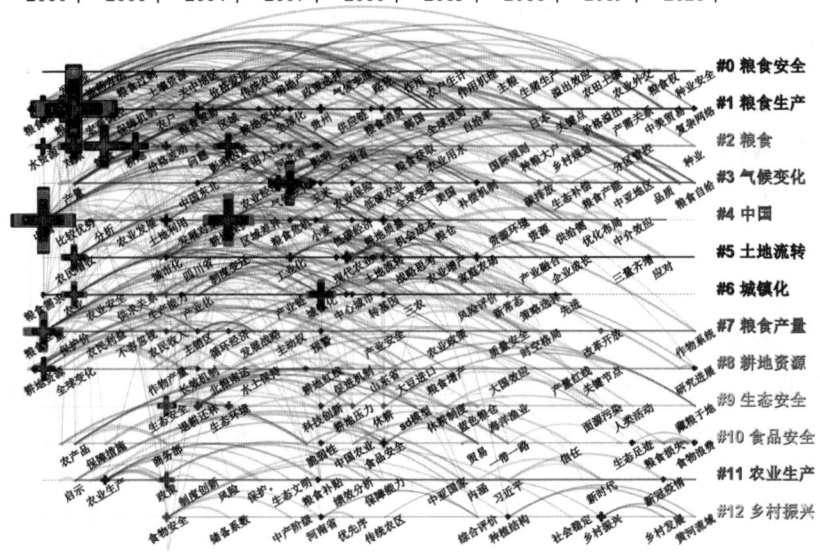

图 1.6　关键词时间线图谱

观察图谱可知，我国粮食安全研究领域的热点主题随时间变化而不断发生转变。早期（2000~2001）仅关注粮食和农业发展等相关主题，随着国内外环境的变化及研究的不断深入，近年来在早期研究的基础上转变为更加关注生态安全、乡村振兴及气候变化等热点主题。此外，热点主题的出现呈现出阶段性特征：其一，#9"生态安全"与#12"乡村振兴"两个聚类于2004年才开始显现，目前依然是较为活跃的聚类。其二，#4"中国"（2020）、#5"土地流转"（2021）、#6"城镇化"（2018）、#11"农业生产"（2021）这四个聚类中近年未出现新的相关文献，表明这些聚类所受关注度降低，近年来相对趋冷。

④关键词突现分析。

通过CiteSpace得到关键词突现图谱（见图1.7）。突发性关键词是指某段时间内出现突发式增长的关键词；突发性关键词图谱中包括关键词对应的出现年份、突现强度、突现起始和终止年份；突现强度越大，表明该关键词在该时间段内出现的频次变化率越高。从突现时间来看，粮食、政策、耕地资源及退耕还林是早期突现的关键词。生态安全、乡村振兴则是近期兴起的关键词。从突现历时来看，粮食这一关键词突现周期最长，为8年。其次是耕地资源、城镇化及生态安全，分别为7年、4年、4年。可以看出，上述关键词在该领域内得到了国内学者的持续关注。从突现强度来看，粮食、城镇化及乡村振兴三个关键词突现强度较大，分别为8.34、7.37、7.09。其中，乡村振兴于2018年开始突现，侧面反映了该主题目前仍具有较高的研究热度和发展潜力。

城镇化会加快挤压粮食生产资源，破坏生态环境，进而制约粮食的可持续发展（许高峰等，2013），特别是在城镇化失衡背景下会导致粮食品种呈现出结构性不安全（冷智花等，2014）。进入21世纪以来，我国城镇化进程持续加快，至2011年我国城镇化率首次突破50%。但伴随着城镇化的高速发展，建筑用地需求量的增加及工业污染的加剧，我国粮食生产面临着日益严峻的资源环境问题。为此，我国政府对城镇化给予了高度重视。例如，2012年中央经济工作会议首次正式提出"把生态文明理念和原则全面融入城镇化全过程，走集约、智能、绿色、低碳的新型城镇化道

第 1 章 粮食和生态"双安全"的理论与机理构建

路"。2014 年的中央一号文件更是明确指出了工业化城镇化快速发展与保障粮食等重要农产品供给、资源环境承载能力的矛盾日益尖锐这一亟待破解的课题。在国家政策的推动下，2012～2016 年我国城镇化问题引起学者们更为广泛关注和研究，致使在该时期内城镇化这一关键词突现频次较高，突现强度较大。

Keywords	Year	Strength	Begin	End	2000～2021 年
粮食	2000	8.34	2002	2009	
政策	2000	5.75	2004	2007	
耕地资源	2000	4.52	2004	2012	
退耕还林	2000	5.33	2005	2007	
生物能源	2000	5.78	2008	2011	
耕地保护	2000	4.64	2010	2011	
城市化	2000	4.11	2011	2014	
城镇化	2000	7.37	2012	2016	
家庭农场	2000	4.64	2014	2017	
现代农业	2000	4.29	2015	2016	
生态安全	2000	6.66	2017	2021	
乡村振兴	2000	7.09	2018	2021	

图 1.7 关键词突现图谱

通过基于中国知网 2000～2021 年发表的以"粮食安全"为主题的 2998 条引文数据，运用 CiteSpace 对我国粮食安全研究现状、热点及趋势进行图谱可视化分析。研究发现：

（1）我国粮食安全研究历程大致可分为迅速增长（2000～2009 年）和稳定推进（2010～2021 年）两个阶段。研究作者、机构之间缺乏交流与合作，合作关系呈现"局部集中，整体分散"的特点。其一，我国粮食安全领域研究热度迅速攀升，相关研究受国家政策及国际环境影响，呈现较为明显的"与策同行"的特点。其二，该领域存在较多个体性研究作者，研究机构以农业类高校与研究所为主，存在较大规模的研究集群，但局限于同一地区，鲜有跨省跨区域合作。

（2）国内粮食安全发展现状、农业与农民增收、粮食生产现状、农业耕地资源保护及农业可持续发展是我国粮食安全研究领域内的五大研究热点。其一，学者们从粮食安全具体状况、面临问题及粮食安全综合评价三个方面入手，全面把握我国粮食安全发展现状。其二，保障农民持续增收、推动农业现代化发展及提高粮食生产效率等是巩固我国粮食安全的重要抓手。其三，我国耕地保护任重道远，相关研究主要包括耕地动态变化、耕地制度、耕地经济补偿及耕地安全四个方面。其四，学者们重点关注农业可持续发展的影响因素与综合评价两方面，在推进我国农业可持续发展过程中发挥着重要作用。

（3）我国粮食安全研究热点主题呈现出随时间推移而不断演化的阶段性特征。结合关键词时间线图谱及关键词突现图谱可知，近二十年来该领域研究不断深入，在早期主要关注粮食、耕地资源及农业发展等相关热点主题，近年来则更为关注生态安全、乡村振兴及现代农业等新兴主题，其研究视角不断扩展，研究主题日益多元化。

1.1.2 生态脆弱性理论研究进展

受全球气候变化及人类生产、生活方式的影响，生态系统脆弱性已成为阻碍生态环境可持续发展的关键因素。为此，生态脆弱性受到国内外学术界的广泛关注。尤其是党的十九大提出生态文明建设以来，社会的生态环境保护意识更加强烈，生态脆弱性研究更是开启了新的阶段。"生态脆弱性"问题的关注，最早源自美国生态学家克莱门茨（Clements，1905）提出的"生态过渡带"（ecotone）。"脆弱性"概念则最早起源于自然灾害研究（Timmerman，1981）。蒂默曼（Timmerman，1981）首先提出了"脆弱性"概念，认为脆弱性反映了一个系统可能对灾难性或危险事件的发生作出不利反应的程度。此后，钱伯斯（Chambers，1989）进一步对脆弱性进行了界定，认为脆弱性表现为两个方面：一是个人或家庭所遭受的外部风险、冲击和压力；二是来自内部的脆弱性，体现在对风险的防御和防范能力较弱，即缺乏足够的手段和能力来应对具有破坏性的损失。钱伯斯（1989）进一步厘析了脆弱性的三个基本风险指标：一是暴露于危机、压力和冲击的风险；二是应对压力、危机和冲击能力不足的风险；三是危机、风险和冲击造成严重后果的风险，以及随之而来的缓慢或有限的复原力风险。威廉姆斯和卡普斯卡（Williams L and Kapustka L，2020）认为，生态脆弱性是生态系统响应时间和空间压力的一种潜力，是对生态系统在时间和空间上承受压力的能力的估计。我国生态脆弱性研究始于 20 世纪 80 年代后期。牛文元（1989）对"生态环境脆弱带"的实质及其空间属性做了较全面的逻辑归纳，他认为生态脆弱性主要表现为生态环境改变的速率、生态系统抵抗外界干扰的能力和生态系统的敏感性与稳定性。王介勇等（2004）从易变性和可能性来解释生态环境脆弱性，认为生态环境的脆弱性内涵是生态环境系统在人类活动干扰和外界环境胁迫作用下所表现出来的易变性，以及生态环境系统所作出的可能性响应。乔青等（2008）认为，生态脆弱性是生态环境的一种状态，即生态环境对外界干扰的抵抗力弱，在被干扰后恢复能力低，易由一种状态转变为另一种状态，且一经改变就很难恢复到初始的状态。相比较而言，IPCC 给出了较为权威的定义，是指易损的系统受破坏或伤害的度，取决于其暴露程度（exposure）、敏感性（sensitivity）和适应潜力（adaptive capacity or resilience）。虽然不同学者关于生态脆弱性的表述不同，但大致都包含了系统的敏感性或不稳定性，以及系统受干扰后的恢复能力。

总体来看，学界生态脆弱性研究呈现多元化、交叉学科、综合研究的趋势，但研究均围绕具体生态问题和特定区域对象展开，极少有就生态脆弱性研究文献自身作分析的研究，从而难以就生态脆弱性研究的发展历程、研究主题和热点演变、研究团队及文献演化等问题形成直观明了的清晰认知。以 CNKI（中国知网）的学术期刊数据库作为数据源，检索条件为：主题＝"生态脆弱性"；期刊来源＝工程索引（EI）、中国科学引文索引（CSCD）；检索条件＝精确，剔除其中的网络首发文章和部分通知，共获得相关文献 400 篇（检索截止日期为 2020 年 12 月 31 日），确定为有效数据，进一步将有效文献按照"Refworks"的格式导出后，再以"download_xx"格式对检索得到的文献命名,并转换成以".txt"为后缀名的文件,最终可以得到 CiteSpace 软件需要的应用数据,以作为后期进行构建知识图谱的数据源。

（1）文献分析。

①研究活跃度。研究领域的活跃程度通过发文数量得以体现,生态脆弱性研究领域发表论文的年度分布统计如图 1.8 所示。由图 1.8 可以看出,发文数量总体呈现增长趋势,2007 年之前年均在 15 篇以下,增长较为缓慢,2007 年之后增幅明显变大。2008 年环境保护部编制了《全国生态脆弱区保护规划纲要》,这体现了国家层面对生态脆弱性的高度重视,引起了国内学术界对生态脆弱性的广泛关注,相关研究数量也因此不断增多。

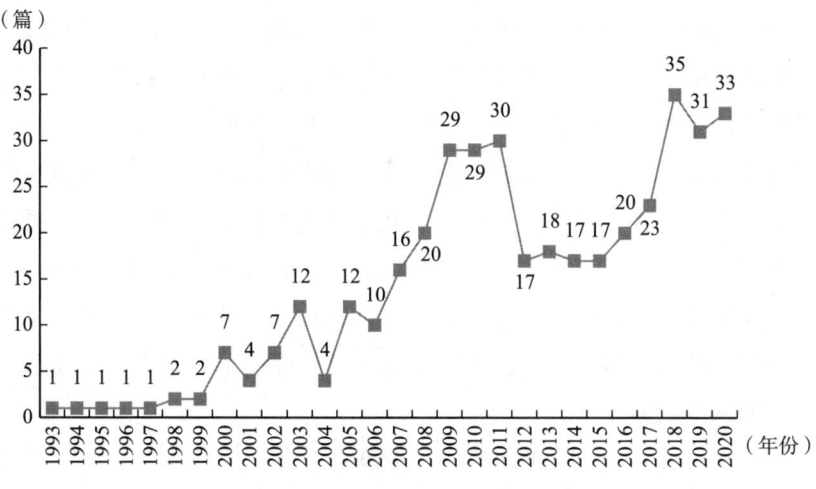

图 1.8 发文数量年度分布统计

②学术载体。通过统计选取的 400 篇样本文献在来源期刊上的发文数量（见图 1.9）,在生态环境类刊物上发表的相关论文数量最大,以《生态学报》（31 篇）和《应用生态学报》（17 篇）为最。这两个刊物都属于中国生态学学会,两刊皆入选中国科学引文数据库（CSCD）来源期刊,《生态学报》主要报道生态学重要基础理论和应用研究的原始创新性科研成果。《应用生态学报》偏重应用生态学领域的创新性科研成果与科研进

展，能够客观反映我国应用生态学的学术水平和发展方向。《中国农业资源与区划》刊物上相关论文共 7 篇，自然资源学报和地理学报与地理科学也有一定的载文量。从发文内容上看，大多以生态脆弱性评价的实证为主。

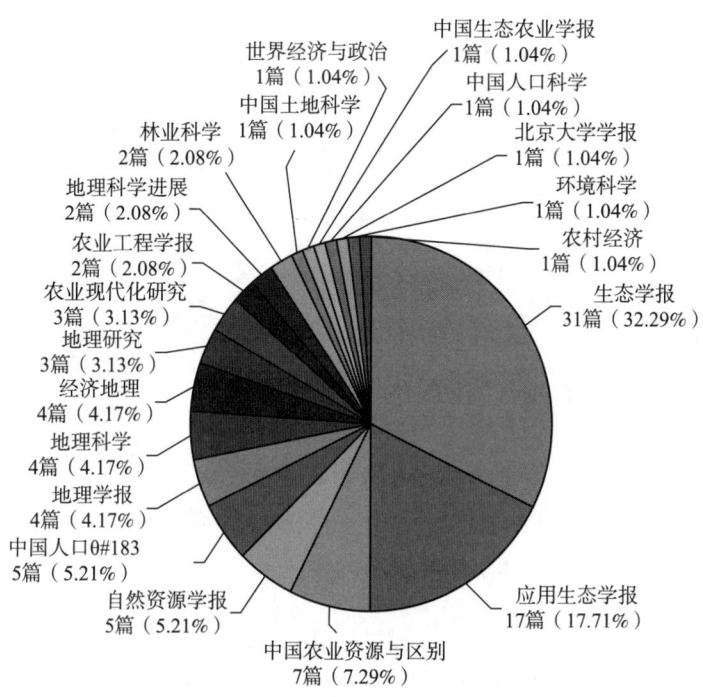

图 1.9　文献来源期刊发文数量统计

③生态脆弱性科学合作情况分析。生态脆弱性的研究能取得今天的进展离不开学者和研究团队的不懈努力，CiteSpace 共有三个不同的科学网络分析：微观学者合作网络、中观机构合作网络、宏观国家或地区合作网络。选取微观学者合作网络和中观机构合作网络分析生态脆弱性领域科学合作情况。通过对发文作者及其合作网络结构特征的分析可反映出该领域的核心作者群及其合作关系。"作者"（author）聚类分析图（见图 1.10）中的节点数量与大小代表了核心作者群体共现频次，每个节点代表一个作者，节点大小和字体大小表示作者中心性，它们共同组成了作者群与合作网络的研究团队知识图谱。在国内合作图谱中共有 484 个节点，399 条连

线，网络密度为0.0034，网络整体较为分散。从共现频次来看，国内合作关系较为密切的有以武汉科技大学刘艳中为中心的研究团队、以中国地质调查局水文地质环境地质调查中心王思源为中心的研究团队、以江西农业大学蔡海生为中心的研究团队等。

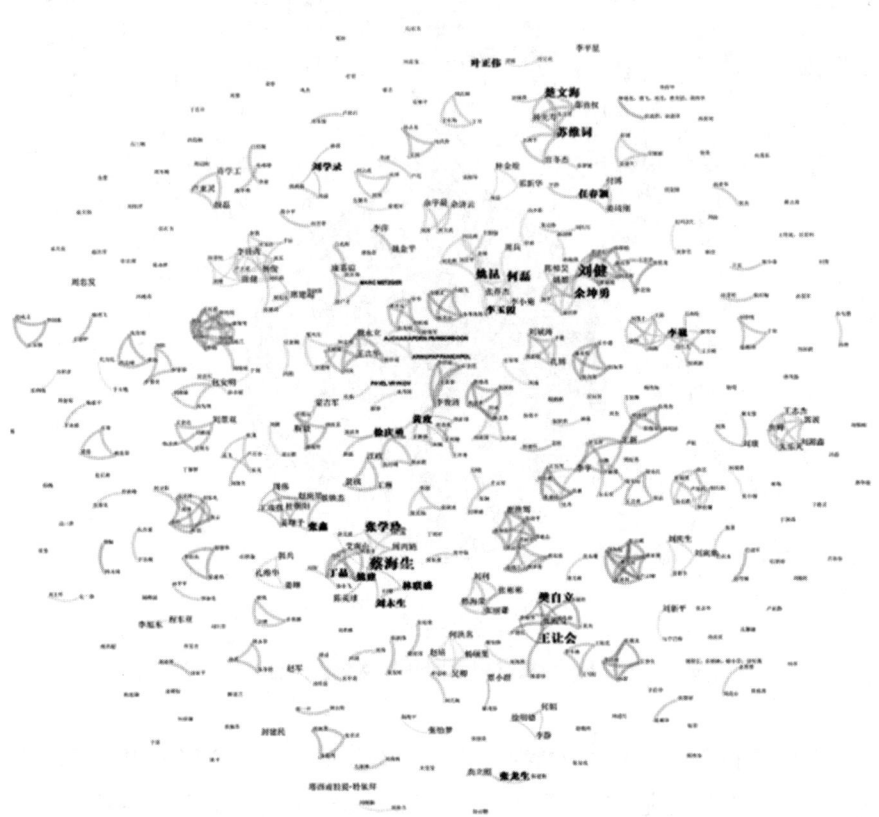

图1.10 生态脆弱性研究学者共现图谱

通过对引用频次前10的文献进行对比分析（见表1.3），其中有5篇论文被引用200次以上，且这10篇论文都被引用140次以上。而在发表年份上，最早出现的时间为1998年，且多数高被引文献集中于21世纪的开端10年，至今已历经了20多年的理论与实践探索。由20世纪末开始的相关领域探索已经为后续研究积累了充足的经验，研究内容和涉及主题以对

第1章 粮食和生态"双安全"的理论与机理构建

生态脆弱性本身的理论研究、具体地区的分析研究为主，围绕该主题形成从理论到实践相对权威的研究成果。通过具体的评价方法来研究不同地区的生态脆弱性，是生态脆弱性理论的积极补充，如徐广才等（2009）在《生态学报》上的题名为《生态脆弱性及其研究进展》一文。该文截至2020年12月31日共被引234次，该文介绍了生态脆弱性的概念定义和理论发展，并对国内生态脆弱性研究进行了梳理，依据当前研究现状来看，该文对生态脆弱性内涵及把握未来研究走向作出了一定的贡献。

表1.3 生态脆弱性研究高被引文献统计

序号	作者	年份	篇名	刊名	被引频次
1	徐广才等	2009	生态脆弱性及其研究进展	生态学报	234
2	李阳兵等	2002	中国西南岩溶生态研究进展	地理科学	214
3	邱彭华等	2007	基于景观格局和生态敏感性的海南西部地区生态脆弱性分析	生态学报	206
4	黄方等	2003	GIS支持下的吉林省西部生态环境脆弱态势评价研究	地理科学	202
5	王让会等	1998	塔里木河流域生态脆弱性评价研究	干旱环境监测	200
6	乔青等	2008	生态脆弱性综合评价方法与应用	环境科学研究	179
7	王让会等	2001	干旱区内陆河流域生态脆弱性评价——以新疆塔里木河流域为例	生态学杂志	152
8	马骏等	2015	三峡库区生态脆弱性评价	生态学报	148
9	田亚平等	2012	中国生态脆弱性研究进展的文献计量分析	地理学报	142
10	王学雷	2001	江汉平原湿地生态脆弱性评估与生态恢复	华中师范大学学报（自然科学版）	142

（2）研究机构合作分析。

为探究生态脆弱性研究领域的核心机构和机构合作情况，对样本文献的相关研究机构进行共现分析，得到生态脆弱性研究机构合作网络图谱（见图1.11）。机构字体大小与发文量成正比，节点间连线及粗细代表机构间合作关系及合作频次。该研究领域已初步形成以中国科学院地理科学与资源研究所为中心,包括中国科学院东北地理与农业生态研究所、中国科学院研究生院等主要成员的网状合作模式。由此可见:①生态脆弱性研究领域的研究力量主要集中在中国科学院相关研究所和部分高校,多隶属于地理科学相关学院。②机构合作以同地域为主,跨地域的机构合作较少。从长远看,研究力量的分散不利于生态脆弱性研究形成系统、深入的本土化话语谱系,各大科研机构和高等院校之间应该展开广泛的学术合作,深入研究生态脆弱性等相关重大课题。

图1.11 生态脆弱性研究机构合作网络图谱

(3)生态脆弱性研究热点分析。

①基于时区视图的研究历程。

根据文献时区视图(见图1.12),生态脆弱性研究呈现较为明显的以2001年为分水岭的两个阶段。第一段为2000年及以前的,在此阶段生态脆弱性研究的文献数量较少,但研究主题较为聚焦,文献集中在几个较少的领域。第二阶段为 2001 年及以后,研究文献呈现"井喷式"发展,研究主题呈现多元化趋势,多点扩散和聚焦同时并存。另外不同时区研究主题的承接和关联性较强,符合逐步推进、逐层深入、不断发散的研究规律和特征。

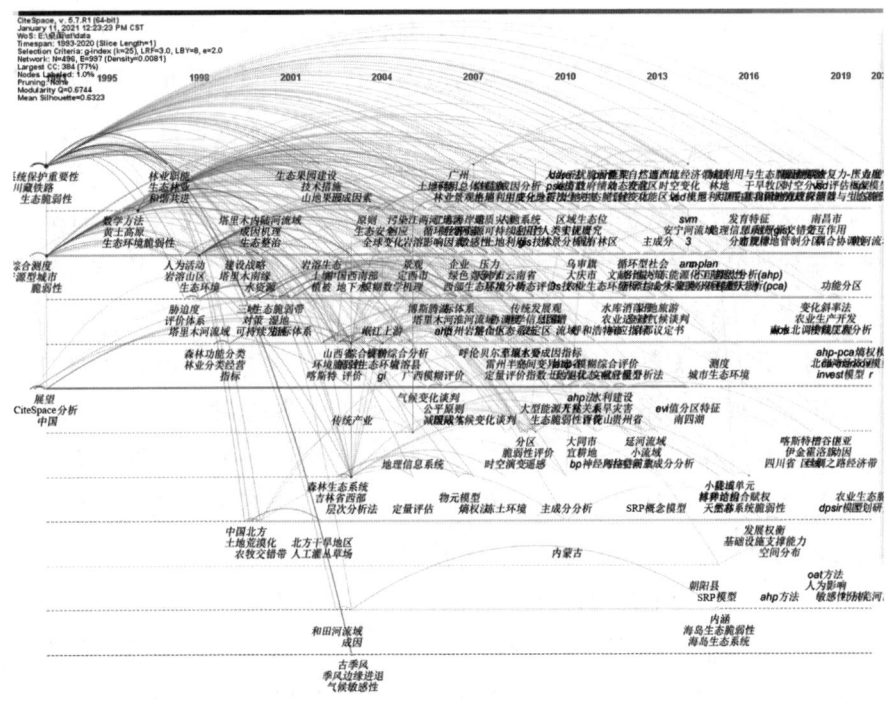

图 1.12 文献时区视图

生态脆弱性研究关注领域不断拓展。一是生态脆弱性的理论构建。该类研究主要集中在 20 世纪 80 年代(徐君等,2016)。研究最早是从识别生态脆弱区域开始(申靖,2018)。1989 年 1 月 22~23 日,中国科学院在北京召开了全球变化预研究学术报告会,8 月份国际地圈—生物圈计划中国委员会召开了第二次委员会议,会上呼吁加强对生态脆弱带的研究(张红梅,2005)。牛文元(1989)最早提出生态系统不稳定性的特征。较早的一篇讨论脆弱性的文章是"论喀斯特环境的脆弱性"。朱震达(1991)

最早基于中国荒漠化研究提出生态脆弱带这一概念，即自然与人为活动相结合的并能造成环境退化、景观变化、土地生产力下降、土地资源丧失的地带。1990年8月，在国际地理学亚太区域大会上，俄罗斯科技工作者提出了编制脆弱生态形势图的想法，针对这一工作，美国和俄罗斯两国学者深入展开研究，并成立了国际指导委员会和研究工作组，编图工作由此蓬勃发展。杨勤业等（1992）编制了1∶10000000中国环境形势和危急区域图，揭示了那时中国的生态环境脆弱形势，其中包括受影响的生态系统和人类系统，以及系统变化的类型、速率和尺度等属性。王静爱（1994）从灾害角度探讨了中国自然灾害与脆弱带的关系，以县域为统计单元建立了全国自然致灾因子数据库。二是生态脆弱性的实证评价。我国学者对生态系统脆弱性的研究大多以我国典型的生态脆弱带为研究对象，其研究区域多是西南喀斯特地区（粟茜等，1996）、北方农牧交错带、西北干旱脆弱区、南方丘陵区及青藏高原等。北方农牧交错带作为我国一条典型的生态脆弱带和重要的生态屏障带，其生态环境恶化问题受到了各界学者的关注。薛纪瑜等（1995）在"中国北方农牧交错带生态环境脆弱性及其成因分析"一文中，概括了导致北方农牧交错带生态环境脆弱的四大因素，对之后合理开发利用脆弱生态环境具有重要意义；张殿发等（2000）分析了北方农牧交错区土地荒漠化的环境脆弱性机制；汪有科等（1996）提出了评价黄土高原生态环境脆弱性的数学方法，以脆弱度指标为依据，对黄土高原105个县的生态脆弱性按其脆弱状况划分为强脆弱区、中脆弱区、轻脆弱区3个区，为黄土高原综合治理提供了依据；朱震达提出了荒漠化与生态脆弱带的辨证关系后，周劲松（1997）对处于农林交错带的山地系统荒漠化的运行机制做了讨论。上述有关脆弱性的研究方法在评价初期使用较多，属于一种定性方法，操作简单，评价精度较低。

生态脆弱性研究方法不断丰富创新。在20世纪80年代，联合国环境规划署（United Nations Environment Programme，UNEP）和经济合作与发展组织（OCED）共同提出了PSR概念模型，即"压力—状态—响应"。压力反映人类活动对生态系统所造成的负荷，状态是生态系统内各种因素长期作用的结果，响应体现人类对生态问题所采取的对策与措施，具有清晰的人与自然相互作用的因果关系，之后在评价生态脆弱性方面被广泛地应用（薛联青等，2019）。马骏等（2015）基于遥感和地理信息系统技术，采用模型对三峡库区（重庆段）生态脆弱性进行综合定量评价，将生态脆弱区划分为5个等级。波尔斯基等（Polsky et al.）发展了"暴露—敏感—适应"的VSD模型，暴露度是生态系统受到外界干扰的程度，敏感性是生态系统受到环境变化影响的程度，适应能力是生态系统能够处理、适应胁迫及恢复的能力。张启等（2018）采用VSD模型，以延边朝鲜族自治州为例，划分了延边地区生态脆弱性等级，有效地考虑了自然因素和人为因素对生态环境的影响。吴春生等（2018）基于多元数据，尝试利用层次分析法（Analytic Hierarchy Process，AHP）对黄河三角洲进行了生态脆弱性评价，并利用模糊逻辑理论模型对指标和评价结果进行了定量化分级。郭泽呈等（2019）以石羊河流域为研究区，运用空间主成分分析法（SPCA）分析了该区2000年和2016年生态脆弱性时空演变及动因。吴琼（2014）从斑块和景观两个尺度上选取10个景观特征指数，利用景观生态学法对辽宁海岸带生态脆弱性进行了评价，划分了辽宁海岸带6市的景观格局。于伯华等（2011）采用加权赋值法分析了青藏高原高寒生态系统形成机制，系统评估了青藏高原生态脆弱性及其区域差异。此外还有多系统评价指标体系，结合了自然、人为、社会经济等因素进行的全面系统的评价。

②关键词分析。

关键词共现图谱（见图1.13）是运用CiteSpace软件将所选期刊文献关键词词频进行分析，以"图片+文字"的双重显示方式，对研究学术领域的知识划块单元和发展重心延展进行直观的、交叉的知识图谱展示。分析关键词共现图谱能清晰地将关键词的强聚类性在图中表现出来。聚类大小和聚类强度就是聚类图谱中关键词字体大小和词组紧凑程度的指征。生态脆弱性作为中心论题，从这一中心扩散开来的具体研究领域是生态脆弱性研究阶段性或地域性的缩影，研究主题从单一的个例分析或概念解析到体系化建立、指标性分析，愈加科学、系统地丰富和发展了生态脆弱性的整体范畴。例如，塔里木河流域的研究是对于生态脆弱性的具体地区分析。

图 1.13 关键词共现图谱

综合知识图谱信息及文献统计具体数值，得到高频关键词出现次数的总体分布表，节选词频最高的前 10 个关键词，更为直观、科学地将热点聚类进行归总（见表 1.4），关键词作为文章主旨内容的高度浓缩，是作者对主体思想、学术定位、研究方向的精华凝练。脆弱性、生态环境脆弱性、生态环境的词频高达 265 次、47 次、47 次。由此可见，30 年来，"脆弱性"这一主题最受学者关注，脆弱性、生态环境脆弱性、生态环境等重点高频关键词的研究是该主题延伸下的热点领域，学术界始终围绕生态脆弱性展开相关研究。另外，关注生态脆弱性研究热点与前沿，对共性的问题进行综合考虑，有助于将研究提升到理论体系建设的范畴。

表 1.4　　　　　　　　生态脆弱性研究高频关键词统计

序号	关键词	频次
1	脆弱性	265
2	生态环境脆弱性	47
3	生态环境	38
4	中国	30

第1章 粮食和生态"双安全"的理论与机理构建

续表

序号	关键词	频次
5	评价	34
6	层次分析法	29
7	指标体系	24
8	景观格局	16
9	遥感	16

CiteSpace 软件经过计算，将联系紧密的关键词进行分组，这一过程称为关键词聚类。通过对聚类中关键词的整理可以对研究领域内的多条主要研究线索进行解读。软件中衡量聚类计算的指标是模块值（Q 值）和平均轮廓值（S 值），一般而言 $Q>0.3$ 说明聚类划分的结构显著；$S>0.5$ 说明聚类划分合理。选取的文献数据通过软件计算后 $Q=0.8$，$S=0.5$，表明此次聚类计算完全符合科学聚类的标准。软件对本次研究的文献进行计算后形成不同的关键词聚类（见图1.14），共得到12个主要聚类，包括脆弱性（#0）、塔里木河流域（#1）、生态环境脆弱性（#2）、生态环境（#3）、全球变化（#4）、层次分析法（#5）、SRP 模型（#6）、评价（#7）、后寨流域（#8）、中国（#9）、脆弱性评价（#10）、节水型社会（#11）、生态系统脆弱性（#12）。通过对聚类进行分析与比较，可将此7个聚类分成3组编码。

通过操作 CiteSpace 软件，可以得到生态脆弱性关键词聚类，图谱中共有516个网络节点，120条连线，密度为0.0614，聚类模块值（modularity）即 Q 值为0.5225，聚类平均轮廓值（silhouette）为0.7192。其中，Modularity 值表示网络图谱模块化的评价指标。若一个图谱中的 Modularity 值越接近1，则认可该网络图谱所获得的聚类效果就越优秀。若 Q 大于0.3，则表明获得的网络视图的结构是显著的。silhouette 是用来衡量网络同质性的指标，只要其数值在0.5以上，就可认定聚类的结果是合理的。通过比较此聚类图谱实际参数值与临界值，可以发现关键词聚类图谱的聚类效果较显著，结果较合理，具有较高的研究价值。

由图 1.14 可见，多数学者对生态脆弱性的研究以实例研究为主，而有关其评价方法的原理，以及对生态脆弱性形成机理进行阐述说明的学者偏少，生态脆弱性评价方法有 VSD 模型和景观格局等方法。其中，图 1.14 中聚类#6 为 SRP 模型，SRP 模型（sensitivity-resilience-pressure，SRP）全称为生态敏感性—生态恢复力—生态压力度模型，是典型生态脆弱性评价模型，卢亚灵等（2010）、王雪梅等（2016）、齐姗姗等（2017）、乌宁巴特等（2020）应用此模型分别对渤海地区、渭干河、白龙江、叶尔羌河等流域进行了生态脆弱性评价，能较全面、客观地展现研究区生态脆弱性的演化规律。该评价模型的原理是鉴于某项封闭系统受到外部因素干扰所展现出的敏感性，但其内部因缺失部分功能会造成系统发生不同程度的改变，从而呈现出一种恢复能力，即系统面临外界干扰时逆向发展的恢复力。

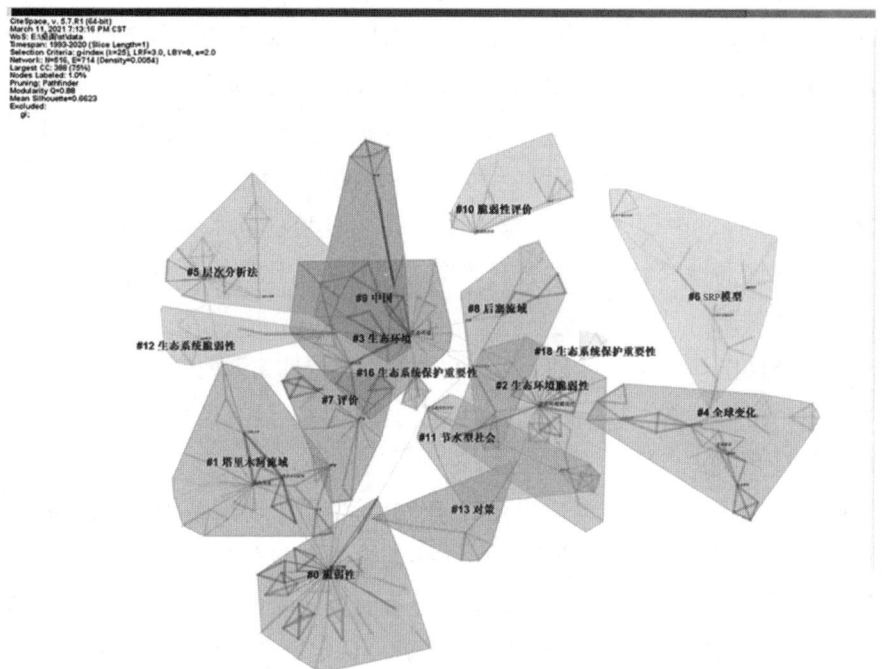

图 1.14　关键词聚类

第1章 粮食和生态"双安全"的理论与机理构建

总体来看，我国生态脆弱性研究具有较强的活跃度，文献逐年增加，且活跃程度和政策出台年份存在较大的关联。从发文作者来看，作者群与合作网络所形成的国内合作图谱共有 484 个节点，399 条连线，网络密度为 0.0034。生态脆弱性研究领域的研究力量主要集中在中国科学院相关研究所和部分高校，多集中于地理科学相关学院。机构合作以同地域为主，跨地域的机构合作较少。而高被引论文中共有 5 篇论文被引用 200 次以上，且多数高被引文献集中于前 10 年。通过关键词聚类发现聚类效果较显著，生态脆弱性研究多以评价实证研究为主，且多元化、交叉学科综合研究的趋势越发明显。综合我国生态脆弱性研究的文献特征，未来生态脆弱性研究可从以下方面深入展开。

一是完善评价指标与模型创新研究方法。评价指标和模型是开展生态脆弱性评价、土地利用/覆被变化研究的基础，评价指标和模型的选取直接关系到结果是否正确，还在一定程度上关系到政府政策的制定。通过对我国不同区域和尺度上开展多层次、多元化的实证研究，并与世界各地自然环境、气候条件等类似的生态脆弱区进行对比分析，可以建立并完善我国不同生态脆弱区的评价指标体系和评价模型的使用标准，最后对评价体系、模型的使用范围、优劣势进行分析。使未来研究在选择评价指标、模型时有章可循，并且可以为政府制定政策和区域全面协调可持续发展提供依据。其次，可融合自然地理、土地生态、区域经济等多学科方法。创新研究方法，可尝试将大数据、机器学习等新技术运用到生态脆弱性研究中更深程度地挖掘影响生态脆弱性的数据信息。

二是拓宽生态脆弱性研究时空尺度、丰富研究内容。一方面，要拓宽研究区域范围。现有的生态脆弱区研究较多以农牧交错带、喀斯特地区、三峡库区、黄土高原等典型地区宏观层面的研究为主，对城市内部等微观层面的研究较少，对东部地区非典型的生态脆弱区（如沿海滩涂、长江沿岸地区、快速城镇化地区）的研究也较少，未来可尝试突破基于国家和某一类典型生态脆弱区宏观层面的研究，强化城市、社区和农户等微观层面的研究。此外，由于生态脆弱区时空波动性强，在不同时间尺度上的表现形式不同，未来可延伸时间尺度，研究不同时间尺度的变化特征。另一方面要丰富研究内容,在城镇化发展新阶段背景下,生态脆弱区的城镇化建设水平和农户的生计问题直接关系到能否实现可持续发展,未来可通过土地利用、覆被变化、生态脆弱性评价等方法来评估我国实施生态移民、退耕还林、产业调整等政策后生态脆弱区农户可能面临的生计可持续发展问题,为响应国家区域开发新战略的实施提供参考。

1.1.3 相关理论研究文献述评

(1) 粮食功能区研究。

为保障粮食安全、发挥区域资源优势和实现专业化分工,根据粮食生产和消费量特征将中国 31 个省份分为三大区域,分别是粮食主产区、粮食产销平衡区和粮食主销区,三者统称为粮食功能区。

粮食功能区是粮食生产的重要组成部分,有许多学者对其进行研究分析。曲福田等(2008)认为粮食功能区的划分,有利于形成区域资源优势和专业化产业优势,从而比较利益。李丰(2015)认为目前粮食功能区划分界线不明显,利用粮食调入调出量对中国粮食功能区进行重新划分,以便更加精准地设定地区粮食安全保障重点和保障任务。孙晶晶等(2017)构建指标体系对粮食功能区的社会经济发展水平进行评价,发现三大粮食功能区经济发展差异较大,应对粮食主产区进行利益补偿,减少非协调性。陈红等(2018)构建投入—产出指标主要对粮食主产区、粮食主销区进行研究,功能区之间受环境变量的影响存在差异,应因地制宜,制定相应的政策。徐永金等(2018)探讨分析主产区、主销区和产销平衡区粮食产量的影响因素,结果发现三大区域粮食产量的影响因素及其程度差异较大,但是粮食播种面积是三大粮食功能区的首要影响因素。

粮食主产区由于其在粮食安全保障方面的突出作用,得到了许多学者的青睐。丁华(2010)通过对粮食主产区的分析,研究了当下粮食安全所面临的现实困境,并认为破解难题的关键是解决好粮食产地加工问题。张利国(2013)从播种面积、总产量和单产三个方面,对粮食主产区进行分析,提出要扩大稳定粮食生产面积,加大粮食主产区政策的扶持力度。蒋

第1章 粮食和生态"双安全"的理论与机理构建

和平（2015）发现当前粮食主产区需要解决增产难题，并提出可持续发展路线来解决粮食安全难题。罗翔（2016）通过模型分析发现耕地压力与粮食主产区存在负相关性，通过降低耕地压力可以缓解粮食主产区压力，进而保障粮食安全。罗海平（2017）实证分析了我国粮食主产区的生态系统服务价值，并进行了空间分异性分析，发现当前我国粮食安全存在较大的生态隐患，并面临生态服务价值损失。陈璐（2017）、王一杰等（2018）通过量化比对分析，发现粮食主产区承担粮食生产的重任，但其在经济发展、财政收入和居民收入方面明显落后，反而出现"产粮大省，经济弱省，财政穷省"的现象，存在粮食越多越吃亏的现象。罗海平等（2018）基于耕地压力视角，对我国粮食主产区粮食问题进行研究，发现我国粮食安全保障依旧脆弱、粮食安全保障压力依然存在。

粮食主产区在国家粮食生产中发挥着重要作用，长期以来是学者们的研究焦点之一。纵观文献，大部分研究主要从粮食主产区的生产现状、格局演变趋势、发展路径、利益补偿机制等几个方面展开。从生产现状来看，粮食主产区"粮食大省、经济弱省、财政穷省"的现状并未改变，粮食生产中依然有主销区利益分配失衡、农业劳动力老龄化高、科技水平低下等问题（王一杰等，2018）。马彪等（2019）指出虽然粮食主产区的粮食产量在全国排名位居前列，但是经济发展水平处于全国整体的中下游，由于粮食生产负担过重，主产区用超额耕地面积发展其他产业的机会基本流失。此外，尚二萍等（2018）认为目前粮食主产区的土壤重金属污染对农田生态系统和人类健康造成威胁；李雨凌（2021）通过测算发现我国粮食主产区耕地撂荒规模为405.53万公顷，撂荒率约为5.85%，且耕地撂荒对粮食产量具有显著负影响。从格局演变趋势来看，我国粮食主产区地位明显提升，主要粮食作物逐步向优势产区集中（汪希成等，2012），且北方粮食主产区粮食生产的核心地位比南方粮食主产区更加突出（崔宁波等，2021）。尽管这种生产区域格局变化有利于粮食主产区进行规模化生产，并提高产量，但也会造成主产区农民收入不高、经济发展落后等问题（吴玲等，2016）。从发展路径来看，张海姣等（2013）认为粮食主产区应当以粮食生产为中心，积极推行粮食产业化生产，同时政府应当给予一定

39

的补偿；于法稳等（2022）认为粮食主产区应当用创新理念来推行农业绿色发展；罗海平等（2022）认为粮食主产区应加强生态环境监管，促进农业可持续发展。从利益补偿机制来看，国家于2013年提出完善粮食主产区利益补偿，但这一政策并没有改善粮食主产区经济发展缓慢的问题（赵慧敏，2021）。当前，利益补偿机制存在补偿政策不深入（高昕，2016）、补贴收入低和政策效果短（陈江，2016）等问题，因此应当加强对粮食主产区多方位的支持与补偿，重塑中国粮食的补偿政策体系（钟钰等，2019）。

（2）粮食安全研究。

粮食安全问题一直是国内外学者的研究热点，现有研究主要从概念界定、供给需求、流通贸易、实现路径等方面对区域粮食安全展开了深入探讨和剖析，并就上述研究领域提出了诸多建议。1995年美国学者莱斯特·布朗提出"谁来养活中国"的问题，引发了全世界对中国粮食安全问题的关注，也拉开了我国粮食安全研究的序幕。

从粮食安全内涵来看，1974年联合国粮农组织（FAO）首次提出以数量安全为核心的粮食安全概念，即人们随时都能够获得满足基本生存需要的足够食物。麦克斯韦等（Maxwell S et al.，1992）从宏观、微观两个层面进行分析，认为粮食安全宏观上是指能够满足全球或一国的粮食供给，微观上是指个人营养及单个家庭粮食需求得到满足。毛学峰等（2015）认为粮食安全还要保证消费、贸易流通过程中的安全。总之，粮食安全的内涵从只强调粮食供给的充足性逐渐发展到粮食生产、消费、流通等层面的多元安全。王立锋等（2017）认为粮食安全应包含粮食的数量、结构、质量安全及产业链安全和生态安全等多个维度。洪涛（2017）认为新时代粮食安全还应包括其消费、流通等环节的安全和信息预警、金融等领域的安全。何可等（2021）认为粮食安全除了要保障数量安全，还要兼顾质量安全、结构安全和生态安全。

从粮食供需及其测算来看，国内学者侧重于对粮食需求的评估，以及对粮食供需的影响因素、时空演变和预测预警的探讨。关于粮食需求的测算比较主流的方法包括消费统计法、流向统计法和定额统计法，杨明智等（2019）通过实证研究对上述三种粮食需求量测算方法进行对比分析，认为前两种方法的计算结果更为科学；罗海平等（2020）采用消费统计法，从口粮、工业用粮、种子用粮、饲料用粮和粮食损耗五个维度，还从地理分区和省级层面测算出了粮食主产区的粮食需求量。在粮食需求测算基础上，谢高地等（2017）对新时期我国粮食供需平衡态势进行了分析；汪希成等（2016）研究发现，就粮食供需增速来看，我国粮食供给增速低于消费需求增速，粮食供求趋于紧平衡；此外，尹靖华等（2015）采用 GM（1,1）模型、ARMA 模型等分析了当前我国粮食供求水平，并对至 2030 年的粮食保障能力加以预测评估。

从粮食安全实现路径来看，易小兰等（2019）、尚旭东等（2019）、刘慕华等（2019）分别基于劳动力价格、水资源禀赋、耕地数量及农药、化肥等生产要素投入水平及其对粮食综合生产能力的影响进行了分析；余慧容等（2017）、王钢等（2019）分别基于当前国内粮食安全发展形势提出了农业"走出去"战略的实现路径；肖攀等（2019）、李俊高等（2019）评估了农业补贴政策在粮食产量和农民增收方面的实施效果，提出省际应实施差异化政策；王钢等（2019）全面梳理了中华人民共和国成立以来我国粮食安全的战略演化，为我国部署、实施粮食安全战略提供了重要的参考意义。罗万纯等（2020）对 2004 年中央一号文件发布以来的粮食安全治理的演进及挑战加以分析，从治理的主体、理念、手段、内容和保障五个方面提出了改进措施；刘晓洁等（2022）对我国食物系统面临的风险与挑战进行了分析，并提出了我国可持续食物系统转型的实现路径；杨明等（2020）、张哲晰等（2022）均立足于"双循环"格局背景下我国的粮食安全保障路径提出了展望；张应良等（2023）认为新形势下，粮食安全的内涵与外延不断深化，必须建立以加强粮食生产能力、国际处理能力及应急管理能力建设为中心的粮食安全战略保障体系。

从粮食安全的影响因素来看，学者们多聚焦于气候、耕地资源、水资源、产品贸易结构等单一因素对粮食安全的影响。王念等（2022）认为中国农产品贸易结构格局发生转变，并且越来越依赖国际进口，这将导致粮食安全保障在面对外部冲击时更加脆弱；苏芳等（2022）通过测算发现积温和降水两大气候因子均会对粮食安全产生抑制作用，而通过调节农业技术可降低积温对粮食安全的抑制作用,但对降水影响粮食安全的调节作用不显著;彭继权等(2021)通过工具变量法等发现农业机械化水平对农户粮食主粮生产有显著的正向影响,农业机械化水平每提高1%,农户主粮单产就提高1.219%;拉希布等(Rahib et al.,2016)探究了谷物产量、谷类加工产品量和经济增长等因素与粮食安全风险水平的关系;托马斯(Thomas,2016)对比分析了市场完全一体化和持续分割两种政策情景下对全球粮食生产和土地使用的影响;赵丽平(2016)、王嫚嫚(2017)、李刚(2022)等学者还分别研究了城镇化、耕地地力、农村劳动力转移对粮食安全的影响。

从粮食安全脆弱性来看,粮食安全脆弱性是指人们面临的粮食紧缺风险和摆脱这一风险的能力。学者大多立足国家层面对粮食安全脆弱性展开研究。从形成原因来看,公茂刚等(2009)认为战乱、自然灾害、粮价波动等是引起发展中国家粮食安全脆弱性的主要因素。从脆弱性测度来看,夏汉军等(2020)对我国粮食安全脆弱性指数进行了测算,发现我国中部和西南地区属于高脆弱性地区;姚成胜等(2019)从食物系统角度出发,分析了粮食安全脆弱性的时序特征,并发现人均GDP、城镇化率的变化是驱动脆弱性演变的深层次原因。从改进措施来看,张燕等(2020)认为提高资源环境与经济发展的匹配度是降低粮食安全脆弱性的关键;马西帕(Masipa,2017)则认为降低粮食安全脆弱性要依靠政府财政支持。

粮食安全水平可以根据一定的数量指标来衡量(高延雷等,2019),因此诸多学者对粮食安全水平展开了评价。从粮食安全评价来看,其研究主要包括评价指标确定、评价方法选择两方面。从评价指标确定来看,粮食安全评价是一个动态的、不断调整的过程,目前学术界关于粮食安全的衡量并没有形成统一标准,所构建的指标体系存在一定差异(蔡文著,2009)。国外对粮食安全评价指标体系进行了深入研究。科茨(Coates,2013)构建了包含粮食充足性、营养充足性、确定性和稳定性、文化可接受性和安全性五个维度的粮食安全评价指标体系。联合国粮农组织与其他国际组织于2014年联合发布的《世界粮食不安全状况报告》,从粮食可供、获取、稳定、利用等角度选取了31个指标,构建了粮食安全评估指标

第 1 章 粮食和生态"双安全"的理论与机理构建

体系。经济学人智库于 2018 年发布的《全球粮食安全指数报告》，从粮食购买能力、粮食品质与安全、粮食供给能力、自然资源及恢复力 4 个维度中选取了 26 个指标，对全球 100 多个国家的粮食安全状况进行了评估，中国以第 46 名位列中上游水平。国内学者从不同层面构建粮食安全评价指标体系对我国粮食安全水平进行了评估。马九杰等（2001）从宏观和微观两个层面上对我国粮食安全水平展开了衡量及评价。杨建利等（2014）从粮食数量安全、质量安全、资源安全、生态安全等多个维度构建了评价指标体系，发现我国粮食数量安全系数显著上升，其他安全系数不断下降。张元红等（2015）构建了包含供给、分配、消费、利用效率、保障结果、稳定性、可持续性和调控力等 8 个方面的评价指标体系对我国的粮食安全水平进行了综合评价。李秀香等（2020）从可供性、可得性、稳定性、可持续性等角度构建了评价指标体系，并对我国粮食安全水平进行了评估，结果显示我国粮食安全水平显著上升。从评价方法来看，可供粮食安全评价选择的方法丰富多样，评价过程中用到的方法以定量研究为主，综合指数法（王海平等，2015；姚成胜等，2015）、模糊综合评价法（杨磊，2014）、主成分分析法（郭琳，2015）、层次分析法（李楠楠等，2014）等为辅。其中，综合指数法应用较为广泛，它以选取的众多指标为基础，进行指标数据标准化处理，采用主观或客观赋权法确定指标权重，最后运用加权求和的方法计算得到各评价层面的粮食安全水平。

（3）生态安全研究。

生态安全是当前环境污染、资源短缺背景下所探讨的重点话题。学者们主要从生态安全内涵、生态安全评价、生态安全脆弱性等方面展开研究。

从生态安全内涵来看，针对生态安全的研究涉及各方各面，研究对象也较为广泛。其中，农业生态安全是生态安全研究重要的组成部分，其研究始于可持续理论的提出。1988 年联合国粮农组织提出发展中国家"可持续农业和农村发展"的新战略，农业可持续发展问题获得各国广泛关注，农业生态安全研究也逐步展开。章家恩等（2004）认为农业生态安全要以人类健康为最终目标实现生态系统稳定，包括环境安全、资源安全、生物安全和产品安全四个方面。高宏伟（2015）指出，农业生态系统保持持续稳定的生产力是农业生态安全最关键的一环。胡斯威等（2022）认为农业生态安全的实质是要实现农业自然生态系统与社会经济系统的协调发展。

从生态安全评价来看，姬翠梅（2019）从生态、社会、经济三个维度构建了生态安全评价指标体系并进行了测算，发现山西的农业生态安全总体呈现较安全的状态。牛敏杰等（2016）研究发现我国多数省份农业生态安全水平总体偏低，在生态环境、资源利用等方面存在发展压力。张慧等（2019）认为化学污染严重、生物多样性减少、水土资源、外部环境恶劣等问题使我国农业生态安全面临巨大的危机。罗海平等（2022）经测算后发现，化肥、农膜、农药依赖度过高，城镇化水平与生态环境质量之间存在矛盾等问题制约了农业生态安全水平的改善。总之，评价过程中所用到的方法以定量研究为主，研究的维度也较为全面和广泛。

从生态安全脆弱性来看，万红莲等（2021）认为农业生态安全脆弱性是指在自然环境和人为因素共同制约下，农业生态系统所表现出来的发展状态。马贝等（2020）将农业生态安全脆弱性理解为敏感性与适应能力的函数。李江南等（2022）认为只要干扰程度超出了农业生态系统的适应能力，农业生态系统就会表现出相应的脆弱性特征。

虽然学者们对农业生态安全脆弱性的阐述存在差异，但都具有以下两层含义：一是系统的敏感性或不稳定性；二是系统受干扰后的恢复能力。在此基础上，杜福光等（2016）、徐新良等（2020）分别从不同层面对农业生态安全脆弱性进行了综合评价，也有部分学者从农业生态安全脆弱性的成因、驱动因子、时空分异等方面开展了研究。

（4）生态系统服务价值研究。

就研究溯源来看，国外对生态系统服务价值（ESV）的研究，可追溯到威尔逊（Wilson，1970）初次提及的"生态系统服务功能"概念，随着时间的推移和研究的深入，生态系统服务领域逐渐成为研究的热点，学者们就不同类型和尺度的生态系统服务价值研究层出不穷，采用的评估方法也是五花八门。国内相关研究起步较晚，欧阳志云等（1999）首次开展了中国陆地 ESV 的研究；谢高地等（2003）基于专家打分法，构建了符合我国生态实情的生态系统服务当量因子表，并在 2008 年、2015 年多次修正

第1章 粮食和生态"双安全"的理论与机理构建

后趋于成熟，广泛应用于我国 ESV 评估中。根据谭清月（2018）借助知识图谱可视化软件 CiteSpace 的分析结果，近 20 年来，ESV 研究热度不断升高，有关研究以井喷之势涌现。在研究热点与前沿方面，ESV 与福祉（公共服务）、气候变化、土地利用变化等领域的交融研究越发增多。

在研究尺度上，部分学者的研究聚焦于全球或区域层面，如科斯坦萨等（Costanza et al., 1997）将地球生态系统服务细化为 17 类子服务，并通过汇总这些服务来测算地球生物圈相应服务的经济价值；MA 认为多尺度评估具有关联社会过程、相互参考及验证等优势，并从全球、区域、局地等多尺度开展了生态系统与人类福祉研究项目，首次对全球生态系统进行了多层次综合评估。有的学者由流域尺度展开，如凯西等（Casey et al., 2021）基于市场价格法对马来西亚支流流域生态服务的经济价值基线进行了评估；弗朗斯卡（Francesca, 2021）对多瑙河流域 ESV 进行了元分析。当前我国学者也在多种空间尺度，如全国（谢高地等，2008）、地理分区（张平等，2020）、省域（丁梦婷等，2020）和市县域（王永琪等，2020）等尺度开展了广泛的研究。

在研究类型上，国外部分学者评估了单个生态系统的价值，如安德烈（Andrey, 2021）评估了欧洲山毛榉林多种生态系统服务（木材生产、碳封存和生物多样性）的价值，以及其对气候变化下环境管理方案优化的重要意义；乔伊等（Joy et al., 2020）分析了喀拉拉邦的阿什塔穆迪湿地提供的 11 种重要生态系统服务的经济价值和现状。还有部分学者评估了物种和生物多样性保护价值，如帕夫拉等（Pavla et al., 2020）探讨了养蜂的生态系统服务效益，倡导国家解决养蜂人数负增长的问题；帕尔等（Pal et al., 2022）运用双因子模型，评估了甲烷排放对恒河三角洲稻田生态系统服务价值的影响。我国学者对多种生态系统类型，如单个生态系统（张彪等，2017）和单个物种（宋静静等，2020）等也展开了多维度的研究。

在研究方法上，当前学术界测度 ESV 的主要方法包括物质量、能值和价值量评价法。其中，物质量评价法计算所得的单项 ESV 量纲不同，故无法加总得出其综合量，主要应用于大尺度研究区域（王钊，2019；傅伯杰等，2014）；能值评价法是将不同性质的能量转化为太阳能值的度量方法，苏慧等（2019）基于能值理论分析了山西生态经济可持续发展状况及空间差异，马凤娇等（2014）基于能值评价法从资源消耗和生态系统正、负服务产出三个方面评估了河北农田生态系统的可持续发展水平，但此法中，产品的能值转化率分析难度较大，人类支付意愿难以表征，且如地热、矿物质等物质与太阳能关联较弱难以度量，因此存在一定的局限性（张攀，2011）。价值量评价法将生态服务货币化，能够实现不同生态系统之间、同一生态系统不同服务功能之间，以及不同时空尺度的对比（胡赛，2020），具体方法可分为功能价值评估法（常用方法为替代市场技术类和模拟市场技术类）和当量因子评估法两大类（张艳芳等，2020；王小莉等，2018）。王小莉等（2018）、周小平等（2020）分别对两种方法进行了比较研究，前者认为在东河流域评估中，当量因子评估法具有方法简便、评估全面、便于比较等优势；后者认为在三星镇评估中，功能价值评估法更灵活、评估结果更准确。此外，当量因子评估法仅适用于评估生态系统服务价值的正效应，未考虑农田等生态系统的环境成本（周小平等，2020）。

就ESV损失研究来看，关于生态系统服务功能的研究越来越热，但是考虑生态系统服务损失的研究较少（马凤娇等，2014）。杨志新（2006）研究认为，相较于森林、草地、湿地等自然或准自然生态系统的正向服务功能，以耕地为核心的农田生态系统受人类耕作影响，表现为正负双重效应。白杨等（2010）基于市场价值法等，从农业耕作的生态代价和经济收益两方面对海河流域开展实证评估，发现其损益比为1∶4.26；叶延琼等（2012）研究认为，佛山市农田生态的核心问题是温室气体排放和水资源耗费，尽管正向效应显著大于负向效应且量差呈扩大之势，但除产品提供价值之外的其他服务功能正逐渐削弱；元媛等（2011）认为农田生态系统服务损失主要包括化肥流失、水资源耗费、农膜污染、农药污染和温室气体排放五大类，并就此综合评价了栾城县由上述因素导致的正负效应。

从粮食安全与生态系统服务价值研究来看，关于粮食安全与生态安全的研究，国外学者重点是从粮食安全的生态内核出发，构建粮食生态安全研究的理论范式（朱勤勤，2019），国内学者则侧重于在粮食安全研究上

第1章 粮食和生态"双安全"的理论与机理构建

引入生态理论模型并进行实证分析（芦蔚叶等，2012）。生态系统服务价值（ESV）是对自然资源和生态服务功能利用经济法则所作的估计，是学者们用来衡量生态安全的主要方法之一（洪涛，2017）。例如，李晓等（2011）综合测度了黄淮海平原粮食产出的经济成本和生态代价，发现货币化的生态代价与当期第一产业增加值的2%等价，粮食单产是生态损失的最主要来源；芦蔚叶等（2012）在分类构建ESV损失模型的基础上，尝试测度了长武县粮食安全保障下的ESV损失；白杨等（2010）、叶延琼等（2012）、元媛等（2011）基于功能价值评估法，结合粮食播种面积和产量，以及农药、化肥等投入水平，评估了农田生态系统粮食生产的生态代价。

从土地利用变化与生态系统服务价值研究来看，我国早期关于土地利用的研究侧重于土地利用的调查。随着科技的发展，卫星遥感影像已成为土地利用变化研究的重要工具，广泛应用于土地利用变化与生态系统服务价值研究中。就两者互动关系而言，一方面，土地利用变化隶属于环境变化，是人类干扰影响环境的可视化表现，也是导致生态服务功能转变的重要因素（李龙等，2020）；另一方面，ESV变化是评判土地利用变化驱动生态效应增减的合理量化（张艳芳等，2020）。李秀霞等（2018）、邓伟等（2020）研究认为，初始土地利用类型面积差异，以及城市发展对农业地面积的蚕食，是ESV存在时空差异性的主要驱动因素。杨文杰等（2019）、贺晓英等（2012）和娄佩卿等（2019）分别基于谷歌地球引擎（GEE）、当量因子法或直接市场法等，对土地利用类型演变尤其是农地非农化下的生态系统服务价值及损失进行研究，认为我国耕地征收造成的生态系统价值均值损失呈现东、中、东北、西部逐级递减的地域分布特征（张妮等，2018），并提出优化土地利用格局、合理规划农用地、科学评估农用地价值等政策建议。

综合上述文献的核心观点和研究方法，不难发现，学者们对粮食安全、ESV和土地利用变化展开了广泛而深入的研究，亦关注到了粮食生产可能会造成生态系统服务价值损失，但仍存在如下一些问题：一是研究的多局限于小尺度范围，鲜有研究关注到中国粮食主产区；二是多数研究侧重于研究土地利用变化、粮食安全与生态系统服务价值两两之间的作用机制，而以土地利用变化尤其是耕地转化为切入点，探析粮食安全及其生态系统服务价值响应的研究较少；三是相较于湿地、林地和草地等自然系统（主要供给生态产品和生态服务），农田生态系统既有生态缓冲、食物供给等正效益，也具有资源消耗和环境污染等负效益（叶延琼等，2012），但目前学者对于农业生态系统负效应的研究却较为缺乏（张妮等，2018），尤其在耕地利用变化对生态系统服务价值影响的研究中常常被忽视。

（5）脆弱性评价研究。

脆弱性研究起源于自然灾害领域，随着脆弱性研究的深入，这一概念逐渐被拓展至经济学、社会学、城市规划科学、可持续性科学等人文科学研究领域。但由于不同领域的脆弱性研究所涵盖的研究对象、采用的研究方法及侧重的视角不同，学界仍未形成统一的脆弱性概念。

从自然灾害领域来看，学者们侧重于从系统的易损性及灾害损失程度来解释脆弱性。特纳等（Turner et al.，2003）认为，生态环境的脆弱性使居民的生活暴露在风险之下；商彦蕊等（1998）通过研究河南旱灾后发现，农业生产系统的脆弱性与成灾状况呈正相关；汪朝辉等（2003）对湖南洪涝灾害发生机制进行分析后也指出灾情随自然环境脆弱性的增强而加重。这说明，学者们起初认为脆弱性是一种"度"的概念，是对灾害发生后影响程度的描述。但随着研究的深入，学者们开始认识到脆弱性是一个综合概念。联合国国际减灾战略（2004）认为，脆弱性是指由多种因素形成的系统在面对各种胁迫中的易损性和敏感性，是系统的内在属性。联合国气候变化委员会（2012）认为，系统脆弱性是气候变化的特征、强度和速率，以及敏感性和适应能力的函数。卡兰塔里（Kalantari，2018）也认为脆弱性包含风险性、暴露性、敏感性、适应能力等概念。

从人文科学研究领域来看，学者们侧重于从系统对冲击的抗干扰能力来解释脆弱性（宋守信等，2017）。钱力等（2022）认为脆弱性就是家庭谋生能力对环境变化的敏感性，脆弱性越高意味着越贫困。在城市发展领域，王岩等（2013）认为脆弱性可以从自然、经济、社会三个角度进行衡量，其脆弱性能够反映一个城市的发展水平，但过高的脆弱性会降低城市的调整能力，不利于长期发展。在粮食安全研究中，脆弱性被解释为人们面临粮食不足的风险及其应对能力（FAO，2013）。可以看出，脆弱性的概念逐渐丰富，已经演变为一个包含暴露度、风险性、敏感性、恢复能力和适应能力等在内的要素集合，研究维度也从自然系统扩展到涵盖自然、经济、社会的综合系统。

从脆弱性的研究方法来看，伯顿（Burton，1993）最早提出了R－H分析框架，认为灾害脆弱性与暴露性和敏感性高度相关。波尔斯基（Polsky，2007）将适应能力引入脆弱性系统并提出了VSD模型，从暴露性、敏感性和适应能力三个方面进行了脆弱性研究。张媛媛等（2021）认为PSR模型从压力、状态、响应三个维度进行分析，能够更好地体现社会与环境之间的相关性，并利用该模型研究了经济脆弱性和生态脆弱性的协调发展关系。徐超璇等（2020）则认为SRP模型综合反映了敏感性、恢复力和压力度，能够更加准确地反映生态环境的脆弱性。Shi等（2018）在PSR及SRP模型的基础上引入驱动力因子，利用DPSR模型研究了生态脆弱性发展趋势和驱动因素；杨法暄等（2020）在DPSR模型的基础上进一步引入了影响力因子，构建了DPSIR模型研究了西安市的生态脆弱性及其空间分异现象，发现这一模型的结果更为可靠。管文闯等（2022）认为政府的调控措施对于生态环境脆弱性的改善较为重要，因此将管理能力因子引入脆弱性分析框架，利用DPSIRM模型开展了脆弱性研究。可见，随着脆弱性概念的不断完善，外部干扰因素增多，其研究方法逐渐多元化。因此，应当根据研究对象的特征选择合适的方法以提高研究可信度。

脆弱性评价是当前脆弱性科学的一个重要研究内容。脆弱性评价的目的是维护系统的可持续发展，减轻外部胁迫对系统的不利影响和为退化系统的综合整治提供决策依据（屈志强等，2020）。脆弱性评价在多个领域得到了广泛研究，主要应用的方法可以分为两类：定性评价和定量评价（杨飞等，2019）。其中，定性评价方法是指通过历史数据和实地考察数据对系统脆弱性进行非定量的描述、分析和预测，主要有归纳分析法和比较分析法（李莉等，2010）。这种方法简单易行，但主观性较强导致准确度不高。定量评价方法一般通过构建科学的指标体系以及对数据进行相应处理，定量评价系统脆弱性（张学玲等，2018）。这种方法较定性方法结果更加直观、准确。在进行定量评价时大多结合模型应用。1970年，加拿大统计学家弗里德（Fried）提出的压力—状态—响应（PSR）模型在脆弱性评价的研究中得到了广泛的应用（李倩等，2015；薛联青等，2019）。波尔斯基等（Polsky et al.，2007）提出了暴露度—敏感性—适应能力（VSD）模型，对脆弱性进行了有效分解。陈佳等（2016）、陈枫等（2018）、向临川等（2021）分别基于VSD模型构建评价指标体系对不同系统脆弱性进行了综合评价。还有部分学者运用驱动力—压力—状态—影响—响应—管理（DPSIRM）模型（管文闯等，2022）、敏感—恢复—压力（SRP）模型（李洪广等，2021）、DRASTIC模型（胡超等，2022）、"因果"模型（LIU，2019）等评价模型进行脆弱性评价。总之，脆弱性评价过程中应用到的模型众多，应该根据研究对象的特征选择合适的模型。

早在1999年，已经有学者开始研究粮食安全脆弱性问题。从粮食安全的角度定义："脆弱性是个人和家庭所面临的来自粮食紧缺的风险及摆脱风险的能力"，在这里，脆弱性实际上是粮食不安全的标度，即被作为风险引起的负面结果。探讨区域粮食安全脆弱性也可以使用这一概念，只需将个人和家庭所在区域作为研究对象即可（蔡文香等，2015）。众多学者从不同角度对粮食安全脆弱性进行了研究。殷培红等（2008）研究了我国粮食安全脆弱区的空间分布特征。徐新良等（2020）从粮食安全角度，研究了"一带一路"合作伙伴的农田生态系统脆弱性的空间分布特征。郭林涛（2020）对我国中长期粮食供求关系脆弱性的原因进行了剖析。夏汉军等（2020）基于综合指数法测算了我国粮食安全脆弱性，并揭示了其时空演变规律。姚成胜等（2019）通过构建评价指标体系探究了我国粮食安全脆弱性变化的总体趋势及其驱动因子。

1.2 理论概念与方法

1.2.1 理论概念

(1) 粮食安全。

关于粮食的定义，古时"行道曰粮，谓糒也；止居曰食，谓米也"，后粮食通指烹饪食品中各种植物种子的集合。国内外组织对粮食的概念有不同的界定。国外通常用"food"一词指代粮食。根据联合国粮农组织（FAO）发布的《2020年世界粮食及农业统计年鉴》，粮食（food）包括谷物及谷物制品、水果和蔬菜、油脂（不包括黄油）、奶制品和蛋类、肉类及肉类制品、糖和蜂蜜以及饮料。主要作物包括谷类、蔬菜、糖料作物、水果、油料作物、根和块茎等，主要农作物包括玉米、水稻、小麦、土豆、大豆等。根据国家统计局的指标界定，按作物品种划分，我国粮食主要包括谷类、豆类和薯类，其中谷物包括水稻、玉米和小麦等，在计量上分别按原粮、干豆和鲜薯折算统计。

关于粮食安全的界定，联合国粮农组织（FAO）于1974年对粮食安全的概念进行了阐述，将其定义为"人们随时都能得到可以维持其生存的充足食物"，这一概念强调了粮食安全对于生存的意义（杨锦英等，2013）。随后，联合国粮农组织（FAO）对粮食安全的概念进行了完善，于1983年提出将"有能力得到"修改为"既能买到又买得起"（陈飞等，2016），根据该定义，粮食安全应同时满足"买得到"和"买得起"两方面。1996年，世界粮食大会进一步完善了粮食安全概念，指出粮食安全要从"物质和经济两个方面满足人们的粮食需求"，并且强调了粮食质量的重要性（宋焱，2018）。2001年，世界粮食安全委员会对粮食安全进行了重新定义："任何人在任何时候，无论是物质上还是经济上都可以获得富有营养与安全的食物"，此定义将营养安全问题考虑在内，进一步拓展了粮食安全的内涵，获得了国际的广泛认可。

鉴于各国经济社会发展阶段和面临的粮食安全问题具有差异性，我国不能完全套用国际关于粮食安全的定义（朱泽等，1997），所以，国内学者将我国国情考虑在内，对粮食安全内涵进行了大量拓展研究。吴志华（2003）将粮食安全定义为某一地区为保证人们随时都能得到满足自身健康生存需求的足够食品，而对粮食生产、流通与消费等环节开展的政治、经济活动。高帆（2006）则认为粮食安全是指在一定区域内的居民能够获得与其需求相适应的粮食，要求既能供得够、又能送得到、还能买得起。吕新业等（2013）从宏观和微观两个层面对粮食安全进行了定义，在宏观上指能满足整个国家（地区）的粮食需求，在微观上要求能够满足家庭或个人的粮食获取需求。崔明明（2019）、黄秋洁（2021）等则认为新时代粮食安全观应充分考虑营养全面、食品安全、贸易稳定、生态保护和可持续发展等多种要素。综合国内外相关表述，粮食安全的内涵可以概括为一个国家或地区的食物同时满足"供得足、送得到、买得起、吃得好、维得稳"五个方面（陈源源等，2017）。"买得好"是指能够提供满足需求的食物供给量；"送得到"是指食物流通顺畅，能够便利地被消费者获得；"买得起"是指居民有足够购买力获取足够的食物；"吃得好"是指在满足生存基本需求的同时吃得营养、健康、安全（刘同山，2022）；"维得稳"是指食物价格平稳，粮食生产稳定、可持续，可以满足居民的长期需求（张亨明等，2021）。可见，粮食安全的内涵不断丰富，从仅单方面地强调粮食供给充足逐步扩展到对粮食安全提出多维度的要求。

（2）农业生态安全。

农业生态安全属于农业生态学的重要理论之一。农业生态学理论具有丰富的内涵，生态位理论是农业生态学的重要组成部分，通过研究不同物种间的空间关系，这种生态意义上的空间关系揭示了在一个生物群中每一个物种都有独特的功能作用。生态位理论首次被格林格尔提出，分析了物种的生态空间关系。农业生态学理论还包括环境承载力理论、循环农业理论和可持续农业理论。

环境承载力理论是指在一个区域中，在一个稳定状态的环境条件下，

第1章 粮食和生态"双安全"的理论与机理构建

能够承载的人类活动和人口数量的能力。马尔萨斯是第一个系统地认识到有限资源和人类生存需求之间的矛盾。随后，人们对生活状况依赖于自然环境状态的认识逐渐加强，因此对自然环境承受能力的测算，以及对人类活动与自然环境之间的关系也成为研究的热点。然而，由于生态环境的日益恶化，环境承载力已不能适应人类社会的发展和进步，人们积极寻找解决环境制约问题的途径，为了更好地融入自然环境，循环农业理论应运而生。从本质上看，它是循环经济理论和可持续发展理论在农业领域上的扩展与发展。循环农业是一种以绿色、高效的农业生产为目标的农业，它是通过农业技术创新和农业结构的优化而实现的，将多级循环过程中的能耗降到最低。发展循环农业必须通过增加投入与产出比率来减少生态环境的破坏，以提高农业生态环境承载力的目的。

农业生态安全意味着在不超出农业生态承载力阈值的前提下，农业生态系统可以持续生产出满足人类生存需要的粮食数量。因此，农业生态安全必须满足两个严苛的要求：一是具备高质量的农业环境要素。这包括了大气、农业用水、耕地和能源供应等重要的农业资源，也包括其他能够保障农业生态系统正常健康运行的物质条件；二是健康稳定的农业生态关系网络。稳定的农业生态关系网络至关重要，不仅能够确保农业生态系统正常运转，更重要的是将生态功能价值输出给人类，以确保人类正常生存生产。它为特定的生态系统中生态因子的相互反应和循环提供了渠道。

（3）脆弱性与生态脆弱性。

脆弱性是指一个体系可以在多大程度上对灾难或危险产生消极的响应。脆弱性概念起源于自然灾害研究。随后脆弱性研究被拓展到地理学、生态学和经济学等多个领域，现已成为一门新兴学科。整体而言，脆弱性研究经历了从关注自然生态系统向自然与人文综合系统的转变，并出现多学科交融的态势。目前，脆弱性的内涵得到了不断完善和丰富，已经演变为包括暴露度、压力、适应性、敏感性、恢复力和风险等不同要素的一种集合。组成脆弱性的各个要素概念相互重叠，没有明确的界限，目前学术界普遍接受的三个要素为暴露性、敏感性与适应能力（田亚平等，2013）。

由于视角差异,学术界对于脆弱性概念尚无统一认知,国外学者对脆弱性概念进行了探讨,据此提炼出脆弱性概念为暴露在扰动下的系统由于其内部结构的敏感性及缺乏应对扰动的适应能力,使系统向不可持续发展方向演变的一种状态或导致系统产生风险的可能性。国内较为典型的观点是李鹤等(2008)提出的,他认为脆弱性是指由于系统(子系统、系统组分)对系统内外扰动的敏感性及缺乏应对能力使系统的结构和功能容易发生改变的一种属性。钱伯斯(Chambers,1989)认为,脆弱性有内部和外部两个方面:个体所遭受的外部风险、冲击和压力,以及内部的防卫,即缺少应对非毁灭性损失的方法。其包括三个风险因素:①外部冲击的风险;②内部应对危机和冲击能力不足的风险;③危机、风险和冲击可能导致严重后果,以及缓慢或有限的复原力风险。总之,尽管脆弱性的概念尚未统一,但通过梳理文献可总结出脆弱性是指与特定扰动相关的且系统内部受到影响而存在不稳定性的客观属性。

生态脆弱性是全球环境变化研究的一个重要概念,也是可持续发展理念的一个重要组成部分。然而,生态脆弱性横跨多个学科,具有多个维度,相对而言错综复杂,尚未有一个标准化的定义。脆弱性这一名词最早出现在自然科学研究,美国生态学家克莱门茨于1905年将生态过渡带引入生态学领域,开启了脆弱性研究的序幕。自20世纪90年代以来,生态脆弱性研究已成为全球变化和可持续发展情景下的热门话题之一。一些国际科学计划,如国际生物计划(IBP)、人与生物圈计划(MAB)、国际地圈—生物圈计划(IGBP),全球环境变化国际人类层面计划(IHDP)也将生态脆弱性列为一个研究主题。

(4)资源禀赋与资源环境承载理论。

资源禀赋是指一个国家所拥有的各种生产要素,如土地、劳动力和资本等,通过各式各样的形式所展现的状态。资源禀赋决定发展的基础,发展基础的不同,将会影响后续发展路径的实现。对于粮食生产来说,耕地、农业技术投入、良种率是极其重要的,对粮食生产效率会产生不同程度的影响。如果不采取与本国资源禀赋相同的农业生产方式,那么本国农业的发展将是不可持续的发展。

第1章 粮食和生态"双安全"的理论与机理构建

资源禀赋理论，又称为 H-O，最初是由瑞典经济学家赫克歇尔（Heckscher）和俄林（Ohlin）在20世纪初期提出的。该理论不仅完善了 Ricardo 提出的比较优势理论，还强调应该考虑多种生产要素，如技术、劳动力、土地和资本等要素。该理论指出，即便是生产技术水平完全一样的国家，由于资源禀赋的不同，还是会存在一定的差异。资源禀赋对产业发展的影响极其复杂，一方面由于自身拥有的资源量较大，相对于资源缺乏的地区，可以产生成本优势、规模优势，称为"资源福音"；另一方面，由于具备某种资源禀赋，由此形成新的资源产业，从而导致其他产业发展相继萎缩，失去竞争力，造成本国经济危机，叫作"资源诅咒"。因此，对于资源禀赋的利用，不可以过度使用，要适可而止。

对于粮食生产效率，资源禀赋同样重要。资源禀赋是粮食生产效率提升的重中之重，也对粮食生产效率产生直接影响。人均耕地资源、农业机械化率的提高会对粮食生产效率产生正向影响，但有时候因为耕地质量低下、机械化非精细化运作，造成粮食产量较低，粮食损耗率较大，所以不同的资源对粮食生产效率所造成的是"资源福音"还是"资源诅咒"，这取决于该地区本身的所具备的资源优势，以及自身对资源禀赋的良好运用。

资源环境承载力是指在某一地区内，资源和环境能够承受人类的最大限度，以确保资源的合理开发与利用，并促进生态环境的良性循环。这一承载力在一定时期内是有限度的。同一地区的资源和环境容量在结构、功能、数量和质量等方面存在差异；在不同的历史阶段，因为社会、技术的发展程度、方式、强度的差异，人类活动的方式、规模和强度也不同，所以特定区域内资源环境承载力呈现动态变化趋势。具体的地区是一个有限的范围。地区是一个由自然、经济和社会三个要素构成的复杂系统，包含社会经济系统和自然系统。社会经济系统是以人为主，而自然系统的主要组成部分是资源和环境。因为受自然、经济和社会三者主要因素的影响，资源和环境的结构功能和数量质量也有着很大的差别，同时人类活动的规模和强度也有很大不同，所以在不同的空间范围内，资源和环境的承载力也会有所区别。资源这个概念有广义的解释，还有狭义的解释。广义地说，自然中一切有益于人类的资源都属于资源，包括自然资源、社会经济资源等。狭义的资源是指自然资源，它可以在特定条件下创造经济价值，它能够提高人类当前和未来的福祉，如水资源、土地等皆属于这种狭义的自然资源。人类赖以生存的重要载体就是环境系统，环境质量对区域的可持续发展起着至关重要的作用。众所周知，环境由水、气体和土壤等多种元素构成，而其他系统的基础由环境构成。

1.2.2 理论方法

（1）生态系统服务价值与功能价值评估理论。

生态系统服务是指生态系统以直接或间接的方式，通过增进福祉或提升效益等手段给予人类的馈赠，亦指人类取自生态系统的所得。生态系统服务既包括生态系统以能量或物质形式向经济社会系统的输送，又包括生态系统对人类废弃物的接纳和有益转化，还包括生态系统给予的美学享受、舒适生活空间等多种服务。区别于经济系统一般意义上的服务，生态系统服务的价值存在被市场严重低估的问题，仅以物质或能量等形式存在的服务顺利进入市场实现交易，而绝大部分呈公共物品属性，被无偿使用甚至被损坏且无任何补偿举措。依据市场准入及补偿的难易，可将其划分为生命系统支持服务和生态产品供给服务。千年生态系统评估（millennium ecosystem assessment，MA）则基于功能视角，将其进一步划分为支持、调节、供给和文化服务等四个维度，以及提供生活空间、维持生物圈功能、供给食物及能源、提供美学与科研场所等多个分项（张永民，2007）。

生态系统服务价值是指对自然资源和生态系统服务功能用经济法则所作的估计，分为使用价值与非使用价值。其中，前者可进一步细分为间接、直接和选择价值，这种以效用为核心的价值范式，主要通过偏好及个人选择来实现。生态系统服务价值评估则是使生态系统服务功能得以合理量化（货币化）的有益探索。生态系统服务价值损益是指土地利用类型转化等活动导致的 ESV 增减变化。其中，生态系统服务价值损失是指价值量的减少，净损失是指损失与收益之间的差值，即衡量 ESV 减少的净值。

功能价值评估法是区别于当量因子法，用于分析生态系统服务价值的重要理论基础和方法来源，是涉及多种评估方法的方法集（张艳芳等，2020；王小莉等，2018）。更加广义的概念为"环境资源价值评估"，其形成的基本动机是将环境影响纳入成本—效应研究中，亦可称为货币化技术，可以表征人们对于环境产品或服务的支付（接受赔偿）意愿和偏好程度（沈满洪，2014）。

根据市场信息是否完备，可将功能价值评估方法分为三类：一是市场价值法，此法将环境视为一种稀缺的生产要素，根据受影响的关联市场产品或服务的数量变化，来评估环境资源的价值，如根据粮食减产的价值来反映农药、地膜等污染对环境的影响价值，具体包括机会成本法和生产率变动法等；二是替代价值法，根据人们对与环境关联紧密的市场活动的行为反馈，间接推测出人们的偏好，如通过水费、农药费、地膜清理费等用来部分表征水资源消耗、农药污染、地膜污染的价值，具体方法包括旅行费用法、重置成本法等；三是假想市场法，主要通过预设情景、直接调查的形式得出人们的偏好，具体包括实验室实验和现场实验等（沈满洪，2014）。

（2）系统理论与耦合协同理论。

系统理论是介于系统科学和哲学之间的理论。该理论源于生命系统理论，在理论生物学家贝塔朗菲（Bertalanffy）发表的《一般系统理论：基础、发展和应用》一文中得到逐步扩展，并延伸到了心理、社会和经济等领域。系统理论要求从整体上系统地思考和分析问题，并且认为系统是整体性、关联性，结构性、平衡性和时序性等各类特性的集合，是若干要素以一定结构相互关联而构成的具有特定功能的整体，能够反映特定的规律。系统理论认为，系统在任何时候均是广泛存在的，应当把研究对象看作整体，去厘清系统内部各要素间，以及单一要素与系统整体间的互动关系及变化规律。其中，任意一个要素的变化，均会引起粮食安全的变动。因此，将粮食安全视为一个复杂的动态系统，构建多维度的指标体系，并在此基础上进行测算和分析，以此为保障粮食安全提供参考。

耦合协同理论由"耦合"和"协同"两个理论构成。其中，"耦合"理论可追溯到物理学领域，是用于研究两个及以上电磁波之间因交互作用而产生类似运动规律的理论。随着耦合概念的拓展和丰富，耦合的内涵可表示两个系统或多个系统相互作用和相互影响的现象。当前，耦合已经在地理学、社会学、生态学等多个研究领域中得到广泛应用。通常而言，耦合度用于反映多个系统相互影响的程度，当耦合度越大时，意味着不同系统因相互影响而实现共同促进的程度越强，表明整个系统越向好的方向发展。"协同"是指在顺应事物客观发展规律的基础上，通过一些科学规范的手段，促进系统间的互动，最终达到致使系统优化升级目标的变化过程。协同度是反映系统间互动的良性程度。耦合协同度将"耦合"和"协同"相结合，体现了系统内部互相依赖和配合，保持良性、可持续发展的状态。其本质就是通过不断调整促进系统达到并保持动态平衡的过程。从这个角度出发，粮食安全与生态安全的内涵存在一定的要素关联，二者有着相对复杂的动态关系。因此，必须通过科学的方式进行测算，以研究粮食安全与生态安全的相互关系，从而促进二者协调，实现良性发展目标。

(3) 空间统计分析理论与方法。

空间是一个与时间相对应的概念，两者密不可分。空间又是一个偏向于地理学的一个概念，指的是地区与地区之间的地理关系。地理学第一定律提出，任何事物都是与其他事物相关的，只不过相近的事物关联更紧密，之后的学者将地理学的概念引入经济学中，空间概念得到更为广泛的运用。在传统的计量经济学中，对于应用场景的要求比较严格，数据必须异质无方差，然而，对于某些时间序列数据和面板数据来说，因为存在一定的空间相关性，会导致计算结果出现偏差，所以空间计量经济学应运而生。它首次提出是在1997年，解决了传统计量经济学存在的空间属性缺陷。随着ArcGIS、Geo da、Stata等空间计量软件运用范围的扩大和使用深度的增加，这些软件进一步推动了计量经济学的发展。现在，在对空间效应进行研究时，主要运用的是空间相关性和空间异质性分析方法。空间自相关分析就是通过度量某要素空间单元属性值的集聚程度，判断相邻位置属性相关性的空间统计方法。

空间相关性用于度量地理数据，表示的是位置上的数据与其他位置上的数据间的相互依赖程度,通常把这种依赖叫作空间依赖(Spatial Dependence),所以空间相关性也称为空间依赖性。空间相关性表示空间上相邻的观测值并不是独立存在的,而是具有一定的空间关联性,若某一观测值受邻近地区相关因素的影响,或者对其产生影响,则说明其具有空间相关性。对于空间相关性测算,常常运用空间自相关模型进行分析,一般分为全域型和区域型。全域型是指全域型的功能在于描述某现象的整体分布状况,判断此现象在空间是否存在聚集特性,但其并不能确切地指出聚集在哪些地区。区域性是指分区域进行空间自相关检测,可以判断具体哪些区域具备空间相关性。而在粮食生产的过程中,存在跨区域性和流动性,必须利用空间自相关模型,对粮食生产效率从空间角度进行分析。空间自相关分析主要包括全局空间自相关分析和局部空间自相关分析,通过全局自相关可以探究研究对象的空间集聚现象,通过局部空间自相关则可以测量研究对象的辐射效应。

李奎恩(Lee,2021)以韩国首尔为例子,利用人类景观指标对大气污染进行空间相关性分析,发现地面臭氧层与空气污染物排放、停车场数量、住宅设施数量和城市重建项目高度相关。殷(Yin,2021)基于前沿随机和空间计量模型对农业技术的空间依赖性进行分析。李(Li,2021)基于宏观资产负债表应用社会网络分析方法对中国地方政府债务风险进行分析。郭(Guo,2020)运用修改后的重力模型和社会网络分析方法对中国31个省份的卫生集聚能力的空间网络相关性及影响因素进行分析。邓宗兵等(2013)利用区位基尼系数、空间自相关模型等对种植业时空特性进行分析,发现种植的专业化、集中化特征。肖卫东等(2012,2014)同样利用空间统计方法对中国种植业的时空特性、变化因素进行分析,发现呈现出明显的"中心—外围"模式。熊昌盛等(2014)以表征耕地质量的自然等指数、利用等指数和等别指数为空间变量,以耕地为单元进行空间自相关分析,探讨莫兰指数(Moran's I)值的空间差异特征。纪龙等(2015)通过空间自相关模型测算了我国1978~2013年蔬菜产业地理集聚的时空特性和影响因素,发现具有地理梯度和连片化特征。李二玲等(2016)则从大豆种植角度切入,运用空间统计分析研究其地理集聚态势及空间分布格局，发现大豆种植地理分布重心一直处在中国的偏东北方向，集聚程度经历周期性变化。王慧芳等（2017）基于2002~2015年鄱阳湖生态区粮食生产数据及探索性空间数据分析法，对其全要素生产率演变趋势及其空间依赖性进行了深入探讨，研究结果表明，鄱阳湖生态区的粮食全要素生产率在14年间呈现上升趋势，在空间上呈现"N"字形变化。方师乐等（2017）利用空间杜宾（Durbin）模型研究农机化水平对谷物产量的空间溢出效应，研究结果表明，农机跨区服务促使农机化水平产生空间正效应，并且这一效应的覆盖范围较广。倪印锋等（2018）利用空间自相关模型、空间杜宾模型对我国牧草产业的地理格局和影响因素进行系统性分析，发现牧草产业向"三北一南"区域集聚的趋势愈加明显。伍国勇等（2019）利用数据包络分析法、空间自相关模型、空间杜宾模型对我国粮食生产效率进行测度，并发现其具有空间溢出效应。赵俊伟等（2019）运用空间自相关模型、空间误差模型和空间滞后模型对我国生猪养殖业的地理集聚和影响因素进行分析，发现空间呈现"集—散—集"的变化特征。史洋洋等（2019）利用GIS技术、地学图谱分析、空间计量回归模型等探究耕地利用转型运行机制，研究结果表明，耕地利用转型过程在空间上表现出明显的空间集聚性，耕地利用转型过程的时间阶段性特征显著。卢新海等（2019）利用空间计量模型，研究耕地利用转型对农业经济增长的影响，研究结果表明，农业经济增长、耕地利用显性转型和隐性转型及各形态之间存在空间关联性。

已有研究表明，在农业生产领域，空间相关性是客观存在的。这在一定程度上打破了传统关于区域之间互相独立的假设，因此最小二乘法在相关研究中具有一定的缺陷，所以有必要引入空间计量经济学进行分析。

（4）可持续发展与农业可持续发展理论。

在全球经济社会不断发展的同时，全球范围内的生态退化和环境问题也日益突出。通过对土地的过度开发使用和肆意掠夺自然资源来维持人类自身的生存发展必然不可持续，人类必须改变发展观念并积极采取行动来修补环境以遏制生态环境持续恶化。在此背景下，全球范围内可持续发展观念应运而生（罗慧等，2001）。1987年世界环境与发展委员会发表了

第1章 粮食和生态"双安全"的理论与机理构建

《我们共同的未来》，在这篇声明中，委员会呼吁号召世界各国将可持续发展观念积极贯彻到本国的发展规划之中（牛文元，2012），这也是"可持续发展"概念的起源之一。可持续发展理论的主要思想是：进行协调、公平、共同、高效和多维角度等五个方面的发展（李龙熙，2005），而在可持续发展的国际实践中，上述思想内涵得到了更进一步的丰富和完善。在2001年，联合国发表《千年宣言》，并在其中提出了著名的"千年发展目标"（MDGs）。但是MDGs存在着一个明显的设计缺点，即发展目标中各个单元之间的相关性较低，对于发展的可持续性有所忽视，特别是没有串联起环境、经济和社会三者的整体关联（董亮和张海滨，2016）。在意识到问题后，联合国随后提出了"3E"和"3P"的可持续发展解读，对可持续发展内容进行了补充。

在千年发展目标期满之后，联合国又制定了可持续发展目标（SDGs），该目标旨在为全球的可持续发展提供指导和建议。这个可持续发展目标涵盖了经济社会发展中各个不同的领域，如经济增长、环境治理、政府职能转变和体制改革等。但是，SDGs中制定不同的目标亦不能够充分协调发展，最终导致一些目标互相矛盾（Weitz et al.，2017）。普拉丹等（Pradhan et al.，2017）收集了全球227个国家的数据进行分析，查明了各个指标之间的协调和平衡效果，一些指标能够与其他目标进行协调发展，而有一些目标与其他目标存在着矛盾问题，如SDG1（脱贫）指标能够和大多数目标进行协同发展、达到相互促进提升的效果；SDG12（负责的消费和产出）指标和一些目标难以共同发展，反而存在互相矛盾的问题。可持续发展是指在生态、经济及社会三个方面共同达到可持续发展的状态，它们是相互关联、协同发展的整体。过分地追求经济发展，势必会导致生态系统的崩溃。因此，只有提倡建设可持续发展的生态环境，才能遏制全球的社会经济环境恶化的速度。通过建设可持续生态基础，创造可持续经济条件，才能达成可持续发展的社会，持续健康发展的自然社会系统是人类的共同追求。可持续发展理论和资源环境承载力研究紧密关联，前者为后者提供研究的指导思想和方向，而后者是前者在实践过程中的具体应用。

农业可持续发展理论是可持续发展理论的重要分支。随着人口增长和工业化的持续推进，人类对生态环境的过度破坏和对自然资源的过度攫取，导致人与生态环境的矛盾越来越突出，粮食安全也受到威胁。可持续发展尤其是农业可持续发展问题成为当前较为紧迫的问题。1991年联合国粮农组织（FAO）于荷兰发表的《丹波宣言》，即"采用合理方式使用自然资源，并实行技术和机制变革以确保粮食安全与农业生产系统可持续发展"。这一宣言明确了农业可持续发展的要求，即农业生产应与生态环境承载力相适应，以实现粮食安全与生态安全共同发展，确保生态环境及资源能够长效输出。我国农业可持续发展的确立源于1994年国务院发布的《中国21世纪议程》，这一文件要求我国要合理利用各类自然资源，保护环境及生物多样性，保障粮食安全，促进人与环境和谐发展。可以看出，确保粮食安全和生态安全协调是实现农业可持续发展的重要内容，我们既要关注粮食产能的稳定，又要合理解决农业资源稀缺的问题。

1.3 粮食和生态"双安全"理论机理

1.3.1 粮食安全与生态安全相关性

粮食与生态"双安全"问题始终是国内外学者们研究的热点，二者关系的辨析是也是当前重要的研究方向，主要从以下两方面展开：一是保障生态安全是实现粮食安全的前提：罗海平等（2021）指出有效利用农业资源并确保农业生态环境稳定才能实现粮食安全平稳发展；翟虎渠（2004）认为粮食安全应建立在生态安全、质量安全和数量安全的基础上，其中生态安全是最基本的保障；弗里森（Frison，2020）认为粮食安全保障水平受制于农业生态系统的发展潜力；Dupouy等（2022）认为实现粮食生产可持续发展的前提就是保证生态系统的稳定。二是粮食安全是生态安全的基础；道蒂等（Doughty et al.，2018）认为粮食生产和食物供给形成了生态系统服务的直接价值，是确保生态安全的基础；肯德尔等（Kendall et al.，2020）认为实现粮食高效生产有利于降低生态脆弱性，通过合理的农业生产方式能缓解因气候变化造成的生态环境不稳定性。

在厘清粮食安全与生态安全相互关系的基础上，学者们对二者的影响关系开展了大量研究。首先，基于农业生态安全视角的粮食安全研究。秦等（Qin et al.，2019）认为土地是粮食生产活动的基础，改善土地生态是保障粮食安全的重要措施；王兆峰等（2021）也从土地资源视角出发，研究了湖南省的耕地生态足迹与粮食生产关系，指出粮食生产活动要保持在耕地生态利用的安全边界之内；张志高等（2020）基于气候变化研究了河南省的粮食生产潜力，发现降水量制约了粮食生产潜力的增长趋势。其次，实证剖析粮食生产活动对生态安全的影响。李姣等（2022）通过测算发现，粮食生产过程中造成了大量水资源污染，且污染程度有不断增长的趋势；娄佩卿等（2019）认为，人类的粮食生产活动导致生态系统服务价值的降低；罗海平等（2022）通过测算发现，粮食主产区连年增长的粮食产量背后是巨大的生态损耗。

1.3.2 粮食生产活动对生态安全的影响机理

不合理的粮食生产活动会造成生态安全脆弱性。第一，粮食生产活动对土地资源具有很强的依赖性，而在我国拥有超过20%的七至十等耕地，且这些耕地的质量难以有效提升，为了确保粮食增产目标实现，人们只能通过边际拓荒、抢占林木和湖泊等资源等方式来弥补耕地生产力的不足，而这种方式是以损害生态安全为代价的。第二，粮食生产用水会对生态环境造成一定影响。一方面，有些缺乏农业用水的地区会过度依赖抽取地下水灌溉，极易引发地下水位下降，从而导致地面沉降问题；另一方面，农业废水污水中含有大量杀虫剂、除草剂等物质，排放后可能会影响水生生物。第三，以高投入高产出为特征的粮食生产方式带来了巨大的环境污染。由于我国多数农民仍缺乏环保意识，片面追求产量最大化，不计后果地大量使用农药、化肥和农膜,这种做法给生态环境带来了巨大压力。具体而言,不合理地使用农业化学要素会引起土壤养分严重失衡、土地板结、耕地质量退化、减少生物多样性、大气及水源受污染等环境问题。与此同时,当前我国农业生产方式仍呈现出劳动密集型特征,而在我国工业化持续推进,农村人口外流至二、三产业的背景下,劳动力短缺问题日益突出,部分地区的耕地甚至存在摆荒现象。这不仅会增大其余地区粮食生产压力,还会促使农业生产者增加农业化学品投入以弥补生产力不足,进而影响生态环境。第四,环境破坏问题在一定程度上具有"不可逆性",即农业生态环境没有替代品,一旦遭到损害,很难被修复成原状,加之政策具有滞后性,包括调耕休耕轮作、调整种植结构、农村污染防治在内的相应政策收效较慢。因此,不合理的生产活动会对生态环境产生负面影响。

现代化粮食生产活动能够改善生态环境,缓解其脆弱性。第一,新型农业生产技术的开发既能提高粮食产量又能够改善生态环境。一方面,膜下滴灌、适时开沟排水、施用生物炭基肥等新型生产方式的应用可以增强农作物光合作用,抑制甲烷菌生长,弱化土壤硝化和反硝化反应,从而减少二氧化碳、甲烷、氧化亚氮等温室气体排放,改善大气环境;另一方面,绿色农业的发展推进了农业废弃物的污染治理及综合利用,减少了环境中的污染废弃物,改善了土壤环境和水源条件。第二,现代化科技手段的应用能够提高生产要素利用效率,减少对生态环境的冲击。土壤养分检测仪、植物病虫害检测仪等现代化仪器能够实时监测耕地质量情况和粮食作物的生长状况,可以通过指导农户针对性地适量施用化肥和农药,以减少因过量施用而对环境造成的影响。此外,低碳节能农机设备的推广应用,也能在一定程度上提高生态环境承载力。

1.3.3 生态环境对粮食安全的影响机理

生态环境问题会造成粮食安全脆弱性。第一,生态环境的破坏会造成粮食生产资源趋紧,将不利于粮食生产活动的正常开展。农业生产活动是以自然资源条件为基础的,需要水资源、土壤、气候等大量自然条件相互配合。然而,对自然环境的不合理开发、资源的过度开采及非经处理的废气废水排放等行为均会造成生态环境恶化,进而产生水资源减少、土壤稀缺、耕地质量下降、异常气候增多等问题,限制粮食生产资源,进而陷入"生态环境趋紧→粮食生产资源不足→粮食生产、供给压力增大→边际拓荒耕地、过量使用农业化学品→生态环境恶化→粮食生产资源持续减少→粮食生产、供给压力进一步上升"的恶性循环。第二,生态环境问题会阻碍粮食增产,将会弱化居民获取粮食的能力。当前中国人口突破14亿大关,世界人口也即将突破80亿,人口增加无疑会增大粮食需求。此外,随着我国全面小康社会的建成,人们的收入和生活水平提升,对精加工食品和肉类食品的需求也逐步增加,也会加重粮食供给压力。但是,生态环境问题不利于粮食生产,一方面,会提高粮食生产成本,弱化农户生产积极性;另一方面,也会导致自然灾害频发从而影响粮食产出。在两方面的影响下,粮食供需缺口会持续扩大,进而推动粮食价格持续走高,进一步弱化居民粮食获取能力。因此,可表示为"生态环境问题→粮食生产成本上升→农户生产积极性降低→粮食供需缺口增大→粮食价格走高→弱化粮食获取能力"。

生态系统也会对粮食安全产生正面影响。农业生态系统既能够提供产品生产功能,又能够提供多样化的服务价值,如图1.15所示。一方面,农业生态系统是水、土地等宝贵资源的基础,没有生态环境的支撑,粮食生产无从谈起。良好的生态环境能为粮食生产提供足量的农业用水、优质的耕地资源、稳定的气候条件,既有利于减少农业灾害发生率,促进粮食增产丰收,方便居民获取粮食,也有利于提振农民生产的信心和积极性。另一方面,农业生态系统具有重要的调节作用,当粮食生产遇到自然灾害、环境污染、病虫害、气候失常等外部冲击时,农业生态系统能够自发产生响应并主动调控,削弱外部环境的干扰,稳定粮食供给,防止个别年份的粮食产量不足造成粮价大幅波动,从而影响居民获取粮食的稳定性。

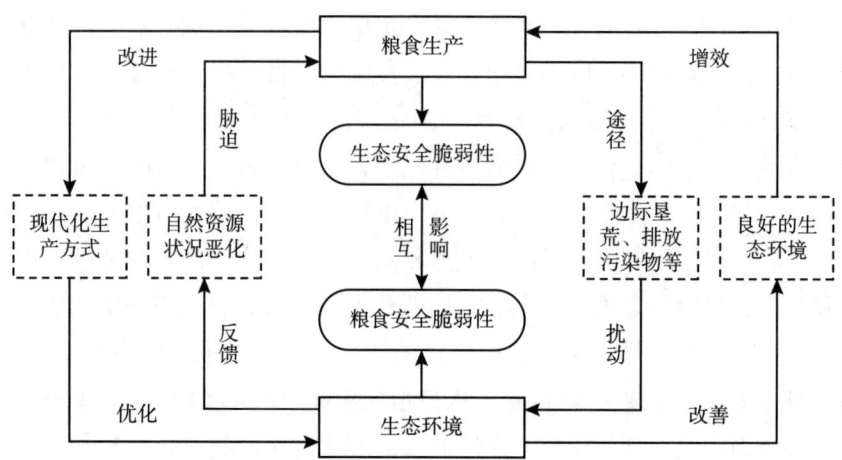

图 1.15　粮食安全与生态安全的作用机理

因此，粮食安全与生态安全存在一定的要素关联，基于脆弱性视角针对二者展开耦合协同研究具有一定的可行性。若二者协同发展，则产生积极影响，促进耦合系统的协同发展，否则会产生消极影响，制约耦合协同的实现。

第 2 章 粮食和生态"双安全"的形势与问题

2.1 粮食功能区与粮食主产区

2.1.1 粮食功能区

改革开放以来,中国粮食生产格局也发生了重大变化,而我国幅员辽阔,自然环境差异较大,不同区域对我国粮食生产的贡献率也有所不同,为科学地规划全国粮食耕地资源,保障粮食安全有序生产,国家提出了粮食功能区的概念。根据《国家粮食安全中长期规划纲要(2008—2020年)》的划分标准,粮食主产区包括黑龙江、吉林、辽宁、内蒙古、河北、河南、山东、江苏、安徽、江西、湖北、湖南、四川13个省份,粮食主销区包括北京、天津、上海、浙江、福建、广东、海南7个省、直辖市。而山西、宁夏、青海、甘肃、西藏、云南、贵州、重庆、广西、陕西、新疆等11个省份为粮食产销平衡区。

粮食主产区主要指那些自然资源丰富、耕地禀赋优厚、有利于发展农业生产的地区,主要分布于中国的东北地区、华北地区、华中地区、华东地区。这些地区多处于平原、丘陵和盆地,气候相对湿润,阳光充足,水资源较为丰富,地势多处于第三阶梯上,地势总体上呈现出西高东低的走势,在粮食生产方面具有天然优势。该区域耕地面积占据全国60%以上,粮食产量占据全国的70%以上，增产贡献度在80%以上，是中国粮食生产的核心区域，承担着对外输出粮食的重任，是粮食安全保障的重点区域。但是近年来，粮食主产区也面临着耕地质量低下、水利基础设施建设薄弱、成本提高等问题，导致粮食主产区粮食生产受限，粮食产量下降。

粮食主销区主要指那些耕地资源较为薄弱、自然条件差、农业用地较少的地区，如一些沿海地区和经济发达地区。该区域一方面面临着粮食生产效能减退；另一方面面临着粮食供给压力逐渐增加的问题。粮食播种面积虽然有所增加，但是占比呈现下降趋势，同时粮食产量增加的速度小于主销区人口增加的速度，口粮压力较大，之后伴随着城市化和工业化进程的加快，农业用地逐渐减少，粮食不能满足自身消耗，主要依赖于粮食输入，粮食安全形势严峻。

粮食产销平衡区主要指那些介于粮食主产区和粮食主销区之间的省份，它们的自然条件相对较好，农业资源相对较为丰富，虽然对我国粮食产量的贡献有限，但是能够满足自身的生产和消费需求，大致达到产销平衡的状态。而如今，随着时间的推移，耕地面积呈现下降趋势，粮食播种面积占比也逐步下降，同时伴随着不断深化的"粮改"政策，逐步调整了产业结构，减少了粮食储备，这些举措对粮食安全生产是极为不利的。

习近平总书记在党的二十大报告中强调"必须高度重视我国粮食安全问题，全方位夯实粮食安全根基。"而粮食生产安全是粮食安全的基础，应把粮食生产安全摆在粮食安全工作的核心位置。中华人民共和国成立70多年来，我国粮食生产不断迈上新台阶。全国粮食产量由11318万吨增长至68653万吨，年均增长率2.50%[①]。人均粮食占有量也从208.95千克上升至486.30千克，增长幅度达132.74%[②]。在同期人口增加一倍多的情况下，人均粮食占有量比中华人民共和国成立初期翻了1倍多，这实属不易，同时也离不开我国对粮食主产区发展的高度重视。2019年中央一号文件指出"发挥粮食主产区优势"，2022年中央一号文件强调"不断提高主产区粮食综合生产能力"。粮食主产区是国家粮食安全主体功能区，肩负着保障

[①②] 根据国家历年统计数据计算所得。

国家粮食安全的重担,历年来粮食主产区粮食总产量始终占全国70%以上,其中2022年占比78.25%①。粮食主产区为保障国家粮食安全作出了突出贡献,且未来我国要端稳"中国饭碗"主要还需依靠粮食主产区。因此,粮食主产区近年来受到各学者的广泛关注。

2.1.2 粮食主产区

粮食主产区肩负着保障国家粮食安全的重担。1997~2003年,除2001年粮食产量有些许回升外,其余年份粮食产量均呈现出下降趋势,2003年全国粮食产量仅为4.31亿吨,与1991年粮食产量相当,创近十年最低。与此同时,全国人口在不断增加、耕地面积在不断缩小。粮食供需在一定程度上面临脱节,粮食安全遭受严峻挑战。在此背景下,为保障粮食安全这一"国之大者",财政部在2003年底下发了《关于改革和完善农业综合开发若干政策措施的意见》(以下简称《意见》),提出将我国粮食主产区划分到安徽、山东、辽宁、河北、江苏、江西、吉林、湖南、河南、四川、湖北、黑龙江、内蒙古13个省份,同时提出要重视粮食主产区农业基础设施建设,扶持产业化龙头项目及优势农产品产业建设,加大财政支持力度。

得益于相对优越的地理区位、土壤状况、气候条件和技术水平等因素,粮食主产区在种植部分农作物具有一定的比较优势。如表2.1所示,按照地理区域划分,粮食主产区主要分布于东北平原、华北平原、长江中下游平原三大平原和四川盆地。其中,东北平原介于118°E~128°E,40°N~48°N,占有多方面的自然区位优势,其地广人稀,黑土地肥沃,森林覆盖率高,属温带大陆性气候,对农业发展具有重要促进作用,主要农作物为春小麦、大豆、玉米、稻谷等。华北平原地势平坦,介于114°E~121°E,32°~40°N,属温带季风气候,区内植被资源丰富,但存在旱涝、水资源短缺等问题,该区域通常以旱作为主,主要种植大豆、小麦、花生和玉米

---

① 根据历年统计数据测算所得。

等农作物。相对而言，长江中下游平原地势平坦，介于111°~123°E，27°~34°N，属亚热带季风气候，水资源较为丰富，交通便利，人口密度大，农业现代化水平较高，是重要的产粮产棉区。位于西南地区四川盆地地域辽阔，地区间气候存在明显差异，介于97°~108°E，26°~34°N，属亚热带季风气候，资源丰富，光热条件良好，以水稻、小麦、玉米、红苕等农作物为主。

表2.1　　　　　　　　粮食主产区的地理区位及环境概况

项目	东北平原	华北平原	长江中下游平原	四川盆地
分布区域	辽宁、吉林、黑龙江、内蒙古	河北、河南、山东、安徽及江苏南部	湖南、江西、湖北、安徽及江苏北部	四川
地理位置	118°E~128°E，40°N~48°N	114°E~121°E，32°N~40°N	111°E~123°E，27°N~34°N	97°E~108°E，26°N~34°N
气候	温带大陆性气候	温带季风气候	亚热带季风气候	亚热带季风气候
主要农作物	春小麦、大豆、玉米、稻谷等	大豆、小麦、花生、玉米等	水稻、油菜、棉花等	水稻、小麦、玉米、红苕等

粮食主产区为保障我国粮食安全做出了重要贡献，被划分为粮食生产的核心区域。自20世纪80年代以来，中国粮食生产的核心区域从东南区域向中北地区演进，粮食主产区涵盖的省份就此发生更替。在1994年发布的《国务院批转财政部等部门关于粮食政策性财务挂账停息报告的通知》中，首次提出了粮食主产区的概念，该文件根据人均粮食产量将辽宁、吉林、黑龙江、江苏、浙江、安徽、江西、山东、湖北、湖南、四川11个省份划定为粮食主产区（华树春等，2021）。之后，浙江率先实行粮食购销市场化改革，开展农村经济结构调整。但由于粮食作物播种面积逐年降低，粮食产量大幅降低，被国务院划出了主产区范围。在1998~2003年，由于粮食价格低迷，农民种粮收入减少，加之这一时期经济作物需求旺

盛，导致农民种粮积极性不足，我国粮食生产总量出现了"五连降"，由1998年的5.12亿吨下降至2003年的4.31亿吨，粮食缺口逐年增大。为应对粮食连年减少的情况，对粮食主产区的范围做进一步调整，确定13个省份为粮食主产区，并明确粮食主产区的功能定位：首先，这些地区生产的粮食要解决好国家的粮食需求，这是不可动摇的；其次，要求加强13个省份成为商品粮的龙头；最后，在保证粮食质量的同时，增加粮食产量。在此基础上，2004年的全国农业和粮食工作会议进一步确认了粮食主产区的区域划分，并指出粮食主产区要重点抓好粮食生产工作，逐步增加粮食产量。自此，粮食主产区的区域版图及粮食生产任务得以明确。然而，粮食主产区13个省份不同的自然环境导致了不同的粮食生产环境、农村面貌和生态环境。

总的来说，粮食主产区有三个特征：第一，有着广袤的耕地面积。粮食主产区现有耕地的总面积占全国耕地面积的66%以上；第二，地域分散，我国的南北地区皆有粮食主产区，地理跨度大，气候多样；第三，地势相对平坦，平原众多。总体地形西高东低，分布的平原主要集中在东北平原、华北平原、长江中下游平原这三个地区，还分布于四川盆地。这三大平原南北相连，土壤肥沃，是具备国家战略地位的粮食种植区。其中，东北平原属温带大陆性气候，华北平原属温带季风气候，四季分明，常以小麦、玉米为种植作物，长江中下游平原和四川盆地属于亚热带季风气候，常以水稻和玉米为种植作物。

2.2 粮食主产区粮食安全保障效能

2.2.1 粮食功能区的粮食产能形势

目前，我国粮食产量处于稳步上升阶段，从1998年的51229.5万吨到2018年的65789.2万吨（见图2.1），21年间粮食总产量增加28.4%，年均增长1.21%。其中，2003~2015年实现粮食产量的十二连增，2016年之后粮食产量虽然有小幅下降，但整体仍处于较高水平，充分保障了粮食的充足供应。从粮食功能区来看，粮食主产区变化趋势与全国趋势保持一致，粮食产量占据全国粮食生产的极大部分，且比重越来越大，占比从1998年的70.9%到2018年的78.7%，提高了7.8%，粮食产量从1998年的36316.3万吨增加到2018年的51768.9万吨，增长了42.6%，增长率远超过全国平均水平。粮食主销区粮食产量从1998年的5050.7万吨减少到2018年的2785.9万吨，降幅高达45.9%，整体呈现稳中有降趋势，占比从10.1%下降到4.2%，降低5.9%，说明在粮食生产方面，粮食主销区生产能力弱化，粮食产量降低明显，主销区内部粮食供给不足，依赖于粮食主产区省份的粮食输入。粮食产销平衡区粮食产量在22年间大致保持不变，且呈现略微上升趋势，2018年仅比1998年增加1501万吨，占比相较于1998年下降1.9%，达到17.1%，反映出产销平衡区粮食产能减弱，粮食产量仅能保证自给自足，无法对外进行粮食输出。

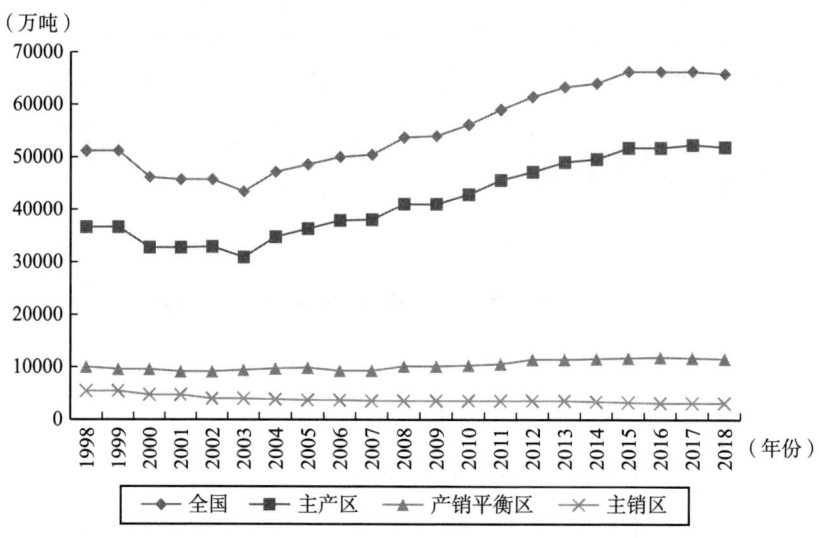

图2.1 1998~2018年全国及三大粮食功能区粮食产量变化趋势

第2章 粮食和生态"双安全"的形势与问题

主产区粮食单位面积产量持续上升,粮食安全得以保障。随着耕地红线和永久基本农田的划定,耕地面积逐渐趋于稳定,但粮食单位面积产量有下降趋势(见图2.2),我国粮食单产从1998年的5.17吨/公顷下降到2018年的4.94吨/公顷,降幅达到4.45%,整体粮食单产提升效果不明显。但从功能区来看,粮食主产区单产逆势上扬,从1998年的5.36吨/公顷上升到2018年的5.81吨/公顷,上升8.40%,且每年都高于全国平均水平,成为拉动单产的主力军。而对于粮食主销区来说,随着工业化和城镇化进程的加快,其非农用地也随之在大量增加,导致耕地面积减少,粮食单产也逐渐降低,从1998年的7.75吨/公顷变化到2018年的3.82吨/公顷,下降幅度高达50.7%。粮食产销平衡区的大部分地区受到自然环境因素的限制,粮食单产水平一直不高,远低于其他区域,从1998年的3.94吨/公顷下降到2018年的3.06吨/公顷,虽说近年来受到耕地保护政策的影响,耕地面积有所提高,但耕地质量低下,严重影响地区内粮食产量的提升。但是,随着粮食主产区生产功能的进一步完善,单产水平有继续提升的空间,同时粮食主产区耕地面积占全国比重接近七成,足以保障粮食安全。

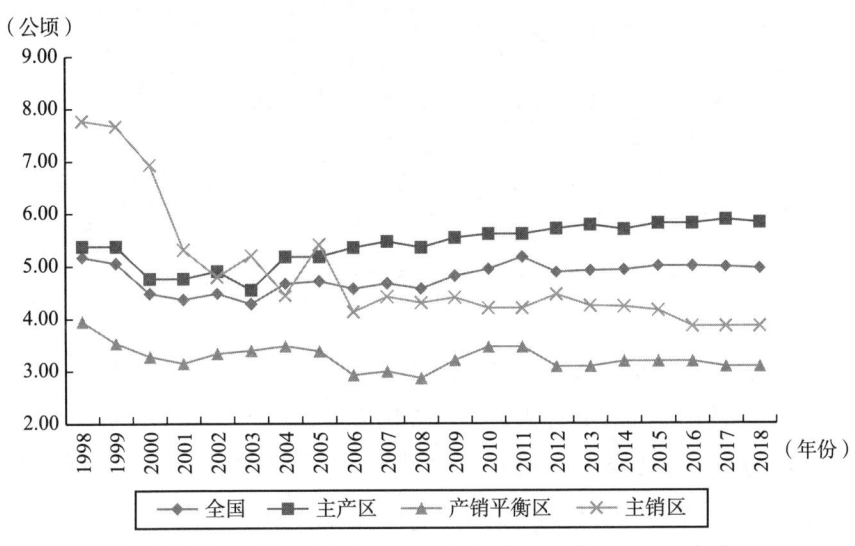

图2.2 1998~2018年全国及三大功能区粮食单位面积产量

2.2.2 粮食主产区的粮食产销形势

我国13个粮食主产区主要分布于东北平原、华北平原、长江中下游平原和四川盆地。2020年，粮食主产区依托全国40%的水资源、66%的耕地资源和58%的人口数，带来了全国75%以上的粮食产量。如图2.3所示，粮食主产区在2003~2008年粮食产量"六连增"和2009~2015年粮食产量"七连增"的基础上再创新高，2020年粮食年产突破5.26亿吨，占全国粮食总产量的78.56%，单个粮食主产省（区）粮食年产超过0.2亿吨，是保障我国粮食安全的战略功能区。

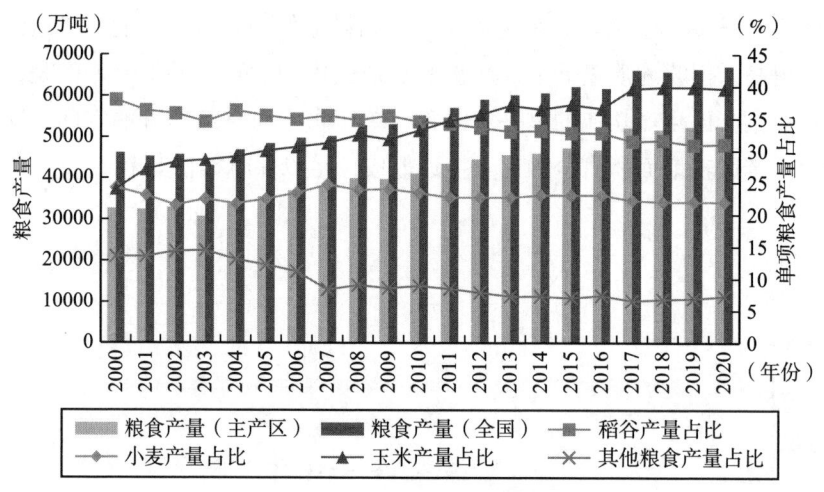

图2.3　2000~2020年粮食主产区粮食产量与占比

从粮食作物构成来看，在2000~2020年，粮食主产区呈现"一增二减一不变"的趋势特征，即玉米产出占比上升，稻谷和除三大主粮之外的其他粮种产出占比下降，而小麦产出占比波动较弱，20年间维持在21.53%~24.75%。究其原因：第一，随着地膜玉米栽培技术的推广，东北省区玉米播种面积激增，其中黑龙江玉米播种面积由2000年的1801.3千公顷扩张至2018年巅峰期的6317.8千公顷，面积占比由22.94%提升至

40.97%。在播种面积扩张和单产提升的驱动下,粮食主产区玉米产量逐年快速攀升,于2012年赶超稻谷,登顶为我国产量最丰的粮食品种,到2020年玉米产量占比达总产量的近40%,已成为维持我国粮食产能的中坚力量。第二,在"双季稻改单季稻"形势下,在2000~2020年,除黑龙江稻谷播种面积实现翻番外,江苏、山东、四川三省播种面积不增反降,江苏省基本持平,其余省份增幅较小,粮食主产区稻谷播种面积年均增速仅为0.884%(同期玉米为3.336%),玉米对水稻的替代效应显著。第三,小麦种植区主要集中在华北平原,五省小麦播种面积和小麦产量占粮食主产区的80%以上,2014~2019年产量更是占比90%以上,是我国小麦生产核心区。但随着水资源短缺导致的地下水超采情况愈烈,更多低产地块放弃小麦种植,小麦产量占比在微幅波动中略显颓势。

从粮食播种面积和粮食单产来看,2000~2003年由于粮价大幅下跌,粮食主产区粮食播种面积大幅缩减。2003年的诸多惠农政策推动播种面积触底反弹,除2016年和2019年之外始终保持着较大增幅,2020年粮食播种面积达88069.9千公顷。2020年,粮食主产区的粮食产量、播种面积位列前三名的省份分别是黑龙江、河南和山东,如图2.4所示。其中,黑龙江省增势最为强劲,自2007年超越河南省后,一举成为我国粮食播种面积最大的省份,2010年至今贡献着我国9%以上的粮食产出,是我国的第一产

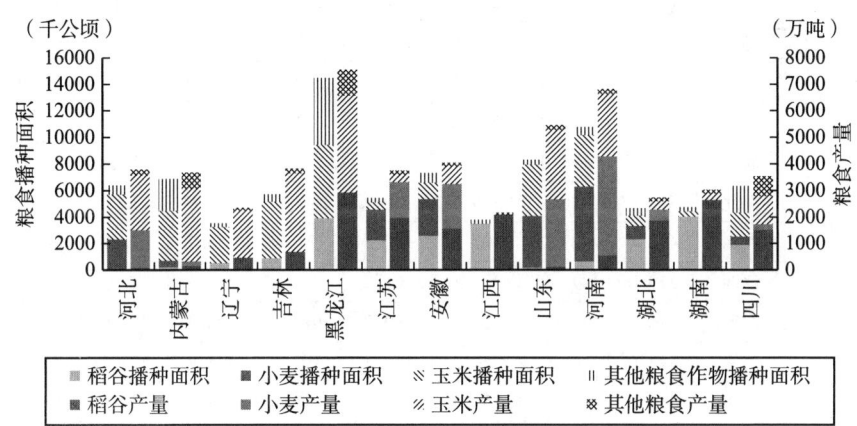

图 2.4 2020 年粮食主产区的粮食生产基本情况

粮大省。2000~2020年，粮食主产区粮食单产呈波动式增长态势，由2000年的4.458吨/公顷提升至2020年的5.972吨/公顷，粮食单产水平存在稻谷>玉米>小麦的层级关系，同时粮食单产增速呈小麦>玉米>稻谷的反向关系。随着高单产水平的稻谷逐步被较低单产水平的玉米所取缔，将成为威胁我国粮食增产的一大因素。

各省份粮食供给和生产效率情况的好坏，可以通过粮食产量和粮食的单位面积产量体现，但由于各省份的地形地貌、经济发展水平、农业禀赋的特点不同，存在着粮食生产和粮食消费上的差异，这就存在粮食的溢出流入问题。根据1998年和2018年的粮食产量、常住人口数和人均粮食生产量等数据，得出人均粮食生产量、人均粮食消费量、人均产销量和粮食溢出率，如表2.2所示。粮食溢出率反映的是各省份能够达到最低保障本地区粮食安全的比率，最低保障粮食安全的量即为保障口粮的供应量，其中负值反映的是粮食流入情况。

表2.2　　　　　　　　三大粮食功能区粮食产销情况对比

地区		人均粮食生产量（公斤）		人均粮食消费量（公斤）		人均产销量（公斤）		粮食溢出率	
		1998年	2018年	1998年	2018年	1998年	2018年	1998年（%）	2018年（%）
粮食主产区	辽宁	447.8	502.0	233.4	142.0	214.4	360.0	47.89	71.71
	黑龙江	800.0	1985.0	267.6	148.5	532.4	1836.5	66.55	92.52
	河北	445.6	491.0	225.7	130.6	219.9	360.3	49.35	73.39
	山东	484.0	531.0	251.2	132.3	232.8	398.7	48.10	75.09
	河南	432.1	694.0	278.3	123.2	153.8	570.8	35.60	82.25
	湖北	419.0	480.5	330.6	130.7	88.4	349.8	21.10	72.81
	湖南	435.0	439.0	303.2	182.3	131.8	256.7	30.30	58.47
	江西	373.0	473.0	325.8	161.5	47.2	311.5	12.65	65.85
	江苏	476.6	455.0	316.0	129.0	160.6	326.0	33.70	71.65
	安徽	423.0	566.7	286.3	160.8	136.7	405.9	32.31	71.62
	四川	416.0	420.0	258.3	181.3	157.7	238.7	37.90	56.84
	内蒙古	671.8	1403.7	264.5	164.9	407.3	1238.9	60.62	88.25
	吉林	963.2	1340.0	229.6	156.6	733.6	1183.4	76.16	88.31

续表

地区		人均粮食生产量（公斤）		人均粮食消费量（公斤）		人均产销量（公斤）		粮食溢出率	
		1998年	2018年	1998年	2018年	1998年	2018年	1998年（%）	2018年（%）
粮食产销平衡区	甘肃	353.0	438.0	268.6	168.2	84.4	269.8	23.91	61.60
	宁夏	552.9	573.2	267.6	123.3	285.4	450.0	51.61	78.50
	山西	343.0	372.0	253.8	155.5	89.2	216.5	26.01	58.19
	广西	366.0	280.0	241.4	159.9	124.6	120.1	34.04	42.88
	贵州	303.0	295.0	241.1	129.9	61.9	165.1	20.43	55.97
	云南	320.3	386.0	252.8	136.7	67.5	249.3	21.08	64.59
	西藏	341.0	307.0	275.5	320.3	65.5	-13.3	19.21	-4.34
	陕西	363.7	318.5	232.9	138.9	130.8	179.6	35.97	56.38
	新疆	479.0	600.2	253.1	177.9	225.9	422.3	47.17	70.36
	重庆	377.6	317.0	210.6	204.1	167.0	112.9	44.22	35.61
	青海	256.8	171.5	293.2	131.5	-36.4	40.0	-14.15	23.34
粮食主销区	北京	219.8	16.0	142.5	94.7	77.3	-78.7	35.16	-491.88
	天津	233.0	135.0	222.0	150.9	11.1	-15.9	4.74	-11.80
	上海	146.0	43.0	237.6	121.9	-91.6	-78.9	-62.72	-183.40
	福建	291.2	127.0	276.5	151.6	14.6	-24.6	5.02	-19.37
	广东	274.4	106.0	266.1	162.5	8.3	-56.5	3.02	-53.34
	海南	314.0	158.0	260.6	98.2	53.4	59.8	17.00	37.82
	浙江	323.6	105.0	236.7	160.6	86.9	-55.6	26.86	-52.99

从表2.2中可以看出，1998年粮食主产区粮食人均产量大于粮食产销平衡区和粮食主销区，粮食主产区平均人均粮食生产量约为522.1公斤，粮食产销平衡区平均人均粮食生产量约为368.8公斤，粮食主销区则约为257.4公斤。其中，人均粮食产量最多的省份为吉林省，达到963.2公斤，而人均粮食产量最少的省份为上海市，仅为146.0公斤，最多的地区是最少地区的6.6倍。而从人均消费量来看，粮食主产区平均人均消费量（274.7公斤）>产销平衡区人均消费量（253.7公斤）>粮食主销区区平均人均消费量（234.6公斤），但是整体而言差距不大，人均消费量最多的地

区（湖北）仅比最少的地区（北京）多188.1公斤，各地区粮食的消费水平较为均衡。从人均产销量的角度来看，粮食主产区平均人均产销量约为247.4公斤，粮食产销平衡区约为115.1公斤，粮食主销区约为22.9公斤，可以看出粮食产销平衡区和粮食主销区的人均产销量远低于粮食主产区，粮食主销区满足口粮之后，基本不存在余粮，人均产销量最大的吉林高达733.6公斤，而人均产销量最小的省份是上海，-91.6公斤，两者的差值为825.2公斤，说明各省份粮食净输出量差距较大。

2018年粮食主产区平均人均粮食生产量约为752.4公斤，与1998年相比增长了104.01%，实现产量翻番。粮食产销平衡区平均人均粮食生产量约为369.8公斤，与1998年相比几乎不变，粮食主销区约为98.6公斤，相比于1998年下降幅度高达61.69%。2018年，三大粮食功能区的分工特点已经非常明显，粮食主产区的人均粮食生产量持续上升，产销平衡区保持不变，而对于粮食主销区来说反而下降。从人均粮食消费量的角度来看，三大功能区差距依然不大，但粮食产销平衡区（167.8公斤）＞粮食主产区（149.5公斤）＞粮食主销区（134.4公斤），全国整体水平相较于1998年有明显下降趋势，反映人们因物质生活水平的提升，从而减少对粮食的需求量。粮食主产区平均人均产销量为602.9公斤，相对于1998年大幅度增长，达到143.69%，粮食主销区平均人均产销量为-35.8公斤，下降幅度为-256.33%，产销平衡区平均人均产销量为201.1公斤，增长幅度也达到74.72%。全国粮食产量由于农业技术改进和种子品质的提升，粮食产量有增加趋势，但各区域间差异越发明显，粮食主产区依旧是粮食生产的主力军，而粮食主销区因农用土地进一步减少，被用作工业用地和房地产用地，粮食产量缩减明显，粮食产销平衡区产销情况则变化较小。

为了更好地分析粮食产销情况，利用ArcGIS10.2软件，制作粮食溢出率的对比情况。1998年，31个省份大部分位于低溢出率和较低溢出率区间，共计20个，占据全国一半以上地区，说明粮食溢出率水平整体较低，最高为吉林的76.16%，最低为上海的-62.72%；2018年，粮食流入溢出情况发生了明显的变化，主产区粮食溢出率进一步扩大，平均达到74.52%，主销区流入率进一步加深，平均流入率为110.71%，呈现出两极分化特征，溢出率最高的黑龙江已经到了92.52%，北京流入率高达491.88%，但位于中等、较高和高溢出率的地区增加明显，已经达到21个，说明大部分省份在粮食生产中保持优势。粮食主产区在粮食生产中占据重要地位，在粮食输出方面贡献极大，从区域范围来看，黑龙江、吉林等位于东北地区的省份溢出率明显加深，北京、上海等经济强市，耕地面积极少，粮食大部分依赖外调，流入率明显增加。

2.2.3 粮食主产区粮食产能时空演化

（1）粮食主产区粮食产量贡献大，是保障全国粮食安全重要的"压舱石"。如表2.3所示，从粮食总量来看，2000~2016年粮食主产区的产量贡献率在70%的水平上再创新高，2017~2020年连续4年贡献了全国78%以上的粮食产量，为保障我国粮食安全筑牢基石；从增势来看，粮食主产区与全国粮食产量的同比增长趋势基本保持一致，2000~2008年和2000~2015年，粮食产量分别实现了"六连增"和"七连增"。可见，粮食主产区是影响全国粮食总量走势的关键因素；从增速大小来看，2000~2020年，粮食主产区粮食产量有15个年份为正增长，有9个年份粮食产量增速超过全国平均水平。2020年，粮食主产区生产粮食52598万吨，比2000年增产44%，为全国粮食总产量贡献78.6%。其中，黑龙江和河南占全国粮食总产量比重均高达10%以上，成为保障全国粮食安全的中流砥柱。

表2.3　　　　　　　粮食主产区与全国粮食产量比较

年份	粮食主产区			全国	
	产量（万吨）	比重（%）	同比增速（%）	产量（万吨）	同比增速（%）
2000	32607	70.6	-10.7	46217	-9.1
2001	32379	71.5	-0.7	45264	-2.1
2002	32913	72.0	1.7	45706	1.0
2003	30579	71.0	-7.0	43070	-5.8
2004	34115	72.7	11.6	46947	9.0
2005	35443	73.2	3.9	48402	3.1

续表

年份	粮食主产区			全国	
	产量（万吨）	比重（%）	同比增速（%）	产量（万吨）	同比增速（%）
2006	36824	73.9	3.9	49804	2.9
2007	37640	74.7	2.2	50414	1.2
2008	39918	74.7	6.0	53434	6.0
2009	39710	73.6	-0.5	53941	0.9
2010	41184	73.7	3.7	55911	3.7
2011	43422	73.8	5.4	58849	5.3
2012	44610	72.9	2.7	61223	4.0
2013	45763	72.6	2.6	63048	3.0
2014	46021	71.9	0.5	63965	1.5
2015	47341	71.7	2.9	66060	3.3
2016	46776	70.8	-1.2	66044	0.0
2017	52138	78.8	11.5	66161	0.2
2018	51772	78.7	-0.7	65789	-0.6
2019	52371	78.9	1.2	66384	0.9
2020	52598	78.6	0.4	66949	0.9

（2）粮食主产区的粮食产量空间分异显著。如图2.5所示，2000~2020年粮食主产区各省份粮食平均产量从高到低排名为：河南、黑龙江、山东、四川、江苏、安徽、河北、辽宁、吉林、湖南、湖北、内蒙古和江西。其中，黑龙江粮食增势最为强劲，自2015年超越河南以后，粮食产量一直是粮食主产区的第一，于2020年贡献了粮食主产区14.3%的粮食产量；历年位于前三名的河南省和山东省粮食产量增势相对稳定，远超除黑龙江省以外的其他省（区）；四川省历年粮食产量增速缓慢，研究期内对主产区粮食产量的贡献率显著下降，由10.3%逐步下降至6.7%；排名靠后的湖北、辽宁和江西，2020年粮食产量加总量仅为7230万吨，未超过第一产粮大省黑龙江的7541万吨；但从增产速度来看，以2000年为基期，

2020年黑龙江以196%的同比增速获得第一，内蒙古紧随其后，为195%，湖南、四川增速最慢，仅为8.9%和4.6%。

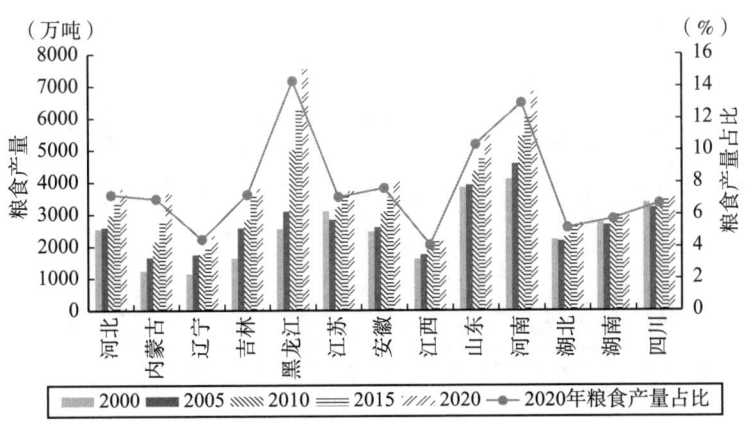

图 2.5　2000～2020年部分年份粮食主产区的粮食产量情况

（3）粮食主产区的历年粮食播种面积较高，粮食单产量始终高于全国平均水平。如图2.6所示，从粮食播种面积来看，粮食主产区占全国比重缓慢上升，由2000年的67%上升到2020年的75%，其中，黑龙江的粮食播种面积不但总量大，而且增势迅猛，2016年以来均保持在1400万公顷以上，远超粮食主产区平均水平，而辽宁和江西省的粮食播种面积则较少，不到粮食主产区平均水平的一半。从粮食单产来看，2000～2020年，粮食主产区粮食单产水平从4458公斤/公顷增至5972公斤/公顷，增幅为34%；同期，全国粮食单产水平从4261公斤/公顷上涨至5734公斤/公顷，增幅为34.6%，由此，粮食主产区拥有高于全国的粮食单产水平，增长潜力大。具体来看，吉林、江苏和湖南的粮食单产水平位列主产区前三名，其2020年粮食单产水平均超过6600公斤/公顷，发挥了中流砥柱的作用。而粮食单产水平处于最后三名的省（区）分别为内蒙古、黑龙江和安徽，平均单产水平分别为4126公斤/公顷、4263公斤/公顷和4737公斤/公顷。其中，内蒙古的平均单产水平要比吉林的平均单产水平低53%，差距显著。

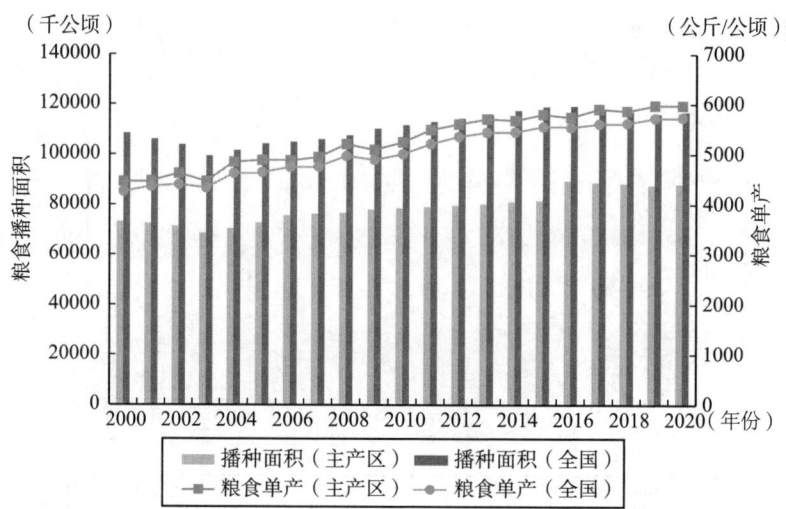

图2.6 2000~2020年全国与粮食主产区的粮食播种面积与粮食单产的情况

（4）从粮食作物构成来看，粮食主产区粮食作物主要包括玉米、小麦、稻谷、豆类和薯类。选取2000年、2007年、2014年和2020年四个年份绘制饼状图，以直观反映2000~2020年粮食主产区粮食作物构成的变化，如图2.7所示。从粮食作物构成的变化趋势来看，2000~2020年，玉米产量占比上升趋势显著，从24%渐渐上升到40%，而小麦产出占比波动趋势较为平稳，历年维持在20%~25%，稻谷产出占比较大，研究期内呈微微降低趋势，豆类和薯类产出占比则最少，历年均保持在7%以内。具体而言，2000~2020年，玉米产出由7854.8万吨增至26066.5万吨，增幅高达164%，谷物增速紧随其后，2000年谷物是20334.7万吨，2020年为34611.4万吨，增速为70.2%。而薯类不增反降，从2196.2万吨增至2987.4万吨，增幅为34.6%。与全国比较，粮食主产区粮食作物产量对全国的贡献率存在小麦＞豆类＞玉米＞稻谷＞薯类的层级关系，2000~2020年，小麦贡献了80%以上的全国产量，豆类、玉米和稻谷产量占全国比重基本保持在70%以上，而薯类贡献度最低，维持在50%~60%。

第 2 章 粮食和生态"双安全"的形势与问题

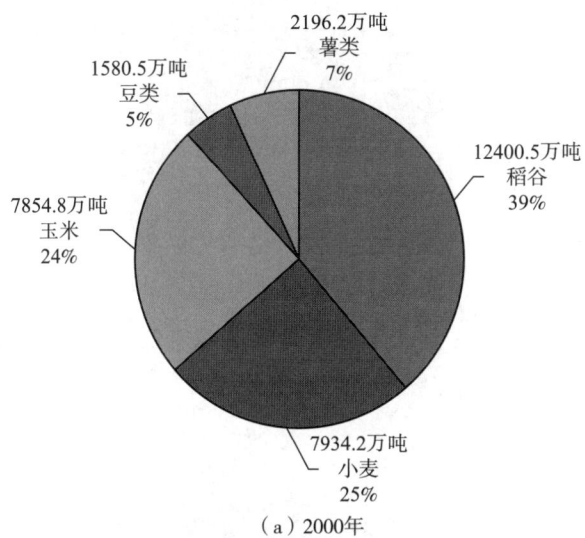

（a）2000年

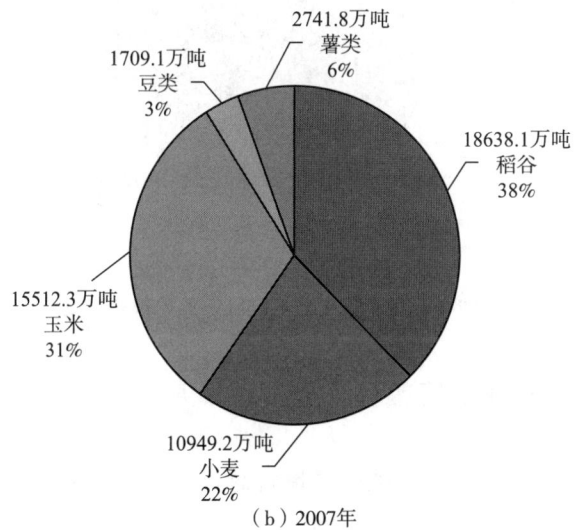

（b）2007年

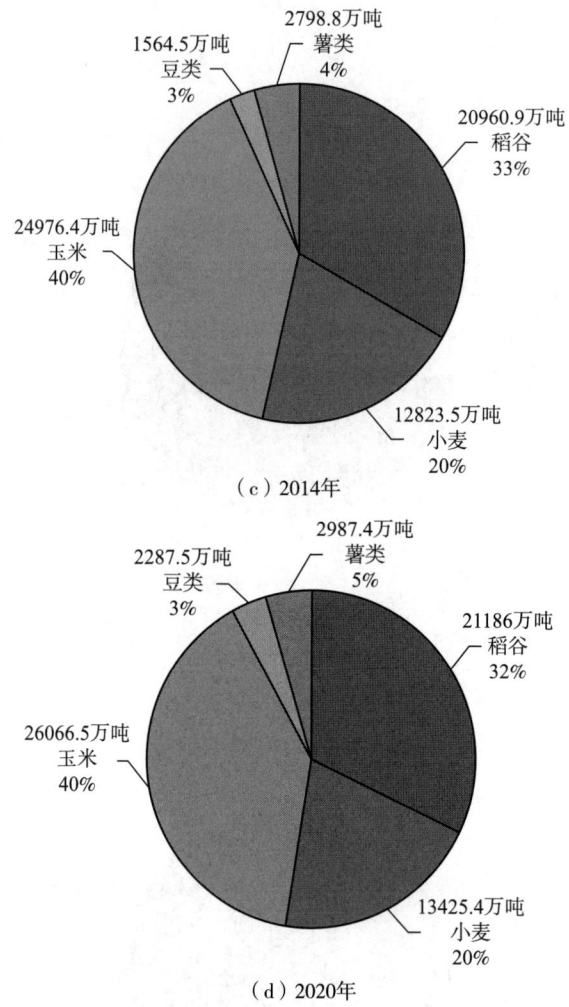

图 2.7 2000~2020 年粮食主产区的五类粮食作物构成

2.2.4 粮食主产区粮食安全贡献率变迁

总体来看，粮食主产区对全国粮食总产量增产的拉动作用显著。如图 2.8 所示，我国粮食总产量在 2004~2015 年的"十一连增"和 2018~2020 年的"三连增"的基础上实现了新的突破，2020 年粮食产量高达 6.695 亿吨，17 年间粮食增产约 42.6%，年均增长 2.1%。此外，我国产量自 2015 年之后连续 6 年保持在 6.5 亿吨以上，较好地满足了我国居民的粮食需求。具体来看，粮食主产区的粮食总产量增长明显，由 2004 年的 3.412 亿吨增长至 2020 年的 5.260 亿吨，17 年间粮食产量增加约 54.2%，年均增长约 2.6%，分别比全国水平高出 11.6% 和 0.5%。与此同时，粮食主产区为我国贡献了 70% 以上的粮食，自 2017 年后，其贡献率长期保持在 78% 的水平，对我国粮食增产的拉动作用明显。这意味着在全国粮食增产的背后，粮食主产区的贡献功不可没。

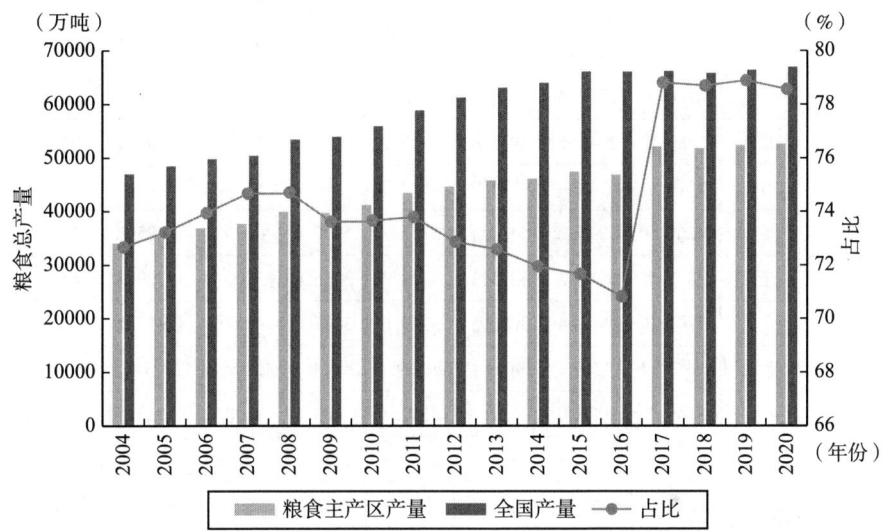

图 2.8　2004~2020 年粮食主产区与全国的粮食产量对比

从区域层面来看，粮食主产区三大区域的粮食增产趋势存在较大差异。如表 2.4 所示，东北区的粮食生产总量由 2004 年的 8736.3 万吨增长至 2020 年的 17346.9 万吨，增产约 98.6%，是粮食增产最显著的区域，这说明东北区在保障我国粮食安全方面占据越来越重要的地位。黄淮海区粮食总产量由 2004 年的 15828.9 万吨增长至 2020 年的 23816.8 万吨，增长约 50.5%，17 年累计生产粮食 341895.5 万吨，始终高于东北区和长江流域区的粮食产量，且对粮食主产区的粮食总产量贡献率也始终高于 45%，是粮食产量最大的地区，为我国实现粮食产量目标发挥了重要的作用。长江流域区粮食产量由 2004 年的 9549.8 万吨增长至 2020 年的 11433.8 万吨，仅增产 16.5%，增产速度较慢，且粮食产量于 2008 年被东北区反超，粮食总产量贡献率也从 28.0% 跌至 21.7%。

表 2.4　　　　2004~2020 年粮食主产区各地区粮食产量对比　　　单位：万吨

地区		2004 年	2007 年	2010 年	2013 年	2016 年	2019 年	2020 年	累计
东北区	黑龙江	3001.0	3462.9	5012.8	6004.1	6058.5	7503	7540.8	92414.9
	吉林	2510.0	2453.8	2842.5	3551.0	3717.2	3877.9	3803.2	54837.3
	辽宁	1720.0	1835.8	1765.4	2195.6	2100.6	2430.0	2338.8	33693.0
	内蒙古	1505.3	1810.7	2158.2	2773.0	2780.3	3652.5	3664.1	43128.0
	区域	8736.3	9562.4	11778.9	14523.7	14656.6	17463.4	17346.9	224073.2
黄淮海区	河北	2480.1	2841.6	2975.9	3365.0	3460.2	3739.2	3795.9	54448.6
	山东	3516.7	4148.8	4335.7	4528.2	4700.7	5357.0	5446.8	77517.7
	河南	4260.0	5245.2	5437.1	5713.7	5946.6	6695.4	6825.8	96663.9
	江苏	2829.1	3132.2	3235.1	3423.0	3466.0	3706.2	3729.1	56805.6
	安徽	2743.0	2901.4	3080.5	3279.6	3417.4	4054.0	4019.2	56459.8
	区域	15828.9	18269.2	19064.3	20309.5	20990.9	23551.8	23816.8	341895.5
长江流域区	四川	3146.7	3027.0	3222.9	3387.1	3483.5	3498.5	3527.4	56141.8
	湖北	2100.1	2185.4	2315.8	2501.3	2554.1	2725.0	2727.4	41836.3
	湖南	2640.0	2692.2	2847.5	2925.7	2953.2	2974.8	3015.1	49187.6
	江西	1663.0	1904.0	1954.7	2116.1	2138.1	2157.5	2163.9	34511.7
	区域	9549.8	9808.6	10340.9	10930.2	11128.9	11355.8	11433.8	181677.4
主产区	—	34115.0	37640.2	41184.1	45763.4	46776.4	52371.0	52597.5	747646.1

从省际层面来看，粮食主产区各个省份的粮食产量存在显著差距。各地 17 年间累计粮食总产量由高到低的排名依次为河南、黑龙江、山东、江苏、安徽、四川、吉林、河北、湖南、内蒙古、湖北、江西、辽宁。具体而言，2004~2020 年河南、黑龙江和山东的粮食产量始终保持在前三，17 年累计的粮食总产量分别为 96663.9 万吨、92414.9 万吨和 77517.7 万吨，而位处第四名的江苏仅为 56805.6 万吨。可以看出这三个省份的粮食产量

明显高于其余省份，且这三个省份 17 年累计的粮食产量约占粮食主产区总产量的 35.7%，是重要的粮食产区。2004~2020 年，粮食产量最低的三个省（自治区）分别为辽宁、江西和内蒙古，这一期间，三个省（自治区）的累计产量分别为 33693.0 万吨、34511.7 万吨、43128.0 万吨，仅占粮食主产区粮食总产量的 14.5%，其占比低于河南、黑龙江和山东三省累计产量占比约 20%，存在较大差距。2012 年以后，在基础设施加强、防灾减灾措施普及、农业技术推广等一系列措施的推动下，内蒙古粮食增产提速，达到年均 4.7% 的水平，居于粮食主产区 13 个省的首位。而同期湖北粮食增产放缓，年均增长率仅为 1.4%，在多种因素的交织下，湖北粮食总产量自 2012 年起低于内蒙古产量并跌至粮食主产区 13 个省份的倒数第三。

从粮食作物类型来看，稻谷、小麦、玉米、豆类和薯类这五类粮食作物产量存在不同的发展趋势，如表 2.5 所示。

表 2.5　2004~2020 年粮食主产区与全国各类粮食作物产量及占比

种类	地区	2004 年	2007 年	2010 年	2013 年	2016 年	2019 年	2020 年
水稻产量	主产区（万吨）	12371.3	13342.6	14202.1	15071.2	16238.4	16149.9	16348.5
	全国（万吨）	17908.8	18638.1	19722.6	20628.6	21109.4	20961.4	21186.0
	比重（%）	69.1	71.6	72.0	73.1	76.9	77.0	77.2
小麦产量	主产区（万吨）	7411.7	9316.0	9631.6	10339.3	11398.1	11584.7	11618.3
	全国（万吨）	9195.2	10949.2	11609.3	12363.9	13318.8	13359.6	13425.4
	比重（%）	80.6	85.1	83.0	83.6	85.6	86.7	86.5
玉米产量	主产区（万吨）	9889.3	11763.8	13657.9	16965.1	20983.2	20925.6	20738.1
	全国（万吨）	13028.7	15512.3	19075.2	24845.3	26361.6	26077.9	26066.5
	比重（%）	75.9	75.8	71.6	68.3	79.6	80.2	79.6
豆类产量	主产区（万吨）	1783.6	1320.2	1503.6	1154.8	1275.3	1740.6	1891.0
	全国（万吨）	2232.1	1709.1	1871.8	1542.4	1650.7	2131.9	2287.5
	比重（%）	79.9	77.2	80.3	74.9	77.3	81.6	82.7
薯类产量	主产区（万吨）	1996.6	1403.0	1675.1	1658.0	1627.8	1400.0	1435.5
	全国（万吨）	3557.7	2741.8	2842.7	2855.4	2726.3	2882.7	2987.4
	比重（%）	56.1	51.2	58.9	58.1	59.7	48.6	48.1

粮食主产区稻谷产量大、增势平稳，对全国粮食产量的贡献率稳步提高。从全国来看，其产量由 2004 年的 17908.8 万吨平稳增长至 2020 年的 21186.0 万吨，增长约 18.3%，占粮食总产量的比重常年保持在 30% 以上。稻谷的总产量在五类粮食作物产量中占据主导地位，是我国第一大粮食作物，而在 2011 年以后，其产量在 2.1 亿吨的水平上下波动，增产空间有限，转变成为我国第二大粮食作物。从粮食主产区来看，稻谷产量由 2004 年的 12371.3 万吨增长至 2020 年的 16348.5 万吨，增长约 32.1%，高于全国 13.8%，其粮食增产平稳，保持在年均约 1.8% 的水平。除此以外，粮食主产区贡献了全国约 70% 以上的稻谷产量，较好地承担了国家粮食生产任务。

粮食主产区小麦产量实现跨越式突破、增速超越全国水平。从全国来看，其产量由 2004 年的 9195.2 万吨增长至 2020 年的 13425.4 万吨，增长约 46.1%，占粮食总产量的比重保持在 20% 左右。从粮食主产区来看，小麦产量增长较快，由 2004 年的 7411.7 万吨增长至 2020 年的 11618.3 万吨，增长约 56.8%，高于全国 10.7%。具体而言，粮食主产区的小麦产量存在明显的阶梯特征：第一阶段是 2004~2005 年，其产量保持在 8000 万吨以下，约占全国小麦总产量的 80%；第二阶段是 2006~2015 年，这一阶段小麦产量跨上新的台阶，年均产量保持在 1 亿吨左右，为全国提供了约 83.3% 的小麦；第三阶段是 2016 年以后，小麦产量突破 1.1 亿吨大关，迈上新的台阶，为我国供给了约 86% 以上的小麦产量，且小麦产量的年均增速超过全国水平的两倍，这一时期为我国小麦增产做出了重要贡献。

粮食主产区玉米产量跃居五类粮食作物第一、增势迅猛。从全国来看，其产量由 2004 年的 13028.7 万吨快速增至 2020 年的 26066.5 万吨，产量翻了一番，年均增速也高达 4.4%，是我国产量增速最快的粮食作物。从粮食主产区来看，玉米产量增速迅猛，由 2004 年的 9889.3 万吨增至 2020 年的 20738.1 万吨，增产约 109.7%，并于 2012 年超越稻谷，成为产量最大的粮食作物。具体而言，粮食主产区的玉米产量可以划分为两个阶段：第一阶段表现为波动上升，发生于 2004~2015 年，玉米产量由 9889.3

万吨增至17627.8万吨，其中，2007年、2009年和2014年的产量经历了小幅下降，但并未影响玉米产量总体增长的走势；第二阶段为2016~2020年，玉米产量大致保持在2亿吨以上的平稳水平，期间这一地区为我国供给了约80%的玉米产量，成为我国重要的玉米产区。

粮食主产区豆类产量先减后增，变化趋势与全国基本保持一致。从全国来看，其产量呈"U"形变化，由2004年的2232.1万吨跌至2015年的1512.5万吨后，逐年回升至2020年的2287.5万吨，相较于2004年仅增产约2.5%。粮食主产区的豆类产量也呈"U"形变化，由2004年的1783.6万吨下降至2015年的1141.73万吨后增长至2020年的1891.0万吨，增产约6.1%。需要注意的是，粮食主产区历年豆类产量占全国水平75%以上，说明全国豆类产量的"U"形走势主要是由粮食主产区的变化引起的。

粮食主产区薯类产量低，呈减产趋势。从全国来看，其产量由2004年的3557.7万吨下降至2006年的2701.3万吨后始终保持平稳，仅存在较小的波动变化。粮食主产区的薯类产量经历了下降—回升—平稳三个阶段。具体来看：2004~2007年为下降阶段，薯类产量由1996.6万吨下降至1403.0万吨，减产约29.7%；2008~2016年，薯类产量有所回升，由2008年的1492.5万吨增长至2016年的1627.8万吨，增产约9.1%；2017~2020年，薯类产量下降至1400万吨的水平后保持平稳，仅为我国供给了不足50%的产量。除此以外，第三阶段薯类产量低于豆类产量，成为粮食主产区第五大粮食作物。

总体来看，我国粮食单产水平的发展趋势较为平稳，由中产水平过渡到了高产水平，但单产量仍落后粮食主产区约4.5%。如图2.9所示，我国粮食单产水平由2004年的4620.5公斤/公顷增长至2020年的5733.5公斤/公顷，增长约24.1%。其中，在2009年和2016年，粮食单产量出现了小幅下降的情况，但并未影响其总体平稳发展趋势。参照许红（2020）的划分标准，在2004~2014年，我国粮食单产量始终保持在中产水平（4000~5500公斤/公顷），2015年以后，我国粮食单产量跃升至高产水平（5500公斤/公顷以上），这说明，我国粮食产能稳步提升，粮食安全根基逐步夯实。具体而言，粮食主产区的粮食单产量始终高于全国平均水平，由 2004 年的 4846.7 公斤/公顷增长至 2020 年的 5972.2 公斤/公顷，单产量高于全国水平约 2.7%～5.4%。此外，粮食主产区的粮食单产量自 2012 年起便由中产水平转变至高产水平，比全国平均水平更早实现了突破，较好地发挥了粮食安全"压舱石"的作用。

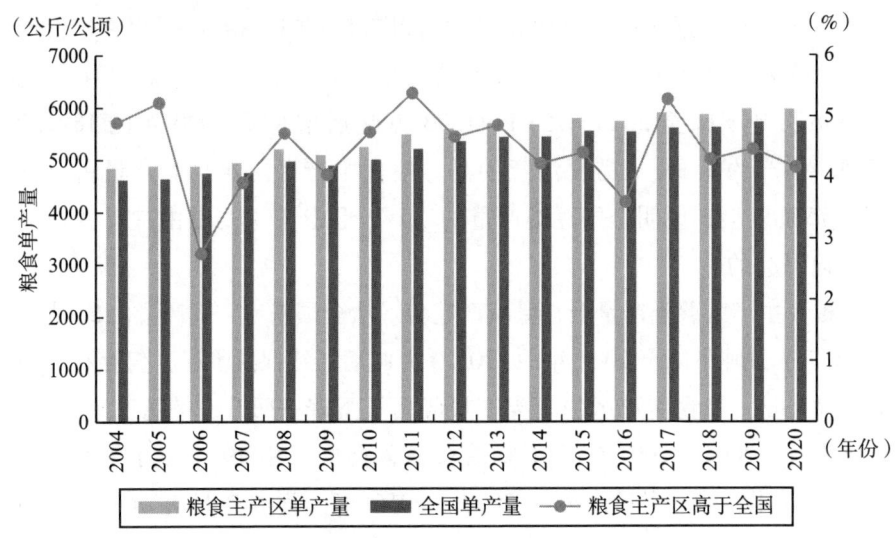

图 2.9　2004～2020 年粮食主产区与全国的粮食单产量对比

从区域层面来看，粮食主产区三大区域的粮食单产量均实现了一定增长，粮食产能有了不同程度的提升。由表 2.6 可以看出：第一，东北区的粮食产能虽增长较快，达到了 29.4%，但其总量相对较低，常年处于三大区域的末位，于 2013 年后才达到高产水平。根据发展走势，可以将东北区的粮食产能划分为波动上升和平稳两个阶段。2004～2013 年为波动上升阶段，单产量由 2004 年的 4399.4 公斤/公顷增至 2013 年的 5763.8 公斤/公顷，在这一期间，单产量于 2007 年达到谷值 4086.1 公斤/公顷，随后缓慢增长，粮食产能逐渐恢复；2014～2020 年粮食单产量在 5681.3 公斤/公顷的水平保持平稳，但在 2020 年又有下降的趋势，说明东北区的粮食单产量由早年的快速发展至今已略显颓势，现已经进入"瓶颈期"，亟须寻求新的突破。第二，黄淮海区的粮食单产量实现了平稳增长，由 2004 年的 4910.2 公斤/公顷稳步增长至 2020 年的 6250.4 公斤/公顷，增长约 27.3%，其增速在三大区域中居第二位。黄淮海区的粮食单产量于 2011 年达到高产水平，并且在 2014 年之后赶超长江流域区成为粮食单产量最高的区域，成为粮食主产区粮食生产的主力军。第三，长江流域区凭借其良好的区位优势和自然资源条件，在 2004~2011 年保持较高的粮食单产量，居粮食主产区首位，但其粮食单产量的增速较低，年均增速仅 0.7%，仅实现了从 5220.4 公斤/公顷到 5868.0 公斤/公顷的突破，增幅较小。值得注意的是，自 2017 年以后，该区域粮食单产水平逐年降低，粮食生产不稳定风险增大。

表 2.6　　2004~2020 年粮食主产区各地区粮食单产量对比　　单位：公斤/公顷

地区		2004 年	2007 年	2010 年	2013 年	2016 年	2019 年	2020 年
东北区	黑龙江	3548.1	3200.3	4376.2	5191.9	5132.3	5232.9	5222.7
	吉林	5820.8	5660.8	6327.6	7413.5	7402.3	6869.7	6693.7
	辽宁	5917.4	5867.9	5552.8	6805.1	6500.6	6965.3	6630.8
	内蒙古	3600.2	3536.6	3924.9	4936.5	4806.2	5349.7	5362.2
	区域	4399.4	4086.1	4783.3	5763.8	5671.5	5763.7	5691.1
黄淮海区	河北	4131.2	4606.9	4737.0	5327.8	5468.6	5780.0	5941.5
	山东	5693.9	5981.1	6119.7	6207.6	6258.0	6444.3	6577.1
	河南	4749.1	5539.9	5582.1	5667.3	5781.1	6237.3	6356.2
	江苏	5925.3	6005.4	6124.3	6385.2	6379.9	6886.9	6898.6
	安徽	4345.6	4479.0	4655.9	4950.1	5143.2	5563.3	5513.7
	区域	4910.2	5331.6	5446.0	5692.2	5798.2	6167.8	6250.4
长江流域区	四川	4858.6	4693.0	5034.2	5235.2	5397.5	5571.5	5587.9
	湖北	5657.0	5489.0	5692.0	5873.8	5756.5	5912.9	5871.3
	湖南	5553.1	5941.3	5921.1	5926.5	6038.5	6444.0	6341.2
	江西	4964.0	5401.0	5371.4	5733.3	5800.3	5886.6	5736.1
	区域	5220.4	5305.4	5466.0	5647.0	5716.6	5923.9	5868.0
主产区	—	4846.7	4942.5	5243.1	5703.9	5738.6	5974.8	5972.2

从省域层面来看，2020年各省份的粮食单产量由高到低依次为：江苏、吉林、辽宁、山东、河南、湖南、河北、湖北、江西、四川、安徽、内蒙古、黑龙江。从表2.7可以看出，排名第一的江苏的粮食单产量与排名末位的黑龙江的粮食单产量差距超过30%，除此以外，多数省份均已达到高产水平，仅内蒙古和黑龙江仍处于中产水平，这说明粮食主产区13个省份的粮食单产量存在显著差距。具体来看，自2010年以后，江苏和吉林的粮食单产量遥遥领先，高于同期其余地区平均水平20%，成为粮食高效生产的主要地区。山东和辽宁作为重要的农业大省，两个省份的粮食单产水平较为接近，均为我国粮食增产做出了重要贡献。黑龙江、内蒙古和安徽的粮食单产量虽常年居于粮食主产区的末尾，但其增长速度较快，分别达到了年均2.4%、2.5%和1.5%的水平，位居粮食主产区前列。此外，黑龙江、辽宁、安徽、湖北、湖南、江西等省份的粮食单产量均有下降趋势。

表2.7　2004~2020年粮食主产区与全国各类粮食作物单产量　　单位：公斤/公顷

种类	地区	2004年	2007年	2010年	2013年	2016年	2019年	2020年
水稻单产	主产区	6661.3	6665.2	6789.1	7018.6	7079.0	7280.4	7267.2
	全国	6310.6	6432.9	6553.0	6717.2	6865.7	7059.1	7044.2
小麦单产	主产区	4545.3	4972.2	5097.8	5424.0	5673.6	5947.5	6054.2
	全国	4251.9	4607.9	4749.7	5058.9	5399.7	5630.3	5742.3
玉米单产	主产区	5278.9	5263.8	5628.3	6207.0	6138.6	6477.2	6447.4
	全国	5120.1	5166.6	5453.6	6016.0	5967.1	6316.7	6317.0
豆类单产	主产区	1815.0	1410.1	1724.0	1705.1	1753.5	1919.1	1970.6
	全国	1744.0	1459.8	1693.5	1734.4	1777.4	1925.0	1973.2
薯类单产	主产区	4231.9	3777.3	4192.4	4104.8	4105.4	4670.6	4810.0
	全国	3762.0	3469.8	3544.1	3695.4	3765.1	4036.3	4143.4

我国一级粮食主产区不同粮食作物的单产量总体呈向好态势，且增长较为平稳。五类粮食作物中，单产量由高到低依次为稻谷、玉米、小麦、薯类和豆类。其中，粮食主产区的稻谷、小麦、玉米单产量高于全国水平

2.1%~8.3%，薯类单产量高于全国水平约10%，而豆类单产量在大多数年份都低于全国水平。2004~2020年，粮食主产区小麦单产量增长最快，达到了33.2%，玉米次之，为22.1%，水稻、豆类、薯类的增速较为接近，约保持在10%的水平。这说明，粮食主产区致力于发展小麦和玉米种植，而处于高单产水平的稻谷有被替代的趋势。张琛等（2022）预测我国2035年的粮食需求量将达到7.6亿吨至8.2亿吨，这无疑会增加粮食主产区的增产压力，使得粮食安全的可持续性降低。

2.2.5 粮食主产区粮食安全保障的粮食供给压力

综上可以看出，粮食主产区作为重要的生产功能区，其粮食作物种类丰富，单产水平高，为我国产出了大量粮食，也为我国粮食安全的行稳致远做出了重要贡献。但是，我们也需要注意，近些年主产区部分粮食作物的贡献量有下降趋势，粮食单产水平也长期未实现新的突破，甚至出现了负增长的情况。在当前的人口规模扩张、粮食需求与日俱增的背景下，主产区的粮食供给压力不断增大。

（1）粮食产量增速缓慢，粮食总产增长进入瓶颈期。新时期粮食主产区粮食产出位列历史新高位，粮食产出量又高又稳，但是近年来粮食总产量增速均较低，且呈波浪形下降趋势。特别是2020年，粮食主产区粮食产量增速低于全国平均水平。粮食主产区粮食数量进入增产瓶颈期，将影响到我国整体的粮食安全形势。从全国发展趋势来看，未来我国人口还将刚性增长，粮食消费量还没有到达峰值，这对粮食供给提出了严峻挑战；从全球形势来看，国际粮食贸易供应不确定性风险增加，依靠进口粮食短期内难以改变我国粮食紧平衡的格局，因此，我国依然要把粮食自给作为重要安全支撑。而全国粮食产出和库存大多集中在粮食主产区，主产区的粮食种植、保存、运输等情况将直接影响全国粮食供给，从这角度来看，粮食主产区在粮食生产、保障方面的任务仍然较重。

（2）种植成本持续上涨，削弱农户种植积极性。随着工业化和城市化的推进，劳动力、水资源、土地等农业生产要素价格持续上升，驱动粮食种植成本不断上涨，使得粮食可盈利空间被挤压，大大削减了农户种植积极性。如表 2.8 所示，2011~2020 年，稻谷、小麦、玉米三种粮食的生产总成本分别从 896.98 元/亩、712.28 元/亩、764.23 元/亩上涨到 1253.5 元/亩、1026.5 元/亩、1080 元/亩，10 年间增幅分别达 39.7%、44.1%、41.3%，然而，同期成本利润率分别从 41.39%、16.56%、34.43% 下降至 4.2%、3.9%、-1.6%，降幅分别为 89.9%、76.4%、106.4%，可见粮食生产总成本的上涨，极大地压缩了粮食生产利润，导致国粮在成本和价格竞争上占据劣势，抑制了粮食主产区农户的种粮积极性。例如，《关于四川省粮食成本收益的调研报告》对四川省生产成本收益进行了研究分析，发现人工成本是推高总成本的主要因素，净利润受到大幅挤压，导致四川小麦亩均产量产值在全国排位靠后。

表 2.8　　2011 年与 2020 年全国粮食生产总成本与利润率变化情况

项目	生产总成本（元/亩）			成本利润率（%）		
	2011 年	2020 年	增幅（%）	2011 年	2020 年	增幅（%）
稻谷	896.98	1253.5	39.7	41.39	4.2	-89.9
小麦	712.28	1026.5	44.1	16.56	3.9	-76.4
玉米	764.23	1080.0	41.3	34.43	-1.6	-104.6
三种粮食平均	791.16	1119.6	41.5	31.7	10.0	-68.4

（3）水土资源约束趋紧，生态承载压力大。我国水土资源总量丰富，但由于人口数量庞大，人均资源占有水平低下，水土资源"硬约束"明显。从耕地资源来看，我国耕地资源"一多三少"特征明显：一方面，我国耕地资源总量多，能够满足农民耕种的基本需求；另一方面，我国优质耕地少、后备耕地少、人均耕地少等问题较为严峻，难以满足我国农业高质量发展的需求。与此同时，近年来城镇化和工业化的推进扩张了建设用地边界，占用了大量耕地资源，使得耕地的质量和数量同时下降，导致我国面临潜在的耕地压力。《2019 年全国耕地质量等级情况公报》显示，全

国耕地质量平均等级为 4.76 等，一至三等耕地、四至六等耕地、七至十等耕地面积占全国耕地评定总面积的比例分别为 31.24%、46.81%、21.95%。由此可见，我国高质量耕地面积占比少，耕地总体上质量差，这不仅影响农产品的质量，还造成抵御自然灾害的能力明显不足。2020 年，我国人均拥有耕地数量约为 0.09 公顷，不及世界平均水平的三分之一，粮食主产区拥有耕地面积 8737 万公顷，人均耕地面积约 0.109 公顷，高于全国平均水平的 17.43%，但仍远远低于世界平均水平。从水资源来看，水资源短缺历来都是我国农业发展的一块短板，我国是世界 13 个贫水国家之一，淡水资源仅占全球水资源量的 6%。根据国际标准，低于人均 3000 立方米为轻度缺水，而在 2020 年，粮食主产区人均占有水资源量仅为 1814.91 立方米，其中河南、山东和湖北平均每人拥有水资源不足 500 立方米，缺水状态较为严重，严重制约了农业发展。从生态承载来看，2000~2015 年粮食主产区化肥投入量净增 1137.6 万吨，农药投入量净增 26.3 万吨，农膜投入量净增 63.3 万吨，直至 2016 年，投入量才开始呈轻微下降趋势。由于农用化学品的超量投入，粮食主产区长期遭受土地退化、生物多样性降低、土壤和水体污染等问题的困扰。《第二次全国污染源普查公报（2020）》数据显示，我国农业面源污染已超过城市及工业污染而跃居成为第一大污染源，其排放的化学需氧量、总氮量、总磷量分别达到 1067.13 万吨、141.49 万吨和 21.2 万吨，严重影响了农业生态安全。

综上所述，粮食主产区凭借得天独厚的地理区位、资源要素及农业生产技术等比较优势，成为我国粮食生产的重要主体功能区。从粮食生产现状来看，主产区粮食产量贡献大、粮食单产远超全国平均水平，是名副其实的"压舱石"；从种植结构来看，主产区的主要粮食作物为玉米、小麦、稻谷、豆类和薯类生产，按照对全国产量的贡献率排序，存在小麦＞豆类＞玉米＞稻谷＞薯类的层级关系；从中长远发展看，主产区粮食生产仍面临较多风险与挑战，主要包括粮食产量增速缓慢、种植成本持续上涨、农户种植积极性减弱、水土资源约束趋紧、生态环境承载压力大等问题。

2.3 粮食主产区农业生态支撑

2.3.1 粮食主产区的生态资源

粮食主产区是国家粮食生产功能区,也是我国重要的生态功能区。黑龙江、辽宁、吉林三省处于东北森林带,内蒙古处于北方防沙带,其他9省处于长江或黄河重点生态区(罗海平等,2020)。因此,粮食主产区不仅要保障国家粮食安全,还要重视生态保护。

就粮食主产区气候条件而言,东北、华北各省为温带季风气候,冬季天寒干燥,夏季高温多雨,粮食作物类型以小麦、玉米、豆类和薯类为主;长江中下游各省和四川为亚热带季风气候,冬季湿润温和,夏季雨多温高,有益喜水喜阳作物生长结穗,以种植水稻和玉米为主。政府间气候变化专门委员会通过大量数据表明,气温每升高1℃可能会导致水稻、玉米、小麦等三大粮食作物的产量下降3%~10%(赵鑫等,2018),因此随着温室效应的加剧,会不同程度地造成粮食作物的减产。

就粮食主产区水资源条件而言,2020年农业用水2008.0亿立方米,占用水总量的60.79%。我国水资源具有时局分布和地区分布不均两大特点,在2000~2020年,13个粮食主产省(区)与水资源的空间匹配状态不断恶化。南方水量充足而农业用水量需求下降;与之相反,华北、东北区域可利用水资源有限,但种粮灌溉用水需求屡增不减。加之北方地区可供开发水源不足,水资源利用的内部竞争大,使得华北、东北平原各省的水资源供需难以达到平衡(杨鑫等,2019),其中黄淮海流域拥有全国40%的耕地,仅匹配8%的水资源。为缓解水资源短缺问题,部分省份形成了高效的节水模式,如河北省张北县成功推行了膜下滴灌农业节水技术（王哲等，2014），但为保障粮食作物水资源需求的长期稳定供给，还需进一步改进水资源的管理模式、灌溉节水技术和合理配置格局。

就粮食主产区土地资源而言，内蒙古自治区位于内蒙古高原，有益旱生植物生长；四川省位于四川盆地，紫红色的土壤、葱郁的林木、缠绵的江河使得被誉为"天府之国"的四川成为我国前十大产粮大省之一；其余11个省份基本位于平原地带，其中黑辽吉地处东北平原，肥沃的黑土为植物的生长提供了良好的土壤环境，鄂湘赣皖苏5省位于长江中下游平原，地势平坦、河网纵横，被誉为"鱼米之乡"，是我国重要的粮食生产基地。

据第三次全国国土调查结果显示（见表2.9），截至2019年底我国耕地面积为12786.19万公顷，其中一年三熟制、两熟制、一熟制地区的耕地占比为14.76%：37.40%：47.87%，有三成以上的耕地位于年降水量800毫米以上的地区，有近一半的耕地位于年降水量介于400~800毫米的地区。2019年底，粮食主产区拥有全国68.34%的耕地（8.738×10^7公顷）。相较于全国平均水平，粮食主产区的耕地占比高出8.63%，而草地低13.49%，其他地类占比基本持平。因此，粮食主产区耕地占比较多而生态用地占比较少，具有更为充沛的粮食生产用地及更脆弱的生态环境。从耕地坡度来看，粮食主产区坡度低于2°的耕地占比达69.45%，高出全国平均7.52%；坡度高于15°的耕地占比仅3.3%（同期全国平均为9.35），粮食主产区由耕地坡度原因导致的土壤侵蚀、水土流失的发生率更低，更有利于水土保持。据《中华人民共和国水土保持法》界定，6°~15°应筑梯田、等高种植；25°则达开荒限制阈值，即可认为粮食主产区汇集了全国相当一部分更适宜耕作的土地。此外，粮食主产区旱地、水浇地、水田占比为14.24%、43.39%、42.37%，而同期全国为24.55%、25.12%、50.33%，前者旱地少、水浇地多，后者旱地多、水浇地少，可见粮食主产区粮食生产的水源保障更充分，更有利于粮食作物生长。

表 2.9　第三次全国国土调查的粮食主产区耕地基本情况

指标	二级指标	全国	主产区	指标	二级指标	全国	主产区
土地利用类型（%）	耕地	15.96	24.61	面积（万公顷）	耕地	12786.19	8738.19
	园地	2.52	2.02	耕地类型（%）	旱地	24.55	14.24
	林地	35.46	38.56		水浇地	25.12	43.39
	草地	33.01	19.52		水田	50.33	42.37
	湿地	2.93	2.90	耕地坡度（%）	$\alpha \leq 2$	61.93	69.45
	城镇村及工矿用地	4.41	6.20		$2 < \alpha \leq 6$	15.32	16.88
	交通运输用地	1.19	1.50		$6 < \alpha \leq 15$	13.40	10.38
	水域及水利设施用地	4.53	4.69		$15 < \alpha \leq 25$	6.04	2.41
					$\alpha > 25$	3.31	0.89

不容忽视的问题在于，我国粮食主产区耕地面积呈锐减趋势。王一杰等（2018）测算发现，1980～2005 年的 20 余年间粮食主产区一等耕地减少了 3.24%，优质耕地刚性减少趋势明显；从我国土地变更调查数据来看，2013～2017 年粮食主产区耕地保有量逐年递减，由 8.910×10^8 公顷降至 8.893×10^8 公顷，年均减少 42.20 万公顷（同期全国年均减少 70.54 万公顷），粮食主产区贡献了全国近 60% 的耕地减量，是耕地锐减的集中地。至 2019 年，粮食主产区耕地面积继续降至 8.737×10^8 公顷，因此保障粮食数量安全、扭转耕地减少局势刻不容缓。此外，罗海平等（2019）也明确指出，主产区耕地存在压力倍增、总量缩减和质量趋低的问题，已日益成为粮食增产的障碍点。

2.3.2　粮食主产区存在的生态问题

人类从事的粮食生产等农业活动对生态系统的干扰，如化肥、农膜和农药污染等行为，不仅形成了经济成本，还付出了巨大的生态代价，严重地影响了耕地土质。

（1）农业化学用品使用的问题。

从农用化学品分品种投入量来看（见图 2.10）：第一，粮食主产区化肥投入量增长迅速，超量施用现象较为常见。2000年我国化肥施用量为4146.41万吨，2015年达到历史峰值6022.60万吨，至2020年，全国三大主粮化肥折纯用量均值达382.35公斤/公顷，超出安全用量上限（225公斤/公顷）69.93%，是全球平均量（120公斤/公顷）的3.19倍（郭珍等，2016）。以黑龙江、吉林、山东、河南4大粮食主产省为例，4省玉米品种的化肥最优施用量为249公斤/公顷，但实际施用量为405公斤/公顷，过量投入比例达到38.52%，农业人口非农就业、以化肥投入替代劳动力投入是过量施用的主因（仇焕广等，2014）。此外，我国有机肥在化肥投入中比重较低，也是我国化肥投入比例略高于欧洲的重要因素（张卫峰等，2008）。从化肥品种结构来看，2020年我国粮食主产区氮肥、磷肥、钾肥和复合肥施用量占比依次为33.36%、11.83%、8.94%、45.87%。根据2003年农户调查数据，在我国稻谷、小麦、玉米播种面积中，施用氮肥的面积比例分别为99%、99%和97%，施用磷肥的面积比例分别为91%、79%、43%，施用钾肥的面积比例分别为72%、39%、17%，按照平衡施肥理念，钾肥的消费比例仍有待于提高（张卫峰等，2008）。第二，粮食主产区农药使用量和施用强度均呈倒"U"形变化趋势，2014~2020年实现连续六年负增长。粮食主产区农药使用量由2014年120.86万吨减至2020年88.53万吨，单位农作物播种面积的农药施用强度由2014年10.77公斤/公顷降至2020年7.63公斤/公顷，略低于全国平均施用强度（同期全国为10.92公斤/公顷和7.84公斤/公顷）。尽管如此，到2020年，粮食主产区农药施用强度仍高出国际警戒线（7公斤/公顷）9%。大量未利用农药扩散到非靶标作物和周围环境中，会破坏生物多样性，影响生态系统服务功能。因此，农药减量化、有效性水平还存在很大提升空间。第三，粮食主产区农用塑料薄膜使用量以2013年为拐点，也呈倒"U"形变化趋势，但近年来农膜使用量降幅明显小于农药降幅。2013~2020年，粮食主产区农膜使用量年均减少1.49%，到2020年使用量降至137.99万吨。地膜在农用塑料薄膜使用中占据半壁江山，2020年粮食主产区地膜使用量为65.88万吨，农膜覆盖面积达8621.70千公顷，占农作物播种面积的7.43%。地膜在粮食生产过程中可以起到增温保墒效果，但掩埋、弃置部分会造成土壤板结、渗透功能降低。据《第二次全国污染源普查公报》可知，到2017年，我国种植业残留地膜经累计已达118.48万吨，接近当年全部地膜使用量，但仅有不到67%得以有效回收利用，部分区域地膜残留量达0.267~1.333公斤/公顷（王莉等，2018；刘洋等，2020），对农业可持续性生产和生态环境造成了严重的负面效应。

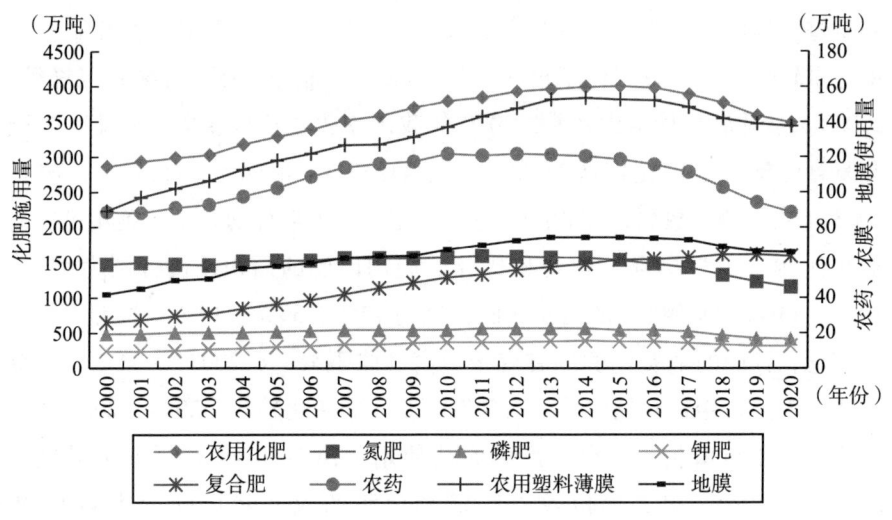

图2.10　2000~2020年粮食主产区农用化学品投入量

从农用化学品投入强度的总体情况来看，2020年，粮食主产区农业生产活动消耗了全国66.48%的化肥、67.41%的农药和57.77%的农膜，换来了全国78.56%的粮食产量，农用化学品投入的粮食产出水平略高于全国平均水平。一方面，粮食主产区粮食播种比为75.88%，高出全国平均6.16%。因为粮食作物的农用化学品平均消耗总量低于经济作物和非传统农业领域，所以粮食主产区保持着较高的粮食投入产出水平；另一方面，粮食主产区在技术集聚和政策支持的有利因素下，具有农技迭代快、推广力强等优势，因此农作物的化肥、农药、农膜使用强度（分别为300.76公斤/公顷、7.63公斤/公顷、11.89公斤/公顷）显著低于非主产区同期水平（分别为 342.26 公斤/公顷、8.32 公斤/公顷、19.62 公斤/公顷）。参考张卫峰等（2008）的研究成果，认为我国农用化学品消费用途包括工业用途（4.4%）和农业用途（95.6%），其中农业用途消费有三个去向，分别用于粮食作物（43.4%）、经济作物（39.0%）和非传统农业领域（13.1%），因此结合各个粮食主产省（区）2020 年农用化学品使用量，可以得到用于粮食生产的农用化学品消耗量，再由农用化学品消耗量除以粮食播种面积得到粮食主产省（区）粮食生产的农用化学品使用强度，如表2.10 所示。

表 2.10　2020 年粮食主产区粮食生产活动的农用化学品使用情况

地区	化肥施用量（万吨）	农药使用量（万吨）	农膜使用量（万吨）	化肥施用强度（公斤/公顷）	农药使用强度（公斤/公顷）	农膜使用强度（公斤/公顷）
河北	123.99	2.36	4.50	194.08	3.69	7.05
内蒙古	90.14	1.02	4.14	131.92	1.49	6.05
辽宁	59.72	1.94	4.96	169.31	5.50	14.07
吉林	97.78	2.04	2.23	172.09	3.58	3.92
黑龙江	97.30	2.64	3.06	67.39	1.83	2.12
江苏	121.87	2.85	4.85	225.45	5.28	8.97
安徽	125.82	3.61	4.48	172.60	4.96	6.15
江西	47.22	2.29	2.27	125.17	6.06	6.02
山东	165.31	4.96	11.53	199.61	5.99	13.92
河南	281.23	4.44	6.58	261.88	4.14	6.13
湖北	116.01	4.04	2.52	249.73	8.70	5.42
湖南	97.09	4.40	3.60	204.18	9.26	7.58
四川	91.49	1.83	5.16	144.93	2.90	8.17
粮食主产区	1514.96	38.42	59.89	172.02	4.36	6.80
全国	2278.80	57.00	103.67	195.16	4.88	8.88

从农用化学品投入强度的省际分异来看,第一,从化肥施用强度来看,在粮食生产活动中,河南、山东2省化肥施用总量达446.54万吨,占主产区施用量的29.48%,而黑龙江省利用生物技术合成优质有机肥,不仅有利于土壤生态环境恢复,还可以实现50%的化肥减量(王险峰,2016)。2020年黑龙江省仅依托主产区6.42%的化肥便生产了主产区14.34%的粮食,是我国化肥减施增效的重要典范。第二,从农药使用强度来看,山东省粮食生产的农药使用量最高,达4.96万吨,其次是河南省,为4.44万吨,长江中下游各省使用量介于2.29万吨~4.40万吨,东北平原各省(区)相对较低。其中,内蒙古粮食生产仅耗用1.02万吨农药,使用强度也低于其他各省,主要原因在于内蒙古探索形成了新的技术模式,即通过多主体合作实现农药的高效利用和减量控害,为各省提高农药利用率提供了可供借鉴的路径。第三,从农膜使用强度来看,山东省粮食生产活动的农膜使用量显著高于其他各省份,占主产区使用总量的19.25%,使用强度达13.92公斤/公顷,尽管山东粮食产出居各省第三位,但粮食产出仅占主产区的10.36%,农膜投入的粮食产出效率较低。2020年其他各省份农膜使用量介于2.23万吨~6.58万吨。

(2)耕地土壤质量问题。

目前,粮食主产区面临着众多的农业生态资源问题,其中尤以耕地和农业用水为重点。首先,粮食主产区耕地资源质量较差,短时间内解决农业面源污染严重的问题比较困难。虽然主产区的耕地面积占全国的66%以上,但是存在"量大质差"的情况,耕地质量不高、土壤污染等生态问题不断出现。农业经营分散、对绿色农业缺乏认识,工业排放超标,是造成这些问题的主要原因。其次,主产区内的耕地质量有着明显的分化现象:湖北和湖南的耕地质量状况最优,而内蒙古、黑龙江和河北现有低质量耕地数量较多。此外,从农膜使用强度来看(见图2.11),粮食主产区的农膜使用强度呈现倒"U"形,2014~2019年,粮食主产区农膜使用强度年均减少2.2%,农膜在粮食生产过程中可以起到增温保墒效果,但掩埋、弃置的残留部分会导致土壤板结、渗透功能降低,对农业可持续性生产和生态环境造成了严重的负面效应。

第2章 粮食和生态"双安全"的形势与问题

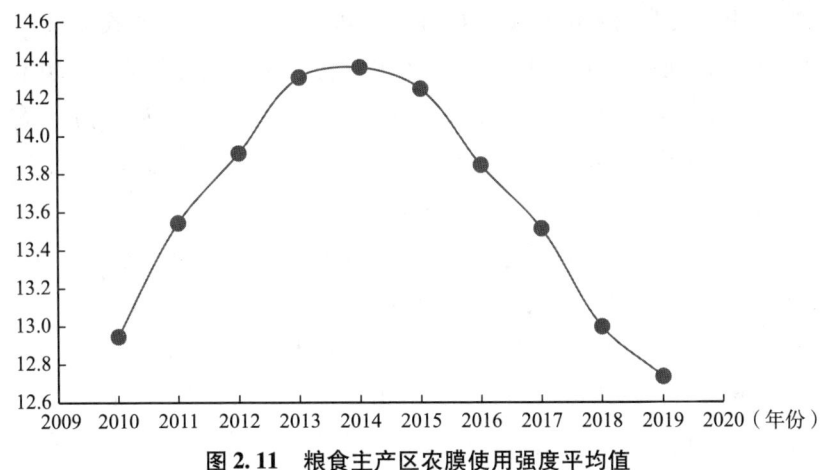

图 2.11 粮食主产区农膜使用强度平均值

（3）农业用水问题。

我国水资源在时间与空间层面存在分布不均现象，难以有效满足农业用水需求。在农业生产活动中，水资源的重要性仅次于耕地资源，是不可或缺的农业生产投入要素。但在我国，水资源呈现出明显的时空分布不均的情况。从时间层面来看，我国降雨量受气候影响呈现出夏秋多，冬春少的特点，降水量多集中于 5~9 月，占全年雨量的 70% 以上。从空间层面来看，我国水资源分布存在明显的南北差异，南方多而北方少。然而，南方地区着重发展外向型经济，导致其粮食生产功能弱化，使得原本具有资源优势的南方逐步转变成为粮食主销区。粮食生产压力更多地转移至北方地区，水资源的空间错配现象加剧。长江流域及以南的地区拥有全国约 36% 的耕地，却拥有全国的 80% 以上的水资源，而北方地区拥有 60% 以上的耕地资源，却只拥有不足 20% 的水资源量总量（王一杰等，2018）。此外，北方地区由于粮食种植结构改变，农业用水的季节性需求随之发生变化，使得冬季农业用水需求增大，水资源的时间错配现象加剧。

粮食主产区农业用水量大，水资源短缺现象明显。如表 2.11 所示，粮食主产区拥有全国 45.7% 的水资源总量，2020 年农业用水总量 2008.0 亿立方米，占全国农业用水量的 55.6%，与之相对应的是换来了全国 78.6%

的粮食产出，农业用水的粮食产出高于全国平均水平。从区域层面来看，2020 年东北区拥有 2907.1 亿立方米的水资源总量，农业用水 581.0 亿立方米，其农业用水强度为 1906.2 立方米/公顷，在三大区域中均属于较低的水平。可能的原因是，微灌、喷灌、低压管灌等节水灌溉技术的应用，减少了水资源的中间损耗量。黄淮海区拥有水资源 2754.0 亿立方米，仅为粮食主产区的 19.1%，而农业用水量高达 776.3 亿立方米，是粮食主产区农业用水总量的 38.7%，说明黄淮海区存在明显的水资源超量使用现象。长江流域区是粮食主产区中水资源较为丰富的地区，拥有 8796.5 亿立方米水资源，超过其余两大区域的总和，占粮食主产区水资源的 60.8%。因为长江流域区的优势作物是水稻，对水量需求较大，所以其农业用水强度较大，达到了 3339.5 立方米/公顷，约是粮食主产区用水强度的 1.5 倍。虽然长江流域区降雨丰富且水资源存量富足，水稻普遍采用淹水种植，但是这种方式劳动强度大、种植效率低、易增加农业面源污染（罗利军，2022），且在一定程度上造成了资源浪费。

表 2.11　　　　　　2020 年全国与粮食主产区水资源状况

地区		水资源总量（亿立方米）	农业用水量（亿立方米）	农业用水强度（立方米/公顷）
东北区	黑龙江	1419.9	278.4	1928.2
	吉林	586.2	83.0	1460.8
	辽宁	397.1	79.6	2256.7
	内蒙古	503.9	140.0	2048.8
	区域	2907.1	581.0	1906.2
黄淮海区	河北	146.3	107.7	1685.8
	山东	375.3	134.0	1618.1
	河南	408.6	123.5	1150.0
	江苏	543.4	266.6	4931.9
	安徽	1280.4	144.5	1982.3
	区域	2754.0	776.3	2037.3

第 2 章 粮食和生态"双安全"的形势与问题

续表

地区		水资源总量（亿立方米）	农业用水量（亿立方米）	农业用水强度（立方米/公顷）
长江流域区	四川	3237.3	153.9	2438.0
	湖北	1754.7	139.1	2994.4
	湖南	2118.9	195.8	4117.9
	江西	1685.6	161.9	4291.7
	区域	8796.5	650.7	3339.5
主产区	—	14457.6	2008.0	2280.0
全国	—	31605.2	3612.5	3093.7

粮食主产区存在农业用水紧缺、水质下降和用水效率低的情况。水资源是农业生态脆弱性评价体系的重要指标。然而，粮食主产区普遍存在水资源方面的环境制约和人为破坏水资源的现象，严重制约了中国粮食安全的可持续态势。如图 2.12 所示，粮食主产区的用水状况令人担忧：首先，水资源存量小，消耗量大。2020 年，主产区用水量为 3303 亿立方米，主产区农用水消耗量巨大，为 2008 亿立方米，占其用水总量耗水量六成以上。粮食主产区中南方省份水资源丰富，如江西的水资源经常位列粮食主产区 13 个省份的榜首。相反，华北地区如河南、河北的水资源禀赋较少，进行农业生产需要更多的灌溉用水，内部供需竞争激烈，使得华北平原各省的水资源供需难以达到平衡；其次，城市化和工业化的快速发展减少了利用水资源的空间，增加了农业生态系统在农业用水方面的负担。最后，农业基础条件不完善，农业人口素质普遍不高、技术条件有限和规模化经营比例低等问题。这些问题直接导致粮食生产环节出现过多使用化肥、农药的情况，水土保持能力下降，农业灌溉效率低下，造成了水资源的污染和流失。因此确保农业用水效率、优化水资源质量，对粮食主产区农业生态安全至关重要。

中国水土保持状况不容乐观，由于无节制地开发和开垦，中国每年因水土流失而损失约 66.67 千公顷的耕地。其中，东北地区、长江上游地区的水土流失更为严重。由于植被稀疏，土地风化程度高，黑龙江、吉林、辽宁和内蒙古这四个省（自治区）受水土流失的影响也相对较大。同时，农业生态环境的破坏削弱了农业生态系统抵御自然灾害的能力，使得粮食主产区因自然灾害而面临巨大的经济损失。例如，2016年的农业灾害较上年偏重，导致该年度粮食主产区和全国粮食产量的下降。过量使用的化肥、农药会流入河、湖，造成水源污染，导致可利用水减少；过量使用的农膜将残留于耕地，造成土壤板结，削弱耕地生产力，进一步威胁粮食安全，形成恶性循环。

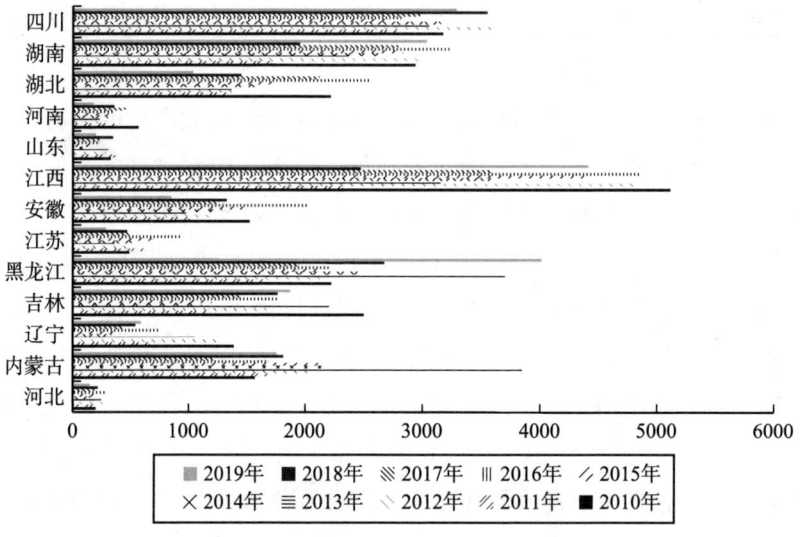

图 2.12　粮食主产区各省水资源总量

2.4　本章小结

（1）粮食功能区的粮食产能不断演化。

粮食主销区正面临着粮食生产效能减退的问题。粮食供给压力增加，粮食产量增加的速度小于主销区人口增加的速度，口粮压力较大，之后伴随城市化和工业化的进程加快，农业用地逐渐减少，粮食不能满足自身消耗，不得不依赖于粮食输入，粮食安全形势严峻。粮食产销平衡区耕地面积呈现下降趋势，粮食播种面积占比也逐步下降，同时伴随着不断深化的"粮改"政策，逐步调整了产业结构，减少了粮食储备，这对粮食安全生产是极为不利的。研究认为，粮食主产区面临着耕地质量低下、水利基础设施建设薄弱、成本提高等问题，导致粮食主产区粮食生产受限。粮食主产区粮食产量变化趋势与全国趋势保持一致，粮食产量占据全国粮食生产的极大部分，且比重越来越大。粮食主销区粮食产量占全国比重从10.1%下降到4.2%，粮食主销区粮食生产能力弱化，粮食产量降低明显，主销区内部粮食供给不足，依赖于粮食主产区省份的粮食输入。粮食产销平衡区粮食产量在22年间大致保持不变，粮食产能略有减弱，仅能保证自给自足。主产区粮食单位面积产量持续上升，粮食主销区粮食单产则有较大幅度降低，粮食产销平衡区粮食单产水平一直不高，远低于其他区域。

（2）粮食主产区作物结构发生剧变。

从主产区粮食作物结构来看，2000~2020年粮食主产区呈现"一增二减一不变"的趋势特征，即玉米产出占比上升，稻谷和除三大主粮之外的其他粮种产出占比下降，而小麦产出占比波动较弱，基本保持不变。东北省区玉米播种面积激增，粮食主产区玉米产量逐年快速攀升，而稻谷播种面积除黑龙江翻番外，河北、山东、四川三省播种面积不增反降，玉米对水稻的替代效应显著。小麦种植区随着水资源短缺导致的地下水超采情况愈烈，更多低产地块放弃小麦种植，小麦产量占比在微幅波动中略显颓势。总体来看，粮食主产区粮食产量、播种面积位列前三名的省分别是黑龙江、河南和山东。其中，黑龙江增势最为强劲，成为我国粮食播种面积最大的省份。随着高单产水平的稻谷逐步被较低单产水平的玉米所取缔，将成为威胁我国粮食增产的一大因素。

（3）粮食的区域产销失衡日趋严重。

从粮食溢出来看，粮食主产区平均人均产销量为247.4公斤，粮食产销平衡区为115.1公斤，粮食主销区为22.9公斤，主产区粮食溢出率进一步扩大，平均达到74.52%，主销区流入率进一步加深，平均流入率为110.71%，呈现出两极分化特征，位于中等、较高和高溢出率的地区增加明显，已经达到21个。黑龙江、吉林等位于东北地区的省份溢出率明显加深，北京、上海等经济强市，耕地面积极少，粮食大部分依赖外调，流入率明显增加。

（4）粮食种植成本不断上升。

从粮食种植成本来看，种植成本持续上涨，削弱农户种植积极性。随着工业化和城市化的推进，劳动力、水资源、土地等农业生产要素价格持续上升，驱动粮食种植成本不断上涨，使得粮食可盈利空间被挤压，大大削减了农户种植积极性。2011～2020年，稻谷、小麦、玉米三种粮食的生产总成本分别从896.98元/亩、712.28元/亩、764.23元/亩上涨到1253.5元/亩、1026.5元/亩、1080元/亩，同期成本利润率分别从41.39%、16.56%、34.43%下降至4.2%、3.9%、-1.6%，降幅分别为-89.9%、-76.4%、-106.4%。

（5）农业生态承载压力加大。

粮食种植的生态承载来看，粮食主产区水土资源约束趋紧，生态承载压力大。我国水土资源总量丰富，但由于人口数量庞大，人均资源占有水平低下，水土资源"硬约束"明显。水资源短缺是我国农业发展的一块短板，根据国际标准，低于人均3000立方米为轻度缺水，而2020年，粮食主产区人均占有水资源量仅为1814.91立方米，其中，河南、山东和湖北平均每人拥有水资源不足500立方米，缺水状态较为严重，严重制约了农业发展。耕地资源"一多三少"特征明显，耕地资源总量多，能够满足农民耕种的基本需求，但我国优质耕地少、后备耕地少、人均耕地少等问题较为严峻，难以满足我国农业高质量发展的需求。由于农用化学品的超量投入，粮食主产区长期面临土地退化、生物多样性降低、土壤和水体污染等挑战。

总体来看，我国粮食主产区凭借得天独厚的地理区位、资源要素及农业生产技术等比较优势，成为我国粮食生产的重要主体功能区。从粮食生产现状来看，主产区粮食产量贡献大、粮食单产远超全国平均水平，是名副其实的"压舱石"；从种植结构来看，主产区的主要粮食作物为玉米、小麦、稻谷、豆类和薯类生产，按照对全国产量的贡献率排序，存在小麦＞豆类＞玉米＞稻谷＞薯类的层级关系；从中长远发展看，主产区粮食生产仍面临较多风险与挑战，主要包括粮食产量增速缓慢、种植成本持续上涨、农户种植积极性减弱、水土资源约束趋紧、生态环境承载压力大等问题。

第3章　粮食安全脆弱性的评估

我国是世界上人口数量最多的国家，也是世界上粮食需求量最多的国家。习近平总书记强调，只有从全方位夯实粮食安全的根基，牢牢守住耕地底线，方能确保中国人的饭碗稳稳地端在自己手里。2023年《中央一号文件》部署的首要任务，便是抓好粮食及其他重要农产品稳产保供工作。此外，国家"十四五"规划纲要也首次提出要把粮食综合生产能力纳入社会发展目标。截至2022年，我国粮食总产量约68653万吨，相较于上年增加了约368万吨，增长超过0.5%，是自2015年以来连续8年粮食产量稳定在6.5亿吨以上①。这表明，我国粮食安全问题暂时得到缓解。但需要注意的是，我国粮食仍面临需求刚性增长和生产硬性约束的双重挑战。

粮食主产区是国家粮食安全主体功能区，肩负着端稳中国人饭碗的重要责任，每年贡献超过75%的粮食产量，其粮食生产状况直接影响全国粮食产能走势。然而，在粮食主产区取得粮食增产丰收的背景下，却仍面临着诸多不稳定性风险，为我国粮食安全向好发展埋下了隐患。总体看来，一方面，粮食生产的过度集中给粮食主产区带来较大的增产压力，也使得区域间的粮食流通与调配面临挑战；另一方面，粮食主产区"粮食富足、财政紧缺、经济落后"的现象并未得到根本性扭转，并且存在粮食产量增产进入瓶颈期、种植成本持续上涨、农户种植积极性减弱、水土资源约束趋紧、生态环境承载压力大等风险与挑战。为此，基于粮食主产区的功能定位，测算粮食安全系统的脆弱性水平并剖析其演化趋势极其必要。

---

① 资料来源：《国家统计局关于2022年粮食产量数据的公告》，国家统计局网站，2012年12月12日。

本章将生态理论中的脆弱性概念运用于粮食安全研究中，对粮食主产区的粮食安全脆弱性进行测算和风险评估，基于VSD模型的脆弱性分析框架，按照"粮食主产区粮食安全脆弱性评价指标体系构建→粮食安全脆弱性水平测算与分析→粮食安全脆弱性水平的时空演变分析→粮食安全脆弱性水平的空间差异及演进趋势分析→主要贡献因子识别"的研究路线进行研究，通过多维度的实证研究为保障我国粮食安全提供预警启示。

3.1 粮食安全脆弱性水平

3.1.1 粮食安全系统脆弱性评价指标体系

本节基于VSD模型的脆弱性分析框架，在详细阐述指标选取原则、原因及指标含义的基础上，构建粮食主产区粮食安全脆弱性评价体系，然后结合变异系数法和综合指数法测算出粮食安全脆弱性水平，最后从时空维度进一步对粮食安全脆弱性水平的动态变化趋势进行分析，从而对粮食主产区粮食安全脆弱性水平形成初步评价。

（1）指标选取原则。

粮食安全系统是一个相对复杂的概念，合理选取评价指标体系是推动评价工作顺利进行的基础。因此，依据相关文献，在构建粮食主产区粮食安全系统脆弱性评价指标体系时应当遵循以下几个原则。

一是可操作性原则：若指标体系偏简单，则难以体现研究对象的内涵；反之，则难以推动评价工作顺利进行，因此要在确保数据精度的基础上，让指标体系控制在适中的难度范围内，从而能够在实际生活中应用。本章在选取粮食安全脆弱性评价指标体系时，考虑到数据的可操作性，统计资料基本来源于权威的政府开放数据平台或者相关统计年鉴，而对于一些缺值数据，则采取一些数学方法进行填补插空，让相关数据尽可能量化，以保证可行性。

二是系统性原则：把研究对象看成一个整体，把系统中整体目标的优化作为准绳，对系统中各个子系统的相互关系进行协调，使得系统整体达到良性平衡发展。换句话说，系统性原则要求各个子系统的指标选取要遵循一定的逻辑，既能够反映自身的发展特征，又能够反映相互作用关系。参照系统性原则，本章将粮食安全系统视为一个整体，脆弱性是其整体属性，然后分别从暴露性、敏感性和适应能力三个子系统中选取6、7、8个指标进行评价，通过协调各个子系统的发展情况，以促进粮食安全脆弱性的整体向好发展。

三是科学性原则：这一原则要求在选择评价指标体系时要保证科学性和合理性，即所选取的指标具有代表性，能够在一定程度上有效表征研究对象的内涵。一方面，评价指标数量要做到少而精，不宜过于烦琐和重复，但也不宜过于简单；另一方面，评价指标的选取要有客观依据，符合一般发展规律。这就要求本章在选取指标时能够考虑到是否符合粮食主产区的客观实际情况，并且需要保证评价结果能够经得起检验。

四是独立性与差异性原则：这一原则指不同子系统中所选取的指标是相互独立的，这些指标能够从不同侧面去反映研究对象的特点，不设立交叉重叠指标，差异性原则要求这些指标的内涵能够被显著区分。本章参考VSD模型构建评价指标体系时，既要保证暴露性、敏感性和适应能力三个子系统的指标界限清晰明了，避免发生内涵上的重复，又要考虑各个子系统的具体特点选取是否符合其内涵的指标。

五是客观性原则：构建指标体系应当在参考大量文献的基础上，从各类文献中提取关键指标，并通过完善的逻辑论证，形成客观性强、切合研究主题的评价指标体系。本章结合粮食安全的定义，并在参考国际粮农组织（FAO）的粮食不安全报告以及其他相关文献（姚成胜等，2015；蔡文香等，2015）的基础上，最终确定从粮食生产条件、粮食供给量与稳定性、粮食获取能力和利用水平三个维度来表征粮食安全。

（2）指标含义及选取。

波尔茨基等（Polsky et al.，2007）提出了VSD模型，将系统脆弱性分解成三个维度，包括暴露度、敏感性和适应能力，能够为脆弱性定量评

第3章 粮食安全脆弱性的评估

估提供有效的研究方法。其中，暴露性反映了系统因外界干扰而受到影响的程度，暴露性越高，系统越趋于不稳定，因而脆弱性越高；敏感性是系统易受到外界扰动的倾向性，敏感性越高，系统越易受到胁迫，因而脆弱性越高；适应能力是系统从外界冲击造成的后果中所产生的恢复能力，适应能力越大，系统调节能力越强，故脆弱性越小（赵会杰等，2019）。因此，本章将粮食安全划分为粮食生产条件、粮食供给量与稳定性、粮食获取能力和利用水平三个维度，从暴露性、敏感性和适应能力三个子系统中选取指标，构建以 VSD 模型为基础的粮食安全脆弱性评价指标体系（刘小茜等，2009；田亚平等，2005）。

从暴露性来看，在工业化、城镇化的推进中，大量劳动力、稀缺水资源、耕地等农业生产要素被非农建设占用，制约了粮食生产，直接表现为粮食自给率的变化，严重影响了粮食供给的稳定性，人均 GDP 的增加则能够提高人们获取粮食的经济承受能力，影响人们的粮食获取安全水平。因此，针对粮食生产条件目标层，选取人均粮食播种面积、单位粮食播种面积劳动力、单位粮食播种面积用水量三项指标；针对粮食供给量与稳定性目标层，选取粮食自给率、农作物受灾率两项指标；针对粮食获取能力和利用水平目标层，选取人均 GDP 一项指标。

其中，人均粮食播种面积、单位粮食播种面积劳动力、单位粮食播种面积用水量分别反映了粮食生产过程中土地资源、劳动力资源、水资源等生产要素资源对粮食生产的约束作用，其数量越充足，粮食安全系统越不易受到外界环境冲击，粮食安全暴露性水平就越低，故为负向指标。粮食自给率 = 粮食供给/粮食需求量，它用于衡量我国粮食市场对外界的依赖度，当指标值增大时，该区域对外界市场依存程度降低，因而粮食安全暴露性水平降低，为负向指标。现有统计资料未统计我国的粮食需求，故参考罗海平等（2020）的方法，在不考虑粮食储备和出口的情况下，运用相应的折算方法进行测算。农作物受灾率 = 受灾面积/农作物播种面积，粮食主产区粮食播种面积占据农作物播种面积的绝大部分，2020 年达到了 75%，故该指标在一定程度上能衡量粮食供给量与稳定性水平。农作物受灾率用于表征自然灾害对粮食生产影响，通常而言，农作物受灾率越高，农作物减产越严重,粮食安全暴露性水平就越高,为正向指标。人均 GDP 反映了该区域经济的发展程度,人均 GDP 越高,社会经济发展水平越高,粮食安全暴露性水平越低,为负向指标。

从敏感性来看,在经济发展过程中,随着生产和运输成本的上涨,农业生产资料价格易于上涨,将导致种粮收入低下,从而影响农民的生产积极性,农民倾向于调整种植结构或者弃耕撂荒,由此带来人均粮食占有量、粮食溢出率等变化。此外,在粮食供给量有限的影响下,粮价指数会持续走高,进而影响居民的恩格尔系数,导致人民生活水平下降。因此,针对粮食生产条件目标层,选取农业生产资料价格指数、第一产业产值比重、粮食作物播种面积比重三项指标;针对粮食供给量与稳定性目标层,选取粮食溢出率、人均粮食占有量两项指标;针对粮食获取能力和利用水平目标层,选取粮食价格指数、恩格尔系数两项指标。

其中,农业生产资料价格指数能够表征在某一时期内农业生产资料价格的变动趋势,农业生产资料价格指数越高,粮食生产成本相对越高,农民收益相对越低,从而影响农民生产积极性,故农业生产资料价格指数与粮食安全敏感性水平存在正向关系。粮食作物播种面积比重反映了种植结构,粮食作物播种面积越高,粮食生产供给越稳定,粮食安全敏感性水平越低,为负向指标。第一产业产值比例能够反映农业发展规模。随着经济社会的发展,第二、三产业快速扩张,会挤占耕地及农业用水量,影响粮食生产过程中的要素投入,此外还会导致耕地、水资源等污染加剧,进而降低耕地生产力,对于农业生产具有一定的抑制作用,故第一产业产值比例越高,粮食安全敏感性水平越低,为负向指标。粮食溢出率反映了某一区域能够达到最低保障水平的粮食需求量,粮食溢出率越高,粮食产量盈余越高,粮食安全敏感性水平越低,为负向指标。人均粮食占有量反映了在当前人口状态下的粮食供给情况,人均粮食占有量越高,粮食安全敏感性水平越低,为负向指标。粮食价格指数体现了粮食价格的变化情况,该指标的变化会直接影响居民获取粮食的能力,粮食价格指数越高,粮食安全敏感性水平越高,为正向指标。恩格尔系数反映了居民消费水平的高低,恩格尔系数越高,居民越不富裕,粮食安全敏感性水平越高,为正向

第3章 粮食安全脆弱性的评估

指标。

从适应能力来看,政府会通过增加财政支农支出等政策强化农业基础设施建设,推进农业现代化、机械化生产,以提高粮食生产效率,保障粮食稳定有效供给。同时,人均可支配收入的增加会增强购买力,确保人们"买得起"粮食,顺畅、及时的粮食物流能够提高粮食获取效率,保障居民"买得到"粮食。因此,针对粮食生产条件目标层,选取财政支农支出、农业机械化水平、有效灌溉率、农药施用强度、农膜施用强度、化肥施用强度六项指标;针对粮食供给量与稳定性目标层,选取粮食总产量波动系数一项指标;针对粮食获取能力和利用水平目标层,选取道路密度一项指标。

其中,财政支农支出是国家用于"三农"的支持资金,财政支农支出越高,粮食安全保障能力越强,为正向指标。农业机械化水平、有效灌溉率、农药施用强度、化肥施用强度、农膜施用强度指标是反映农田基础建设及农业现代化、集约化经营的指标,这些指标均是正向指标。粮食总产量波动系数反映了粮食生产的稳定能力,维持较低的粮食产量波动系数对保障粮食安全至关重要,粮食总产量波动系数越大,粮食安全适应能力越低,为负向指标。道路密度=省内道路总里程/行政区划面积,省内道路总里程由铁路营业里程、公路里程、内河航道里程加总得到,道路密度上升有利于保证粮食的顺畅流通,为正向指标(见表3.1)。

表3.1　　粮食主产区粮食安全脆弱性评价指标体系

准则层	目标层	指标层	指标计算/解释	属性
暴露性	生产条件	E_1 人均粮食播种面积	粮食播种面积/总人口	−
		E_2 单位粮食播种面积劳动力	农业劳动力/粮食播种面积	−
		E_3 单位粮食播种面积农业用水量	农业用水量/粮食播种面积	+
	供给量与稳定性	E_4 农作物受灾率	受灾面积/农作物播种面积	+
		E_5 粮食自给率	粮食产量/粮食需求量	−
	获取能力和利用水平	E_6 人均GDP	总产出/总人口	−

续表

准则层	目标层	指标层	指标计算/解释	属性
敏感性	生产条件	S_1 农业生产资料价格指数	反映农业生产资料成本变化	+
		S_2 粮食作物播种面积比重	粮食播种面积/农作物面积	−
		S_3 第一产业产值比重	第一产业产值/地区生产总值	−
	供给量与稳定性	S_4 粮食溢出率	粮食调出总量/粮食产量	−
		S_5 人均粮食占有量	粮食产量/人口总量	−
	获取能力和利用水平	S_6 粮食价格指数	反映粮食价格水平的变化	+
		S_7 恩格尔系数	食品消费支出/总消费支出	+
适应能力	生产条件	AC_1 财政支农支出	用于支持农业的财政支出	+
		AC_2 农业机械化水平	农业机械动力/粮食播种面积	+
		AC_3 有效灌溉率	有效灌溉面积/粮食播种面积	+
		AC_4 农药施用强度	农药施用量/粮食播种面积	+
		AC_5 化肥施用强度	化肥施用量/粮食播种面积	+
		AC_6 农膜施用强度	农膜施用量/粮食播种面积	+
	供给量与稳定性	AC_7 粮食总产量波动系数	(当年粮食产量−历年粮食产量均值)/历年粮食产量均值	−
	获取能力和利用水平	AC_8 道路密度	省内道路里程/行政区划面积	+

（3）指标处理及数据来源。

①极差标准化法。通常而言，选择的指标反映了粮食安全脆弱性的多个维度，其单位也不同，故无法直接进行比较。为了消除评价指标之间量纲和数量级上的差异，利用公式（3.1）和公式（3.2）对不同趋向的原始数据进行处理，便于比较分析（张建伟等，2021）。

$$X'_{ij} = \frac{X_{ij} - \min\{X_i\}}{\max\{X_i\} - \min\{X_i\}} \quad (3.1)$$

$$X'_{ij} = \frac{\max\{X_i\} - X_{ij}}{\max\{X_i\} - \min\{X_i\}} \quad (3.2)$$

式中，X_{ij} 和 X'_{ij} 分别为第 i 年第 j 个指标的原始值和标准化后的值；$\max\{X_i\}$ 和 $\min\{X_i\}$ 分别为某一指标在所有年份中的最大值和最小值。

②变异系数法。该方法能够测算指标的变异程度，以此来得到指标权

重（徐呈呈等，2023），公式如下：

$$v_j = \frac{\sigma_j}{\bar{x}_j} \tag{3.3}$$

$$w_j = \frac{v_j}{\sum_{j=1}^{n} v_j} \tag{3.4}$$

式中，v_j 为第 j 项指标的变异系数；σ_j 为第 j 项指标的标准差；$\bar{x}_j$ 为第 j 项指标的均值；w_j 为变异系数法计算得到的第 j 项指标的权重。

③综合指数法。结合极差标准化法得到的标准化值和变异系数法得到的指标权重，采用加权求和的方式，计算得到各子系统得分（张玉星等，2023），公式如下：

$$E_i = \sum_{j=1}^{m} X'_{ij} w_j, \quad S_i = \sum_{j=1}^{m} X'_{ij} w_j, \quad AC_i = \sum_{j=1}^{m} X'_{ij} w_j \tag{3.5}$$

$$V_i = E_i + S_i - AC_i \tag{3.6}$$

式中，E_i 为暴露性水平，S_i 为敏感性水平，AC_i 为适应能力水平，V_i 为脆弱性水平，V_i 值越大，表示粮食安全脆弱性水平越高，反之，表示粮食安全脆弱性水平越低。

④指标数据来源。研究时段为 2000~2020 年，耕地面积、农业机械总动力、粮食播种面积、农作物播种面积、粮食总产量、粮食价格指数、农作物受灾面积、农作物化肥施用量、有效灌溉面积、农膜施用量、农药施用量等数据源于历年《中国农村统计年鉴》（2001~2021）。总人口、财政支农支出、水资源量、第一产业产值比例、人均 GDP、人均可支配收入等数据源于《中国统计年鉴》（2001~2021）。农业用水量源于历年《中国环境统计年鉴》（2001~2021）。省内道路总里程、行政区划面积、食品消费支出、总消费支出、农业从业人员等数据源于粮食主产区 13 个省（区）历年统计年鉴。行政区划面积数据源于《中国城市统计年鉴》（2001~2021）。部分缺值数据采用插值法填补处理。

3.1.2 粮食安全系统暴露性评价

根据所构建的粮食安全脆弱性评价指标体系计算出粮食主产区粮食安

全脆弱性指数及各准则层指数，并根据结果列表展示粮食主产区粮食安全系统脆弱性水平评价结果，如表3.2~表3.5。可以看出，粮食主产区省际层面的暴露性水平、敏感性水平、适应能力水平及脆弱性水平均呈现出地区差异性。

表3.2显示，粮食主产区大部分地区的暴露性水平表现出小幅下降的趋势，仅有少部分地区暴露性水平存在上升趋势的情况。从变化趋势来看，不同地区的暴露性指数变化差异较大，下降幅度较大的粮食主产区有内蒙古、吉林、黑龙江和辽宁四省份，降幅分别为-40.4%、-40.7%、-34.7%、-32.8%。2000年辽宁的暴露性指数为0.174，排名在粮食主产区中为第1，但随着辽宁农作物受灾率的下降和农业生产压力的减轻，到了2020年排名变化为第4。同样，内蒙古、吉林和黑龙江分别从第2、第3和第6名下降至第7、第10和第12名，农业生产环境相对持续向好。然而，江西的暴露性指数却出现波动上升趋势，表明江西粮食安全系统所承受的压力有所增加，究其原因，主要在于研究期内江西的单位粮食播种面积用水量上升幅度较大，从2000年的2749立方米/公顷上升到2020年的4292立方米/公顷。此外，在2000~2020年，四川、湖南和安徽三省暴露性指数变化范围较小，分别从0.097、0.122和0.110变化为0.095、0.125和0.102，说明其粮食安全系统所承受的压力较为稳定。从数值大小来看，近五年来，辽宁、江苏、江西、湖北和湖南的粮食生产压力相对较大，而吉林、山东、河南和黑龙江所承载的压力较小。

表3.2　　　　　　　　2000~2020年粮食主产区暴露性水平

地区	2000年	2005年	2010年	2015年	2020年
河北	0.121	0.107	0.107	0.109	0.095
内蒙古	0.164	0.135	0.114	0.115	0.098
辽宁	0.174	0.125	0.116	0.124	0.117
吉林	0.151	0.103	0.096	0.092	0.090
黑龙江	0.129	0.114	0.097	0.096	0.085
江苏	0.142	0.149	0.097	0.133	0.122

续表

地区	2000年	2005年	2010年	2015年	2020年
安徽	0.110	0.112	0.111	0.102	0.102
江西	0.121	0.138	0.151	0.129	0.138
山东	0.110	0.096	0.102	0.092	0.087
河南	0.099	0.084	0.088	0.082	0.085
湖北	0.133	0.126	0.120	0.112	0.114
湖南	0.122	0.129	0.133	0.111	0.125
四川	0.097	0.093	0.104	0.096	0.095

3.1.3 粮食安全系统敏感性评价

表3.3显示，粮食主产区所有地区的敏感性指数均呈上升趋势，但上升速度有所差异，增幅排在第一梯队的省份有河北、山东和四川，分别从2000年的0.094、0.105、0.117上升到2020年的0.154、0.170、0.199，研究期内增长率分别为63%、61%、70%。2000年四川的敏感性指数在粮食主产区中排列第一位，究其原因，研究期内四川的恩格尔系数长期位居高位，2020年四川恩格尔系数高达36.7%，比河南高出了32%。而黑龙江和辽宁的敏感性指数增幅较小，仅为25%和28%。从数值大小来看，内蒙古、吉林和黑龙江的敏感性水平长期分别在0.090~0.125、0.079~0.118、0.084~0.114内浮动。

表3.3　　　　　　2000~2020年粮食主产区敏感性水平

地区	2000年	2005年	2010年	2015年	2020年
河北	0.094	0.114	0.134	0.147	0.154
内蒙古	0.090	0.104	0.115	0.120	0.125
辽宁	0.129	0.114	0.151	0.156	0.165
吉林	0.086	0.079	0.110	0.109	0.118
黑龙江	0.092	0.084	0.099	0.106	0.114

续表

地区	2000 年	2005 年	2010 年	2015 年	2020 年
江苏	0.107	0.134	0.149	0.160	0.170
安徽	0.114	0.127	0.148	0.171	0.174
江西	0.121	0.120	0.139	0.156	0.171
山东	0.105	0.116	0.141	0.151	0.170
河南	0.108	0.118	0.131	0.143	0.146
湖北	0.125	0.131	0.150	0.164	0.173
湖南	0.119	0.137	0.167	0.173	0.182
四川	0.117	0.140	0.164	0.174	0.199

3.1.4 粮食安全系统适应能力评价

表3.4显示，不同地区的适应能力变化趋势差距较大，山东的适应能力虽然历年处于最高水平，但是呈先增后降的趋势，而排在第二名的江苏的适应能力呈稳步上升的态势，但是自2015年以来增速有所放缓，究其原因，当时的农业部通过了农药、化肥使用零增长方案等政策后，各地化肥农药减量效果显著，这也是导致大部分主产区在2015年以后适应能力增速放缓的主要原因之一。受限于经济发展水平的滞后，吉林、辽宁和内蒙古等区域财政支农支出、道路密度等较低，故适应能力远低于粮食主产区的平均水平。其中2020年，河南的财政支农支出高达1145亿元，比辽宁的505亿元高出127%。

表 3.4　2000~2020年粮食主产区适应能力水平

地区	2000 年	2005 年	2010 年	2015 年	2020 年
河北	0.113	0.148	0.186	0.218	0.208
内蒙古	0.059	0.075	0.092	0.121	0.113
辽宁	0.102	0.106	0.144	0.160	0.143
吉林	0.060	0.064	0.094	0.106	0.112

续表

地区	2000 年	2005 年	2010 年	2015 年	2020 年
黑龙江	0.040	0.045	0.066	0.097	0.096
江苏	0.124	0.160	0.200	0.235	0.240
安徽	0.088	0.106	0.148	0.189	0.205
江西	0.075	0.095	0.141	0.148	0.160
山东	0.142	0.184	0.243	0.275	0.248
河南	0.100	0.119	0.185	0.212	0.220
湖北	0.097	0.124	0.186	0.209	0.217
湖南	0.080	0.108	0.162	0.197	0.224
四川	0.049	0.065	0.108	0.152	0.182

3.1.5 粮食安全脆弱性水平评价

表3.5显示，山东的粮食安全系统脆弱性水平最低，基本保持在0.08以下浮动，但是其脆弱性指数于2015年达到低谷值-0.032以后出现转折，到2020年上升到了0.009，可见疫情对粮食主产区粮食安全保障能力具有一定的冲击；粮食安全保障水平处于第二梯队的为河南、江苏和河北三省，2020年粮食安全脆弱性水平处于0.05附近浮动；主产区中粮食安全发展形势较差的两省为江西和辽宁，不仅粮食安全脆弱性水平较高，且降幅较小。从脆弱性水平的降幅来看，山东和河南降幅较大，分别为-88.3%和-89.9%，湖北、江苏和河北紧随其后，分别为-56.7%、-58.5%和-59.3%，而江西最小，仅为-10.9%。

表3.5 2000~2020年粮食主产区脆弱性水平

地区	2000 年	2005 年	2010 年	2015 年	2020 年
河北	0.102	0.074	0.055	0.039	0.042
内蒙古	0.196	0.164	0.137	0.113	0.109
辽宁	0.201	0.133	0.123	0.120	0.139

续表

地区	2000 年	2005 年	2010 年	2015 年	2020 年
吉林	0.177	0.119	0.111	0.095	0.096
黑龙江	0.181	0.153	0.130	0.105	0.103
江苏	0.125	0.122	0.093	0.058	0.052
安徽	0.136	0.132	0.111	0.085	0.071
江西	0.167	0.164	0.150	0.138	0.149
山东	0.074	0.028	0.000	−0.032	0.009
河南	0.107	0.082	0.035	0.014	0.011
湖北	0.161	0.133	0.085	0.066	0.070
湖南	0.162	0.158	0.138	0.088	0.083
四川	0.165	0.168	0.161	0.118	0.111

3.2 粮食安全系统脆弱性水平的动态性

根据所测算出的各准则层指数和脆弱性指数来绘制动态变化图，然后选取 2000 年、2004 年、2008 年、2012 年、2020 年五个具有代表性的年份。同时采用等间距划分法，当脆弱性系数小于 0.09 时，定义该地区属于微度脆弱区；当脆弱性系数在 0.09~0.12 时，该地区属于轻度脆弱区；若脆弱性系数在 0.12~0.15 时，该地区属于中度脆弱区；当脆弱性系数在 0.15~0.18 时，该地区属于重度脆弱区；脆弱性系数大于 0.18 的地区属于极度脆弱区。

3.2.1 暴露性水平的时空属性

从时间演化来看，粮食主产区粮食安全暴露性指数总体呈波动式下降趋势，表明粮食主产区粮食安全系统所承受的综合压力减轻。其变化经历了"V"形和波动下降两个阶段。第一阶段,暴露性指数由 2000 年的 0.129 上升到 2003 年的 0.131,从具体指标来看,2000~2003 年,粮食播种面积从人均 0.096 公顷下降至人均 0.089 公顷;农作物受灾率从 37.4% 上升至 39.3%,这些均是造成暴露性指数轻微上升的重要原因。第二阶段,暴露性指数从 2004 年的 0.119 上下波动变化到 2020 年的 0.104,这主要得益于粮食供给能力和粮食获取能力的提高。一方面,粮食自给率在 17 年间呈明显上升趋势,从 120% 提高到 197%,增加了粮食安全系统的供给水平;另一方面,随着社会经济水平的发展,人均 GDP 显著增加,从而增加了粮食获取能力,一定程度上降低了暴露性指数(见图 3.1)。

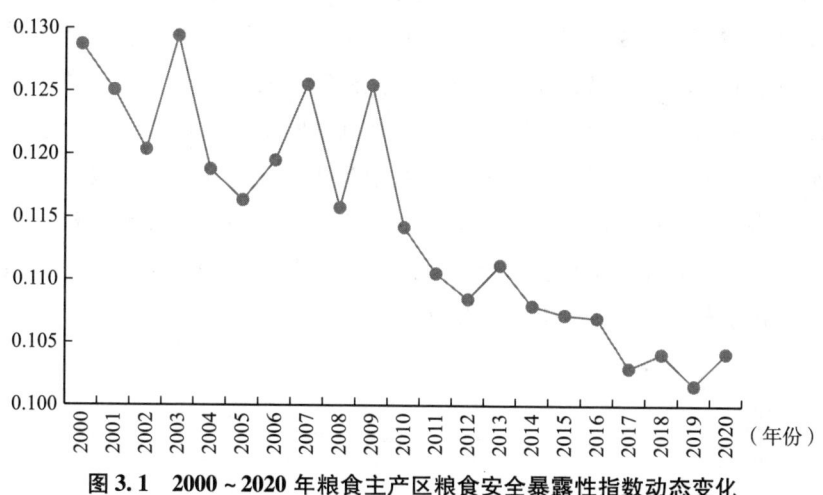

图 3.1 2000~2020 年粮食主产区粮食安全暴露性指数动态变化

从空间分布来看,粮食主产区粮食安全暴露性指数总体呈由"局部突出,北高南低"向"北低南高"的空间格局转变特征。究其原因,位于南方主产区的江苏、安徽、江西、湖北和湖南等地随着经济的快速发展,城市扩张迅猛,人均粮食播种面积相对较少,农业劳动力流失严重。例如,江苏的单位粮食播种面积劳动力从 2000 年每人 3.56 公顷下降至 2020 年每人 1.25 公顷,降幅可达 64.8%,致使暴露性指数相对较高。而位于北方主产区的内蒙古、辽宁、黑龙江和吉林等地经济发展水平较低,农业从业人员流失相对缓慢,人均粮食播种面积显著高于南方主产区。例如,黑龙江的人均粮食播种面积呈显著上升趋势，从2000年每人0.213公顷上涨到2020年每人0.455公顷，增幅达114%，而江苏、湖南和四川等地却呈现负增长，分别为-10.5%、-8.4%、-8.3%，故在多种原因下，北方主产区的暴露性指数显著下降，南方主产区的改善趋势却有所下降。

3.2.2 敏感性水平的时空属性

从时间演化来看，粮食主产区粮食安全敏感性指数变化呈小幅波动上升趋势，表明粮食主产区粮食安全系统对外界压力的反应力增强。2000~2020年，敏感性指数总体由0.094波动上升至0.154，主要原因在于两方面：一方面，随着免除农业税、农资综合补贴、完善粮食主产区利益补偿机制等政策的实施，粮食播种面积所占比例不断上升，使得粮食产量大幅增加，人均粮食占有量从427公斤上升到660公斤，在一定程度上降低了敏感性指数；另一方面，粮食消费价格指数与农产品生产资料价格指数呈上升趋势，从而加剧了粮食安全的敏感性。在两方面综合作用下，敏感性指数在较小范围内波动上升（见图3.2）。

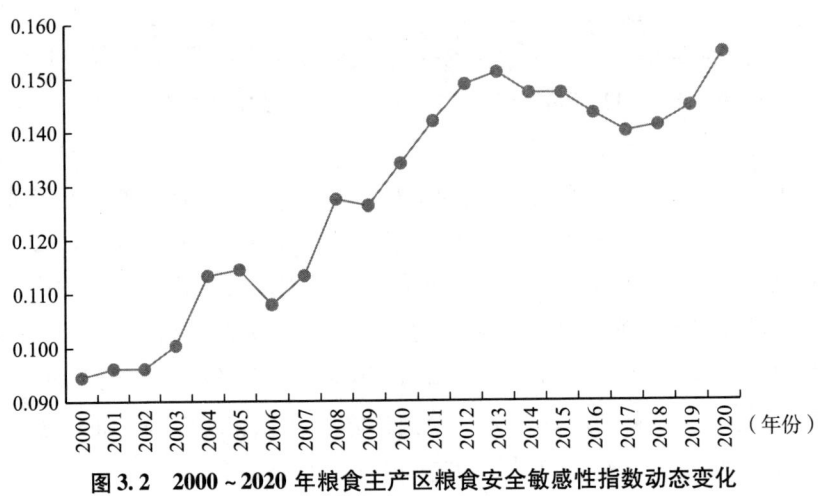

图3.2 2000~2020年粮食主产区粮食安全敏感性指数动态变化

从空间分布来看，粮食主产区粮食安全敏感性指数呈由"南北齐低"向"南高北低"转变的空间格局特征。2000~2008年，包括内蒙古、黑龙江和吉林在内的北方主产区敏感性指数变化不大，以2008年为转折，2009~2020年三地的敏感性指数先降后升再降，但总体指数相比2000年有所上升，然而值得肯定的是，黑龙江的敏感性指数一直保持在0.09~0.12内浮动，降低幅度较小。究其原因，黑龙江是粮食主产区中唯一一个农业产值比例保持上升的区域，同时其人均粮食占有量从2000年的690公斤上升到了2020年的2378公斤，增长了近3.4倍，故在一定程度上抵消了农业生产资料价格指数、粮食价格指数上升所导致的敏感性水平波动。与北方主产区不同的是，研究期内，河北以南的粮食主产区大部分地区敏感性指数均有不同程度的上升，空间分异显著。

3.2.3 适应能力水平的时空属性

从时间演化来看，粮食主产区粮食安全适应能力指数总体呈平稳攀升趋势，表明粮食主产区维护粮食安全系统的能力显著增强。2000~2015年，适应性指数由0.087上升到0.178，变化幅度明显大于另外几条曲线，表明脆弱性指数下降主要得益于适应能力水平的提高。2015~2020年，适应性指数呈现"V"形变化态势，2015~2017年，从0.178下降到0.170；2017~2020年，适应性指数从0.170上涨到0.180。从具体指标来看，为了保障粮食安全，政府不断提高财政支农支出水平，使得农业机械化水平及有效灌溉率不断提高，从而极大地改善了农业生产水平。其中，2000~2020年，财政支农支出从325亿元增加到12015亿元，增长了近36.9倍。与此同时，人民生活水平得到了极大改善，农村基础设施也得到了完善，使得粮食获取能力水平有了提高，研究期内道路密度年均增长率为7%。此外，随着农业绿色化发展，化肥、农药和农膜投入量减少，2015~2020年，化肥施用强度从每公顷0.492吨下降至每公顷0.396吨，农药施用强度从每公顷0.014吨下降至每公顷0.010吨，农膜施用强度从每公顷0.019吨下降至每公顷0.016吨，降低了粮食生产能力，故适应能力指数曲线自

2015年以来呈"V"形变化趋势（见图3.3）。

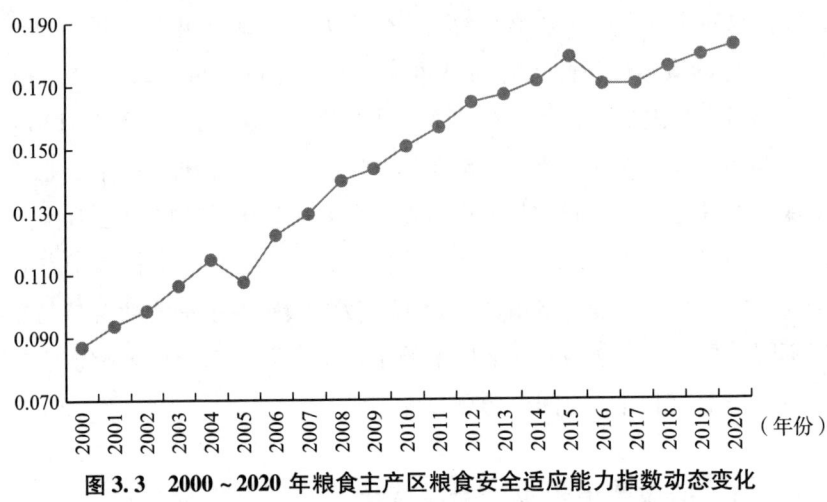

图3.3　2000~2020年粮食主产区粮食安全适应能力指数动态变化

从空间分布来看，粮食主产区粮食安全适应能力总体上呈由"南北齐高"向"北高南低"转变的空间格局特征。2000年，大部分粮食主产区适应能力均处于较低水平；2004年，包括黑龙江、内蒙古、吉林在内的北方主产区适应能力变化程度较小，而部分南方主产区的适应能力则有所上升；2008年，大部分南方主产区适应能力呈现提高趋势，上升一个等级；2012年，黑龙江、内蒙古、吉林三地区的适应能力呈小幅度的上升趋势；2020年，南方主产区适应能力基本保持高位水平，北方主产区变化不大，具体来看，位于西南地区的四川适应能力增幅最大，研究期内适应能力上升了四个等级；山东和江苏的适应指数发展趋势良好，自2004年超过0.14之后，一直保持在较高水平，其他地区除了辽宁适应能力一直维持在0.1~0.16内浮动外，均呈现出平稳的上升趋势。

3.2.4　脆弱性水平的时空属性

从时间演化来看，粮食主产区粮食安全脆弱性指数总体呈现波动式下降趋势，但是2020年有回升势头，表明粮食主产区的粮食安全保障水平显著提升，但出现了下降苗头，这值得警惕。2000~2020年，脆弱性指数由0.15降到0.08，其动态走势具体可分为快速下降、波动下降和小幅上升三个阶段：第一阶段为2000~2002年，脆弱性指数表现为快速下降，其值由0.15跌至0.126，表明粮食安全保障水平显著上升。其中，适应能力指数上升趋势明显，是造成这一阶段脆弱性指数变化的主要原因；第二阶段为2003~2019年，脆弱性指数曲线呈缓慢的波浪式下降趋势，表明粮食安全保障效能比较平稳。值得注意的是，此阶段内暴露性指数曲线呈现类似走势，可见暴露性指数变化是引起脆弱性指数变化的主要原因；第三阶段为2019~2020年，脆弱性指数从0.07上升到0.08，最主要的原因是新冠疫情给粮食生产经营造成了一定困难，在防疫的关键时期，种子、农药、化肥等生产物资调运困难，农民购买难度增大，农业生产受到影响。2020年粮食主产区农作物受灾面积相比2019年增加129.5万公顷，同时农业从业人员锐减，给粮食主产区的粮食安全保障能力造成较大威胁（见图3.4）。

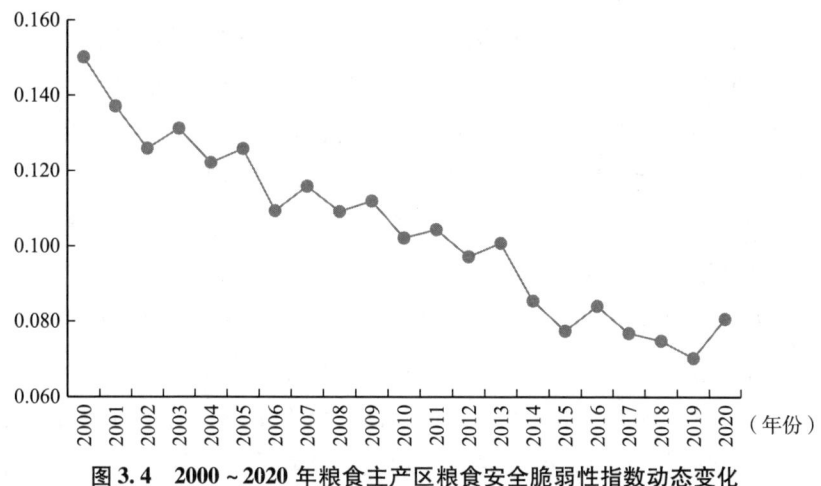

图3.4　2000~2020年粮食主产区粮食安全脆弱性指数动态变化

从空间分布来看，2000~2020年，粮食主产区粮食安全的脆弱性水平呈由"南低北高"向"南北齐低"演变的空间分异特征。其由2000年的3个极度脆弱区、5个重度脆弱区、2个中度脆弱区、2个轻度脆弱区、1个微度脆弱区转变为2019年的2个中度脆弱区、4个轻度脆弱区、7个微度脆弱区。2000 年，北方主产区的粮食安全脆弱性水平明显高于南方主产区。具体来看，黑龙江、内蒙古、辽宁处于极度脆弱等级；吉林、四川、江西、湖北、湖南处于重度脆弱等级；江苏、安徽处于中度脆弱等级；河北、河南处于轻度脆弱等级；山东处于轻度脆弱等级。2004 年，部分北方主产区粮食安全脆弱水平下降至重度和中度脆弱等级，部分南方主产区粮食安全脆弱性水平也有所下降。其中，河北、河南和江苏转变为微度脆弱区，河北转变为轻度脆弱区，安徽由中度脆弱区转变为轻度脆弱区。2008 年，北方主产区的粮食安全系统脆弱性水平进一步下降，而包括四川、湖南和江西在内的南方主产区的脆弱性水平却有所上升，粮食安全保障能力有所减弱；2012～2020 年，除了辽宁和江西维持中度脆弱等级，其他主产区的粮食安全脆弱性水平均有不同程度的下降，形成了"南北齐低"的良好空间格局。

根据 VSD 模型，将粮食安全系统脆弱性分解成三个维度，包括暴露度、敏感性和适应能力，并基于这三个维度构建了评价指标体系。评价结果表明：(1) 粮食主产区省际层面的暴露性水平、敏感性水平、适应能力水平及脆弱性水平均呈现出地区差异性。从暴露性来看，辽宁、江苏、江西、湖北和湖南等地粮食生产压力较大，而吉林、山东、河南和黑龙江等地较小；从敏感性来看，安徽、湖南和四川等地对外界反应能力较强，而内蒙古、吉林和黑龙江等地较弱；从适应能力来看，山东、四川等地维护粮食安全系统的能力较强，而吉林、辽宁和内蒙古等地较弱。(2) 2000～2020 年粮食安全系统各准则水平和脆弱性水平的时空演变过程呈现出一定规律。从暴露性水平来看，其在时间维度上总体呈波动式下降趋势，在空间维度上呈由"局部突出，北高南低"向"北低南高"的空间格局转变特征；从敏感性水平来看，其在时间维度上呈小幅波动上升趋势，在空间维度上呈由"南北齐低"向"南高北低"转变的空间格局特征；从适应能力来看，其在时间维度上呈平稳攀升趋势，在空间维度上呈由"南北齐高"向"北高南低"转变的空间格局特征；从脆弱性来看，其在时间维度上呈现波动式下降趋势，在空间维度上呈由"南低北高"向"南北齐低"演变的空间分异特征。

3.3 粮食安全系统脆弱性的空间属性

3.3.1 脆弱性水平的空间分布及演进趋势模型构建

从上文研究结果可以发现，粮食主产区的粮食安全脆弱性水平呈现出显著的空间分异现象。因此，必须进一步对粮食安全脆弱性水平的空间分布特征、区域差距大小及动态演进趋势进行详细探究。本节先构建全局自相关和局部自相关模型对粮食安全脆弱性的空间分布特征进行分析，剖析其空间分异格局，然后通过 Kernel 密度估计对粮食安全脆弱性的区域差异性进行测度，最后在此基础上对粮食安全脆弱性的动态演进趋势进行预测。

（1）全局空间自相关模型构建。

全局空间自相关模型一般用于探究要素属性值在整个研究区域内空间单元的平均相关程度及空间分布模式，通常用全局 Moran's I 表示，其计算公式为：

$$I = \frac{n \sum_{i=1}^{n} \sum_{j=1}^{n} w_{ij}(x_i - \bar{x})(x_j - \bar{x})}{\sum_{i=1}^{n} \sum_{j=1}^{n} w_{ij} \sum_{i=1}^{n} (x_i - \bar{x})^2} = \frac{\sum_{i=1}^{n} \sum_{j=1}^{n} w_{ij}(x_i - \bar{x})(x_j - \bar{x})}{S^2 \sum_{i=1}^{n} \sum_{j=1}^{n} w_{ij}} \tag{3.7}$$

式中，n 为粮食主产区内省（区）数量；x_i、x_j 为第 i 个省（区）和 j 个省（区）的粮食安全脆弱性系数值；w_{ij} 为空间权重矩阵，用于反映不同省（区）间的空间相邻关系。通常而言，Moran's I 的取值范围可以表示为 $-1 < I < 1$，当 $I > 0$ 时，表示相邻省（区）之间的粮食安全脆弱性存在空间正相关，且 I 值越大，意味着空间正向相关程度越大；当 $I < 0$ 时，表示相邻省（区）之间的粮食安全脆弱性存在空间负相关，且 I 值越小，空间负相关程度越强。

在此基础上，还会采用标准化统计量 Z 来检验不同省（区）之间是否

存在显著的空间相关性,公式如下:

$$Z = \frac{I - E(I)}{Var(I)} = \frac{\sum_{j=1}^{n} w_{ij}(d)(x_j - \bar{x}_i)}{S_i \sqrt{\frac{w_i(n-1-w_i)}{n-2}}} \quad (3.8)$$

式中,$E(I)$ 为 Moran's I 的均值,$Var(I)$ 为 Moran's I 的方差。当 Z 值大于零且显著时,表示通过检验,意味着粮食安全脆弱性存在高—高聚集或者低—低聚集;当 Z 值小于零且显著时,表示通过检验,意味着粮食安全脆弱性存在低—高聚集或者高—低聚集。

(2)局部空间自相关模型构建。

局部空间自相关模型主要通过探究粮食主产区内 13 个省(区)的空间关联模式,以识别空间异质性(吕明等,2022)。局部空间自相关(Local Moran's I)模型的公式为:

$$I_i = \frac{(x_i - \bar{x})}{S^2} \sum_{j=1}^{n} w_{ij}(x_i - \bar{x}) \quad (3.9)$$

式中,x_i 为第 i 个省(区)的粮食安全脆弱性系数,I 为第 i 个的省(区)的局部 Moran's I,n 为粮食主产区内省(区)总数,w_{ij} 为空间权重矩阵。

(3)Kernel 密度估计模型构建。

Kernel 密度估计是一种非参数估计,反映随机变量,能够较为全面地反映粮食安全脆弱性水平的分布位置、延展性、形态及极化特征(秦腾等,2021)。假定 $f(x)$ 为随机变量 x 的密度函数,公式(3.10)如下:

$$f(x) = \frac{1}{Nh} \sum_{i=1}^{N} K\left(\frac{X_i - \bar{x}}{h}\right) \quad (3.10)$$

式中,N 为主产区省(区)数量,X_i 为粮食安全脆弱性值,$\bar{x}$ 为均值,$K(\cdot)$ 为核函数,h 为带宽。采用高斯核函数估计粮食主产区 13 个地区粮食安全脆弱性水平的动态演进趋势,公式如下:

$$\lim_{x \to \infty} k(x) \times x = 0 \quad (3.11)$$

$$K(x) \geq 0, \int_{-\infty}^{+\infty} K(x) \mathrm{d}x = 1 \quad (3.12)$$

$$\sup K(x) < +\infty, \int_{-\infty}^{+\infty} K^2(x)\mathrm{d}x < +\infty \quad (3.13)$$

$$K(x) = \frac{1}{\sqrt{2\pi}}\exp\left(-\frac{x^2}{2}\right) \quad (3.14)$$

（4）Markov 链模型构建。

借助 Markov 链原理建立传统 Markov 转移矩阵，以探究粮食主产区粮食安全脆弱性水平的动态演化趋势。Markov 链是一种时间和状态均为离散的随机估计方法（吴强等，2022）。Markov 链满足：

$$p\{X(t_n) \leq x_n | X(t_1) = x_1, X(t_2) = x_2, \cdots, X(t_{n-1}) = x_{n-1}\} = $$
$$p\{X(t_n) \leq x_n | X(t_{n-1}) = x_{n-1}\}, \quad p_{ij} = n_{ij}/n_i$$
$$(3.15)$$

式中，p_{ij} 为粮食主产区粮食安全脆弱性水平从 t 时期 i 类型向 $t+1$ 时期 j 类型转移的概率，根据最大似然法求得，n_{ij} 表示粮食主产区粮食安全脆弱性水平从 t 时期 i 类型向 $t+1$ 时期 j 类型转变的地区数量；n_i 为在样本考察期内 i 类型出现的地区数量；$X(t_n)$ 为 $X(t_i) = x$ 下的条件分布函数。如果把粮食主产区粮食安全脆弱性水平划分为 N 个类型，那么可以得到一个 $N \times N$ 的状态转移概率矩阵 P，能够反映粮食安全脆弱性水平在不同时期不同类型间的转移情况，该矩阵 P 如公式（3.16）所示：

$$P = p_{ij} = \begin{vmatrix} p_{11} & p_{12} & \cdots & p_{1j} & \cdots \\ p_{21} & p_{22} & \cdots & p_{2j} & \cdots \\ \vdots & \vdots & & \vdots & \\ p_{i1} & p_{i2} & \cdots & p_{ij} & \cdots \\ \vdots & \vdots & & \vdots & \end{vmatrix}$$

$$p_{ij} \geq 0, ij \in N, \sum_{j \in N} P_{ij} = 1, ij \in N \quad (3.16)$$

3.3.2 粮食安全系统脆弱性水平的空间属性

（1）全局空间自相关结果分析。

基于全局 Moran 指数模型测算，得到 2000～2020 年我国粮食主产区的粮食全局 Moran 指数，结果如表 3.6 所示。全局空间自相关统计结果显示，在 2000~2020 年，粮食主产区所有省（区）粮食安全脆弱性水平的全局 Moran 指数均通过了 5% 置信水平的显著性检验，除了 2005 年、2006~2012 年、2014 年和 2020 年粮食主产区粮食安全脆弱性水平未通过 1% 置信水平的显著性检验，其余年份均通过 1% 置信水平的显著性检验，这表明粮食主产区粮食安全脆弱性水平存在较强的空间自相关性，一个地区粮食安全脆弱性水平将对邻近地区产生影响，即相同指标较高的地区互相接近，较低的省份地区互相接近。总体来看，粮食主产区粮食安全脆弱性的全局 Moran 指数最低值为 2005 年的 0.17，峰值为 2004 年的 0.544，2000~2020 年粮食安全脆弱性的全局 Moran 指数在该范围内波动，变化趋势可分为两个阶段：第一阶段为 2000~2004 年，全局 Moran 指数呈"N"形变化特征，但总体指数是上升的，表明其空间相关性增大，空间集聚程度渐渐增强；第二阶段呈倒"V"形变化趋势，空间相关性依然有增大趋势。

全局 Moran 指数的结果表明，我国粮食主产区粮食安全脆弱性存在显著的空间正相关性。这说明了粮食安全脆弱性水平存在空间溢出效应。全局 Moran 指数是以整个粮食主产区为切入点的，不能够展现粮食主产区内部各省（区）的空间集聚特征，因此还需要借助局部 Moran 指数进一步探究粮食安全脆弱性水平的空间自相关关系。

表 3.6　　　　　　　　全局 Moran 指数结果

年份	粮食安全脆弱性			年份	粮食安全脆弱性		
	Moran's I	Z-value	P-value		Moran's I	Z-value	P-value
2000	0.326***	3.156	0.006	2007	0.260**	2.707	0.020
2001	0.438***	4.245	0.001	2008	0.223**	2.448	0.020
2002	0.410***	3.723	0.002	2009	0.267**	3.067	0.012
2003	0.300***	3.192	0.008	2010	0.228**	2.579	0.020
2004	0.544***	4.874	0.002	2011	0.259**	2.864	0.020
2005	0.170**	2.145	0.026	2012	0.330**	3.369	0.016
2006	0.173**	2.08	0.040	2013	0.334***	3.504	0.010

续表

年份	粮食安全脆弱性			年份	粮食安全脆弱性		
	Moran's I	Z – value	P – value		Moran's I	Z – value	P – value
2014	0.288 **	3.191	0.012	2018	0.301 ***	2.967	0.008
2015	0.314 ***	3.401	0.010	2019	0.226 ***	2.621	0.008
2016	0.411 ***	4.005	0.001	2020	0.260 **	2.542	0.030
2017	0.339 ***	3.41	0.008				

注：*、**、*** 分别表示估计系数在10%、5%、1%置信水平显著。

（2）局部空间自相关结果分析。

全局 Moran 指数仅仅研究的是整个粮食主产区的平均空间自相关程度，该统计量把研究区域看作是同质和均匀的，但在实际情况中，并不能确保粮食主产区的同质性假设，因而可能会导致单个研究单元的空间自相关特征难以显现，故借助局部 Moran 指数模型探究粮食主产区各省（区）粮食安全系统粮食安全脆弱性水平的空间集聚特征。用"H – H"表示高—高集聚，用"L – H"表示低—高集聚，用"L – L"表示低—低集聚，用"H – L"表示高—低集聚。

研究结果总体表明，在不同研究时间节点上，粮食主产区大部分地区的粮食安全脆弱性水平呈现显著的相关性，其中呈现相似值集聚特征的地区较多，而呈现相异值集聚特征的地区较少。北方主产区在研究期内主要具有较为显著的"H – H"集聚现象，而南方主产区空间集聚特征分异较为明显。河北由"L – L"集聚区转变为"L – H"集聚区；河南和江苏历年呈现的相关性一直不显著；山东除了2000年，其余年份处于"L – L"集聚区；四川、湖南、湖北和江西主要呈现从"H – H"集聚区转变为其他区又转回为"H – H"集聚区的特征。

具体而言，在2000年，黑龙江、吉林、内蒙古、辽宁、四川、湖北、湖南和江西主要为"H – H"集聚区，在"L – L"集聚区的省域包括河北和安徽，不显著的为山东、河南和江苏3个省；到了2004年，河北、安徽和湖北3个地区转变为"L – H"集聚区，山东转变为"L – L"集聚区，其余省不变；2008年，河南、四川、湖北、湖南、江西和辽宁6个地区转变为不显著区;2012年,四川、湖南、江西和辽宁变回"H-H"集聚区,湖北变为"L-H"集聚区;2016年,除了湖北变为"H-H"集聚区和吉林变为"L-H"集聚区,其余地区均无变化;2020年,吉林变为"H-H"集聚区,其余地区无变化。总之,近年来大部分粮食主产区呈现显著"H-H"集聚特征,尤其是北方主产区这一特征尤为明显。

(3) 粮食安全系统脆弱性水平的Kernel密度估计结果分析。

根据等间距原则,选取2000年、2004年、2008年、2012年、2016年和2020年6个时间静态节点,根据Kernel密度估计模型测算结果,进一步探究粮食主产区粮食安全系统粮食安全脆弱性水平的分布特征,如图3.5所示。从分布位置来看,在2000~2020年,粮食安全脆弱性的中心呈渐渐向左移动的趋势,说明粮食安全脆弱性水平在不断减小;从分布形态来看,粮食安全脆弱性水平主峰的峰值高度呈先大幅下降后逐渐升高再缓慢下降的变化特征,峰值宽度则先微微变窄后微微变宽,说明粮食安全脆弱性水平的集聚程度有微微上升趋势;从分布延展性来看,粮食安全脆弱性核密度函数的左拖尾现象先逐渐扩大后逐渐减弱,反映了粮食安全脆弱性水平的空间差异呈先扩大后减小的趋势。

具体而言,相比2000年,2004年粮食安全脆弱性密度函数中心显著下移,波宽微微变宽,曲线更加平滑,左拖尾现象逐渐显现,这说明粮食主产区粮食安全脆弱性水平的绝对差距有所增加;相比2004年,2008年核密度函数中心微微上移,且波峰数量有所增加,波宽变窄,表明粮食安全脆弱性水平的绝对差距在逐渐缩小,但是呈多极分化趋势;相比2008年,2012年核密度曲线中心向左上平移,虽然波宽无明显变化,但左拖尾现象显著,表明粮食安全脆弱性水平的空间差异扩大;相比2012年,2016年核密度曲线进一步向左移动,波高稍微降低,波宽变大,表明粮食安全脆弱性水平降低,但各省(区)空间差异程度逐步变大,另外,波峰数量持续增加,表明粮食安全脆弱性水平继续保持多极化特征;相比2016年,2020年核密度曲线左拖尾现象减弱,波宽无明显变化,但波峰进一步降低,且波峰数量依然保持多峰状态,表明粮食主产区粮食安全脆弱性水平地区差异依然显著。

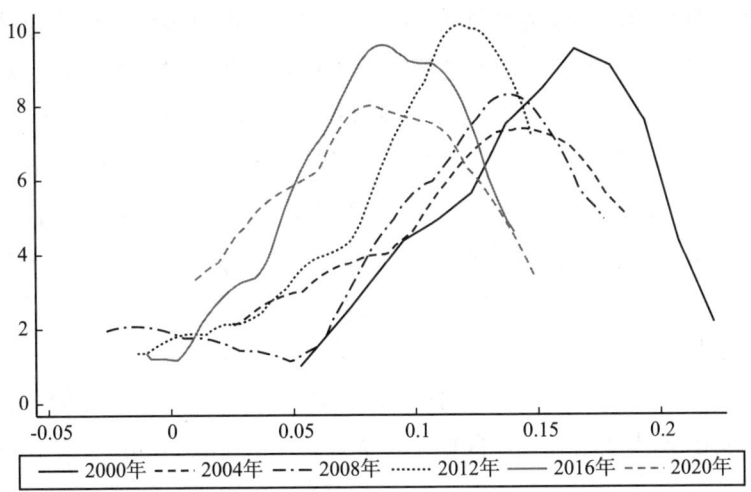

图 3.5　中国粮食主产区粮食安全系统脆弱性水平的核密度图

(4) 粮食安全系统脆弱性水平的 Markov 链结果分析。

根据 Markov 链模型计算得到 Markov 转移概率矩阵，以展示样本考察期内粮食主产区粮食安全脆弱性水平的内部动态性转移趋势。将样本考察期内粮食安全脆弱性水平划分为 5 种类型：低类型Ⅰ，即脆弱性指数大于 0.18；中低类型Ⅱ，即脆弱性指数介于 0.15~0.18；中等类型Ⅲ，脆弱性指数介于 0.12~0.15；中高类型Ⅳ，即脆弱性指数介于 0.09~0.12；高类型Ⅴ，即脆弱性指数小于 0.09，转移概率结果见表 3.7，阶段演进概率结果见表 3.8，初始分布和稳态分布见表 3.9。

表 3.7 中对角线上的数值反映了粮食安全脆弱性水平等级保持不变的概率，非对角线上的数值则表示不同粮食安全脆弱性水平等级间发生转化的概率。总体来看，粮食主产区粮食安全脆弱性水平的 Markov 转移概率矩阵反映了以下 3 个分布特征：①大部分等级的主对角线转移概率大于非主对角线的转移概率，这说明粮食主产区粮食安全脆弱性水平发展状态保持不变的可能性较大，根据主对角线上数值来看，低类型Ⅰ、中低类型Ⅱ、中等类型Ⅲ、中高类型Ⅳ和高类型Ⅴ保持自身状态不变的概率分别为 33.3%、55.81%、54.24%、63.33% 和 92.13%。另外，随着等级的增加，主对角线概率呈增高趋势，这表明粮食安全脆弱性水平所处的类型越

高,越有更高的概率维持当前状态。②不同状态向下转移的概率总体低于向上转移的概率。其中,中低类型Ⅱ向中等类型Ⅲ、中高类型Ⅳ、高类型Ⅴ转移的概率分别为34.88%、2.33%和0,合计为37.21%,显著大于向低类型Ⅰ转移的概率6.98%。同理,中等类型Ⅲ向上转移的概率总计为30.5%,大于向下转移的总计概率15.25%,中高类型Ⅳ向上转移的概率合计为20%,而向下转移的概率合计为16.67%,相差不大,这表明粮食主产区粮食安全脆弱性更容易向好进化而不易退化。③正处于低类型Ⅰ和中低类型Ⅱ状态的地区很难越级向中高类型Ⅳ和高类型Ⅴ转化,其转移概率基本为0,而处于高类型的地区具有"惯性",向下一级退化的可能性仅为6.74%,这表明粮食主产区粮食安全脆弱性水平较高的地区存在俱乐部趋同现象。

表3.7 粮食主产区粮食安全脆弱性水平的 Markov 转移概率矩阵

t/t+1	类型Ⅰ	类型Ⅱ	类型Ⅲ	类型Ⅳ	类型Ⅴ
低类型Ⅰ	0.3330	0.5555	0.1111	0	0
中低类型Ⅱ	0.0698	0.5581	0.3488	0.0233	0
中等类型Ⅲ	0	0.1525	0.5424	0.2881	0.0169
中高类型Ⅳ	0	0	0.1667	0.6333	0.2000
高类型Ⅴ	0	0	0.0112	0.0674	0.9213

根据表3.8,粮食主产区粮食安全脆弱性水平进阶式转化趋势显著。总的来看,在2021年,将有0、2.35%、14.08%、27.55%和56.03%的地区粮食安全脆弱性水平分别处于低、中低、中等、中高和高类型,而到了2025年,粮食安全脆弱性水平处于5种类型的地区的概率变为0.39%、4.52%、13.43%、23.07%和58.60%。其中,粮食安全脆弱性水平处于低类型Ⅰ的地区的概率在未来5年内基本保持稳定状态,仅上升了0.39%,粮食安全脆弱性水平处于中低类型Ⅱ和高类型Ⅴ的地区的概率分别上升了2.17%和2.57%,粮食安全脆弱性水平处于中等类型Ⅲ和中高类型Ⅳ的地区的概率分别下降了0.65%和4.48%。总体而言,未来5年,粮食主产区粮食安全脆弱性水平处

于中等及以上类型的地区的概率较大，总体基本保持在90%以上，仅有不到10%的地区粮食安全脆弱性水平处于低或中低类型。

表3.8 粮食主产区粮食安全脆弱性水平的阶段演进概率预测

类型	2021年	2022年	2023年	2024年	2025年
低类型Ⅰ	0	0.0016	0.0030	0.0331	0.0039
中低类型Ⅱ	0.0235	0.0346	0.0411	0.1579	0.0452
中等类型Ⅲ	0.1408	0.1368	0.1351	0.2242	0.1343
中高类型Ⅳ	0.2755	0.2534	0.2393	0.2318	0.2307
高类型Ⅴ	0.5603	0.5737	0.5815	0.3529	0.5860

结合表3.9，从初态分布来看，60%以上的地区粮食安全脆弱性水平处于低或中低类型，处于高类型的地区较少，仅为7.69%。从稳态分布来看，未来粮食主产区将分别有3.31%、15.80%、22.42%、23.16%和35.32%的地区粮食安全脆弱性水平处于低、中低、中等、中高和高类型状态，即大部分地区粮食安全脆弱性水平将处于中高类型。对比初态分布和稳态分布，粮食安全脆弱性水平处于低、中低类型的地区大幅下降，分别降低了19.77%、22.66%，与此相反，处于中、中高和高类型的地区分别上升了7.040%、7.780%和27.63%，故从长远来看，粮食主产区的粮食安全脆弱性水平呈向好发展趋势。

表3.9 粮食主产区粮食安全脆弱性水平的初始分布和稳态分布

	初态和稳态（状态个数/总数）				
分布	低类型Ⅰ	中低类型Ⅱ	中等类型Ⅲ	中高类型Ⅳ	高类型Ⅴ
初态分布	0.2308	0.3846	0.1538	0.1538	0.0769
稳态分布	0.0331	0.1580	0.2242	0.2316	0.3532

结合空间自相关分析、Kernel密度估计模型和Markov链模型分别对粮食主产区粮食安全脆弱性的空间集聚特征、区域差异及动态演进趋势进行

分析，结果表明：①从全局自相关来看，在2000~2020年，粮食主产区粮食安全脆弱性水平存在较强的空间自相关性，且空间集聚程度呈增大趋势。②从局部自相关来看，粮食安全脆弱性水平呈现相似值集聚特征的地区较多，而呈相异值集聚特征的地区较少，北方主产区主要呈现出显著的"H-H"集聚现象，而南方主产区空间集聚特征分异较为明显，2020年河北为"L-H"集聚区，河南和江苏的相关性不显著，山东为"L-L"集聚区，四川、湖南、湖北和江西为"H-H"集聚区。③从Kernel密度估计结果来看，粮食安全脆弱性水平呈现出多极分化特征，空间差异呈先扩大后减小的趋势，但地区差异依然显著。④从Markov链预测结果来看，粮食安全脆弱性水平所处的类型越高，维持当前状态的可能性越大，且脆弱性水平更容易向好进化而不易退化；预测未来5年将有90%以上的地区处于中等及以上类型；对比初态分布和稳态分布，粮食安全脆弱性水平呈向好发展趋势，处于低、中低类型的地区分别降低了19.77%、22.66%，与此相反，处于中、中高和高类型的地区分别上升7.04%、7.78%和27.63%。

3.4 粮食安全系统脆弱性因子识别

关于粮食主产区粮食安全脆弱性的研究，不仅要了解其空间分布及演进趋势，还要明晰导致脆弱性的原因。本节通过构建因子贡献度模型测算出各个指标对粮食主产区粮食安全脆弱性的贡献程度，然后对各个指标的贡献度进行排序，寻找出各个准则层的主要贡献因子，以期为降低粮食安全脆弱性提供有效借鉴。

3.4.1 因子贡献度模型构建

为进一步改善粮食安全水平，保障我国粮食安全，需要计算不同指标对于整体系统的阻碍作用，以探究影响粮食主产区粮食安全的主要因子。

第 3 章　粮食安全脆弱性的评估

对于粮食主产区来说,粮食安全脆弱性水平越小越好,因此参照李梦娜(2016)的方法,将因子障碍度模型改造为因子贡献度计算模型,用于分析各准则层对粮食安全脆弱性的主要贡献因子,计算公式如下:

$$C_j = \frac{w_j \cdot I_j}{\sum_{j=1}^{m} w_j \cdot I_j} \times 100\% \quad (3.17)$$

$$H_r = \sum_{j=1}^{m} C_j \quad (3.18)$$

式中,C_j 为第 j 项指标对粮食安全脆弱性的贡献度;w_j 为第 j 项指标的权重;I_j 为第 j 项指标的标准化值;m 为指标个数;H_r 为第 r 个准则层对脆弱性的贡献度。

3.4.2　暴露性准则层的贡献因子

运用因子贡献度模型,计算出单项指标对粮食主产区粮食安全系统暴露性的贡献度,然后根据测算结果作图展示 2000~2020 年粮食主产区粮食安全系统暴露性准则层贡献度的动态演化趋势,如图 3.6 所示。并对暴露性准则层的主要贡献因子进行排序,如表 3.10 所示。

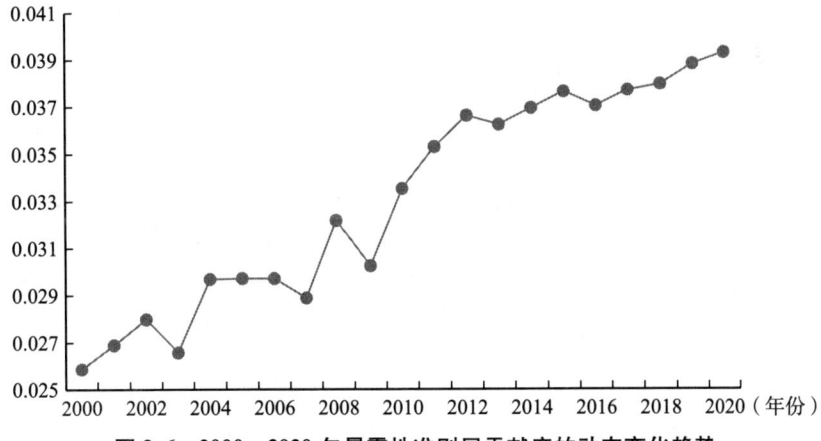

图 3.6　2000~2020 年暴露性准则层贡献度的动态变化趋势

表 3.10　　2000~2020 年粮食主产区暴露性准则层的主要贡献因子

年份	项目	指标排序 1	2	3	4	5
2000	贡献因子	E_3	E_4	E_2	E_1	E_5
	贡献度	0.0655	0.0455	0.0366	0.0033	0.0032
2001	贡献因子	E_3	E_4	E_2	E_5	E_1
	贡献度	0.0647	0.0513	0.0372	0.0036	0.0033
2002	贡献因子	E_3	E_4	E_2	E_5	E_1
	贡献度	0.0632	0.0587	0.0377	0.0038	0.0030
2003	贡献因子	E_3	E_4	E_2	E_5	E_1
	贡献度	0.0623	0.0496	0.0399	0.0035	0.0028
2004	贡献因子	E_4	E_3	E_2	E_5	E_1
	贡献度	0.0693	0.0601	0.0384	0.0045	0.0031
2005	贡献因子	E_4	E_3	E_2	E_5	E_1
	贡献度	0.0699	0.0621	0.0356	0.0047	0.0033
2006	贡献因子	E_4	E_3	E_2	E_5	E_6
	贡献度	0.0675	0.0630	0.0351	0.0051	0.0037
2007	贡献因子	E_3	E_4	E_2	E_5	E_6
	贡献度	0.0662	0.0582	0.0347	0.0054	0.0048
2008	贡献因子	E_4	E_3	E_2	E_6	E_5
	贡献度	0.0747	0.0668	0.0355	0.0063	0.0059
2009	贡献因子	E_3	E_4	E_2	E_6	E_5
	贡献度	0.0669	0.0631	0.0342	0.0073	0.0055
2010	贡献因子	E_4	E_3	E_2	E_6	E_5
	贡献度	0.0791	0.0668	0.0339	0.0091	0.0058
2011	贡献因子	E_4	E_3	E_2	E_6	E_5
	贡献度	0.0865	0.0691	0.0333	0.0115	0.0068
2012	贡献因子	E_4	E_3	E_2	E_6	E_5
	贡献度	0.0932	0.0693	0.0322	0.0131	0.0073

续表

年份	项目	指标排序				
		1	2	3	4	5
2013	贡献因子	E_4	E_3	E_2	E_6	E_5
	贡献度	0.0899	0.0702	0.0314	0.0147	0.0068
2014	贡献因子	E_4	E_3	E_2	E_6	E_5
	贡献度	0.0940	0.0712	0.0292	0.0157	0.0067
2015	贡献因子	E_4	E_3	E_2	E_6	E_5
	贡献度	0.0956	0.0735	0.0280	0.0166	0.0073
2016	贡献因子	E_4	E_3	E_2	E_6	E_5
	贡献度	0.0904	0.0775	0.0243	0.0171	0.0073
2017	贡献因子	E_4	E_3	E_2	E_6	E_5
	贡献度	0.0951	0.0755	0.0229	0.0179	0.0089
2018	贡献因子	E_4	E_3	E_2	E_6	E_5
	贡献度	0.0944	0.0766	0.0244	0.0196	0.0093
2019	贡献因子	E_4	E_3	E_2	E_6	E_5
	贡献度	0.0991	0.0755	0.0219	0.0207	0.0095
2020	贡献因子	E_4	E_3	E_6	E_2	E_5
	贡献度	0.0990	0.0808	0.0222	0.0178	0.0097

结合图3.6，总体来看，2000~2020年，粮食主产区粮食安全系统暴露性准则层的贡献度曲线总体呈波动上升趋势，表明暴露性准则层对粮食安全脆弱性的贡献度越来越大，具体可以分为两个阶段来看：第一阶段为2000~2009年，暴露性准则层的贡献度曲线上升得较为陡峭，总体呈"M"形和倒"V"形走势，贡献度数值从2000年的0.0258上升到2009年的0.0366，增长42%；第二阶段则为2013~2020年，贡献度曲线上升得较为平缓，总体呈"W"形走势，数值从2013年的0.0363上升到2020年的0.0393，增幅仅为8%。

结合表3.10，2000~2020年贡献度排名一直在前2名的贡献因子主要为单位粮食播种面积用水量和农作物受灾率，这反映出农业用水量大和农作物受灾率高是导致暴露性指数高，进而导致粮食安全脆弱性水平较高的重要原因。具体而言，研究期内单位粮食播种面积用水量的贡献度上升较为缓慢，主要维持在0.06~0.08内浮动，而农作物受灾率的贡献度上升趋势较为明显，2000~2020年从0.0455上升到0.0808，增幅为77.58%，其贡献度于2010年超过单位粮食播种面积用水量，贡献度长期排在第三位的贡献因子为单位粮食播种面积劳动力，但是其贡献度在研究期内呈下降趋势，从2000年的0.0366缓慢减少到2020年的0.0178，降幅为51.37%，表明其对粮食安全脆弱性的贡献越来越小；人均GDP的贡献度则呈现上升趋势，2020年其贡献度为0.0222，超过单位粮食播种面积劳动力的贡献度。长期围绕0.0030上下浮动的人均粮食播种面积贡献度不大，从2006年开始，其贡献度被粮食自给率超越后一直垫底。

3.4.3 敏感性准则层的贡献因子

根据因子贡献度模型的测算结果作图展示2000~2020年粮食主产区粮食安全系统敏感性准则层贡献度的动态演化趋势，如图3.7所示。并对贡献因子进行排序，如表3.11所示。

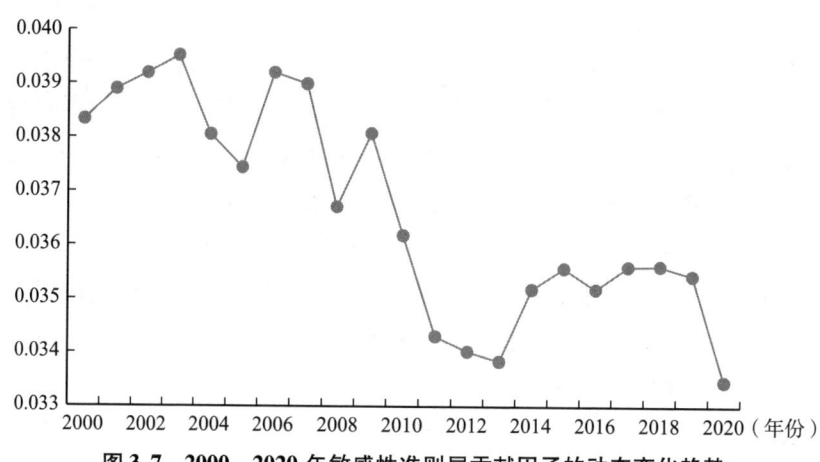

图3.7 2000~2020年敏感性准则层贡献因子的动态变化趋势

表 3.11　　2000~2020 年粮食主产区敏感性准则层的主要贡献因子

年份	项目	指标排序 1	2	3	4	5
2000	贡献因子	S_1	S_6	S_4	S_3	S_2
	贡献度	0.0909	0.0845	0.0230	0.0226	0.0225
2001	贡献因子	S_1	S_6	S_7	S_4	S_2
	贡献度	0.0912	0.0846	0.0259	0.0244	0.0211
2002	贡献因子	S_1	S_6	S_7	S_4	S_2
	贡献度	0.0908	0.0853	0.0291	0.0246	0.0217
2003	贡献因子	S_1	S_6	S_7	S_4	S_2
	贡献度	0.0931	0.0870	0.0303	0.0231	0.0217
2004	贡献因子	S_1	S_6	S_7	S_4	S_2
	贡献度	0.0889	0.0749	0.0284	0.0278	0.0235
2005	贡献因子	S_1	S_6	S_7	S_4	S_2
	贡献度	0.0821	0.0728	0.0352	0.0281	0.0227
2006	贡献因子	S_1	S_6	S_7	S_4	S_2
	贡献度	0.0831	0.0727	0.0454	0.0295	0.0238
2007	贡献因子	S_1	S_6	S_7	S_4	S_2
	贡献度	0.0801	0.0701	0.0469	0.0314	0.0249
2008	贡献因子	S_6	S_1	S_7	S_4	S_2
	贡献度	0.0674	0.0659	0.0461	0.0323	0.0252
2009	贡献因子	S_1	S_7	S_7	S_4	S_2
	贡献度	0.0696	0.0636	0.0571	0.0313	0.0258
2010	贡献因子	S_1	S_7	S_6	S_4	S_2
	贡献度	0.0677	0.0552	0.0550	0.0315	0.0257
2011	贡献因子	S_7	S_1	S_6	S_4	S_2
	贡献度	0.0585	0.0580	0.0445	0.0343	0.0263
2012	贡献因子	S_7	S_1	S_6	S_4	S_2
	贡献度	0.0637	0.0523	0.0408	0.0356	0.0268

续表

年份	项目	指标排序				
		1	2	3	4	5
2013	贡献因子	S_7	S_1	S_6	S_4	S_2
	贡献度	0.0701	0.0509	0.0356	0.0337	0.0273
2014	贡献因子	S_7	S_1	S_6	S_4	S_2
	贡献度	0.0848	0.0515	0.0313	0.0330	0.0272
2015	贡献因子	S_7	S_1	S_4	S_6	S_2
	贡献度	0.0873	0.0515	0.0352	0.0292	0.0276
2016	贡献因子	S_7	S_1	S_4	S_6	S_2
	贡献度	0.0890	0.0503	0.0347	0.0282	0.0274
2017	贡献因子	S_7	S_1	S_4	S_2	S_6
	贡献度	0.0911	0.0489	0.0379	0.0282	0.0260
2018	贡献因子	S_7	S_1	S_4	S_2	S_6
	贡献度	0.0947	0.0460	0.0383	0.0286	0.0255
2019	贡献因子	S_7	S_1	S_4	S_2	S_6
	贡献度	0.0968	0.0408	0.0388	0.0286	0.0250
2020	贡献因子	S_7	S_4	S_1	S_2	S_6
	贡献度	0.0898	0.0398	0.0340	0.0294	0.0239

结合图 3.7，总体来看，在 2000~2020 年，粮食主产区粮食安全系统敏感性准则层的贡献度曲线总体呈波动下降趋势，表明敏感性准则层对粮食安全脆弱性的贡献度越来越小。具体而言，贡献度曲线经历了三个曲折的发展过程：第一个过程为 2000~2011 年，敏感性准则层的贡献度经历了几个来回波动以后急速下降，从 0.0383 下降到 0.0343，降幅为 12.4%；第二个过程为 2012~2013 年，贡献度继续保持下降，但在此阶段内敏感性指数下降到 0.0338，首次低于暴露性指数，这表明以 2011 年为转折，造成粮食安全脆弱性水平上升的原因更多来自暴露性准则层；第三个过程为 2014~2020 年，贡献度曲线呈"M"形变化特征，数值总体有小幅下降，从 0.0338 降到 0.0335。

结合表 3.11，在 2000~2010 年，敏感性准则层贡献因子按照贡献度排名前 5 的顺序基本为：农业生产资料价格指数 > 粮食价格指数 > 恩格尔系数 > 粮食溢出率 > 粮食作物播种面积所占比例，在 2011~2020 年，恩格尔系数的贡献度一直位列第一，其他贡献因子的排名有所变化。具体而言，农业生产者资料价格指数、粮食价格指数和第一产业产值比例的贡献度均呈下降趋势，分别从 2000 年的 0.0912、0.0846 和 0.0226 下降至 2020 年的 0.0340、0.0239 和 0.0100，降幅分别为 62.7%、71.7% 和 55.6%，表明农业生产者资料价格指数、粮食价格指数和第一产值比例对粮食安全脆弱性水平的影响均有所降低；相反，恩格尔系数的贡献度在研究期内呈明显的上升趋势，从 2000 年的 0.0259 上升到 2020 年的 0.0898，增幅高达 300.7%，可见，近年来恩格尔系数对粮食安全脆弱性水平的影响越来越强；此外，粮食溢出率、粮食播种面积所占比例和人均粮食占有量的贡献度呈缓慢的上升趋势，2000~2020 年分别从 0.0225、0.0230 和 0.0022 上升到 0.0294、0.0398 和 0.0078，增幅分别为 30.7%、73.0% 和 255%。

3.4.4　适应能力准则层的贡献因子

根据因子贡献度模型的测算结果作图展示 2000~2020 年粮食主产区粮食安全系统适应能力准则层贡献度的动态演化趋势，如图 3.8 所示。总体来看，2000~2020 年，粮食主产区粮食安全系统适应能力准则层的贡献度曲线总体呈波动下降趋势，表明随着适应能力准则层对粮食安全脆弱性水平的贡献度越来越小。具体而言，适应能力曲线呈多"V"形变化趋势，其数值从 2000 年的 0.0721 下降至 2020 年的 0.0662，降幅为 8.18%。

结合计算结果，对适应准则层的主要贡献因子进行排序，如表 3.12 所示。总体来看，研究期内除了 2004 年，其余年份排在第一位的贡献因子均为农药施用强度，最大值为 2020 年的 0.1550，最小值为 2004 年的 0.1161。2010 年以前，财政支农支出的贡献度仅次于农药施用强度，2010 年之后，其贡献度被农膜施用强度超越，基本排在第三位，农膜施用强度和农业机械化程度的贡献度较为接近，主要排在第四或者第五位，化肥施用强度、粮食总产量和有效灌溉率的贡献度则排名在倒数前三。从变化趋势来看，农药施用强度、农膜施用强度和化肥施用强度的贡献度均呈现上升趋势，分别从 2000 年的 0.1247、0.0963 和 0.0773 上升到 2020 年的 0.1550、0.1135 和 0.0517，增幅为 24.27%、17.95% 和 16.9%，其中，化肥施用强度于 2016 年进入前五名，与此相反，财政支农支出呈下降趋势，2000～2020 年降幅高达 62.89%，排名一路下滑到第五。另外，农业机械化程度呈先降后升趋势，排名总体前进了一名。

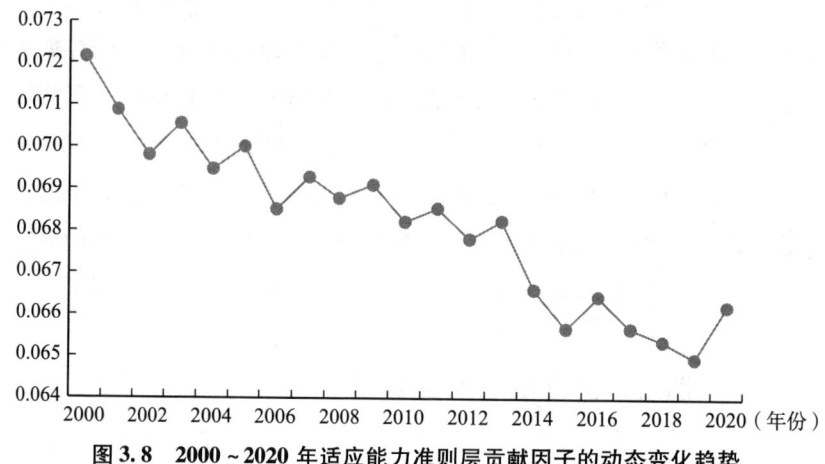

图 3.8　2000～2020 年适应能力准则层贡献因子的动态变化趋势

表 3.12　　　　2000～2020 年粮食主产区适应能力准则层的主要贡献因子

年份	项目	指标排序				
		1	2	3	4	5
2000	贡献因子	AC_4	AC_8	AC_1	AC_7	AC_2
	贡献度	0.1247	0.1214	0.0963	0.0773	0.0712
2001	贡献因子	AC_4	AC_8	AC_1	AC_7	AC_2
	贡献度	0.1246	0.1208	0.0960	0.0736	0.0691
2002	贡献因子	AC_4	AC_8	AC_1	AC_7	AC_2
	贡献度	0.1239	0.1200	0.0948	0.0728	0.0667
2003	贡献因子	AC_4	AC_8	AC_1	AC_7	AC_2
	贡献度	0.1273	0.1239	0.0961	0.0723	0.0625

续表

第3章 粮食安全脆弱性的评估

年份	项目	指标排序 1	2	3	4	5
2004	贡献因子	AC_8	AC_4	AC_1	AC_7	AC_2
	贡献度	0.1237	0.1161	0.0976	0.0741	0.0652
2005	贡献因子	AC_4	AC_8	AC_1	AC_7	AC_2
	贡献度	0.1264	0.1209	0.0961	0.0723	0.0625
2006	贡献因子	AC_4	AC_8	AC_1	AC_2	AC_7
	贡献度	0.1287	0.1222	0.0977	0.0620	0.0528
2007	贡献因子	AC_4	AC_8	AC_1	AC_2	AC_7
	贡献度	0.1319	0.1207	0.0995	0.0614	0.0532
2008	贡献因子	AC_4	AC_8	AC_1	AC_2	AC_7
	贡献度	0.1352	0.1191	0.0939	0.0595	0.0526
2009	贡献因子	AC_4	AC_8	AC_1	AC_2	AC_7
	贡献度	0.1378	0.1103	0.1035	0.0579	0.0526
2010	贡献因子	AC_4	AC_8	AC_1	AC_2	AC_7
	贡献度	0.1384	0.1052	0.1044	0.0555	0.0507
2011	贡献因子	AC_4	AC_1	AC_8	AC_2	AC_7
	贡献度	0.1420	0.1060	0.0999	0.0542	0.0507
2012	贡献因子	AC_4	AC_1	AC_8	AC_2	AC_7
	贡献度	0.1442	0.1071	0.0925	0.0525	0.0497
2013	贡献因子	AC_4	AC_1	AC_8	AC_2	AC_7
	贡献度	0.1469	0.1085	0.0868	0.0551	0.0487
2014	贡献因子	AC_4	AC_1	AC_8	AC_2	AC_7
	贡献度	0.1456	0.1070	0.0820	0.0527	0.0471
2015	贡献因子	AC_4	AC_1	AC_8	AC_2	AC_7
	贡献度	0.1481	0.1086	0.0703	0.0515	0.0461
2016	贡献因子	AC_4	AC_1	AC_8	AC_2	AC_5
	贡献度	0.1463	0.1081	0.0635	0.0627	0.0441

续表

年份	项目	指标排序 1	2	3	4	5
2017	贡献因子	AC_4	AC_1	AC_8	AC_2	AC_5
	贡献度	0.1447	0.1063	0.0610	0.0603	0.0443
2018	贡献因子	AC_4	AC_1	AC_2	AC_8	AC_5
	贡献度	0.1476	0.1085	0.0592	0.0464	0.0422
2019	贡献因子	AC_4	AC_1	AC_2	AC_8	AC_5
	贡献度	0.1498	0.1100	0.0573	0.0484	0.0395
2020	贡献因子	AC_4	AC_1	AC_2	AC_5	AC_7
	贡献度	0.1550	0.1135	0.0578	0.0517	0.0451

运用因子贡献度模型，计算出 2000~2020 年单项指标对粮食主产区粮食安全脆弱性的贡献度，并根据贡献度大小进行排序，寻找出各准则层的主要贡献因子，结果表明：（1）从暴露性准则层来看，其对粮食安全脆弱性的贡献度在研究期内呈上升趋势，2020 年的主要贡献因子为农作物受灾率、单位粮食播种面积用水量和人均 GDP，贡献度分别为 0.0990、0.0808 和 0.0222。（2）从敏感性准则层来看，其对粮食安全脆弱性的贡献度在研究期内呈下降趋势，2020 年主要贡献因子为恩格尔系数、粮食溢出率和农业生产资料价格指数等指标，贡献度分别为 0.0898、0.0398 和 0.0340。（3）从适应能力准则层来看，其对粮食安全脆弱性的贡献度在研究期内总体呈波动下降趋势，2020 年主要贡献因子为农药施用强度、财政支农支出和农业机械化水平等，贡献度分别为 0.1550、0.1135 和 0.0578。

3.5 本章小结

本章通过以上研究，得出以下结论：

（1）从粮食生产现状来看，粮食主产区粮食产量贡献大、粮食单产远超全国平均水平，是名副其实的"压舱石"；从种植结构来看，粮食主产区的主要粮食作物为玉米、小麦、稻谷、豆类和薯类生产，按照对全国产量的贡献率排序，存在小麦＞豆类＞玉米＞稻谷＞薯类的层级关系；从中长远发展看，主产区粮食生产仍面临较多风险与挑战，主要包括粮食产量增速缓慢、种植成本持续上涨、农户种植积极性减弱、水土资源约束趋紧、生态环境承载压力大等问题。

（2）从省域尺度来看，粮食主产区省际层面的暴露性水平、敏感性水平、适应能力水平及脆弱性水平均呈现出地区差异性。从暴露性来看，大部分主产区的暴露性水平呈小幅下降趋势，仅有少部分地区暴露性指数呈上升趋势。其中，辽宁、江苏、江西、湖北和湖南等地粮食生产压力较大，而吉林、山东、河南和黑龙江等地较小；从敏感性来看，安徽、湖南和四川等地对外界反应能力较强，而内蒙古、吉林和黑龙江等地较弱；从适应能力来看，山东、四川等地维护粮食安全系统的能力较强，而吉林、辽宁和内蒙古等地较弱。

（3）从时间维度来看，2000～2020年，粮食主产区粮食安全暴露性指数呈波动下降趋势，意味着粮食安全系统所承受的综合压力有所减小；敏感性指数呈小幅波动上升趋势，表明粮食主产区粮食安全系统对外界压力的反应力增强，这是农业政策实施、农业生产力上升等因素综合作用的结果；适应能力指数总体呈平稳攀升趋势，表明粮食主产区维护粮食安全系统的能力显著增强，这主要得益于财政支农支出的增加、农业机械化水平的提升及农村基础设施的完善，但近些年由于化肥、农药等生产要素投入量的减少，适应能力指数呈"V"形变化趋势；脆弱性指数总体呈波动式下降趋势，但是2020年有回升势头，意味着主产区的粮食安全保障水平有所提高，但近几年呈弱化趋势。

（4）从空间维度来看，2000～2020年，粮食主产区粮食安全系统暴露性指数总体呈由"局部突出，北高南低"向"北低南高"的空间格局转变特征；敏感性指数呈由"南北齐低"向"南高北低"转变的空间格局特征；适应能力指数总体上呈由"南北齐高"向"北高南低"转变的空间格局特征；粮食安全脆弱性水平主要呈由"南低北高"向"南北齐低"演变的空间格局演变趋势，表明目前北方主产区的粮食安全脆弱性水平显著降低,这种南北差异与粮食主产区的实际自然地理特征、自然禀赋相符。总体来看,粮食主产区粮食安全脆弱性水平发展呈稳中向好趋势,其由2000年的3个极度脆弱区、5个重度脆弱区、2个中度脆弱区、2个轻度脆弱区、1个微度脆弱区转变为2020年的7个微度脆弱区、4个轻度脆弱区、2个中度脆弱区。

(5)从全局空间相关性来看,粮食主产区粮食安全脆弱性水平存在较强的空间自相关性,相邻空间单元关联性较强,且空间集聚程度有增大趋势;从局部空间相关性来看,粮食主产区粮食安全脆弱性水平的空间相关性特征存在一定的区位相似性,即呈现相似值集聚特征的地区较多,而呈相异值集聚特征的地区较少,在研究期内北方主产区具有较为显著的"H-H"集聚现象,且变化态势较为稳定,南方主产区空间集聚特征变化较为明显。2020年,河北为"L-H"集聚区,河南和江苏的相关性不显著,山东为"L-L"集聚区,四川、湖南、湖北和江西为"H-H"集聚区。

(6)从区域差距来看,研究期内粮食安全脆弱性水平的空间差异呈先扩大后减弱的趋势,但地区差异总体依然显著,呈多极分化分布趋势。从Markov链预测结果来看,粮食安全脆弱性水平所处的类型越高,维持当前状态的可能性越大,且脆弱性水平更容易向好进化而不易退化,同时粮食安全脆弱性水平较高的地区存在俱乐部趋同现象;向后5年进行预测可以发现,粮食安全脆弱性水平进阶式转化趋势显著,未来5年将有90%以上的地区处于中等及以上类型;对比初态分布和稳态分布,粮食安全脆弱性水平呈向好发展趋势,处于低、中低类型的地区分别降低了19.77%、22.66%,与此相反,处于中、中高和高类型的地区分别上升7.04%、7.78%和27.62%。

(7)从贡献因子来看,暴露性准则层对粮食安全脆弱性的贡献度在研究期内呈波动上升趋势,2020年主要贡献因子为农作物受灾率、单位粮食播种面积用水量和人均GDP,因子贡献度分别为0.0990、0.0808和0.0222;敏感性准则层对粮食安全脆弱性的贡献度呈波动下降趋势,2020年该准则层的主要贡献因子为恩格尔系数、粮食溢出率和农业生产资料价格指数等指标,因子贡献度分别为0.0898、0.0398和0.0340;适应能力

第3章　粮食安全脆弱性的评估

准则层对粮食安全脆弱性的贡献度总体呈波动下降趋势，2020年主要贡献因子为农药施用强度、财政支农支出和农业机械化水平等，因子贡献度分别为0.1550、0.1135和0.0578。

通过以上结论，本章得出以下启示：

（1）优化粮食主产区利益补偿机制，激发农户种植积极性。由于粮食生产资源硬约束加之种粮成本刚性上涨，农户种粮收益低下。为此，需要加大对主产区的利益补偿，以保障农户生产积极性。一方面，要健全利益补偿的法律体系。以《中华人民共和国粮食安全保障法》《粮食流通管理条例》等法律为基础，按照"谁受益、谁补偿"的原则，进一步明确补偿范围、补偿对象等规范，确保利益补偿能够有效落实，以保障农户种粮利益；另一方面，要扩大利益补偿范围，将粮食生产导致的生态环境损耗纳入利益补偿范畴内，形成有利于保护耕地、湿地等自然资源的激励机制。

（2）加强区域间交流合作，促进粮食安全水平的协同向好发展。一方面，粮食主产区各地的劳动力、水资源、耕地、科学技术等要素禀赋存在显著差异，要因地制宜制定粮食发展规划，同时可以构建"点—线—面"的区域合作机制，促进资源要素的优化配置和高效融合，提高先进农业生产要素在区域间的流动效率，促进区域间粮食安全水平均衡协调发展。另一方面，可以打造粮食主产区粮食安全风险应对信息交流平台，通过平台相互交流粮食安全保障举措以及风险防控策略，并借鉴先进的做法，弥补省域内的劣势指标，最终推动降低整个粮食主产区的粮食安全风险水平。

（3）健全风险防范体系，增强风险应对处理能力。粮食主产区应当提高农业生产风险评估、监测与预警能力，争取从源头上消除各种因素干扰，同时应明确政府风险治理责任。一方面，要加强基础设施共建共享，打造包含自然灾害预警、病虫害识别监测、农业气象预报、用药指导等在内的区域级农业资源大数据共享服务平台，为区域农业发展决策提供数据支撑。另一方面，建立粮食生产风险转移、分散的长效机制。推动政策性农业保险制度在主产区的应用，重点扶持农民务农收入较高的地区，从而分散农业生产和经营风险，稳定农业生产规模。

(4) 创新粮食发展新业态，提高粮食主产区经济水平。对粮食主产区进行利益补偿，只能在一定程度上缓解主产区的财政压力，只有优化产业发展，彻底改变主产区"经济穷省"的局面，才能实现良性发展。一方面，可以通过挖掘本地粮食加工特色的方式，形成一系列独特的优势产业集群，提高主产区的粮食利润留存率。另一方面，要大力培育龙头企业，鼓励其通过提品质、优方法、创品牌等方式形成示范效应，带动其他粮食企业发展，壮大主产区粮食产业。

(5) 提高农业生产资源的综合利用效率，降低粮食生产风险。例如，针对水资源短缺问题，一方面，可以加大生产基础设施建设资金投入，建设大型农田水利工程，做好蓄水、保水、养水工作，并推广管道输水、滴灌、喷灌等灌溉技术，逐步减少直至淘汰大水漫灌的用水方式，减少水资源浪费；另一方面，政府可以通过建立水资源监管机制来加强农业水资源管理，并利用宣讲会、培训会等方式提高农户节约用水的意识，转变传统用水方式。而针对农业劳动力不足问题，一是要加大对农业的支持，提供粮食价格补贴，为农民提供培训机会，提高相应技能，培育新型农民；二是要完善农村基础设施建设，大力发展现代化设备，并鼓励农户开展兼业化经营，增加非农收入，促进劳动力回流乡村；三是要进一步推进农业机械化改造，实现对农业劳动力的替代，也可以利用大数据、物联网平台等现代化科技手段提高农业生产效率，缓解农业劳动力紧缺问题。

第4章 农业生态安全脆弱性评估

由于全球气候发生改变，人们的生产和生活方式发生了巨大的改变，生态系统的行为、过程和服务功能也随之发生了改变。我国的耕地约为全球的10%，淡水资源约为6%，但要供养全球人口的20%，资源与人口不匹配、不对等。长期以来，我国的粮食生产依靠大量的肥料来增加单位面积的粮食产量，但是这样做会污染土壤和水源，严重损害了生态环境，危及了农业的生态安全。自从党的十九大报告中提出关于生态文明建设的三个创新，生态环境保护的观念深入人心，研究生态脆弱性不仅能够为保护生态环境提供科学的依据，还能为区域的可持续发展提供理论支撑，是全球可持续发展和保护生态环境中的重要核心问题。本部分着重展开粮食主产区农业生态脆弱性评价研究，在"敏感性—适应性"准则的基础上构建了粮食主产区农业生态脆弱性测度的评价体系，建立综合评价体系，进行时空分析，分析粮食主产区农业生态脆弱性演变趋势，从而实现粮食主产区13个省（自治区）的农业生态脆弱性评价水平对比。基于单变量、双变量空间自相关的方法探索粮食主产区农业生态脆弱性及其与粮食单产的空间关联性，并绘制粮食主产区农业生态脆弱性重心轨迹转移图，在此基础上，提出我国粮食主产区农业生态脆弱性预警特征及对策启示。

4.1 农业生态脆弱性评价指标模型

4.1.1 粮食主产区农业生态脆弱性评价指标体系

（1）评价指标体系构建原则。

粮食主产区的农业系统具备多种生态功能，是一个非常复杂的生态系统，几乎包含了所有与农业有关的指标，这也意味着评价粮食主产区农业生态脆弱性的指标具备多个层次，并且具备较强的动态变化性。目前，国内学者关于农业生态脆弱性的评价并无统一标准。通过阅读相关文献与学术理论，大致总结出以下5个基本原则。

①准确性原则。

准确性原则即科学、合理、有根据地选取指标。评价指标体系要依据生态系统的结构和功能特点，科学地选取指标，要有清晰的概念，能够准确地描述和表征其本质，具有一定的科学性，能够全面地反映生态环境的脆弱程度，并对指标的统计口径进行规范化，以保证评价的可靠性。

②可操作性原则。

可操作性原则即数据可得、技术可行、结论可靠，并且可操作性强。指标系统应该尽量简化，选择易于计算、易于理解和易于获得的指标，能够在一定程度上反映粮食主产区农业生态脆弱性的指标，能够在信息不完整的条件下评价粮食主产区农业生态脆弱性。在设定指标时，要尽量运用已有的统计指标，使之与地方的监测能力和技术水平相匹配，并尽量与统计指标保持相关。指标的数据收集应尽可能节约搜集成本，用最小的投入获取最多的信息。同时，考虑时间与空间上的分布差异，应当通过相同的方式来收集数据，从而方便比较，这样也能避免因人为操作等问题影响数据的准确性与结论的可靠性。

③动态性与时效性原则。

生态环境和社会经济都在不断发生着变化，而生态环境问题的解决不是一朝一夕就能完成的，需要经过几个阶段的探索和推进。粮食主产区的高质量发展需要付出持续性的努力，每一个阶段的战略规划都要按照前一个阶段的目标进展进行调整。因此，所选取的指标必须具有时间上的动态性，通过时间和空间上的比较来反映各个指标的时间序列上的动态变化，从而提高其动态性和时效性。

④全面性原则。

全面性原则要求尽可能多地选取相关性较强的指标，这意味着除了选取系统内部影响指标，还要考虑来自系统外的影响因素，从而保证评价系统的完整性。人类可持续发展的"三大支柱"是社会、经济、环境，它们相互影响、相互制约，构成了一种动态的均衡。对粮食主产区农业生态脆弱性评价体系进行深入的探讨，不仅要把握好粮食主产区农业生态脆弱性的重要特征，还要考察粮食主产区各省份的经济社会状况，从全方位、宽领域掌握农业生态脆弱性的关键指标。

⑤主导性原则。

主导性原则是从相对层面来说的。系统内部指标较多，所有指标的重要程度不一，有的指标比较重要。通过选取相对重要的主导指标不仅能够更有效地说明问题，还能够提高评价效率，减少工作量。粮食主产区涵盖13个省（自治区），社会经济得到一定发展的同时，粮食生产效率也日益提升，农业生态系统受到一定程度的影响，这些主要矛盾也对粮食主产区农业生态脆弱性具有重要影响。

（2）评价指标。

根据上述指标选取原则，结合高强（2020）的农业生态脆弱性评估等相关农业生态脆弱性文献，再综合考虑导致粮食主产区农业生态脆弱性的各种自然和人为因素，从敏感性和适应性两个层面选取了13个比较具有代表性的指标来对粮食主产区的生态脆弱性进行评价，包含6个状态层，具体指标及性质如表4.1所示。

表4.1　　　　　　粮食主产区农业生态脆弱性评价指标体系

目标层	准则层	状态层	序号	指标层/单位	指标属性
粮食主产区农业生态脆弱性	敏感性	气候条件	X_1	降水量/毫米	负向
		生态环境破坏	X_2	单位面积农用化肥施用量/吨每公顷	正向
			X_3	单位面积农药施用量/吨每千公顷	正向
			X_4	农膜施用强度/吨每公顷	正向
		农业灾害	X_5	农作物受灾率/%	正向
	适应性	农业生产条件	X_6	粮食单产/吨每公顷	负向
			X_7	单位面积农机动力/千瓦每公顷	负向
			X_8	人均水资源量/立方米每人	负向
			X_9	有效灌溉面积率/%	负向
		社会经济因素	X_{10}	人均GDP/万元每人	负向
			X_{11}	农村居民人均纯收入/元	负向
			X_{12}	农村人口比重/%	正向
		生态环境治理	X_{13}	水土流失治理面积/千公顷	负向

①气候条件。

降水量是水土流失的重要影响因子，直接影响农业耕地质量和区域农业生态系统安全程度，一般来说，降水量越多，农业耕地质量越高。降水量还是衡量地方水量的重要指标，可以说，降水量的多少直接决定着农业生态系统的服务水平，也对当地的社会生活具有重要影响。降水量较多时，植被覆盖率、农作物种植和农作物的产量都会有大幅度提升，从而促进当地农业生态系统的良性发展，社会生产总值也会随之增加；与之相反，当降水量较少时，土地可能会造成荒漠化，尤其是对于生态系统比较脆弱的北方农、牧交错地带，极少的降水量会导致当地的生态系统更加恶化，经济发展也会受到比较大的限制，从而对区域生态系统产生恶性循环，进一步降低生态环境的自我修复能力。当地植被稀疏、植被覆盖率较低也会限制畜牧业等产业的发展，进而影响整个区域的生产数值。

②生态环境破坏。

历史证明，人类活动对所处环境具有非常大的影响。我国人多地少，耕地资源非常有限，但化肥、农药、塑料膜等农业化学产品为农业产业化、标准化生产提供了可能。这些农业化学品在促进现代农业发展的同时，也对耕地的土壤、河流、地下水等生态环境造成恶劣影响。一方面，农药、化肥中的有害物质在土地中积累得越来越多，严重危害了生态环境与人体健康；另一方面，过量地使用化肥也有可能造成土壤板结，土地中残留的农业化肥在降雨后通过地表径流汇入水体，造成水污染，直接影响当地生态环境。而农用地膜以其保温、保水、保墒的优点，深受农民青睐。虽然农膜的使用可以大大提高农作物产量，但是农膜残渣会对环境造成不良影响。比如，由于农用地膜多是不可降解材料构成，自然分解时间较长，深藏土地中时会破坏耕地的土壤结构，此类农用固体废弃物污染对耕地环境造成严重威胁。因此，选择单位面积农用化肥施用量、单位面积农药施用量、农膜施用强度为指标来表征生态系统面临的生态环境破坏。

③农业灾害。

农作物受灾率就是农作物受灾面积与播种面积的百分比，是农业发展稳定状态的表征。农业灾害频繁发生容易降低农业生态系统的稳定性，导致农业生态脆弱性较高，降低粮食总产量，造成经济损失。例如，2016年农作物受灾率比2015年高，导致了2016年粮食产量的下降。

④农业生产条件。

农业生产条件是从粮食单产、单位面积农机动力、人均水资源量和有效灌溉面积率四个指标来表示这一状态层的。单位耕地面积的粮食产量能够有效评价耕地质量。通常，单位耕地面积的粮食产量越高，说明耕地的生产力越强，耕地质量也就越好；反之，说明耕地生产力较弱，耕地质量较低。单位耕地面积的农业机械总动力反映了现代化农业机械对农业生产造成的污染和应对方法。由于农业的机械化生产不仅可以降低生产过程中的粮食损耗与浪费，还可以解放农业劳动力人口，进一步促进农业机械化、现代化和智能化发展，发展真正的现代农业、科学农业。

⑤社会经济因素。

农业还与社会需求密切相关。农民生产的部分农产品可以用来满足自身的生存发展需要，多余部分的农产品可以通过在市场上进行出售，从而增加农户的经营收入、提高农户的生活水平。农业活动也会根据社会和市场的需求进行调整。因为存在市场经济规律，所以市场能够对农业生产活动自发地进行调节。通过人均GDP、农村人口比重、农村居民人均纯收入可以表征社会经济因素这一状态层。

⑥生态环境治理。

水土资源是人类生存和发展的重要资源，水土流失是生态环境突出问题之一，严重的水土流失不但会使泥沙淤泥加重，而且会造成土地退化和耕地减少，进而影响粮食安全和生态安全。水土流失治理面积是一个综合性评价指标，能够反映出该地区的生态环境状况，并在一定程度上反映该区域内的农业用地的水土流失情况，可以有效地反映人们对农业生态安全的保护作用。

(3) 指标数据来源。

国内生产总值、人口等数据主要来自《中国统计年鉴》；农机总动力、耕地面积等数据，以《中国农业统计年鉴》为依据；农药用量、灌溉面积等数据来源于《中国农村统计年鉴》；降水量、水土流失治理面积等数据主要来源于《中国环境统计年鉴》；部分数据资料来源于各省历年的统计年鉴及《生态环境状况公报》。

4.1.2 粮食主产区农业生态脆弱性评价方法

(1) 主成分分析法。

尽管之前选取了众多的指标因子，但各指标的重要程度不一致，所以需要在众多的影响指标中选出对粮食主产区农业生态脆弱性影响比较大的指标因子。主成分分析法能对影响因子的相对重要性进行识别，从而确定影响农业生态脆弱性的关键指标。其原理是对有关指标因子进行降维处理，在保留大量原始信息的前提下把众多复杂的指标转变为若干综合指标，即主成分，利用少数几个主成分解释不同因子内在的联系，从而减少变量的个数,以实现精简数据、提高分析效率的目的。

主成分分析法是将一组可能具有关联性的变量,经过适当的数学变换,转化为一组原始变量的线性组合,研究一些在变量差总值中比例较大的主要因子。德尔菲法和层次分析法具有较高的主观性,其结论具有较大的争议性。主成分分析法、数据包络分析法及熵值法属于客观评价法,结论得到了较为广泛的认可。与数据包络分析法和熵值法相比,主成分分析法在指标选取和计算上的优势明显。主成分分析的步骤如下。

设系统中有 n 个评价样本,每个样本具有 m 项评价指标,那么原始数据矩阵可以表示为:

$$X = \begin{bmatrix} x_{11} & x_{12} & \cdots & x_{1m} \\ x_{21} & x_{22} & \cdots & x_{2m} \\ \vdots & \vdots & \vdots & \vdots \\ x_{n1} & x_{n2} & \cdots & x_{nm} \end{bmatrix} \quad (4.1)$$

第一步:对原始矩阵进行标准化处理。

由于原始数据的量纲存在差异,为了方便计算与比较,有必要对数据进行 Z – Score 标准化处理,公式如下:

$$Z_{ij} = \frac{x_{ij} - \frac{1}{n}\sum_{i=1}^{n} x_{ij}}{\sqrt{\frac{1}{n}\sum_{i=1}^{n}\left(x_{ij} - \frac{1}{n}\sum_{i=1}^{n} x_{ij}\right)^2}} \quad (4.2)$$

第二步:建立相关系数矩阵 R。

$$R = \begin{bmatrix} r_{11} & r_{12} & \cdots & r_{1m} \\ r_{21} & r_{22} & \cdots & r_{2m} \\ \vdots & \vdots & \vdots & \vdots \\ r_{n1} & r_{n2} & \cdots & r_{nm} \end{bmatrix} \quad (4.3)$$

式中,r_{ij} 表示 x_i 和 x_j 之间的相关系数,计算公式为:

$$r_{ij} = \frac{\sum_{k=1}^{m}(x_{kn} - \overline{x_n})(k_{km} - \overline{x_m})}{\sqrt{\sum_{k=1}^{n}(x_{ki} - \overline{x_i})^2 \sum_{k=1}^{n}(x_{km} - \overline{x_m})^2}} \quad (4.4)$$

第三步：确定特征向量与特征值。

相关系数矩阵 R 的特征根 λ_i 和特征向量 A_j，相关系数矩阵 R 的前 n 个较大的特征值 $\lambda_1 > \lambda_2 > \cdots > \lambda_n$，就是前 n 个主成分对应的方差，λ_j 对应的单位特征向量 a_j 就是主成分关于原变量的系数。

$$A_i = (a_{1i}, a_{2i}, \cdots, a_{ni}), j = 1, 2, 3, \cdots, n$$

第四步：计算方差贡献率与主成分荷载。

方差贡献率的公式为：

$$\alpha_k \frac{\lambda_i}{\sum\limits_{i=1}^{n} \lambda_i}$$

通常当累计贡献率 $\sum\limits_{i=1}^{k} \alpha_k \geq 80\%$ 时，即可包含大部分原始信息。主成分荷载值 l_{ij} 与特征向量 A_j 的关系式为：

$$l_{ij} = A_j / \sqrt{\lambda_i}, \, i, j = 1, 2, 3, \cdots, n \tag{4.5}$$

第五步：对在荷载矩阵进行方差最大化旋转，根据荷载结果综合选取影响因子。

（2）全局主成分分析法。

本研究采用了基于传统主成分分析法，将时间序列分析引入到了立体时序数据表，即全局主成分分析，对评价体系下主要因子的权重进行了分析，得到综合得分，并对粮食主产区农业生态脆弱性进行了相关分析。

其数学表达如下。

选取相同的 n 个 $X_1, X_2, \cdots, X_d$ 基础指标，k 个研究地点，一年就是一张数据表，E 年则有 E 张，这 E 张表组成了一张时序立体数据表。将这 E 张截面数据表按时序从上到下排列成一个 $E_{k \times d}$ 的矩阵，记为：

$$X = (X^1, X^2, \cdots, X^m) = (X_{ij})_{T_{n \times m}} \tag{4.6}$$

若以 $X_1, X_2, \cdots, X_d$ 为变量指标，在 $e(e = 1, 2, \cdots, E)$ 时刻表 X_e 中，样本点 $k_1, k_2, \cdots, k_n$ 则为 e 时刻的样本群点，为 $N = UN^e$ 全局样本群点，以 N 为样本群点的主成分分析即为全局主成分分析。

综上所述，本研究对粮食主产区 13 个省份进行农业生态脆弱性评价，建立包括 2010~2019 年 13 个省份、13 个基础指标的立体时序表，用全局主成分分析法进行评价。首先，将原始指标数据进行标准化处理，然后运用 SPSS 软件进行全局主成分分析，最后使用主成分的方差贡献率作为权重，对粮食主产区农业生态脆弱性水平进行加权汇总。

4.2 农业生态脆弱性水平测度

4.2.1 粮食主产区农业生态脆弱性评价结果

首先对指标数据进行指标同向化处理，即对逆指标，取其倒数形式进行标准化处理，再运用 SPSS 软件，采取 Z－Score 标准化方法对原始指标数据进行标准化处理，然后选择相关性矩阵作为全局主成分分析的输入，以减少主因子的大量级指标对主因子的影响，从而确保全局主成分分析结果的合理性。

将 2010～2019 年粮食主产区 13 个省（自治区）13 项基础指标汇总成立体时序表，以数据标准化为基础，对数据进行了 KMO 检验和 Bartlett 球形检验，结果见表 4.2。如果 KMO 值大于 0.5 且显著性水平小于 0.05，那么可进行全局主成分分析。

表 4.2　　　　　　KMO 检验和 Bartlett 球形检验

KMO 取样适切性量数		0.530
Bartlett 球形度检验	近似卡方	1009.797
	自由度	78.000
	显著性	0

由表 4.2 可以看出，KMO 值显示为 0.530，其 p 值趋近于 0，因为 p 值小于 0.050，所以可以进行全局主成分分析。

利用 SPSS 软件对粮食主产区农业生态的基础指标进行全局主成分分

析，并根据特征值大于 1 的标准进行主成分提取，提取结果参见图 4.1 及表 4.3。利用全局主成分分析法研究问题时，如果能够把握住问题的主要影响因素，简化相关研究分析，那么就可以认为此方法是有效的。

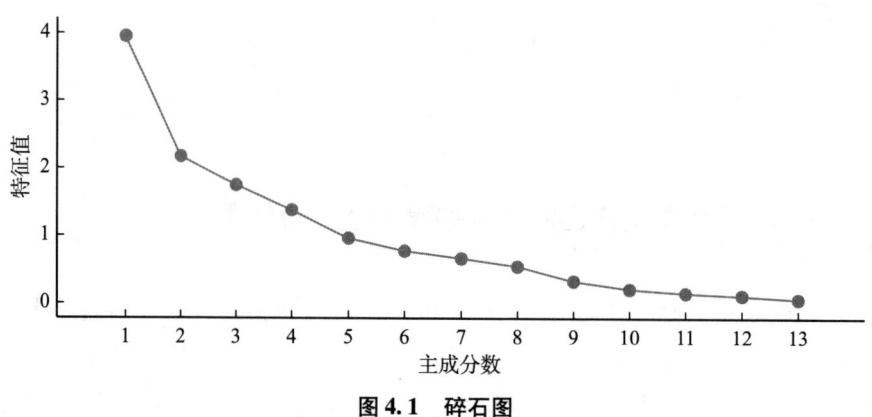

图 4.1　碎石图

表 4.3　　　　　　　特征值及综合指标方差贡献率

主成分	特征值	方差贡献率（%）	累计方差贡献率（%）
1	3.940	30.311	31.087
2	2.172	16.705	47.016
3	1.743	13.409	60.425
4	1.378	10.599	71.024

由于设定特征值大于 1，有 4 个主成分可以被提取出来，并计算出了 4 个主成分的方差贡献率。这 4 个主成分能反映原始变量 71.024% 的信息，表明新产生的 4 个主成分基本占据了七成以上的原始信息，从而证明该研究方法具有有效性。

在表 4.4 中，大部分指标的提取水平均在 70% 以上，可以覆盖粮食主产区农业生态脆弱性指标数据的主要内容，这显示出公因子方差得到了良好的结果。表 4.3 中提取的主成分累计方差贡献率（71.024%）与表 4.4 公因子方差表中各变量的提取度是相对应的，即：

$(0.906+0.669+0.896+0.620+0.744+0.424+0.647+0.871+0.459+0.865+0.726+0.883+0.521)\div13\times100\%\approx71.008\%$

表4.4　　　　　　　　公因子方差提取汇总表

变量	初始	提取
降水量	1	0.906
单位面积农用化肥使用量	1	0.669
单位面积农药使用量	1	0.896
农膜施用强度	1	0.620
农作物受灾率	1	0.744
粮食单产	1	0.424
单位面积农机动力	1	0.647
人均水资源量	1	0.871
有效灌溉面积率	1	0.459
人均GDP	1	0.865
农村居民人均纯收入	1	0.726
农村人口比重	1	0.883
水土流失治理面积	1	0.521

提取方法：主成分分析法。

由表4.5可知，降水量在第二主成分上具有较高载荷；单位面积农用化肥使用量在第二主成分上具有较高载荷；单位面积农药使用量在第二主成分上具有较高载荷；粮食单产在第一主成分上具有较高载荷；其他指标在这4个主成分的载荷分布情况如表4.6所示。

表4.5　　　　　　　　　　成分矩阵

基础指标	第一主成分	第二主成分	第三主成分	第四主成分
降水量	−0.085	−0.840	0.225	0.377
单位面积农用化肥使用量	−0.419	0.484	0.464	0.207

续表

基础指标	第一主成分	第二主成分	第三主成分	第四主成分
单位面积农药使用量	0.055	0.635	0.403	-0.572
农膜施用强度	-0.475	-0.006	0.591	-0.213
农作物受灾率	0.455	-0.504	0.413	-0.336
粮食单产	0.606	0.064	0.228	-0.018
单位面积农机动力	-0.547	0.271	-0.431	0.297
人均水资源量	-0.485	0.107	0.585	0.531
有效灌溉面积率	0.591	-0.006	-0.284	-0.172
人均GDP	0.808	0.382	0.027	0.256
农村居民人均纯收入	0.753	0.175	0.271	0.235
农村人口比重	0.755	0.359	0.009	0.430
水土流失治理面积	-0.530	0.423	-0.243	-0.050

表4.6　基础指标因子载荷分布情况

主成分	高因子载荷指标
第一主成分	粮食单产、单位面积农机动力、有效灌溉面积率、人均GDP、农村居民人均纯收入、农村人口比重、水土流失治理面积
第二主成分	降水量、单位面积农用化肥使用量、农作物受灾率
第三主成分	农膜施用强度、人均水资源量
第四主成分	单位面积农药使用量

使用回归法估算主成分得分，提取的4个主因子分别设为F_1、F_2、F_3、F_4，对应的指标设为$X_i(i=1,2,\cdots,13)$，整理为成分得分系数矩阵（见表4.7）。

表4.7　成分得分系数矩阵

基础指标	F_1	F_2	F_3	F_4
降水量	-0.022	-0.387	0.129	0.273
单位面积农用化肥使用量	-0.106	0.223	0.266	0.150

续表

基础指标	F_1	F_2	F_3	F_4
单位面积农药使用量	0.014	0.293	0.231	-0.415
农膜施用强度	-0.121	-0.003	0.339	-0.155
农作物受灾率	0.116	-0.232	0.237	-0.244
粮食单产	0.154	0.029	0.131	-0.013
单位面积农机动力	-0.139	0.125	-0.248	0.216
人均水资源量	-0.123	0.049	0.336	0.385
有效灌溉面积率	0.150	-0.003	-0.163	-0.125
人均GDP	0.205	0.176	0.016	0.185
农村居民人均纯收入	0.191	0.081	0.155	0.170
农村人口比重	0.191	0.165	0.005	0.312
水土流失治理面积	-0.134	0.195	-0.139	-0.036

将成分得分系数矩阵与标准化后的变量矩阵相乘，得出各项主成分的得分，其线性表达式为：

$$F_1 = -0.081X_1 + 0.125X_2 + \cdots - 0.097X_{13} \quad (4.7)$$

$$F_2 = -0.274X_1 - 0.136X_2 + \cdots + 0.307X_{13} \quad (4.8)$$

$$F_3 = -0.069X_1 + 0.312X_2 + \cdots - 0.072X_{13} \quad (4.9)$$

$$F_4 = 0.392X_1 - 0.134X_2 + \cdots - 0.019X_{13} \quad (4.10)$$

以主成分的方差贡献率为权数，计算出每一个主成分的权重 W，公式如下：W = 各主成分方差贡献率 ÷ 累计方差贡献率。

求得 $W_1 = 0.427$，$W_2 = 0.235$，$W_3 = 0.1888$，$W_4 = 0.149$。

主成分综合得分 F：

$$F = W_1 \times F_1 + W_2 \times F_2 + W_3 \times F_3 + W_4 \times F_4 \quad (4.11)$$

4.2.2 粮食主产区农业生态敏感性和适应性评价

在主成分分析中分两步确定指标权重，首先要计算指标在各主成分线性组合中的系数(b_{ij})和主成分的方差贡献率(c_{ij})这两个数据。各指标在不同主成分线性组合中的系数(b_{ij}) = 各个指标的载荷数(a_{ij})与各成分的特征值(λ_i)开方的商,即$b_{ij} = a_{ij}/(\sqrt{\lambda_i})$。其次,指标系数($b_i$)等于以主成分方差贡献率为权重,对指标在主成分线性组合中的系数做加权平均,即$b_i = (b_{i1}c_{i1} + b_{i2}c_{i2} + \cdots + b_{ij}c_{ij})/c_i$,最后将指标权重进行归一化。

例如:
$$b_{11} = -0.085/\sqrt{3.94} = -0.04282$$
$$b_{12} = -0.84/\sqrt{2.172} = -0.56997$$
$$b_{13} = 0.225/\sqrt{1.743} = 0.170425$$
$$b_{14} = 0.377/\sqrt{1.378} = 0.321157$$

$b_1 = (-0.04282 \times 30.311\% - 0.56997 \times 16.705\% + 0.170425 \times 13.409\% + 0.321157 \times 10.599\%)/(71.024\%) = -0.07223$

按照此方法以此进行计算,然后对其权重进行归一化,得到各指标的权重,并结合标准化值和指标权重,采用加权求和法,计算得到敏感性和适应性数值。

由图4.2可得粮食主产区13个省(自治区)的敏感性得分变化情况,只有河北、内蒙古和黑龙江、四川大部分年份的敏感性得分小于0,其余省份的敏感性得分均大于0,可见大部分省份的农业生态敏感性低于整个粮食主产区的平均值。大部分省份的敏感性得分逐年下降,此结果表明在自然变化和人类活动等外界条件的影响下,农业生态系统具有更高的抗干扰能力,农业生态系统也随之变得更稳定,这与我国粮食主产区近年来农业经济发展方式的迅速转变、农业产业结构的及时调整、农业生态环境保护与治理都有着密不可分的关系。

由图4.3可知,粮食主产区内各省的适应性得分呈现出下降的态势。其中,因为江苏的人均GDP和农村居民人均纯收入这两项指标值较高,这两项指标在适应性得分中有较高的权重,所以江苏2017年适应性得分到达了整个粮食主产区农业生态脆弱性的最低点。这一方面表明,随着我国农业生产条件的改善和社会经济的发展,人们抵御和应对外界干扰的能力得到了极大的提高。例如,粮食主产区的有效灌溉面积从2010年开始不断增加,有力地巩固了农业生态系统的稳定性;另一方面,说明近年来粮食主产区在狠抓农业生产、提高粮食产量的同时，也在积极采取措施，治理因农业发展而出现的水土流失等生态环境问题，很好地协调了农业生态系统的内外部关系，农业生态系统的适应能力得以显著提升。

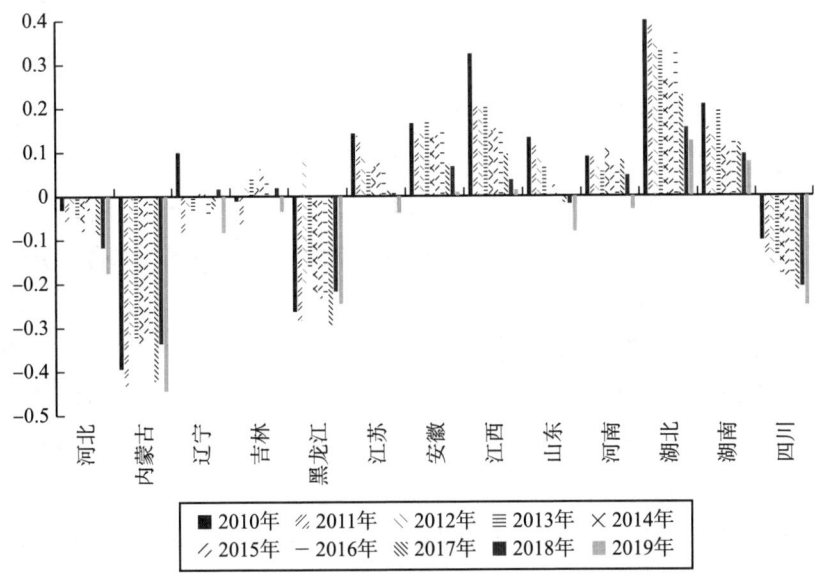

图 4.2　敏感性得分

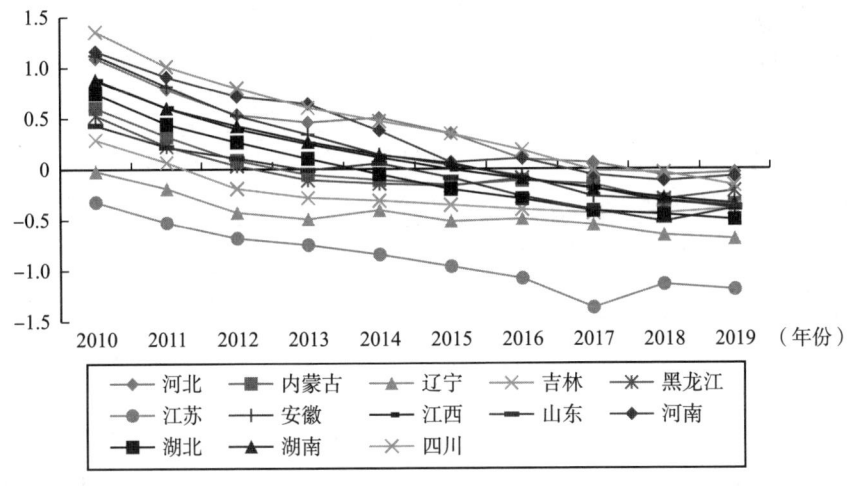

图 4.3　适应性得分

4.2.3 粮食主产区农业生态脆弱性评价

根据公式（4.11）得出粮食主产区 13 个省（自治区）2010～2019 年度的农业生态脆弱性综合得分（见表 4.8），设定综合得分 0 为平均值，值与 0 的差距代表了综合得分偏离平均水平的程度，综合得分值越高，说明该省该年度的农业生态脆弱性越高，该省该年度的农业生态稳定性越差；综合得分值越低，说明该省该年度的农业生态脆弱性越低，该省该年度的农业生态系统越稳定，并为方便进行横向对比，计算主产区各省份各年度排名表（见表 4.9）。结合表 4.8 粮食主产区农业生态脆弱性综合得分情况来看，2010～2019 年粮食主产区各省份的农业生态脆弱性综合得分均呈现逐步下降的趋势，2019 年的得分都低于 2010 年的得分。根据 2010～2019 年各省份得分排名情况来看，江苏、辽宁、内蒙古在这段时间内始终保持在前三名，其中江苏一直稳居榜首，辽宁和内蒙古互相争夺第二和第三的位置。与此同时，河北排名下降严重，其农业生态脆弱性从中流水平下降到了末流水平。其余省份历年排名变动幅度不大，粮食主产区排名总体格局稳定。

表 4.8　　　　　粮食主产区农业生态脆弱性综合得分

地区	2010 年	2011 年	2012 年	2013 年	2014 年	2015 年	2016 年	2017 年	2018 年	2019 年
河北	1.07	0.74	0.52	0.41	0.44	0.31	0.10	-0.02	-0.17	-0.20
内蒙古	0.21	-0.11	-0.22	-0.37	-0.44	-0.48	-0.43	-0.58	-0.67	-0.77
辽宁	0.09	-0.27	-0.44	-0.53	-0.37	-0.48	-0.53	-0.57	-0.62	-0.77
吉林	0.29	0.01	-0.16	-0.24	-0.28	-0.29	-0.36	-0.43	-0.41	-0.42
黑龙江	0.27	-0.05	-0.16	-0.25	-0.38	-0.40	-0.31	-0.48	-0.50	-0.46
江苏	-0.18	-0.37	-0.58	-0.68	-0.77	-0.87	-1.01	-1.35	-1.13	-1.21
安徽	1.30	0.95	0.67	0.52	0.19	0.09	-0.19	-0.24	-0.39
江西	1.21	0.81	0.61	0.45	0.26	0.16	0.06	-0.10	-0.23	-0.35
山东	0.57	0.34	0.20	0.07	0.07	-0.05	-0.26	-0.41	-0.53	-0.48

续表

地区	2010年	2011年	2012年	2013年	2014年	2015年	2016年	2017年	2018年	2019年
河南	1.26	0.99	0.79	0.68	0.50	0.14	0.17	0.03	-0.06	-0.09
湖北	1.15	0.83	0.63	0.44	0.23	0.08	0.03	-0.16	-0.28	-0.37
湖南	1.08	0.77	0.58	0.47	0.27	0.16	0.06	-0.07	-0.17	-0.26
四川	1.26	0.87	0.64	0.48	0.29	0.15	0.00	-0.21	-0.23	-0.41

表 4.9　粮食主产区农业生态脆弱性评价得分排名表

地区	2010年	2011年	2012年	2013年	2014年	2015年	2016年	2017年	2018年	2019年
河北	7	7	7	7	12	13	12	12	12	12
内蒙古	3	3	3	3	2	3	3	2	2	2
辽宁	2	2	2	2	4	2	2	3	3	3
吉林	5	5	5	5	5	5	4	5	6	6
黑龙江	4	4	4	4	3	4	5	4	5	5
江苏	1	1	1	1	1	1	1	1	1	1
安徽	13	12	12	12	10	12	11	8	8	8
江西	10	9	9	9	8	11	10	10	10	10
山东	6	6	6	6	6	6	6	6	4	4
河南	11	13	13	13	13	8	13	13	13	13
湖北	9	10	10	8	7	7	8	9	7	9
湖南	8	8	8	10	9	9	9	11	11	11
四川	12	11	11	11	11	10	7	7	9	7

4.2.4　粮食主产区农业生态脆弱性时序

对粮食主产区13个省份农业生态脆弱性评价得分进行时间序列的分析，以反映出 2010～2019 年粮食主产区各省份农业生态脆弱性评价的变化态势。为了更直观地展示时序分析的结果，用折线形式将表 4.8 的综合得分绘制成图 4.4。

2010～2019 年期间，粮食主产区 13 个省（自治区）农业生态脆弱性综合得分都呈现下降趋势。在研究时间前期,各省份的农业生态脆弱性综合得分较高,表明各省份农业生态具有相对高的脆弱性,有必要改善农业生态;在研究时间后期,各省份的农业生态脆弱性综合得分相对降低了,表明随着时间的推移,社会经济不断发展,农业发展水平不断进步,改善农业生态的措施发挥了关键作用,同时兼顾了粮食增产与农业生态改善。江苏的总体趋势线都在 X 轴以下,显示出该省份地区的农业生态脆弱性低于其他省份,具有最良好的农业生态系统。

总体而言,粮食主产区各省份农业生态脆弱性的时间时序上存在显著的差异,大部分省份综合得分的静态截面数据总体上都有所下降,与农业生态适应性得分变化情况一致。其中,江苏省的农业生态脆弱性综合得分一直低于其他省份,表明了其农业生态脆弱性低于大部分省份、自治区,说明随着社会经济的发展,粮食主产区对农业生态环境的治理能力显著提升。

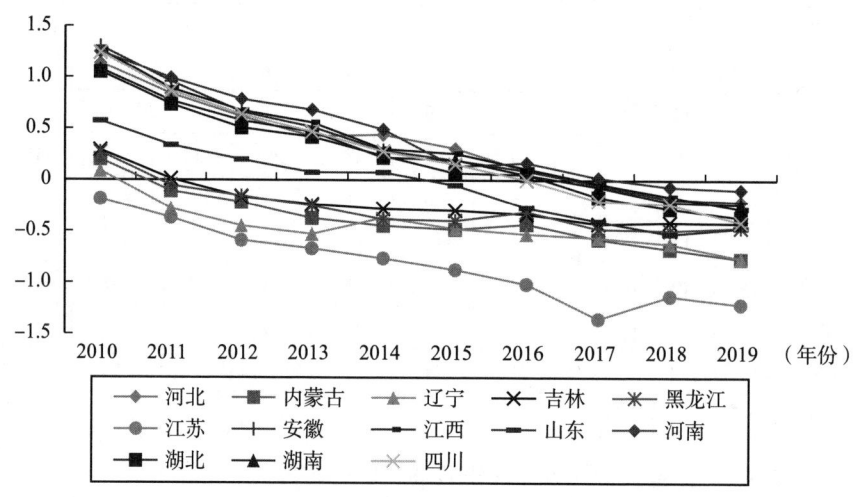

图 4.4　粮食主产区农业生态脆弱性评价综合得分

4.2.5　粮食主产区农业生态脆弱性区域差异性

通过对粮食主产区 13 个省(自治区)的农业生态脆弱性评价进行区域差异化分析,研究了同一时期内农业生态脆弱性评价的空间分布特点。

第4章 农业生态安全脆弱性评估

图 4.5 中的柱状图反映了粮食主产区各个省份的历年农业生态脆弱性排名情况。从图 4.5 中 2019 年折线走势可以看出粮食主产区各个省份、自治区间的农业生态脆弱性评价排名具有明显的差别。其中江苏位于最低点，河南位于最高点，这表明在 2019 年的粮食主产区农业生态脆弱性评价中，江苏的农业生态脆弱性最低，而河南的农业生态脆弱性最高。此外，内蒙古与辽宁的农业生态脆弱性评价排名相接近。分析历年粮食主产区农业生态脆弱性综合得分的排名变化情况，河北的下降值最大（第 7→12 名），从图 4.5 上看，其农业生态脆弱性综合得分排名是先降低再稳定于第 12 名；安徽农业生态脆弱性综合得分排名上升幅度最大（第 13→8 名），其排名呈现升高趋势，表明其农业生态脆弱性呈现降低趋势；黑龙江、湖北历年农业生态脆弱性综合得分排名变化幅度不大；河南历年排名经常位列最后一名，该省份历年排名没有太大变化，且是农业生态脆弱性水平最高的省份；其他省份、自治区历年农业生态脆弱性综合得分排名变动幅度较小，整体发展趋势较为平稳。

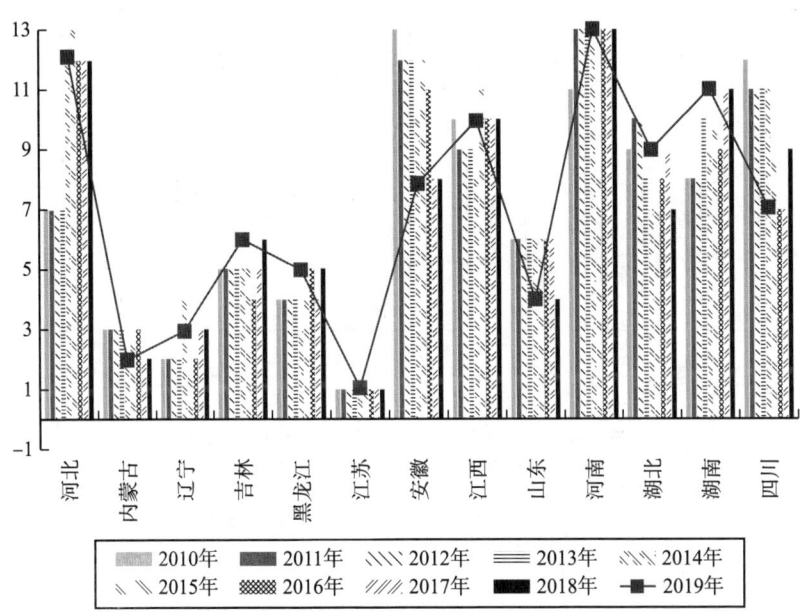

图 4.5 粮食主产区农业生态脆弱性评价综合得分排名

4.3 农业生态脆弱性时空属性

4.3.1 农业生态脆弱性指数时空演变

从上述分析结果可以看出，粮食主产区 13 个省份的农业生态脆弱性综合得分存在明显的区域差异性，本节针对这一特点展开深入的研究。由于 Z–Score 标准化数据是经过全局主成分分析后得到综合得分的，其结果可能存在负值，故运用极差标准化法处理综合得分的数据，从而消除负值的影响，极差标准化后的得分结果如图 4.6 所示。

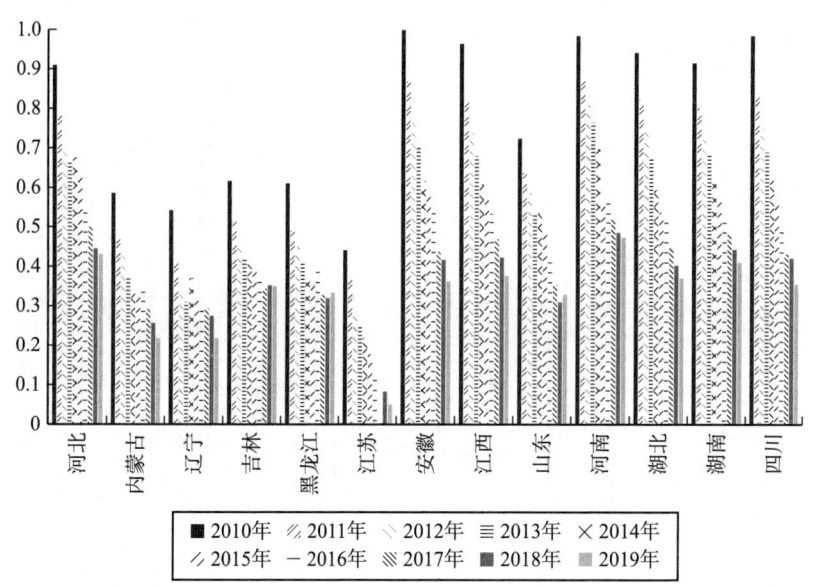

图 4.6 粮食主产区农业生态脆弱性指数

将处理后的综合得分视为农业生态脆弱性指数（V_i），分为低脆弱区、中脆弱区、较高脆弱区、高脆弱区 4 个等级，如表 4.10 所示。

第4章 农业生态安全脆弱性评估

表 4.10　粮食主产区农业生态脆弱性等级划分

脆弱性等级	脆弱性指数	生态系统特征
低脆弱区	(0.0, 0.2]	农业生态结构较合理，功能较完善，抗干扰能力较强，系统内外部协调能力较强，农业生态较稳定
中脆弱区	(0.2, 0.4]	农业生态结构一般，功能一般，抗干扰能力一般，农业生态较不稳定
较高脆弱区	(0.4, 0.6]	农业生态结构不合理，功能不完善，抗干扰能力较差，农业生态不稳定
高脆弱区	(0.6, 1.0]	农业生态结构不合理，抗干扰能力差，农业生态极不稳定

从静态来看，2010年粮食主产区生态系统脆弱性指数最高的是安徽，内蒙古、辽宁、江苏属于较高脆弱区，其余省份都属于高脆弱区。2015年，河北脆弱性指数最高，属于高脆弱区；河南、山东、安徽、湖北、湖南、江西、四川属于较高脆弱区；内蒙古、黑龙江、吉林、辽宁属于中脆弱区；江苏农业生态脆弱性值最低，属于低脆弱区。2019年没有高脆弱区，河北、河南、湖南属于较高脆弱区，内蒙古、黑龙江、吉林、辽宁、山东、湖北、安徽、江西、四川属于中脆弱区，江苏仍属于低脆弱区。

从动态来看，2010~2019年，所有省份、自治区的农业生态脆弱性等级都在变动。例如，内蒙古的农业生态脆弱性上升一个等级，由较高脆弱区升为中脆弱区；黑龙江、吉林、山东、安徽、湖北、江西、四川在2010~2019年上升了两个等级，由高脆弱区变为中脆弱区。这说明这些省份的农业生态系统在经济和社会发展过程中发生了显著的变化，农业资源损耗、环境污染、生态破坏和系统结构功能等治理效果日益突出，采取了积极的措施进行调节，如优化农业生态系统结构、完善农业生态系统功能。河北在2010年属于高脆弱区，在2015年没有变动，到2019年升为中脆弱区，这说明河北仍须加快农业生态系统结构的优化和功能的完善的步伐，增强内部协同能力，以推动农业生态体系逐步向良性发展。

4.3.2 农业生态脆弱性的空间分异

(1) 空间自相关分析。

传统的经济计量方法往往侧重于两个目标研究变量之间的"因果"关系，有时会将因变量分解成一组存在"因果"关系的自变量，并采用不同的回归方法进行分析。空间统计分析是运用空间计量的数学手段，主要通过概率统计和数字地图等手段，对目标变量的空间关系进行建模、估计和检验等定量分析方法。空间统计分析与一般计量分析的区别在于，计量分析得到的结果最多只能反映其他区域对该区域的影响方向和相对程度，而不能全面描述各区域间的农业生态脆弱性空间关联，而空间统计分析可弥补此类缺陷，它尤其注重变量的空间自相关。探索性空间数据分析是空间统计分析的重要组成部分，它可以很好地描述、识别和测量各种空间关系下变量的空间分布特征、空间相关性程度及空间集聚特性。本节通过探索性空间数据分析研究中国粮食主产区 13 个省份农业生态脆弱性水平的空间关联形式与演化特征，利用探索性空间数据分析的两类工具，全局和局部的空间自相关指数，分别衡量中国粮食主产区 13 个省份农业生态脆弱性水平的整体空间相关程度和部分区域内农业生态脆弱性水平与周边地区的关联程度。

空间自相关分析的先决条件是确定各空间单元要素之间的依存关系，这种依存关系由空间权重矩阵的相邻大小来表达。

全局莫兰指数（Global Moran's I）是全局自相关分析的常用公式，用于计算所有的空间单元在整个区域上与周边地区的平均关联程度，计算公式为：

$$I = \frac{n}{S_0} \times \frac{\sum_{i=1}^{n}\sum_{j=1}^{n} w_{ij}(y_i - \bar{y})(y_j - \bar{y})}{\sum_{i=1}^{n}(y_i - \bar{y})^2} \quad (4.12)$$

式中，$S_0 = \sum_{i=1}^{n}\sum_{j=1}^{n} w_{ij}$，$n$ 为总空间单元个数，y_i 和 y_j 分别表示第 i 个空间和第 j 个空间的属性值，$\bar{y}$ 为所有空间属性值的平均值，w_{ij} 为权重值。全局莫兰指数的取值区间是 [0, 1]，当全局莫兰指数大于 0 时，表示研究的空间单元存在正相关关系,越趋近于1,空间聚集越显著,总体空间差异越小;当全局莫兰指数小于0时,表示研究的空间单元存在正相关关系,越趋近于1,空间聚集越显著,总体空间差异越小;当全局莫兰指数小于0时,表示存在空间负相关关系,越趋近于-1,空间分散特征越显著,总体空间差异越大;当全局莫兰指数等于0时,表明空间上无相关关系,分布形式为随机分布。

全局莫兰指数可以较好地反映研究区中属性值在空间上的相关性和聚集特性,而不能清楚地显示出研究区内部区域的局部集聚作用。因此,本节采取局部空间自相关分析方法,深入探讨了区域内局部单元属性值的空间分布规律,其中常用指标为局部莫兰指数(Local Moran's I),计算公式为:

$$I_i = \frac{Z_i}{S^2} \sum_{j \neq i}^{n} w_{ij} Z_j \qquad (4.13)$$

式中,$Z_i = y_i - \bar{y}$,$Z_j = y_j - \bar{y}$,$S^2 = \frac{1}{n} \sum (y_i - \bar{y})^2$;$n$ 为研究区域上所有地区的总数;w_{ij} 为空间权重值;I_i 为第 i 个地区的局部莫兰指数。

然后绘制 Moran 散点图和 LISA 集聚图,借以研究各省份、自治区的局部单元属性值在区域内的空间内的关联特征。Moran 散点图的四个象限分别对应四种局部空间集聚类型,即第一象限对应 H-H 型、第二象限对应 L-H 型、第三象限对应 H-L 型、第四象限对应 L-L 型。若该省的局部莫兰指数显著大于0,农业生态脆弱性水平高于全域平均水平,则为高高集聚(H-H 型);若该省的局部莫兰指数显著小于0,农业生态脆弱性水平高于全域平均水平,则为高低集聚(H-L 型);若该省的局部莫兰指数显著大于0,农业生态脆弱性水平低于全域平均水平,则为低低集聚(L-L 型);若该省的局部莫兰指数显著小于0,农业生态脆弱性水平低于全域平均水平,则为高低集聚(L-H 型)。本节利用主流空间分析软件 GeoDa 进行空间自相关分析。

(2)单变量空间自相关分析。

结果显示,粮食主产区 2019 年生态环境脆弱性的全局莫兰指数为 -0.107956,Z 得分为 -0.1939,相应的 p 值为 0.43,莫兰指数不显著,说明粮食主产区农业生态脆弱性在空间程度上是随机分布的,如图 4.7、图 4.8 所示。

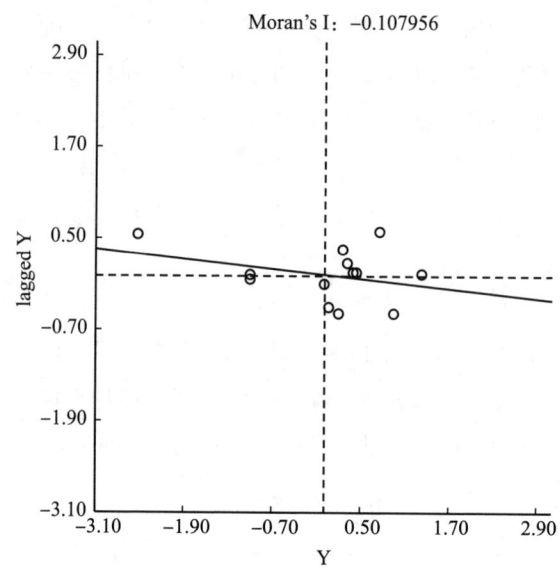

图 4.7　粮食主产区 2019 年农业生态脆弱性全局莫兰指数散点图

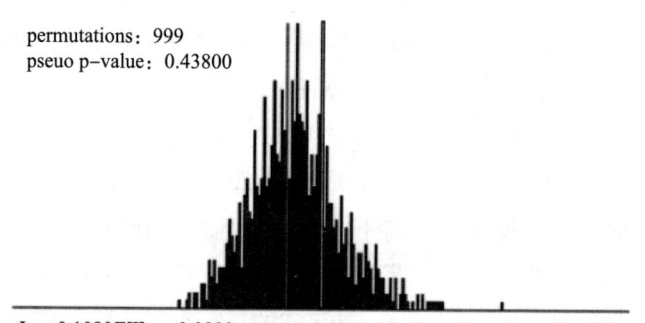

图 4.8　粮食主产区 2019 年农业生态脆弱性全局莫兰指数显著性

全局莫兰指数仅仅为农业生态脆弱性在粮食主产区的空间相关性提供了一个大概描述，该统计量认为粮食主产区内部是一致均匀的。但是，粮食主产区 13 个省份的一致均匀假定很难得到保证。即在没有全局空间自相关的情况下，有可能存在被掩盖的局部空间自相关；在存在全局空间自相关的情况下，可能找到局部不相关的存在。或者可以发现空间正相关的区域，而别的空间区域呈现空间负相关。通过局部自相关分析，可以找出与全局空间自相关不相符的局部空间自相关位置。因此，为了对粮食主产区的各个区域与周边省份的空间关联作进一步的分析，通过用局部莫兰指数分析粮食主产区各省份与其邻近省份间的农业生态脆弱性指数指标的局部空间关系。江苏通过了 0.05 的显著性水平检验，表现出十分明显的"低—高"特点，这说明江苏自身的农业生态脆弱性值低，具有稳定的农业生态结构，周边省份的农业生态脆弱性指数均高于江苏。

（3）双变量空间自相关分析。

采用双变量空间自相关分析粮食主产区农业生态脆弱性与粮食单产两个变量之间的空间关联性。双变量空间自相关分析所产生的莫兰值是通过评估一个位置的 x 变量值与所有相邻位置该变量的加权平均值之间的相关程度来衡量的。由图 4.9 和图 4.10 可知，2019 年粮食单产与粮食主产区农业生态脆弱性指数的双变量莫兰值大于 0，没有通过显著性检验，说明粮食单产与农业生态脆弱性指数在空间上可能存在随机关系。因此，采用双变量局部自相关分析来探讨各省份粮食主产区农业生态脆弱性指数与其邻域粮食单产之间的关系。

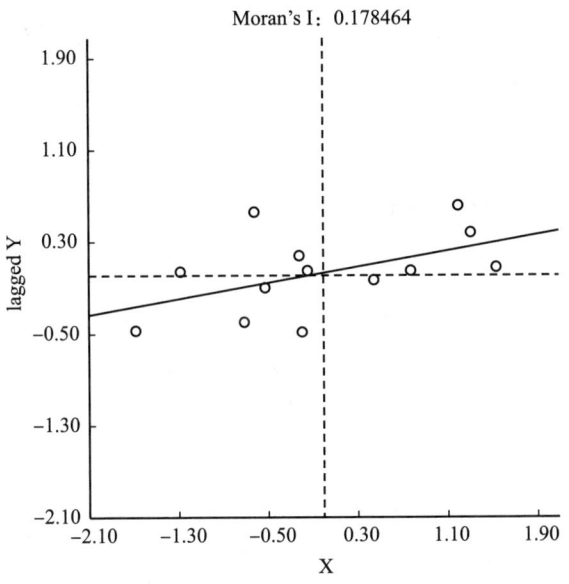

图 4.9　粮食主产区 2019 年农业生态脆弱性与粮食单产的双变量全局莫兰散点图

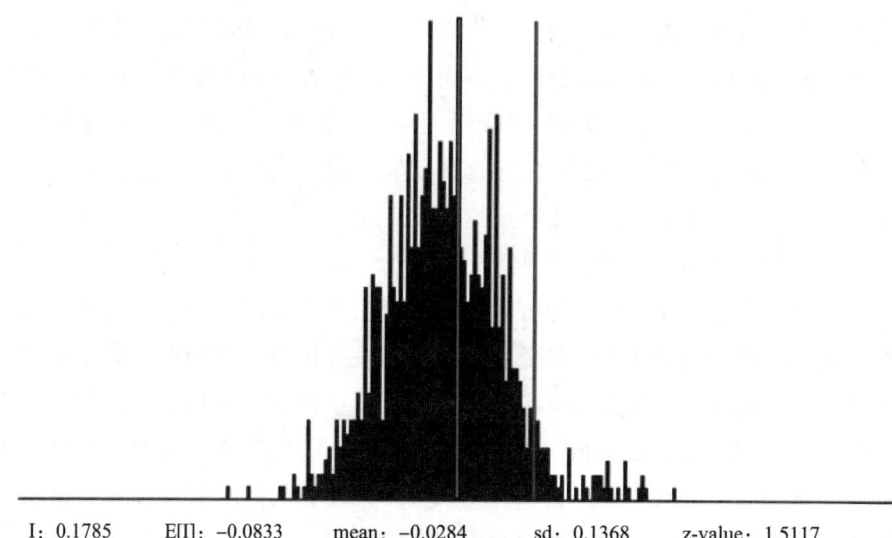

I: 0.1785　　E[I]: −0.0833　　mean: −0.0284　　sd: 0.1368　　z-value: 1.5117

图 4.10　粮食主产区 2019 年农业生态脆弱性与粮食单产的
双变量全局莫兰指数显著性

4.4　农业生态脆弱性水平的重心迁移

4.4.1　重心迁移模型

区域发展有其自身的演变规律，通常来说区域的发展会促使资源和要素聚集起来，从而形成一个区域发展重心，并且这个重心对周边地区具有一定的带动能力。首先通过 GIS 技术测算粮食主产区各省份的地理坐标 (x_a, y_a)，然后以粮食主产区农业生态脆弱性指数 V_i 为权重，可以得到粮食主产区农业生态脆弱性重心的地理坐标 $(\bar{x}, \bar{y})$，如式（4.14）、式（4.15）所示，依据勾股定理，计算每年重心的迁移距离，如式（4.16）所示：

$$\bar{x} = \frac{\sum_{a=1}^{n} V_i x_a}{\sum_{a=1}^{n} V_i} \quad (4.14)$$

$$\bar{y} = \frac{\sum_{a=1}^{n} V_i y_a}{\sum_{a=1}^{n} V_i} \quad (4.15)$$

$$D_{j-i} = R \times \sqrt{(y_j - y_i)^2 + (x_j - x_i)^2} \quad (4.16)$$

式中，D_{j-i} 为重心从第 j 年到第 i 年的移动距离，其中，R 是常数，表示地球表面坐标单位转化为平面距离的系数，通常取 $M = 111.11$。

4.4.2 粮食主产区农业生态脆弱性重心迁移路径

根据重心迁移模型对粮食主产区农业生态脆弱性重心迁移路径进行考察，由图 4.11 重心迁移路径可知，2010～2019 年其地理重心坐标迁移路径相对较为复杂，大体上呈"顺时针回旋"运动，经历了"西南→东北→西北→东北"的演化过程。粮食主产区农业生态脆弱性重心整体自西南向东北方向迁移，移动幅度较大。2012 年以后，粮食主产区农业生态脆弱性重心移动的距离变大，表明粮食主产区农业生态脆弱性的区域差距有增大趋势，具体表现为西南地区农业生态脆弱性指数明显变小，其农业生态水平显著提升，而东北地区的农业生态水平明显变弱。近些年，北方地区面临水资源匮乏的局面，导致粮食主产区中华北地区和东北地区的农业生态水平相比南方农业生态水平无明显提高，农业生态结构有待完善；而南方地区具有丰富的水资源，农业科技水平发展迅速，并秉承着绿水青山就是金山银山的理念，南方地区的农业生态系统相对完善，使我国粮食主产区农业生态脆弱性指数重心整体北移，进而出现粮食主产区生态脆弱性的北移趋势。因此，要提高粮食主产区农业生态系统稳定性，必须重视水资源等农业生产要素的供应，降低农膜、农用化肥的使用强度。

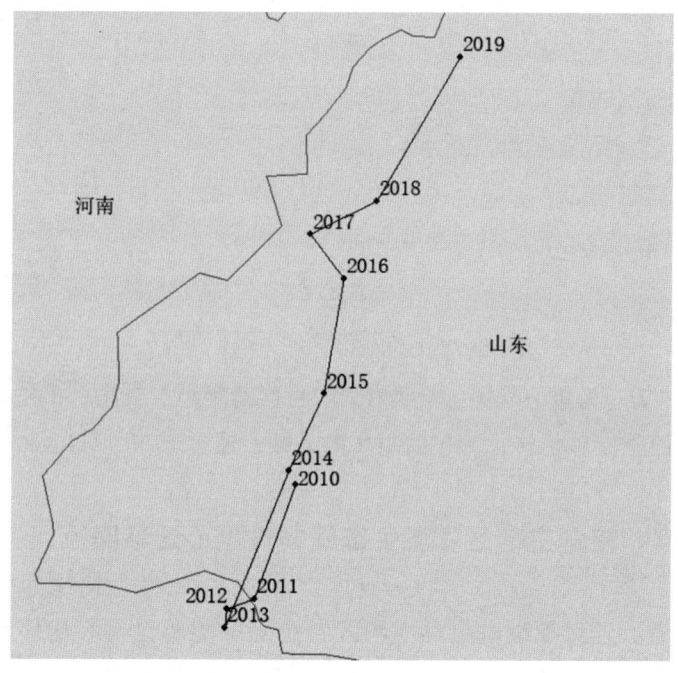

图4.11 粮食主产区农业生态脆弱性重心迁移图

4.5 本章小结

本章首先通过明确农业生态脆弱性内涵及其相关理论基础,并借鉴相关文献和相关政策文件,构建了粮食主产区农业生态脆弱性评价指标体系;其次运用全局主成分分析法对2010~2019年国内粮食主产区13个省份进行农业生态脆弱性综合评价,并进一步分析其时序差异和区域差异;最后基于粮食主产区各省农业生态脆弱性综合得分,划分不同程度的脆弱区并运用空间自相关分析研究了空间关系,得出以下结论。

粮食主产区农业生态脆弱性评价综合得分大致呈递减趋势,表明粮食主产区大部分省份的农业生态脆弱性程度呈现稳中向好的趋势。从2010~2019年粮食主产区农业生态脆弱性综合得分的排名情况来看,江苏一直位于榜首,这表明该省份的农业生态脆弱性低于其他省份,拥有较良好的农业生态系统。在此期间，河南历年排名经常位列最后一名，显示出该省农业生态脆弱性较高，其历年排名保持稳定，没有显著变化。其他省份历年农业生态脆弱性综合得分排名变动幅度较小，整体发展趋势较为平稳。

2010~2019年，所有省份的农业生态脆弱性等级都在变动。例如，内蒙古的农业生态脆弱性上升一个等级，由较高脆弱区升为中脆弱区；黑龙江、吉林、山东、安徽、湖北、江西、四川在2010~2019年上升了两个等级，由高脆弱区变为中脆弱区；河北在2010年属于高脆弱区，在2015年没有变动，但到2019年升为中脆弱区。这说明河北仍须不断优化农业生态系统结构。

通过单变量和双变量空间自相关分析发现，大部分省份的农业生态脆弱性指数在空间上无明显关联，且与邻域的粮食单产双变量在空间上也呈现随机分布的特征。只有江苏通过了莫兰指数的显著性检验，表现出显著的"低—高"特点，即农业生态脆弱性指数较邻近省低，粮食单产较邻近省份高。这表明该省粮食生产潜力较大，并且农业生态系统稳定，能够实现各项调节功能。

基于以上结论，要确保中国粮食主产区农业生态安全健康发展，需做到以下几点。

普及粮食生产生态环境保护意识，要从政府引导、农业发展和技术等层面进行。要充分发挥政府对粮食生产生态环境保护的引导作用。一方面，政府部门制定的农业农村发展政策应增强农业生态保护观念，做到因地制宜，把发展农业、农村与生态保护有效联系起来。另一方面，政府应加强有关宣传。由于大多数农民受教育程度低，尚不具备绿色生态保护观念，因此政府与农村基层组织应加强相关方面的宣传，禁止焚烧秸秆、随意丢弃农业固体废弃物等行为。同时也可以借助互联网等公共平台进行宣传，加强农户对农业的生态保护意识。从农业发展角度来看，应当尽可能地发展绿色农业，鼓励农业企业绿色生产，制定绿色生产标准，减少农药、化肥、难降解塑料薄膜的使用，生产绿色农产品。从技术角度来讲，发展绿色农业技术是保护粮食主产区生态环境的关键。同时，解决农药残留、土地板结和农业固体废弃物等问题需要依靠新的技术。因此，增强发展绿色农业技术的理念也是有效解决农业生态环境问题的有效手段。

农业生产活动在为人类创造价值的同时也带来了一定的负面影响，因此，应建立和完善粮食主产区农业生态环境补偿机制。对此，各粮食主产区首先应针对农业生态问题突出的地区制定生态底线，注意农业生产的显性成本与隐性成本，统筹协调农业生产活动的经济效益与生态效益；其次，在发展农业的同时，应尽量减少农业生产对农业生态环境的负面影响。

要建立有效评价机制与监督机制。为进一步改善粮食主产区脆弱的生态环境，应当对主产区生态环境脆弱性建立科学、准确的评价机制。可以根据当地的实际情况，统筹兼顾、因地制宜地建立粮食生产与农业生态环境的双重考核机制。例如，对农业资源丰裕的粮食主产区，可以适当增加其承担粮食产量的主体功能责任；而对环境相对脆弱的粮食主产区，要充分考虑地区的实际情况，分区进行农业生态恢复，有效缓解农业生态环境的压力。粮食安全问题也是一个非常重要的问题。因此，也应该加强对粮食主产区生态环境的监管，可以利用互联网信息技术等手段，实现对粮食主产区农业生态安全的动态监管。同时，也应建立完善的奖惩机制。例如，对从事绿色生产的企业可以采取适当的监管方式；而对于以破坏农业生态环境为代价来谋取利益的企业则应该加强监管并严格追究责任，以此进一步提高粮食主产区农业生态环境的承载能力。

第5章 粮食安全保障的生态代价测度与预警

粮食安全和生态安全均为国家重大安全战略。国家"十四五"规划纲要明确指出，要推动农业生产向主体功能区集聚，逐步构建生态功能区和农产品主产区。2022年的中央一号文件提出要创建国家粮食安全产业带，实施"长牙齿"式的耕地保护强举措。粮食主产区承担着我国粮食安全保障的责任，贡献了我国历年75%的粮食产量和95%的粮食增产，同时也是我国重要的生态屏障和涵养区。

然而，粮食生产中生态用地补充耕地、建设用地对耕地的"挤用"，以及农业污染对生态环境的负反馈，成为制约粮食安全和生态安全的关键问题。我国粮食主产区建设用地由2000年的12494千公顷增至2020年的17875千公顷，年均增速1.81%，而耕地面积由117289千公顷降至114753千公顷。我国三大粮食作物的化肥、农药利用率逐年攀升，到2020年分别为40.2%和40.6%，化肥、农药过量使用现象较为普遍。大量残留的化肥、农药通过地表径流、挥发、水土流失、降水或干沉降等途径进入大气、土壤和水体，是导致土壤板结、碱化、沙化、温室气体排放、水体富营养化，以及农作物病害的"元凶"。在坚决守住18亿亩耕地红线的背景下，解决如何扭转耕地"非农化""非粮化"的趋势，以及严控建设用地"侵占"耕地的问题显得尤为重要。同时，在确保耕地面积的基础上，减少对生态用地的"挤用"，以及降低化肥、农药等农用化学品污染，减轻粮食生产的生态代价，是推动粮食可持续生产的基本保障和重要前提。为此，基于粮食主产区粮食和生态"双安全"目标，考察粮食安全保障的生态系统服务价值损失非常必要。本部分从耕地利用变化和粮食生产中的资源消耗与环境污染角度出发，采用土地利用转移矩阵、最小耕地需求面积测算模型、ESV损失模型等分析方法，对2000~2020年粮食主产区为保障粮食安全而导致的生态系统服务价值损失进行多方面研究，从而为粮食主产区生态—农业协调性提供实证支撑，为耕地利用和转型、构建粮食与生态"双安全"体系提供政策启示。

5.1 粮食安全的生态系统服务价值测算

农田生态系统是最重要的粮食供给源（占全球粮食供给总量的60%以上），但稳定的粮食输出也导致了巨大的生态代价（尹飞等，2016）。人类的干扰行为打破了生态系统的平衡，如烧荒种地、毁林种地等土地利用结构调整，以及农田施肥、灌溉等粮食耕作活动，都不可避免地给生态环境带来了一系列的负面效应，严重削弱了生态系统维持功能及提供生态产品的能力（芦蔚叶等，2012）。

(1) 耕地与其他地类转化造成的ESV损失。

土地利用是指人类利用土地的特性和功能满足自我需求的过程。土地利用变化引发生态系统提供生态产品和维持系统结构的能力发生改变，这一改变又反映在ESV变化上。由此，ESV变化不失为表征耕地利用变化及其生态功能响应的重要指标（张艳芳，2020）。随着粮食需求不断增长、建设用地"侵占"耕地现象屡见不鲜，耕地压力不断提升，毁林开荒、围湖造田等成为弥补耕地占补失衡的主要手段。高生物量的林地、草地和湖泊生态系统不断转化为低生物量的耕地生态系统，这一直接变化导致生态系统涵养水源、调节气体和维持生物多样性等方面的功能受损。

(2) 维持不变耕地面积造成的ESV损失。

2000~2020年，在土地利用类型转化中，耕地除与其他地类相互转化外，有一部分土地始终都是耕地形态，界定这部分耕地为不变耕地面积。按照耕地粮食生产服务对象的不同可将此部分耕地进一步划分为最小耕地需求面积（S_{min}）和弹性耕地面积（S_{elas}）。具体来看，最小耕地需求面积用于生产满足本区域的粮食需求数量，是区域粮食安全和口粮保证的基础。在王继军等（2004）提出的弹性资源概念基础上，界定除最小耕地需求面积之外的保有耕地为弹性耕地资源，对应的耕地面积即为弹性耕地面积（芦蔚叶等，2012）。这一部分耕地可作为粮食生产储备用地，也可在粮食产能过剩或生态系统结构功能失调时生态退耕。需要关注的是，粮食主产区是我国粮食供给的"主力军"，既要保障本区域的粮食需求，也要保持较为稳定的粮食调出水平。将耕地作为粮食生产的储备用地，而非转化为服务价值更高的土地利用类型，是间接导致 ESV 损失的重要因素。

（3）粮食生产过程中造成的 ESV 损失。

粮食耕作中灌溉所消耗的水资源，排放的 NH_4 和 NO_2 等温室气体，以及地膜、农药、化肥残留所造成的污染，不仅形成了经济成本，也付出了巨大的生态代价。其中，农业灌溉加速了水冲蚀现象，大幅提升了地面沉降的概率；大量未利用的化肥和农药通过地表径流、挥发、水土流失、降水或干沉降等途径进入大气、土壤和水体，严重污染了土地和水体，破坏了土壤理化结构性质，由此造成的环境成本不容小觑。

（4）数据来源与说明。

粮食产量、播种面积和平均出售价格等粮食相关数据来源于各省统计年鉴、《中国农村统计年鉴》和《全国农产品成本收益资料汇编》；森林面积、活立木蓄积量等数据来源于 EPS 数据平台的中国农林数据库；城乡人口数、总人口数、恩格尔系数的测算数据来源于 EPS 数据平台的中国区域经济数据库；各期土地利用遥感监测数据来源于中国科学院资源环境科学与数据中心。

分析粮食主产区耕地利用变化及建立生态系统服务价值测算模型是研究粮食安全保障下生态系统服务价值损失的基础。本节首先利用遥感监测数据，借助 ArcGIS 软件和 Excel 透视表功能，构建区域的土地利用转移矩阵，以此来探究区域内耕地利用变化情况；其次，利用谢高地等（2008）的当量因子表，结合社会发展和空间异质进行动态化修正，评估不同地类 ESV 水平；最后，以 ESV 来表征生态产出水平，从而评估耕地利用变化对粮食产量和生态产出的影响。

5.1.1 土地利用变化测度模型

(1) 土地利用变化测度。

①土地利用转移矩阵。

土地利用转移矩阵是马尔可夫模型在土地利用变化研究中的重要运用,是对某一时期一种地类向另一种地类转化的定量描述,可以准确度量某一节点的各地类面积及其具体来源和去向,对于反映人类活动对土地资源的开垦利用、揭示土地利用格局演变具有重要价值。结合土地利用栅格数据,能够形成某一时段土地利用转移矩阵,其数学表达式为(张鹏岩,2020):

$$U_{ij} = \begin{vmatrix} U_{11} & U_{12} & \cdots & U_{16} \\ U_{21} & U_{22} & \cdots & U_{26} \\ \vdots & \vdots & & \vdots \\ U_{61} & U_{62} & \cdots & U_{66} \end{vmatrix} \quad (5.1)$$

式中,$U_{ij}(i \neq j)$为研究期内由i地类转化为j地类的面积;U_{ii}为研究期内维持i形态的面积;$\sum_{i=1}^{6} U_{ij}$为研究期初i地类的总面积;$\sum_{j=1}^{6} U_{ij}$为研究期末j地类的总面积。

②土地利用变化图谱模型。

为探清土地利用变化尤其是耕地利用变化的时空差异及演变特征,构建耕地利用变化分类图谱,以土地利用栅格数据为基础,以 ArcGIS 10.2 软件 Spatial Analyst Tools 模块的重分类、Conversion Tools 模块的栅格转面、Analysis Tools 模块的相交等技术为支撑,综合运用字段计算器和计算几何等工具进行地图代数叠加运算,具体运算法则为:

$$T = 10A + B \quad (5.2)$$

式中,T为某一时段土地利用变化代码;A、B分别为研究期初和研究期末的土地利用代码,且耕地、林地、草地、水域、建设用地、未利用地的代码分别为1~6。

③土地利用变化特征分析。

以耕地利用变化图谱为基础，利用空间分离度和变化比率两个指标分析耕地利用变化特征。其中，空间分离度（S_{ij}）反映空间尺度下耕地与不同地类转化在空间分布中的聚散程度，体现耕地利用变化图谱"图"的特征，数值越大表示离散程度越大，反之亦然；变化比率（A_{ij}）表示某一地类转为另一地类的面积在所有不同地类转化面积之中所占的比重，反映时间序列下耕地占补的主要变化方向，体现耕地利用变化图谱"谱"的特征（史洋洋，2017）。两个指标的计算公式分别为：

$$A_{ij} = N_{ij} \times \frac{1}{\sum_{i=1}^{6}\sum_{j=1}^{6} N_{ij}} \times 100\%, \quad i \neq j \tag{5.3}$$

$$S_{ij} = \frac{1}{2} \times \frac{\sqrt{F_{ij} / \sum_{i=1}^{6}\sum_{j=1}^{6} N_{ij}}}{N_{ij} / \sum_{i=1}^{6}\sum_{j=1}^{6} N_{ij}} \tag{5.4}$$

式中，A_{ij}和S_{ij}分别为变化比率和空间分离度；N_{ij}和F_{ij}分别为某期土地利用类型变化（$i \rightarrow j$）的图谱单元数和面积。

（2）土地利用变化的实证分析。

①土地利用变化特征分析。

粮食主产区以耕地和林地为主、草地次之。从空间尺度来看，土地利用类型呈连片分布特征，其中"林地—耕地—林地"自北向南呈"工"字形分布，草地主要集中于内蒙古中部和四川西北部，未利用地主要集中于内蒙古西部，水体和建设用地分布较为分散且占比均不超过区域总面积的5%。

从时间尺度来看，土地利用类型之间转化较为剧烈，在数量上呈"二增二减二不定"模式，即建设用地和水体面积扩大，草地和耕地面积缩小，林地面积变化幅度较小，未利用地面积波动明显但变动方向不确定。2020年，粮食主产区耕地面积为114752.6千公顷，相当于2000年耕地面积的97.84%，年均减少126.67千公顷。在地理空间分布上，东部耕地利用变化强度显著强于西部，相对而言，仅四川、内蒙古和黑龙江西北部转化比例相对较低。河南、山东和河北南部、安徽北部,以及东北平原中部耕地利用转化主要类型是"耕地→建设用地"和"建设用地→耕地";长江中下游地区的江西、湖南、湖北和安徽南部,以及位于长白山脉的吉林、辽宁东南部耕地利用转化主要类型是"耕地→林地"和"林地→耕地";东北平原西部耕地与未利用地之间的转化较为普遍;而内蒙古东南部是耕地与草地之间相互转化最为剧烈的地区。

就粮食主产区耕地与其他地类之间的转化面积而言(见表5.1),20年间耕地与耕地内部间转化面积为83978.30千公顷,耕地转化为代码2~6的土地类型面积分别为12731.42千公顷、5641.13千公顷、2660.27千公顷、10949.13千公顷和1161.57千公顷,代码2~6的土地类型转化为耕地的面积分别为12990.27千公顷、6473.22千公顷、2372.94千公顷、6772.34千公顷和1980.55千公顷。其中,建设用地对耕地大量侵占而导致的耕地占补失衡,是制约粮食播种面积扩张,进而动摇粮食安全保障的关键驱动因素。

表 5.1   2000~2020年粮食主产区土地利用转移矩阵   单位:千公顷

项目	2020年					
	耕地	林地	草地	水域	建设用地	未利用地
耕地	83978.30	12731.42	5641.13	2660.27	10949.13	1161.57
林地	12990.27	85514.06	9101.44	811.29	1039.23	1897.46
草地	6473.22	10241.41	61119.01	730.76	951.75	4372.89
水域	2372.94	636.42	545.23	5295.47	466.05	861.21
建设用地	6772.34	455.98	413.23	612.81	4117.35	104.45
未利用地	1980.55	787.37	3855.32	543.31	229.85	30134.38

②耕地利用变化图谱空间格局差异分析。

2000~2020年,粮食主产区耕地利用变化的图谱单元总体呈现"北增南减"的空间格局,与粮食主产区粮食调出水平、经济发展活力的地理分布格局具有一定的趋同性,但也表现出明显的空间异质性和连片分布特征，如表 5.2 所示。20 年间粮食主产区耕地变化类型涵盖了全部的 10 个种类，主要表现为耕地与林地（编码 12、21）互换、耕地向建设用地（编码 15）转出，以及草地向耕地（编码 31）转入模式。其中耕地→建设用地面积净值达 4176.80 千公顷，数量上相当于河南、河北等单个省份 2020 年建设用地面积的两倍，占粮食主产区 2020 年建设用地总面积的 23.37%。从分布上看，山东、江苏、河北等经济高速发展区域被建设用地"挤占"耕地的问题最为突出。草地补充耕地是增加耕地最主要的方式，转入面积为 12990.3 千公顷，占五种地类转为耕地总面积的 42.47%，集中分布于具有草地资源禀赋优势的内蒙古自治区，其补充量占粮食主产区草地补充耕地总量的 47.29%。"耕地→草地（编码 13）"连片分布于除东北平原西部和华北平原以外的广阔区域，是区域响应生态退耕政策的重要举措。而"未利用地→耕地（编码 61）"是补充耕地的又一关键来源，连片分布于东北平原西部和华北平原等地。

表 5.2　　2000~2020 年粮食主产区耕地利用变化图谱单元特征

图谱转化类型（编码）	图谱单元数（个）	面积（km²）	变化比率（%）	空间分离度
耕地→林地（12）	127314	127314	12.43	1.42
耕地→草地（13）	56411	56411	5.51	2.13
耕地→水域（14）	26603	26603	2.60	3.10
耕地→建设用地（15）	109491	109491	10.69	1.53
耕地→未利用地（16）	11616	11616	1.13	4.69
林地→耕地（21）	129903	129903	12.69	1.40
草地→耕地（31）	64732	64732	6.32	1.99
水域→耕地（41）	23729	23729	2.32	3.28
建设用地→耕地（51）	67723	67723	6.61	1.94
未利用地→耕地（61）	19806	19806	1.93	3.60
总计	637328	637328	62.24	25.09

从图谱单元的空间分离度来看,"耕地→未利用地(编码16)"图谱单元分离度最高为4.69,主要存在于生态脆弱区,在地理空间上呈碎片化分布;其次是未利用地转耕地、水域转耕地分别为3.60和3.28,表明未利用地、水域补充耕地的发生频率较低,在空间分布上较为分散;耕地转水域、草地再次之分别为3.10和2.13。相对而言,空间分离度最低的是耕地与林地的互换,两者之间的相互转化非常活跃。此外,耕地退耕转化为建设用地的图谱空间聚集度仅次于耕地与林地的互换。从图谱单元的变化比率来看,粮食主产区耕地变化比率为62.24%,即在土地利用类型转化过程中,有近三分之二的土地利用转化与耕地有关。具体来看,"林地→耕地(编码21)""耕地→林地(编码12)"与"耕地→建设用地(编码15)"的变化比率均超过10%,这表明在过去20年间,林地和建设用地是耕地占补平衡中最主要的变化方向。而耕地与其他3种地类相互转化的变化比率介于1.13%~6.61%,转化活跃度由高到低依次为草地>水域>未利用地。

从省域层面来看(见图5.1),13个粮食主产省(区)中,仅有东北平原的黑龙江、内蒙古自治区、吉林三省份存在耕地净转入的现象。其中黑龙江是耕地面积增幅最大的省份,达1286.37千公顷,耕地补充以"林地→耕地(编码21)"和"未利用地→耕地(编码61)"为主,且二者耕地补充量相当;吉林耕地转入的土地类型较为丰富,其中林地对耕地增加的奉献度相对较高;草地转入是内蒙古耕地面积迅速扩张的主要驱动因素。其余10省耕地转出面积均大于耕地转入面积,其中耕地净转出面积超过500千公顷的有河北、江苏、辽宁、河南4省,介于200~500千公顷的有湖北、安徽、山东、四川4省,低于200千公顷的有湖南和江西。建设用地"挤占"耕地是制约区域耕地扩张的关键因素,各省(区)均有不同程度的耕地转出为建设用地现象,其中江苏的转出最为显著,其次是河北、山东等省份。此外,各省(区)林地与耕地互换效应明显,除黑龙江退耕还林面积比毁林造田面积多469.64千公顷外,其余省份均大致实现了本区域耕地与林地之间的增减平衡。

第5章 粮食安全保障的生态代价测度与预警

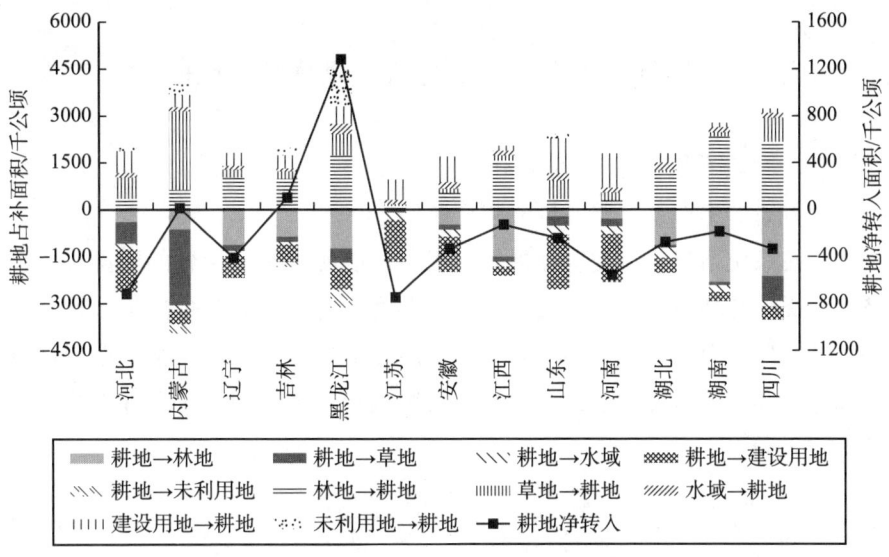

图 5.1 2000~2020 年 13 个粮食主产省（区）耕地转化类型

③耕地利用变化图谱数量变化特征分析。

分析表 5.2 可知，2000~2020 年粮食主产区发生耕地利用变化的总面积为 63732.8 千公顷，占所有发生地类转化总面积的 62.24%，耕地转出比率（32.37%）略高于耕地转入比率（29.88%），耕地"减大于增"，耕地净转出量达 2554.2 千公顷。具体来看，编码为 21 和 12 的林地与耕地互换的变动率最高，是耕地利用变动的首要因素，耕地转出比率（12.43%）略低于转入比率（12.69%），基本实现耕地面积增减平衡。"耕地→建设用地（编码 15）"变化比率较高（10.69%），是部分省区耕地面积锐减的根本原因，占粮食主产区耕地转出面积的 33.04%。"草地→耕地（编码 31）"变化比率为 6.32%，是耕地补充的主要来源之一，耕地净转入面积位居各地类首位，为 832.1 千公顷。未利用地转为耕地是补充耕地的又一重要手段，且变化比率很低（1.93%），净转入量为 819.0 千公顷。此外，粮食主产区退田还湖的现象较围湖造田更为普遍，造成 287.4 千公顷的耕地净转出量，但有利于维持生态平衡。

191

5.1.2 不同地类生态系统服务价值测算实证比较

（1）生态系统服务价值测算模型。

①静态的生态系统服务价值测算模型。

生态系统不仅为人类生存提供原材料、能源等易于量化的资源，还维持了人类生存环境的稳定。因此，有必要将生态系统服务价值货币化，倒逼厂商在经济发展中兼顾环境效益。采用谢高地等（2017）基于地理信息空间分析和模型运算方法，形成符合我国国情的当量因子表，进而测算地均 ESV：

$$E_{ij} = e_{ij} \times \frac{1}{7} \sum_{n=1}^{3} \frac{m_n p_n q_n}{M} \tag{5.5}$$

式中，E_{ij} 为地均 i 的 j 服务的 ESV（元每公顷）；e_{ij} 为地均 i 的 j 服务的 ESV 当量因子；m_n、p_n 和 q_n（$n=1,2,3$）分别为 t 年份 n 作物（水稻、小麦、玉米）的播种面积（公顷）、平均售价（元每吨）和平均单产（吨每公顷）；M 为 3 种作物总播种面积（公顷）。

②动态修正的生态系统服务价值测算模型。

鉴于 ESV 与生物量的正向相关关系，以及人们对生态服务功能支付意愿的时空异质性特征，引入社会发展和空间异质系数（罗海平等，2022），在静态模型的基础上，对 ESV 模型进行动态化调整：

$$T_t = \frac{i_t}{I_t}, \text{ 其中 } i_t = \frac{h}{H} \bigg/ \left[1 + \exp\left(-\frac{1}{E_n - 3}\right)\right] \tag{5.6}$$

$$K_t = \frac{1}{2}\left(\frac{\ln g}{\ln G} + \frac{\ln w}{\ln W}\right) \tag{5.7}$$

$$ESV = \sum_{i=1}^{6} K_t T_t E_i S_i = \sum_{i=1}^{6} E'_i S_i \tag{5.8}$$

式中，T_t 和 K_t 分别为 t 年份区域支付意愿和空间异质系数；$i(I)$、$h(H)$、$g(G)$ 和 $w(W)$ 分别为区域（全国）支付意愿、城镇化水平、三大主粮平均单产和单位面积林分蓄积量；E_n 为恩格尔系数；E_i 和 E'_i 分别为 i 地类动态调整前、后的地均 ESV；S_i 为 i 地类的面积。

（2）不同地类生态系统服务价值的实证分析。

①2020年粮食主产省（区）生态—农业产出分析。

2000年和2020年粮食主产省份ESV和粮食产出结果如图5.2所示，其中横坐标左右侧堆积柱形图分别表示2000年和2020年的ESV测算结果。可以看出，粮食主产区省际层面的粮食产能和生态系统服务价值存在地区差异性，但相邻区域之间又呈现趋同性，同时存在生态—农业产出错配的现象，大体可以概况为以下3点。

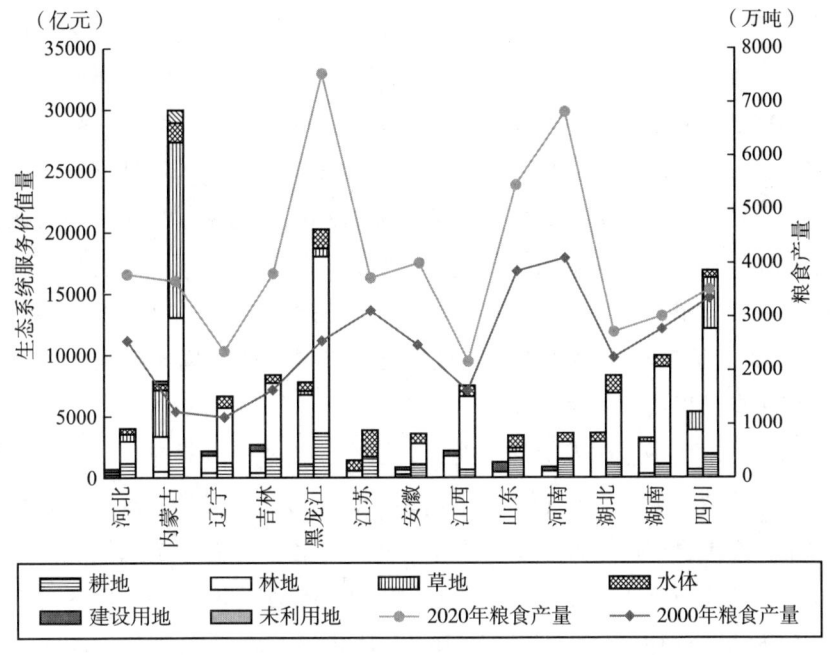

图5.2 2000年和2020年粮食主产区生态系统服务价值量及粮食产量

第一，华北平原五省（河北、山东、河南、安徽、江苏）呈现"高粮食产能—低生态产出"的生态非友好型产出模式。2020年5省耕地总面积为43493.9千公顷，占主产区总量的37.90%，占区域总面积的57.93%。华北平原土壤肥沃，土地垦殖率高，粮食播种面积占耕地面积的80.01%，显著高于主产区76.75%的平均水平，是我国重要的粮食生产基地。该区域总体呈现"八三三三"的分布态势，即依托全国8%的水资源，为全国

34%的耕地面积提供水资源供给，生产了全国36%的粮食，三大农用化学品使用量占全国总量的30%以上，当前水资源不足已然成为影响粮产的重要因素。

第二，长江中下游平原三省（江西、湖北、湖南）和四川呈现"高生态产出—低粮食产能"的低效能农业模式，是未来提升我国粮食安全保障度的中坚力量。区域林地和耕地的比例分别为47.24%和27.50%，是区域最主要地类。其单位面积ESV显著高于除东北三省以外的其他省份。2020年4省ESV总量为42427亿元，粮食总产为11434万吨，分别占粮食主产区的33.72%和21.74%，区域粮食播种面积仅占耕地面积的67.59%（同期主产区平均为76.75%），农业生产率有待提高。此外，内蒙古土地类型较为丰富，林地、耕地、草地和未利用地依次占比14.45%、9.93%、46.03%和27.00%，由东向西呈带状分布。2020年内蒙古ESV为29991.84亿元，居各省首位，是我国北方重要的生态安全屏障。其地形地貌以高原为主，适合旱生植物生长，但区域旱地仅占3.4%，且农业设施薄弱、规模化程度低，导致区域粮食单产（5.36吨/公顷）远低于主产区平均水平（5.97吨/公顷）。因此，需要加快落实内蒙古西部植树造林、防沙固沙行动，同时大力发展中东部现代设施农牧业。

第三，东北平原四省份（黑龙江、辽宁、吉林、内蒙古）农业—生态发展相对均衡，呈"双量齐增"的协调发展态势。东北平原区以耕地和林地为主，黑土资源广泛分布，有机质含量高，且处于温带季风气候区，热量充足，是我国重要的林业生产基地和商品粮基地。2020年，该区域粮食产量和ESV分别占粮食主产区的26.01%和28.00%，显现出农业—生态协调发展的巨大潜力。

②2000~2020年粮食主产区生态系统服务价值动态演化分析。

就粮食产出而言，2000~2020年，粮食产量增量最多的4个省份为黑龙江、河南、内蒙古和吉林，增量均超过2000万吨。内蒙古和黑龙江两省在国家引导收购高产粮食的政策推动下，进一步优化粮食品种结构，实现粮食单产水平空前提升，粮食产量接近2000年的3倍。河南作为全国主食产业化第一大省，其粮食产量能够在高基数上实现新突破，主要得益于现代化农业生产方式的推动。粮食产量增幅不超过1000万吨的省份主要集中于长江中下游平原，其中湖南、四川两省在过去20年间粮食增量仅为247.2万吨和155.4万吨，主要受限于比较效益低、机械化水平不足、水稻双季改单季，以及高产优质粮食新品种稀缺等因素，粮食增产能力相对有限。

就ESV构成而言，价值量贡献度由高到低依次为林地、耕地、草地、水域、建设用地和未利用地。2000~2020年，在粮食收购最低限价政策和通货膨胀的双重刺激下，三大主粮平均出售价格由每50千克主产品48.36元上涨至122.48元，上涨了1.53倍；单位面积当量ESV在农业技术提升、农业结构优化等有利因素驱动下提升2.76~4.04倍，直接拉动各省份ESV宽幅上升。从省际层面来看，ESV增速最快的3个省为河北、河南和安徽，表现为生态基础薄弱但环境支付意愿显著增强；ESV增量最多的3个省份为内蒙古、黑龙江和四川，3地土地利用面积基数大，在绿色发展新理念的指导下，生态产出效益提升潜力大。

5.1.3 耕地粮食生产的生态系统服务价值

（1）耕地利用变化的生态系统服务价值图谱变化分析。

根据谢高地等（2008）的当量因子表可获知，编码1~6的各地类当量因子（e_{ij}）分别为7.9、28.12、11.67、45.35、0、1.39，由公式（5.5）~公式（5.8）可得E'_a，再乘以当量因子即得地均ESV。从耕地利用变化对ESV的影响来看，耕地利用变化对区域ESV具有正向提升、反向抑制两种作用机制，其中耕地退耕为生态用地（编码12、13、14），以及由建设用地、未利用地补充耕地（编码51、61）会带来生态环境的改善，即ESV的提升；反之（编码15、16、21、31、41）会削弱生态系统服务功能及提供生态产品的能力，即降低区域ESV。

20年来，耕地利用变化造成的生态系统服务价值损益分别为10484.78亿元和9920.96亿元，生态系统服务价值净损失563.82亿元（见表5.3）。耕地与其他5种地类转化中，与水域、建设用地转化带来ESV净值增加，与林地、草地和未利用地转化导致 ESV 净值降低。具体来看，水域与其他地类相比，拥有更强的生态系统服务功能供给能力，其与耕地相互转化的地均 ESV 变化绝对值达 8.35 万元每公顷，是 ESV 提升的主要驱动因素；未利用地植被覆盖度普遍低于 5%，未利用地向耕地的转化，有利于提高物种多样性，进而促进 ESV 的提升。而我国建设用地相较于耕地，人类活动更为频繁和剧烈，对生态破坏更为严重。21 世纪以来，建设用地对耕地的大量侵占是导致 ESV 损失的首要原因；编码为 12 和 21 的林地与耕地相互转化是 ESV 变动的主要贡献地类，二者中和后的 ESV 净损失量为 116.78 元。

表 5.3　　粮食主产区耕地利用变化的 ESV、粮食产量变动情况

图谱转化类型（编码）	生态—粮食变化图谱	面积（千公顷）	地均 ESV 变化（元/公顷）	ESV 变化（亿元）	粮食产量变化（万吨）
耕地→林地（12）	生态增值—粮食减产	12731.40	45107.53	5742.82	-5835.51
耕地→草地（13）	生态增值—粮食减产	5641.10	8410.26	474.43	-2585.63
耕地→水域（14）	生态增值—粮食减产	2660.30	83544.86	2222.54	-1219.36
耕地→建设用地（15）	生态减值—粮食减产	10949.10	-17623.62	-1929.63	-5018.58
耕地→未利用地（16）	生态减值—粮食减产	1161.60	-14522.75	-168.70	-532.43
林地→耕地（21）	生态减值—粮食增产	12990.30	-45107.53	-5859.60	5954.18
草地→耕地（31）	生态减值—粮食增产	6473.20	-8410.26	-544.41	2967.03
水域→耕地（41）	生态减值—粮食增产	2372.90	-83544.86	-1982.44	1087.63
建设用地→耕地（51）	生态增值—粮食增产	6772.30	17623.62	1193.52	3104.12
未利用地→耕地（61）	生态增值—粮食增产	1980.60	14522.75	287.64	907.82
总计	—	63732.80	—	-563.82	-1170.73

（2）耕地利用变化对粮食、生态效应的影响研究。

耕地资源禀赋是体现我国粮食生产能力的核心要素，21 世纪以来，耕地面积的减少及耕地质量的下降对粮食生产的制约性越发明显（尹靖华等，2015）。尽管我国粮食主产区粮食产量由 2000 年的 32607.4 万吨增产

至2020年的52597.5万吨，但增产主要得益于技术水平的提升、农业种植结构的改善、农民种粮积极性的提高等。耕地数量与粮食产量存在显著的正相关关系，同等条件下，耕地面积的增减会带来粮食产量的同方向变动（仇焕广等，2014）。因此，用2020年粮食产量除以耕地面积，来表征区域单位面积耕地的粮食产能现状，并以此分析耕地利用变化对粮食产出水平的影响。

耕地利用变化对生态系统服务价值和粮食产量的影响均具有正反两个方向的作用。可将耕地转化推动ESV提升的区域定义为"生态增值区"，将导致ESV损失的区域定义为"生态损失区"；将耕地扩张带来粮食产量上升的区域定义为"粮食增产区"，将耕地缩减带来粮食产量下降的区域定义为"粮食减产区"；进而可将发生耕地占补的区域分为生态增值—粮食增产区（简称为Ⅰ区，下同）、生态减值—粮食减产区（Ⅱ区）、生态增值—粮食减产区（Ⅲ区）、生态减值—粮食增产区（Ⅳ区）4类。可以发现，这4类区域在数量上和空间分布上呈现出"两两相当""两两相对"的特征，即Ⅰ区与Ⅱ区面积占比相当，分别为13.73%和19.00%，地理分布上趋同，主要集中于华北平原和东北平原西部；Ⅲ区与Ⅳ区面积占比相当，分别为33.00%和34.26%，地理分布上趋同，主要集中于长江中下游平原、四川东部、东北平原东部以及内蒙古东南部。同时，前后两组在地理分布上表现出互补性。具体来看，可知以下几点。

第一，粮食主产区生态增值—粮食增产区（Ⅰ区）是发展绿色农业，推动粮食、生态"双安全"的最有力保障，总面积仅8752.9千公顷。对应耕地利用变化图谱编码为51、61，在Ⅰ区中面积占比为3.4∶1，但前者逆转化面积达10949.10千公顷，是耕地转入面积的1.62倍。因此，加强对未利用地的生态改良，尤其是在沙地、戈壁、盐碱地等区域发展林下经济和草原经济，是提升区域粮食产出和生态效应的最优途径。

第二，粮食主产区生态减值—粮食减产区（Ⅱ区）面积为12110.7千公顷，对应耕地利用变化图谱编码为15、16。此类区域不仅造成了严重的生态环境代价，也不利于粮食安全战略的实施，还给保障粮食、生态"双安全"带来严峻挑战。可以看出，Ⅱ区密度高于Ⅰ区，面积超出Ⅰ区

3357.8千公顷，其中以华北平原分布最为显著。该区域在注重经济发展的同时，更要重视生态环境的保护，严守耕地红线，防止建设用地对耕地的不合理"侵占"。

第三，粮食主产区生态增值—粮食减产区（Ⅲ区）面积为21032.8千公顷，对应耕地利用变化图谱编码为12、13、14，其中"耕地→林地（编码12）"是主要贡献源。耕地转化为生态用地带来了8439.8亿元的ESV增值，但也造成了9640.5万吨的粮食减产。假定人均粮食需求量为400千克每年，即减少了近2.41亿人的粮食供给。因此，该区域要狠抓粮食单产、复种指数等的提升，在维持高生态产出的同时达到粮食增产的目的。

第四，粮食主产区生态减值—粮食增产区（Ⅳ区）对应耕地利用变化图谱编码为21、31、41，其面积仅次于Ⅲ区，且两大区间互换效应明显，尤其是林地与耕地之间、水域与耕地之间。实际发生生态减值和粮食增产的区域主要集中在内蒙古自治区，其次是山东。这两个省（区）的草地净转入面积为427.13千公顷，可带来195.78万吨的粮食增产，但同时也带来了35.92亿元的ESV损失。

5.2 粮食安全保障耕地转换的生态代价测算

5.2.1 粮食安全保障的耕地面积测算

耕地是维持生态平衡、保障粮食生产的重要资源要素。由于耕地的单位生态系统服务价值低于林地、草地、水域，在土地利用转化中必然会造成生态系统服务价值的损益。因此，评估区域内的最小粮食需求数量，根据各地粮食产出效率测算保障最小粮食需求量所必需的耕地面积，即最小耕地需求面积。

本节采用消费统计法测算最小粮食需求量，将粮食需求细分为种子耗粮、饲料耗粮、工业耗粮、口粮和损耗5类，并实证分析我国及粮食主产省（区）保障粮食安全所必需的粮食数量及对应的耕地数量。

（1）最小粮食需求量测算模型。

我国粮食需求涉及种子耗粮、饲料耗粮、工业耗粮、口粮、出口、存储、损耗等多个方面。鉴于粮食需求在统计上的缺乏，参考罗海平（2019、2020）的测算方法，对粮食的出口和存储暂不做考虑，并基于消费支出法，按如下折算比例进行测算（罗海平等，2015；罗海平等，2020）。①我国种子耗粮由小麦（150 公斤/公顷）、豆类（75 公斤/公顷）、稻谷（75 公斤/公顷）、玉米（75 公斤/公顷）和其他粮食（225 公斤/公顷）的单位种粮所需种子量来估计（肖国安等，2002）。②我国饲料耗粮由料肉比折算，设定肉量为单位"1"，则料量需求为禽蛋 2.5、猪肉 2.3、牛羊禽肉 2、水产品 1 和奶类 0.3，饲料总耗粮量为上述耗粮量除以 74%（薛平平等，2019）。③我国工业耗粮由味精（3）、发酵酒精（3）、白酒（2.3）和啤酒（0.172）4 种主要耗粮工业品及如上对应的折算比来估计，并假设除上述耗粮需求外，其余工业品耗粮量为上述总量的 1/4（姚成胜等，2018）。④我国口粮需求由城镇与农村口粮需求构成，按"口粮 = 原粮×85%"将部分年鉴中的原粮数据换算为口粮（罗海平等，2015）。同时，随着消费理念的转变和需求的多样化，外出就餐率逐年攀升，设定农村人口外出用粮率为 4%，城镇人口外出用粮率为 12%（2000~2005 年）或 20%（2006~2020 年）（罗海平等，2015；罗海平等，2020）。⑤考虑到粮食运输、加工、变质、浪费等因素的广泛存在和庞大数量，假定粮食损耗为上述所有需求量的 2%（肖国安等，2002）。故我国粮食需求为：

$$FC_{tj} = C_{tj}^{Food} + C_{tj}^{Ind} + C_{tj}^{Feed} + C_{tj}^{Seed} + C_{tj}^{Waste} \tag{5.9}$$

式中，j 为年份；FC_{tj} 为 j 年度全国粮食需求总量；C_{tj}^{Seed}、C_{tj}^{Feed}、C_{tj}^{Ind}、C_{tj}^{Food} 和 C_{tj}^{Waste} 分别为 j 年度全国种子耗粮、饲料耗粮、工业耗粮、口粮和损耗。

考虑到区域粮食需求受当地经济发展水平，尤其是以"粮食消费支出"为表征的消费理念和行为的影响，故增加这一指标来将地区间的需求差异可视化，各省（区）的粮食需求量为：

$$FC_{ij} = FC_{tj} \times \frac{P_{ij}}{P_{tj}} \times \frac{C_{ij}}{C_{tj}} \tag{5.10}$$

式中，FC_{ij} 为 j 年度 i 区域的粮食需求；$P_{tj}(P_{ij})$ 为 j 年度全国（i 区域）人口数；$C_{tj}(C_{ij})$ 为 j 年度全国（i 区域）居民人均食品消费支出，其中 2000~2013 年由城镇与农村居民加权平均得到。

(2) 最小粮食需求量的实证分析。

从我国粮食需求来看（见图 5.3），我国粮食需求量在 2000~2014 年大体呈上升趋势，2015~2019 年略微下降，且增幅始终小于粮食产量。2020 年，我国粮食需求总量为 54014 万吨，相当于当年粮食总产量的 80.68%，是 2000 年需求量的 1.15 倍，年均增长 0.704%，增速远小于粮食产出增速（1.87%）。因此，从总量来看，我国基本能够实现粮食自给自足，粮食安全保障程度较高。具体到需求构成方面，则有如下发现。①我国口粮和饲料耗粮占比八成以上，且两者大致呈现此消彼长的替代关系。2020 年两者分别占总量的 47.11% 和 41.99%，到 2020 年分别为 34.53% 和 49.99%。其中，食物类型趋丰，粮食（原粮）以外的其他食物需求增长，膳食结构日益合理化是主要驱动因素。②我国种子耗粮占比为 2.11%~2.67%，在高耗种的小麦逐渐由低耗种的玉米取代的总体局势下，种子耗粮占比总体呈下降趋势。③我国工业耗粮呈倒"U"形变化，在 2000~2015 年这一阶段表现为递增，期初与期末分别为 2940.29 万吨和 8160.42 万吨，增幅达 177.54%；2016~2020 年这一阶段工业耗粮稳中略降，2020 年需求量仅相当于 2015 年的四分之三。这一变化的原因可能在于政策因素下的用酒需求锐减、消费转移对消费升级的直接响应等。

从粮食主产区粮食需求来看，2000~2020 年粮食主产区需求量与我国粮食总需求量大体呈现相同的变动趋势，即以 2014 年为拐点，呈倒"U"形变化趋势；但在 2020 年需求量表现出"抬头"趋势，与 2019 年 26713.46 万吨相比，逆势增长 1293.63 万吨，同比增速达 4.84%。受新冠疫情影响，2020 年口粮需求增幅最大，其次是工业耗粮和饲料耗粮，其中城镇和农村居民家庭平均每人全年购买粮食（原粮）分别达 120.2 公斤和 168.4 公斤，是自 2013 年持续波动下降以来首次大幅逆势增长，增长率分别为 8.68% 和 8.79%。此外，酒精产量也有较大增长，全国酒精（折 96 度）产量由 2019 年的 691.58 万千升增至 924.3 万千升。粮食主产区历年粮食需求量为 2.4 亿吨~3 亿吨，占全国需求量的 52% 左右，占比呈略微下降趋势，其中 2000 年占比为 54.48%，2020 年占比为 51.85%。一方面，2000~2020 年，粮食主产区人口年均增速（0.22%）远低于全国年均增速水平（0.54%）；另一方面，粮食主产区居民人均食品烟酒消费支出亦始终低于全国平均水平。但就时序而言，2020 年粮食主产区总需求远高于 2000 年，分别为 28007.10 万吨和 25573.30 万吨。

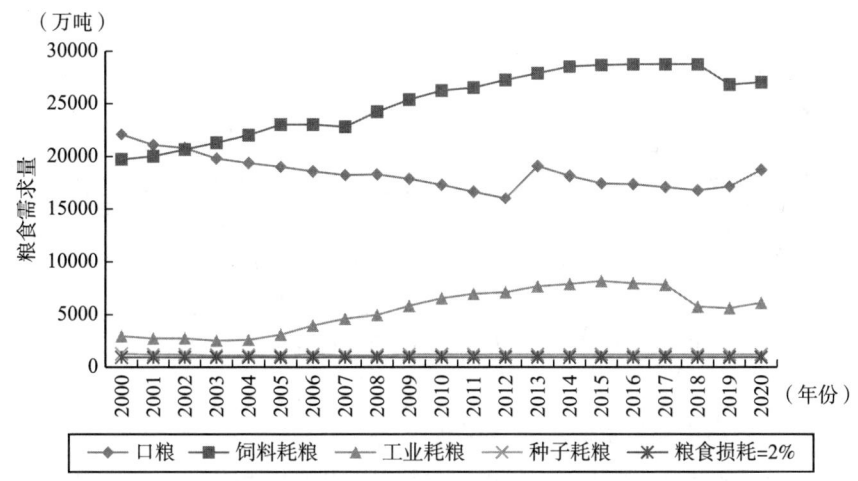

图 5.3　2000~2020 年我国粮食需求情况

从粮食供需总体水平来看（见图 5.4），一方面，2000~2020 年主产区粮食产量呈现先增后减的趋势。以 21 世纪初的粮价骤降为导火索，以小麦为代表的粮食品种售价甚至低于成本，导致部分农民转而生产更易获利的水果、茶叶等经济作物，使得粮食播种面积在 2003 年缩至 68548.7 千公顷，相比 2000 年减少了 4594.27 千公顷。此事件引发连锁反应，2003 年粮食产量降至冰点（30578.5 万吨）；此后在惠农政策的支持下，粮食播种面积再次扩张，同时也带来了粮食产量的稳步增长，至 2020 年主产区产量增至 52597.5 万吨。另一方面，相较于 2000 年，接下来的 20 年间主产区粮食供给和需求量分别上涨 19990.1 万吨和 2433.8 万吨。从主产区粮食盈余和亏空情况来看，2003 年及之前虽有盈余但存量有限，2004 年后盈余量总体呈扩张之势。可见，主产区紧握国家粮食安全命脉，充足的粮食盈余对我国国家安全战略的实现具有积极意义。

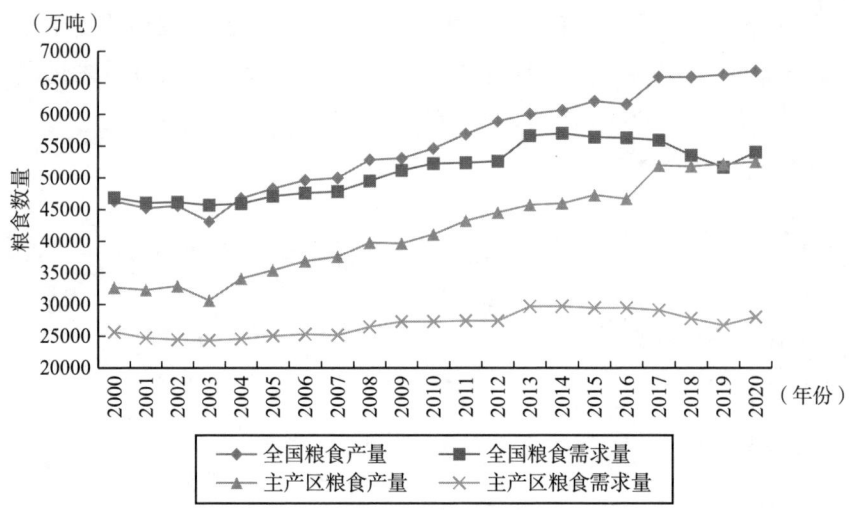

图 5.4　2000~2020 年粮食主产区粮食供给与需求状况

（3）最小耕地需求面积测算模型。

为满足区域粮食需求，必须以一定数量的耕地面积作为支撑，将生产最小粮食需求量所对应的耕地定义为最小耕地需求面积（芦蔚叶等，2012），具体计算公式如下：

$$S_{\min} = \beta \times \frac{FC}{q \times l \times k} \quad (5.11)$$

式中，β 为粮食自给率，取粮食基本自给线 95%；FC_{ij} 为 j 年度 i 区域的粮食需求；q 为粮食单产；l 为粮食播种比；k 为复种指数。

各省份粮食需求量和耕地资源禀赋存在差异性，部分省份、自治区在实现粮食自给的基础上有盈余耕地，用于生产可调出供异地使用的粮食。另外，这部分耕地在国家粮食充裕且耕地脆弱时亦可退耕还林、还草、还湖，即其用途具有多样性，这部分盈余的耕地即为弹性耕地面积（王继军等，2014）；与之相对应的是，部分省份无法实现粮食自给，其所有耕地资源均用于满足区域内粮食需求，因此可将该区域内的最

小耕地需求面积调整为区域耕地面积,即调整的耕地需求面积。具体公式如下:

$$S'_{min} = \begin{cases} S_{min}, & S_{min} \geqslant S \\ S, & S_{min} < S \end{cases} \tag{5.12}$$

$$S_{elas} = \begin{cases} 0, & S_{min} \geqslant S \\ S - S_{min}, & S_{min} < S \end{cases} \tag{5.13}$$

式中,S、S_{min}、S'_{min}、S_{elas} 分别为耕地面积、最小耕地需求面积、调整的最小耕地需求面积和弹性耕地面积。

(4)最小耕地需求面积的实证分析。

从表5.4来看,受粮食需求量、粮食单产、粮食播种比和复种指数等多重因素的共同影响,区域间、区域内不同时序下的最小耕地需求面积存在明显差异。2000年、2010年和2020年粮食主产区耕地最小需求面积分别为120026.20千公顷、104681.90千公顷和82680.53千公顷。就总体趋势而言,粮食主产区最小耕地需求面积呈收缩趋势,年均缩小1867.28千公顷。2000年,省际最小耕地需求面积位列前四位且超过1万公顷的省份分别是四川、山东、辽宁和湖北;2010年,省际最小耕地需求面积位列前四位且超过1万公顷的省份分别是四川、山东、湖北和江苏;2020年,仅四川的最小耕地需求面积仍超过1万公顷,占粮食主产区需求面积总量的五分之一以上。2020年,湖南、山东、湖北、江苏四省的最小耕地需求面积略高于8000千公顷;其余八省的最小耕地需求面积均值为4087.82千公顷,其中辽宁仅为1489.81千公顷,相当于粮食主产区需求面积总量的1.8%。可以发现,其一,需求面积相对较小的省份粮食播种比普遍处于较高水平。如需求面积最小的吉林和黑龙江,其粮食播种比分别为0.924和0.968,而粮食主产区同期平均水平为0.759。这些地区将农用地集中用于粮食生产,而非用于其他农作物如经济作物的生产,从而提升了区域的种粮效率,使得需求面积较小。其二,人口较少的省份需求面积也相对较小。这主要是因为粮食需求量一般与人口数量成正比,耕地需求面积与粮食需求量也成正比。其三,四川耕地需求面积始终位居粮食主产区各省之首。究其原因,四川粮食单产(5.588吨/公顷)、粮食播种比(0.641)和复种指数（0.535）均低于主产区同期平均水平（5.972吨/公顷、0.759、0.767），而其人口达8371万人，居主产区各省、自治区第四位。低种粮效率与高粮食需求的叠加，导致四川省耕地需求量较大。

表5.4　　　　2000~2020年粮食主产区最小耕地需求面积　　　单位：千公顷

年份	河北	内蒙古	辽宁	吉林	黑龙江	江苏	安徽
2000	6961.40	8183.33	11524.29	4530.61	8876.18	10627.8	8639.63
2010	8162.51	5747.42	8175.24	2591.51	4078.67	11031.94	6675.89
2020	6381.71	3126.41	4679.19	1489.81	2260.04	8105.51	5087.18
年份	江西	山东	河南	湖北	湖南	四川	主产区
2000	6099.70	12059.50	8605.10	11190.82	8702.15	14025.65	120026.20
2010	4952.70	11585.06	6770.43	11534.18	8215.86	15160.47	104681.90
2020	4524.56	8131.24	5153.73	8103.04	8208.76	17429.35	82680.53

从表5.5来看，2000年、2010年、2020年粮食主产区中弹性耕地面积为零的省份由8个降至7个，再降至5个。这表明能够满足区域内粮食需求并实现粮食调出功能的省份数量逐步增多，粮食主产区发挥的粮食"压舱石"作用进一步增强。2000~2020年弹性耕地面积始终大于零的省份有河北、内蒙古、吉林、黑龙江和河南，这些地区均位于华北平原和东北平原。由此可见，北部地区粮食安全保障能力强于以长江中下游平原各省为代表的相对南部地区，形成了"北粮南运"的空间格局。与2000年相比，2010年弹性耕地面积大于零的省份新增加了安徽，2020年又增加了辽宁和山东。这三省的耕地面积和调整的最小需求面积均有所减少，但耕地面积的下降速度明显慢于调整的最小需求面积。2000~2020年三省合计的耕地面积和调整的最小需求面积年均降速分别为0.20%和2.90%。这表明三省耕地的粮食保障能力随时间的推移有所增强，部分得益于农业科技水平的提升，推动了粮食单产水平大幅提高，同时也改善了耕地的利用效率。

表 5.5　　　　　2000~2020 年粮食主产区耕地利用情况　　　　单位：千公顷

省份	2000 年 耕地面积	2000 年 调整的最小需求面积	2000 年 弹性耕地面积	2010 年 耕地面积	2010 年 调整的最小需求面积	2010 年 弹性耕地面积	2020 年 耕地面积	2020 年 调整的最小需求面积	2020 年 弹性耕地面积
河北	9775.10	6961.40	2813.70	9699.00	8162.51	1536.49	9038.70	6381.71	2656.99
内蒙古	11345.30	8183.33	3161.97	11383.80	5747.42	5636.38	11354.30	3126.41	8227.89
辽宁	6505.80	6505.80	0	6473.20	6473.20	0	6096.10	4679.19	1416.91
吉林	7526.70	4530.61	2996.09	7552.90	2591.51	4961.39	7648.70	1489.81	6158.89
黑龙江	16034.20	8876.18	7158.02	16192.90	4078.67	12114.23	17329.70	2260.04	15069.66
江苏	7008.00	7008.00	0	6734.30	6734.30	0	6251.40	6251.40	0
安徽	8101.50	8101.50	0	7996.70	6675.89	1320.81	7760.90	5087.18	2673.72
江西	4533.50	4533.50	0	4501.30	4501.30	0	4410.00	4410.00	0
山东	10373.30	10373.30	0	10192.50	10192.50	0	10132.80	8131.24	2001.56
河南	10869.20	8605.10	2264.10	10734.50	6770.43	3964.07	10310.10	5153.73	5156.37
湖北	6962.10	6962.10	0	6841.50	6841.50	0	6689.30	6689.30	0
湖南	6131.70	6131.70	0	6075.80	6075.80	0	5937.10	5937.10	0
四川	12122.70	12122.70	0	11995.10	11995.10	0	11793.50	11793.50	0

5.2.2　安全耕地面积下的生态系统服务价值损失

本节在上面研究的基础上，从耕地与其他地类转化、维持耕地不变面积、粮食生产过程三个层面，评估由此造成的 ESV 损失。换一个角度来看，前两者基于耕地利用变化视角，运用的方法基础是前文已详细论述的经动态修正的当量因子法；而粮食生产过程中的 ESV 损失基于资源消耗和环境污染的视角，运用的方法包括直接市场法、替代成本法等功能价值评估法。上述三项损失构成了区域安全耕地面积下的 ESV 损失总量。在此基础上，结合粮食产量数据，可测算粮食产出的生态成本，进而分析主产区为保障我国粮食安全所承担的生态代价（罗海平等，2022）。这对于转变粗放式生产观念，实现粮食绿色可持续生产具有重要的指导意义。

（1）耕地与其他地类转化造成的 ESV 损失模型。

根据谢高地等（2008）的当量因子表，单位面积水域、林地、草地的 ESV 高于耕地，而单位面积未利用地和建设用地的 ESV 则低于耕地。土地利用类型的转化，尤其是对生态用地的开垦，必然造成生态系统服务价值量的降低，是区域 ESV 损失的主要来源之一。

$$\Delta ESV_1 = \sum_{i=1}^{6}(ESV_i - ESV_{crop}) \quad (5.14)$$

式中，ΔESV_1 为耕地变化造成的 ESV 损失；ESV_i 和 ESV_{crop} 分别为 i 地类和耕地的 ESV。

（2）耕地与其他地类转化造成的 ESV 损失分析。

①耕地与其他地类转化造成的 ESV 损失总量分析。

结合 13 个粮食主产省份 2000～2020 年土地利用转移矩阵，整理得到耕地与其他地类转化的面积数据，进而利用公式（5.14）测算得出耕地与其他地类转化造成的生态系统服务价值损失量（见表5.6）。20 年间，粮食主产区由其他地类转化为耕地面积的净值依次为 258.85 千公顷、832.09 千公顷、-287.33 千公顷、-4176.80 千公顷和 818.99 千公顷，耕地转化造成的 ESV 损失总量为 613.77 亿元，按转化导致的损失量由高到低排序依次为建设用地＞林地＞草地，分别为 726.25 亿元、163.92 亿元和 74.04 亿元，而耕地与水域、未利用地之间的转化未造成 ESV 损失。从不同的生态服务类型来看，2000～2020 年粮食主产区耕地转化造成供给服务损失 107.16 亿元、调节服务损失 222.61 亿元、支持服务损失 262.39 亿元和文化服务损失 21.61 亿元。其中，X_{31} 损失量达 150.32 亿元，X_{32}、X_{22} 损失量也均超过 100 亿元，其余各项功能（除 X_{23}）的损失介于 21.61 亿～98.33 亿元。由于 20 年间粮食主产区水域对耕地的占用量远大于补充量，耕地转化尤其是与水域的转化，使得水源涵养功能（X_{23}）实现了 6.05 亿元的增长，未造成该服务功能的损失。

表5.6　2000~2020年粮食主产区耕地转化造成的ESV损失量　单位：亿元

服务分类	服务功能	耕地↔林地	耕地↔草地	耕地↔水域	耕地↔建设用地	耕地↔未利用地
供给服务	X_{11}食物生产	-5.43	-11.19	2.72	91.93	-20.16
	X_{12}原材料	21.00	-0.59	0.23	35.85	-7.20
调节服务	X_{21}气体调节	29.18	15.32	1.21	66.19	-13.57
	X_{22}气候调节	25.13	11.59	-6.30	89.17	-17.28
	X_{23}水源涵养	26.91	14.73	-104.08	70.79	-14.40
	X_{24}废物处理	2.68	-1.37	-77.83	127.78	-23.24
支持服务	X_{31}土壤形成与保护	20.67	15.12	6.13	135.14	-26.74
	X_{32}生物多样性保护	28.29	16.69	-13.94	93.77	-12.75
文化服务	X_{41}娱乐文化	15.48	13.75	-24.69	15.63	1.44

②耕地与其他地类转化造成的ESV损失省际分析。

耕地与其他地类转化造成的ESV损失在省际层面上可划分为"零损失区""中低损失区""高损失区"。具体来看：辽宁、湖北、河南、内蒙古、湖南5省份在耕地转化过程中ESV增长量大于损失量，与2000年相比耕地转化未造成额外的ESV损失，即"零损失区"。其中，吉林、河南2省份受政策鼓励，分别实现142.67千公顷和58.37千公顷的退耕还林。长江中下游平原作为我国重要的生态安全屏障区，毁林、围湖造田的情况较少，因此耕地转化的ESV损失也较低。内蒙古草地面积占40%以上，2000~2020年耕地与草地相互转化频繁，草地补充耕地的净值为103.20千公顷，种粮面积达20年前的1.53倍，随之引发的是粮食产量与环境代价的同向增长。因此，尽管内蒙古自治区未造成严重的ESV损失，但鉴于其独特的气候类型和自然风貌，仍要重视其生态环境的保护（见表5.7）。

表5.7　2000~2020年粮食主产省（区）耕地与其他地类转化造成的ESV损失量　　单位：亿元

地区	耕地↔林地	耕地↔草地	耕地↔水域	耕地↔建设用地	耕地↔未利用地	合计
河北	-23.31	-0.50	-21.64	89.03	-5.63	37.95
内蒙古	-21.34	9.14	-1.71	16.09	-6.11	-3.93
辽宁	-75.34	6.54	-53.24	58.13	0.11	-63.81
吉林	45.03	7.20	6.97	23.10	-9.62	72.68
黑龙江	253.20	22.35	164.94	32.62	-101.38	371.73
江苏	4.76	1.49	-96.50	160.93	0.72	71.40
安徽	-3.64	-0.18	-12.42	43.85	0.18	27.80
江西	8.03	0.40	-2.11	23.90	-0.35	29.87
山东	25.94	25.03	-54.66	105.99	-12.18	90.12
河南	-21.78	0.81	-47.93	65.42	-0.55	-4.04
湖北	-0.79	-0.61	-50.13	34.94	0.51	-16.09
湖南	-14.74	1.29	-16.56	25.81	0.55	-3.64
四川	-12.11	1.10	-31.56	46.44	-0.13	3.73
合计	163.92	74.04	-216.55	726.25	-133.89	613.77

除上述5省（区）外其余8省耕地转化造成的ESV损失由低到高依次为四川<安徽<江西<河北<江苏<吉林<山东<黑龙江。其中前4省损失量为3.73亿元~37.95亿元，均低于50亿元，即"中低损失区"；后4省损失量均超过50亿元，即"高损失区"。以江苏、山东、河北、安徽、江西、四川等为典型的省份，在城镇化加速推进、社会现代化建设背景下，建设用地需求与日俱增，建设挤占耕地的现象十分普遍，占耕地净转出比重超80%。其中江苏预留地有限，耕地变更为建设用地的损失量达160.93亿元，要健全耕地补偿制度，以期将土地非农化造成的ESV损失纳入农用地经济核算体系。黑龙江ESV损失量最高，达371.73亿元，毁林、围湖造田是导致其损失的关键原因。正是基于上述耕地补充形式，黑龙江

才能够在全国耕地面积普遍下降的历史背景下实现逆势增长，进一步巩固了其"中国第一产粮大省"的粮食产能地位。尽管拓荒造田（584.07千公顷）能够带来ESV的流入，但这难以弥补毁林、围湖造田造成的ESV流出。因此，为保障粮食生产的可持续性，促进生态环境改善，必须加紧保护举措落地，杜绝未利用地的不合理开发，严防耕地"逆生态化"。

（3）维持不变耕地面积造成的ESV损失模型。

依据不变耕地面积产出粮食的需求方式不同，将所形成的ESV损失分为两部分：一是满足粮食自给的S_{min}导致的损失$\Delta ESV'$；二是实现粮食盈余调出的S_{elsa}导致的损失$\Delta ESV''$。人类活动对自然生态系统尤其是土地利用转化的影响是一个复杂的过程，迄今为止，最初粮食生产用地究竟是由哪种地类转化而来的不得而知，且其他地类中仅林地、草地、水域单位ESV高于耕地。因此，按照生物量的丰富程度，不妨假设是由水域、林地和草地初始转化成为耕地的（芦蔚叶等，2012）。公式如下：

$$\Delta ESV_2 = \Delta ESV' + \Delta ESV'' = K_t T_t \sum_{i=1}^{3} \frac{S_i}{S_1+S_2+S_3} \times S_{invar} \times (E_i - E_{crop})$$

(5.15)

其中，$\Delta ESV' = \begin{cases} K_t T_t \sum_{i=1}^{3} \frac{S_i}{S_1+S_2+S_3} \times S_{min} \times (E_i - E_{crop}), & S_{min} \leq S_{invar} \\ K_t T_t \sum_{i=1}^{3} \frac{S_i}{S_1+S_2+S_3} \times S_{invar} \times (E_i - E_{crop}), & S_{min} > S_{invar} \end{cases}$

(5.16)

式中，ΔESV_2、$\Delta ESV'$、$\Delta ESV''$依次为不变耕地（S_{invar}）、最小需求耕地（S_{min}）和弹性耕地（S_{elsa}）导致的ESV损失；$S_i(i=1,2,3)$分别为林地、草地和水域的面积。

（4）维持不变耕地面积造成的ESV损失分析。

①维持最小耕地需求面积造成的ESV损失分析。

2000~2020年，粮食主产省（区）不变耕地面积占比为53.74%~85.06%，耕地变化较为频繁。2020年粮食主产区耕地总面积为114752.60千公顷，其中S_{min}为82680.53千公顷，前者比后者高出38.79%。由此可见粮食主产区在保障区域内粮食安全的基础上还存在耕地盈余量，有能力发挥粮食调出功能。当S_{min}大于S_{invar}时，可认为2000~2020年不变耕地面积均用于保障区域粮食自给。因此，辽宁、江苏、江西、山东、湖北、湖南、四川7省的S_{min}即为S_{invar}。粮食主产区维持S_{min}导致的损失量达25513.15亿元，相当于当年该区域GDP的4.78%。

从人口规模和粮食产能协调性来看，南北区域粮食空间格局严重错配。2020年，黑龙江、吉林和内蒙古3省份人均粮食占有量分别为2.38吨、1.59吨和1.52吨，达基本人均需求量（0.395吨）的3倍以上，具有大批可供调出的粮食。与之相比，四川、湖南、江苏、江西、湖北5省人均粮食占有量为0.42~0.48吨，大体处于安全水平。上述5省最小耕地需求面积造成的生态系统服务价值损失量均接近或超过千亿元。其中，江苏不变耕地面积占比高于其他省份，达85.06%，损失量居各省、自治区首位，为5175.34亿元。湖北、湖南、四川3省的ESV损失依次为2281.32亿元、1399.94亿元和2262.29亿元，粮食播种比为58.25%、56.60%和64.09%，远低于其他省份。此外，四川人口数量众多，位居主产区第四，具有较高的粮食需求；同时，复种指数也最低，仅为53.53%，而主产区平均指数为76.75%，有超过一半的省份指数高于80%。山东、河南2省作为人口最多的省份，不变耕地面积占比高，因而导致的损失量也较大，分别为3434.33亿元和1753.59亿元。

②维持弹性耕地面积造成的ESV损失分析。

当S_{min}大于S_{invar}时，可视为该区域暂不具有弹性耕地，因此也不存在与之对应的ESV损失。如表5.8所示，辽宁、山东、江苏、江西、湖北、湖南、四川7省弹性耕地面积所导致的损失量为零。其中，后5省均位于长江经济带，人口稠密，且在绿色发展战略下实现绿色"蝶变"，因而耕地扩充难度大、粮食需求高，这也间接加剧了"北粮南运"的局面。除上述7省外，其余6省（区）因维持弹性耕地面积导致的损失由高到低依次为黑龙江＞吉林＞河南＞内蒙古＞安徽＞河北。其中，前3省的损失量均超过1000亿元，分别为5515.70亿元、2129.59亿元和1150.38亿元，弹性耕地均达到3300千公顷以上；其余3省（区）的损失量为164.25亿元~823.75亿元。为了发挥国家粮食安全"压舱石"的作用，弹性耕地资源同样不可或缺。因此，要兼顾耕地保护和耕地使用的效能提升，减少不必要的损失。

表 5.8　2000~2020 年粮食主产区维持不变耕地面积造成的 ESV 损失

地区	林地→耕地（%）	草地→耕地（%）	水域→耕地（%）	不变耕地面积	最小耕地需求面积	弹性耕地面积	ΔESV′	ΔESV″
河北	50.05	43.32	6.63	7064.45	6381.71	682.74	1535.31	164.25
内蒙古	23.40	74.55	2.05	7346.84	3126.41	4220.43	610.22	823.75
辽宁	85.20	6.54	8.25	4272.86	4272.86	0	2294.98	0
吉林	88.41	7.05	4.54	5676.36	1489.81	4186.55	757.83	2129.59
黑龙江	85.06	9.80	5.14	12871.93	2260.04	10611.90	1174.69	5515.70
江苏	15.81	5.49	78.70	5317.55	5317.55	0	5175.34	0
安徽	67.12	17.45	15.43	6079.15	5087.18	991.97	1844.06	359.58
江西	87.69	6.15	6.16	2388.79	2388.79	0	989.25	0
山东	32.19	30.51	37.31	7747.44	7747.44	0	3434.33	0
河南	67.13	22.10	10.76	8534.65	5153.73	3380.92	1753.59	1150.38
湖北	83.23	6.27	10.50	4918.80	4918.80	0	2281.32	0
湖南	90.35	4.69	4.95	3190.53	3190.53	0	1399.94	0
四川	49.38	49.23	1.39	8568.94	8568.94	0	2262.29	0

5.3　粮食生产过程中的生态系统服务价值损失

5.3.1　粮食生产过程中的 ESV 损失模型

（1）水资源消耗。

农业灌溉导致部分水资源难以回归地表水体或地下含水层，造成生态系统水源涵养功能减弱。因为现实情况中计算灌溉用地下水的成本时侧重于考虑设备费和电费,而忽视了地下水本身的价格。所以,将粮食种植中的灌排费作为农业耗用地下水的影子价格来测算农业灌溉的水资源代价(白杨等,2010):

$$V_1 = \sum_{i=1}^{3}(M_i \times P_i) \quad (5.17)$$

式中,i 为三大主粮(下同);M_i 为播种面积(下同);P_i 为 i 作物水费(元每公顷),稻谷水费取 4 类稻的费用均值(任世鑫等,2019)。

(2)温室气体排放。

CO_2、CH_4 和 N_2O 分别是土壤中有机物分解、水稻田发酵和土壤硝化和反硝化过程中释放的主要温室气体成分。通过增温潜势,可将相同质量的 CH_4 和 N_2O 气体换算成等质的 CO_2,换算比例分别为 21∶1 和 310∶1(李长生等,2003)。因此温室气体排放成本的计算公式为:

$$V_2 = P \times W \times WP \quad (5.18)$$

式中,P 为固碳成本,取造林成本法和碳税法均值(752.9 元每吨)(白杨等,2010);W 为气体排放量,依据对各省、自治区 CO_2、CH_4 和 N_2O 排放量的分析,相应取排放量中值(李长生等,2003);WP 为温室气体的增温潜势。

(3)化肥流失。

投入化肥在增加土质肥力、维持粮产的同时也会带来水体富营养化等生态环境问题。因为计算去除进入水体等的养分价值较难,所以分析化肥流失的成本,即:

$$V_3 = (1 - r_b) \times \sum_{i=1}^{3}(M_i \times P_i) \quad (5.19)$$

式中,r_b 为化肥利用率;P_i 为化肥费(元每公顷)。

(4)农药污染。

使用农药不仅会造成直接经济损失,残留于土壤也会影响粮食产量和品质(叶延琼等,2012)。因此,农药污染总成本可由农药损失成本和农药污染造成的粮食减产损失加总得到:

$$V_4 = (1 - r_c) \times \sum_{i=1}^{3}(M_i \times P_i) + r_d \times \sum_{i=1}^{3}(Q_i \times P_{di}) \quad (5.20)$$

式中，r_c 为农药利用率；P_i 为农药费（元/公顷）；Q_i、P_{di} 依次为产量和平均售价（下同）；r_d 为农药污染导致的粮食减产率（取 1%）（陈东东等，2018）。

(5) 地膜污染。

地膜既能起到增温保墒效果，也会因掩埋、弃置造成土壤板结、渗透功能降低。因此，地膜污染总成本可由废弃地膜处置成本和地膜残留导致的粮食减产损失加总得到（张妮等，2018）。

$$V_5 = r_e \times \sum_{i=1}^{3}(M_i \times P_i) + r_d \times \sum_{i=1}^{3}(Q_i \times P_{di}) \qquad (5.21)$$

式中，r_e 为塑料薄膜残留率（取 21.8%）（杨志新，2006）；P_i 为农膜费（元每公顷）；r_d 为地膜残留导致的粮食减产率，依据调查结果，取减产幅度中值，则农膜残留导致玉米、稻谷、小麦减产率依次为 12%、11% 和 9.5%（周小平等，2020）。

5.3.2 粮食生产过程中的生态系统服务价值损失

2020 年主产区的化肥、地膜、农药使用量依次为 3490.7 万吨、137.99 万吨和 88.53 万吨，分别是 2000 年的 1.22 倍、0.99 倍和 1.53 倍。这些投入在提高粮产的同时，也带来了外部不经济的问题。鉴于各省、自治区三大主粮产量占比达 90%（除四川、黑龙江、内蒙古 3 省介于 79%~87%），集中分析三大主粮的化学品投入及其生态代价，如表 5.9 所示。

表 5.9　2020 年粮食主产区粮食生产活动造成的 ESV 损失　　单位：亿元

省份	水资源消耗	温室气体排放	化肥流失	农药污染	地膜污染
河北	1.44	48.03	70.35	18.20	87.45
内蒙古	21.34	210.02	51.20	13.18	83.27
辽宁	6.73	127.90	42.16	11.74	66.69
吉林	1.51	346.37	73.31	20.60	114.63
黑龙江	20.17	824.14	105.27	36.96	188.75

续表

省份	水资源消耗	温室气体排放	化肥流失	农药污染	地膜污染
江苏	4.36	244.79	70.57	38.25	93.46
安徽	1.93	223.75	86.05	35.75	96.78
江西	1.98	230.55	42.71	26.78	57.16
山东	3.63	104.40	115.70	29.81	132.99
河南	0.00	153.62	137.23	42.07	152.41
湖北	3.68	158.15	46.43	21.30	69.20
湖南	2.35	203.67	38.38	30.72	75.33
四川	4.30	173.19	43.87	14.08	80.92
粮食主产区	73.31	3048.57	923.24	339.46	1299.04
全国	103.12	3669.93	1209.36	442.46	1664.00
主产区占比	71.09%	83.07%	76.34%	76.72%	78.07%

第一，水资源消耗代价具有空间集聚性，内蒙古和黑龙江2省（区）占据主产区56.48%的成本，而主产区成本（73.31亿元）占全国比重为71.09%。黑龙江、河南、山东3省的有效灌溉面积最多，达5000千公顷。内蒙古以种植玉米为主、小麦为辅，2020年单位面积玉米、水稻的灌溉水费分别为400.80元每公顷和1156.35元每公顷，远高于其他省份，这使得内蒙古水资源消耗成本居各省、自治区首位，为21.34亿元。黑龙江是我国粮食作物总种植面积、总产量，以及稻谷、玉米单项作物播种面积、产量排名第一的省份，其单位面积水费也处于较高水平，因此水资源消耗成本也超过了20亿元。华北平原各省作为"南水北调"的主要受益者，水耗成本介于0~4.36亿元。水资源的普遍性和无偿性是导致其价值被低估的主要原因。

第二，温室气体排放是导致农田生态损失的重要因素，占粮食生产活动中的ESV损失总量的一半以上。2020年主产区三大主粮导致的温室气体排放成本为3048.57亿元，占全国此项成本的83.07%。就成本构成而言，三种温室气体的影响程度由强至弱为$N_2O > CH_4 > CO_2$。其中，稻田是CH_4的主要排放源，以长江中下游平原为排放峰值区。N_2O的主要增排因素是氮肥的施用，其中以玉米为主要作物的华北平原地区排放强度最高。

第三，化肥流失导致的生态代价与化肥施用面积及单价直接相关。从粮食主产区三大主粮单位面积化肥施用成本的加权平均值来看，在地理空间分布上，除黑龙江外，东北平原和华北平原的单位面积化肥施用成本普遍高于长江中下游平原各省。其中，山东、吉林、江苏、河南4省单位面积化肥费位居前四，均超过2200元每公顷。黑龙江稻谷和玉米种植面积占三大主粮总播种面积的99.48%，已初步实现粮食种植的化肥减量和增效，单位面积稻谷、玉米的成本均处于较低水平，分别为1893元每公顷和1867.95元每公顷，而单位面积小麦仅为728.7元每公顷。因此黑龙江三大主粮单位面积平均化肥费仅为1872.37元每公顷，略高于湖南，但远低于其他各省份、自治区。综合考虑粮食单位施肥量和播种面积，2020年，河南、山东、黑龙江3省化肥流失成本均超过100亿元，分别为137.23亿元、115.69亿元和105.27亿元，而其余10省流失成本均介于38.38亿元～86.05亿元。

第四，粮食主产区农药污染成本为339.46亿元，其中农药流失成本222.61亿元、农药导致的粮食减产损失116.85亿元。隶属成本低值区的有辽宁、内蒙古、四川、河北、吉林5省份，成本范围为11.74亿元～20.60亿元，5省（区）的农药使用量共计21.15万吨，占主产区使用量的23.89%，单个省份使用量为2.34万吨～5.43万吨，而同期其余8省的平均用量达8.42万吨。隶属成本高值区的有河南、黑龙江、江苏、安徽4省，成本范围为35.75亿元～42.07亿元。其中，前两省成本较高的主要原因在于种粮面积大。江苏稻谷和小麦的地均农药费分别为1340.78元每公顷和764.85元每公顷，均属于粮食主产区单位化肥费较高价位，而同期全国平均价位为（911.85元每公顷和421.96元每公顷）；安徽稻谷的单位农药费仅次于江苏，其余粮种成本也较高，从而推高了农药总成本的提升。其余各省、自治区成本范围为21.30亿元～30.72亿元。到2020年底，我国已基本实现农药用量零增长，未来仍需进一步提高利用效率，研发更加低毒低残留的新型农药。

第五，残留农膜同样是造成生态代价的重要因素。2020年粮食主产区农膜污染成本达到1299.04亿元，其中黑龙江、河南、山东、吉林四省的成本均超过 100 亿元，其他各省、自治区的成本为 57.16 亿元~96.78 亿元。主产区 2020 年地膜覆盖面积为 862.17 万公顷，占农作物播种面积的 7.43%；地膜使用量为 65.88 万吨，占农用塑料薄膜使用量的 47.74%。在三大主粮种植中，农膜主要用于水稻生产，在河北、内蒙古、湖北和四川四省份也部分用于玉米种植。从单位成本来看，黑龙江、吉林、四川单位面积水稻的农膜费较高，而内蒙古单位面积玉米的农膜费较高。

5.4 粮食安全保障的生态系统服务价值综合损失

5.4.1 生态系统服务价值综合损失测算模型

在上述讨论的基础上汇总损失，即可得到区域粮食安全保障下的 ESV 损失总量，进而可测算单位粮产所消耗的 ESV，即粮食产出所付出的生态代价。具体公式为：

$$ESV_{lost} = \Delta ESV_1 + \Delta ESV_2 + \sum_{n=1}^{5} V_n \quad (5.22)$$

$$C = ESV_{lost}/Q \quad (5.23)$$

式中，ESV_{lost} 为区域粮食安全保障下的 ESV 损失量；C 为单位粮产的生态成本（元每吨）；Q 为粮食产量。

5.4.2 生态系统服务价值损失

2020 年，我国主产区安全耕地下的 ESV 损失总量为 41953.79 亿元。耕地转化、保持不变耕地及粮食生产活动的 ESV 损失依次为 613.77 亿元、35656.40 亿元和 5683.62 亿元，占比依次为 1.46%、84.99%、13.55%，保持不变耕地形态面积是导致损失的最主要因素。主产区单位粮产的生态代价为 7976.38 元每吨，且同一时期三大主粮的平均售价为 2449.6 元每吨。可见，为保障粮食生产，农田生态系统承担了不容忽视的巨大代价。

若能寻求到降低损失的可行路径，对人类生产生活的可持续性发展将产生重大意义。

考虑到粮食安全对国家安全的重大战略意义，牺牲部分生态来维持粮食生产是无可厚非的。为此，侧重于省际层面的生态代价差异，在差距中找问题，进而实现有益改善。如图 5.5 所示，2020 年粮食主产区各省份安全耕地面积下的 ESV 损失量为 1378.31 亿元~8237.41 亿元；单位粮产的生态代价每吨为 4936.96~15280.29 元。江苏、黑龙江、辽宁、湖北、吉林 5 省单位成本较粮食主产区平均成本更高。其中，江苏生态系统服务价值损失量和粮产的单位生态成本均为最高，可能是受建设用地挤占耕地多、不变耕地形态面积占比高、粮食生产的农用品费用高等多重因素影响；黑龙江则属于"高粮产—高损失"模式，且单位粮产的生态代价达到 10923.78 元每吨，为巩固黑龙江的产粮地位，要解决耕地"三化"问题，即耕地非农化、贫瘠化和污染化；辽宁、湖北 2 省存在"低粮产—高代价"的错配问题，粮食生产生态成本过高，不利于生态功能的维持。相较于上述省份，内蒙古、河南、河北 3 省、自治区粮食产出的生态代价则相对较低。

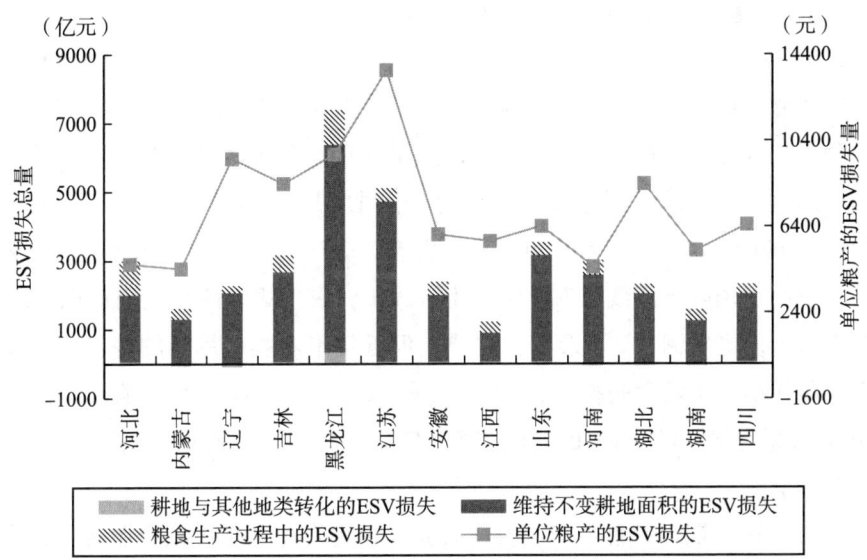

图 5.5　2020 年粮食主产区保障粮食安全造成的 ESV 损失总量及单位粮产的生态成本

5.5 本章小结

本章以粮食主产区为研究对象，以耕地数量及变化为分析路径，以粮食生产活动中的环境污染和资源消耗为生态损失及破坏的来源，基于土地利用转移矩阵、生态系统服务价值（ESV）及其损失测算模型、最小耕地需求测算模型，实证评估了2000~2020年粮食主产区在粮食安全保障下的ESV损失。这一研究可为分析区域生态—农业协调性提供新的视角，也可以为指导耕地利用和转型、构建粮食与生态"双安全"体系提供理论依据，主要研究结论如下。

（1）粮食主产区在农用化学品投入的"数"和"质"上存在"双隐患"，但其粮食的投入产出水平高于全国平均水平，是保障我国粮食安全的核心功能区。2020年，粮食主产区在2003~2008年粮食产量"六连增"和2009~2015年粮食产量"七连增"的基础上再创新高，粮食年产突破5.26×10^8吨，占全国粮食总产量的78.56%。土地利用类型以耕地、林地为主，"林地—耕地—林地"在空间上呈"工"字形分布，20年间，耕地净转出2554.20千公顷，耕地"减大于增"；耕地利用变化呈"北增南减"的空间分异特征，仅黑龙江、内蒙古、吉林3省、自治区存在耕地净流入。粮食主产区的化肥投入量增长迅速，过量使用现象较为普遍，且存在使用品种结构失衡问题；农药使用量和施用强度均呈倒"U"形变化趋势，2014~2020年实现连续六年负增长，但至2020年施用强度（7.63公斤/公顷）仍高出国际警戒线（7公斤/公顷）9%；农用塑料薄膜使用量以2013年为拐点，也呈倒"U"形变化趋势，但近年来农膜使用量的降幅明显小于农药降幅。从粮食的投入产出比来看，2020年粮食主产区消耗了全国66.48%的化肥、67.41%的农药和57.77%的农膜，换来了全国78.56%的粮食产量。

（2）研究期内粮食主产区省际层面的粮食产能和生态系统服务价值存在地区差异性，但相邻区域之间又呈现趋同性，同时存在生态—农业产出

第 5 章 粮食安全保障的生态代价测度与预警

错配的现象。粮食主产省（区）生态系统服务价值呈现中部低、南北高的"工"字形分异特征，总体增幅明显；粮食产量呈北高南低的"梯形"分异特征，各省区增速不一。ESV 贡献度最高的是林地系统，其次是耕地和草地系统，水域系统再次之，而建设用地和未利用地贡献程度最低。华北平原五省（河北、山东、河南、安徽、江苏）为"高粮食产能—低生态产出"的生态非友好型产出模式，总体呈现"八三三三"的分布态势，即依托全国 8% 的水资源，为全国 34% 的耕地面积提供水资源供给，生产了全国 36% 的粮食，三大农用化学品使用量占全国总量的 30% 以上；长江中下游平原 3 省（江西、湖北、湖南）和四川为"高生态产出—低粮食产能"的低效能农业模式，受耕地和粮食播种面积的限制，当前粮食增产能力并不突出，但它们是未来提升我国粮食安全保障度的中坚力量；东北平原 3 省（黑龙江、辽宁、吉林）农业—生态发展相对均衡，呈现"双量齐增"的协调发展态势。

（3）耕地利用变化对生态系统服务价值和粮食产量的影响具有正负两个方向的作用，在数量上和空间分布上呈现出"两两相当""两两相对"的特征。以耕地利用变化的粮食—生态效应为划分标准，可将其划分为生态增值—粮食增产区（简称为Ⅰ区，下同）、生态减值—粮食减产区（Ⅱ区）、生态增值—粮食减产区（Ⅲ区）、生态减值—粮食增产区（Ⅳ区）。这四类区域在数量上呈"两两相当"特征，即Ⅰ区与Ⅱ区面积相当（13.73%、19.00%），Ⅲ区与Ⅳ区面积相当（33.00%、34.26%）；在空间分布上呈"两两相对"特征，即Ⅰ区与Ⅱ区主要分布于华北平原和东北平原西部，Ⅲ区与Ⅳ区主要分布于长江中下游平原、四川东部、东北平原东部及内蒙古东南部，地理分布上具有互补性。Ⅰ区是对粮食与生态安全最有益的类型，但面积占比最少；其次是Ⅲ区与Ⅳ区，这些区域存在农业—生态错配的问题；Ⅳ区是对粮食与生态安全最有害的类型，其中建设用地对耕地的占用是损失的主要来源。

（4）粮食主产区为保障粮食安全造成的 ESV 损失总量达 41953.79 亿元，三类分项损失分别占比为 1.46%、84.99% 和 13.55%，单位粮食产量的生态代价不容忽视。2020 年粮食主产区 ESV 损失总量相当于其 GDP 总量的7.86%，与王燕等（2021）测算的我国绿色GDP指数逐年上升且2016年为88.55%的结果较为接近。在耕地与其他地类的转化中，主要转出类型为建设用地，毁林、围湖造田的逆生态化及耕地的非农化是损失的最主要来源；粮食主产区维持耕地形态面积的损失量中S_{min}和S_{elsa}导致的损失量之比为2.52∶1，黑龙江、江苏、山东3省损失量相对较高；粮食生产活动中单项ESV损失量由高到低依次为温室气体排放＞地膜污染＞化肥流失＞农药污染＞水资源消耗，其中黑龙江粮食生产活动的ESV损失量占主产区总量的五分之一以上，氮肥施用造成的N_2O排放是损失的重要来源。粮食主产区单位粮产的生态成本为7976.38元每吨，相当于同期三大主粮平均售价的3.256倍，单个省（区）单位成本范围为每吨4936.96～15280.29元，其中江苏、黑龙江、辽宁、湖北、吉林5省单位成本较粮食主产区平均成本更高。

粮食主产区既是我国粮食的生产功能区，也是我国重要的生态屏障和涵养区。要实现粮食与生态"双安全"，推进粮食主产区生态增值和粮食增产，究其根本，一要提升粮食单产；二要严控耕地非农化、减缓土地逆生态化、有效提升未利用地垦殖率；三要减少粮食生产过程中的资源消耗和环境污染。具体而言有以下几点。

首先，要以提高粮食单产和种粮效率为目标，逐步提升粮食作物播种比重、调整粮食品种种植结构并优化农业生产技术。以内蒙古和黑龙江为主战场，继续释放以玉米为主、大豆和水稻为辅的粮食品种红利，以绿色农业和新型农业为导向，提升粮食生产效率；以长江中下游平原为攻坚地，提高耕地复种指数，推动稻田"单改双"。

其次，要强化粮食安全保障的生态支撑，有效控制林地、草地、湖泊的"逆生态化"和耕地的非农建设，并结合实际对不同地区进行分类施策。对华北平原实施退耕还林还草政策，增强粮食可持续生产能力；严防河北、江苏、山东等省份建设用地占用耕地，坚持耕地数量、质量、生态"三位一体"保护；在现有耕地上积极发展稻渔工程、生态种养殖等复合型经济农业；依法依规、合理有效地开发未利用地用以发展林下经济、草原经济，推动发挥粮食和生态保障功能。

第 5 章　粮食安全保障的生态代价测度与预警

最后，要进一步缓解粮食生产过程中的外部不经济问题，适时推广滴灌、微灌和喷灌等技术；明确各地区农药、化肥减量化目标，进一步提高农药、化肥利用率，减少未利用农药扩散到非靶标作物和周围环境的频率，同时按照平衡施肥理念，提升钾肥消费比例；定期清理残留地膜，提高塑料薄膜的回收率，防止掩埋、弃置的残留地膜导致土壤板结和渗透功能下降。

本章利用当量因子评估法和功能价值评估法，结合土地利用遥感监测数据，从三个维度评估了粮食主产区为保障粮食安全造成的 ESV 损失。这一研究对探究粮食生产的生态代价、引导粮食绿色生产实践，以及实现粮食与生态"双安全"具有重要意义，拓宽了粮食安全与生态安全的研究视角，弥补了粮食生态损失的定量实证研究空白，但在方法选取、模型设定的科学性方面仍有待进一步审视。例如，关于不变耕地面积的量化问题，主要参考芦蔚叶等（2021）的做法，认为耕地最初均由林地、草地和水域转化而来，转化比例由 2020 年的面积之比确定，这种处理方式可能会导致结果存在一定的偏差；再如，在经济价值评估方面，采用了 2000~2020 年当年农产品出售价格和农用化学品费用等数据，未考虑价格的时间价值。尽管如此，当前模型的构建和测算仍可以为粮食生产中生态成本的量化提供一定的参考意义。

第6章 粮食和生态"双安全"脆弱性的预警

我国粮食主产区粮食产量连年增长，贡献了全国历年75%的粮食产量和95%的粮食增产，同时也是我国重要的生态涵养区。然而，粮食产量长期增长的背后却伴随着巨大的生态代价。2020年，粮食主产区施用了3490.7万吨化肥和88.53万吨农药，单位面积化肥和农药施用量分别达到了300.8公斤/公顷和7.6公斤/公顷[①]，其施用强度已经超过了国际安全标准上限，过量使用的化肥和农药留存地表，通过降水、挥发、沉降等途径进入地下水、空气及土壤的循环体系之中，未有效回收的农膜也残留于土地中，导致水体污染、酸雨频发、土壤板结等问题日益突出。在农业生态环境恶化的负反馈调节下，主产区的粮食增产后劲不足，粮食增产进入瓶颈期，2017~2020年的粮食产量始终在5.2亿吨左右徘徊。从中长期来看，我国粮食安全与生态安全呈现出明显的脆弱性特征。

国家"十四五"规划纲要强调既要牢守国家粮食安全底线，又要持续推进农业绿色发展，进而实现可持续发展。因此，在粮食与生态"双安全"的目标下，减少粮食生产的生态损耗，推动粮食安全与生态安全协调发展是推动粮食可持续生产的重要前提和基础保障。为此，基于脆弱性视角，对我国粮食主产区粮食与生态"双安全"的耦合协调发展水平进行研究很有必要。本部分以"粮食安全与生态安全脆弱性的耦合协同水平测

---

① 资料来源：《中国农村统计年鉴（2021）》，中国统计出版社2021年版。

度"为核心，分析粮食安全与生态安全脆弱性耦合协同水平及其重心迁移和动态演进趋势，从而为粮食主产区粮食安全和生态安全脆弱性的协同预警提供实证支撑。

6.1　粮食与生态安全脆弱性测算

粮食安全脆弱性和生态安全脆弱性受多种因素影响，不仅受到经济社会状态的影响，也受到自然资源条件的约束，因此需要构建多维指标体系才能充分反映二者的发展状况。参照现有研究成果，本章首先采用 VSD 模型，从暴露性、敏感性和适应能力三个维度，构建粮食安全脆弱性与生态安全脆弱性指标体系；其次综合运用熵权法和变异系数法，并引入欧几里得函数进行组合赋权，借助 ArcGIS 10.5 软件，探究粮食安全与生态安全脆弱性的时空变化情况。

6.1.1　粮食与生态安全脆弱性评价指标体系构建

（1）指标体系构建原则。

本节在构建粮食主产区粮食安全脆弱性与生态安全脆弱性指标体系时，遵循科学性、系统性、可操作性和简明性四个原则，以提高评价的规范性及准确性。

第一，科学性原则。构建粮食主产区粮食安全与生态安全脆弱性评价指标体系需注重科学性。一方面，评价指标选取要做到科学、合理、公正，能够客观真实反映粮食主产区的特点和状况；另一方面，数据来源也要科学可靠，以保证后续研究的严谨性。

第二，系统性原则。一方面，选取的指标要能从不同角度反映粮食主产区粮食安全与生态安全脆弱性的主要特征，并体现暴露性—敏感性—适应能力三个要素间的内在联系；另一方面，每一个要素层中均含有多个评价指标，各评价指标之间既要相互独立，又要有一定的逻辑联结，以体现要素层的内涵。

第三，可操作性原则。评价指标体系的构建是为粮食主产区实现农业可持续发展而服务的。因此，在选取评价指标体系时必须考虑到指标能便于进行数学运算和综合分析。在构建相关指标体系时，指标数据均来自国家统计年鉴或者相关政府部门网站，对于个别数据缺值的情况，也相应地采取了数学方法进行填补，具有一定的权威性和可操作性。

第四，简明性原则。评价体系所选取的指标应具有典型性，以保证用简明的指标全面反映复杂的问题。在构建的粮食安全脆弱性评价指标体系中共选择15个指标，在构建的生态安全脆弱性评价指标体系中共选择16个指标，所选的这些指标均具有最大代表性，能够真实、全面、客观反映真实情况。

（2）粮食安全脆弱性评价指标体系构建。

VSD模型是受美国公共空间计划整合框架的启示而提出的（Polsky et al.，2007）。该模型强调了系统易遭受侵害的倾向和接受冲击而产生多重扰动，并引入系统在遭受破坏后的恢复过程。在此内涵上，VSD模型将脆弱性分解为暴露性、敏感性和适应能力三个维度：暴露性是指系统受到外界的冲击而脱离稳态的扰动，暴露性的提升会导致脆弱性增大；敏感性反映了系统面对社会、自然各种因素的影响而容易受到胁迫的倾向性，敏感性较高的地区往往更容易偏离原先稳定的状态，因而脆弱性会更高；适应能力代表着系统的抗干扰能力及受到损害后的恢复能力，适应性越大，系统越容易保持平稳的状态，故脆弱性越小。

粮食安全脆弱性是指人们面临粮食紧缺的风险及摆脱能力，测度的是粮食不安全风险程度，即粮食生产资源压力、粮食供给波动、粮食流通与获取阻碍的重要表征（姚成胜等，2019）。

粮食安全暴露性体现为外界自然、社会环境的变化所带来的粮食供给压力。在城镇化、工业化快速发展的背景下，第二、三产业快速发展，面对更高的收益，劳动力、土地、水资源等农业生产投入要素逐渐流向非农产业，进而粮食生产可能会出现资源短缺现象。由于使用农业生产投入要素的

第6章 粮食和生态"双安全"脆弱性的预警

机会成本逐年递增,加之粮食作物收益较低,越来越多的农户将耕地用于种植经济作物,以求获得高收益,导致耕地出现非粮化倾向(罗利军等,2022)。除此以外,面对自然灾害的不确定风险,粮食作物收成受损的情况时有发生(崔明明等,2019),面对这一情况,国家为保障粮食安全,面临着稳定粮食自给率的压力(殷伟,2020)。因此,使用农作物受灾率、劳动力强度、人均耕地面积、水资源强度、耕地非粮化率和粮食自给率来表征粮食安全暴露性。

粮食安全敏感性体现为粮食供给与获取能力的波动性。当前经济社会快速发展,但农业生产所带来的产值增加有限,农业产值在地区生产总值中的比重逐年降低。在这一影响下,农户倾向于参加非农产业生产活动,粮食生产活动的重要性降低。这使得粮食播种率下降(谢文宝等,2022),粮食产出减少,人均粮食占有量降低,进而影响粮食供给的平稳性。除此以外,经济快速发展能带来恩格尔系数的降低,但同时,粮食价格指数也可能随着经济快速发展而提升,这会直接影响粮食的获取能力。因此,使用人均粮食占有量、粮食价格指数、恩格尔系数、农业产值比重和粮食播种率来反映粮食安全敏感性。

粮食安全的适应能力体现为经济发展水平和农业支持力度。经济发展水平越高,越能保障粮食安全。一方面,经济发展水平的提升会带来交通道路建设的发展,而提升道路通达性能够提高居民获取粮食的便利性(李江南等,2022);另一方面,为稳定粮食供给,政府会增大对农业的支持力度,通过财政拨款的方式对农业生产活动进行补助,提高农户积极性并促进粮食生产,而经济越发达的地区,财政支农支出也会相对更多(文小才等,2022)。除此以外,在国务院《关于加快推进农业机械化和农机装备产业转型升级的指导意见》的指引下,农业机械化水平逐年提高,这不仅能够提升农业生产效率,还能够缓解劳动力外流造成的粮食生产人手不足的情况(高名姿等,2022),从而保障粮食生产活动顺利进行,缓解粮食产出波动情况。因此,选择财政支农支出、道路密度、粮食总产量波动率和农业机械化水平来表征粮食安全适应能力。粮食安全脆弱性评价指标体系如表6.1所示。

表 6.1　　　　　　　粮食安全脆弱性评价指标体系

系统	要素	指标	性质	指标解释
粮食安全脆弱性	暴露性（E）	农作物受灾率 A_1	+	农作物受灾面积/农作物播种面积
		劳动力强度 A_2	−	农业从业人员/粮食播种面积
		人均耕地面积 A_3	−	耕地总面积/总人口
		水资源强度 A_4	−	水资源总量/粮食播种面积
		耕地非粮化率 A_5	+	经济作物播种面积/（粮食播种面积＋经济作物播种面积）
		粮食自给率 A_6	−	粮食总产量/粮食总需求量
	敏感性（S）	人均粮食占有量 A_7	−	粮食总产量/总人口
		粮食价格指数 A_8	+	反映粮食价格水平的变化情况
		恩格尔系数 A_9	+	食品消费支出/总消费支出
		农业产值比重 A_{10}	−	农业总产值/地区总产值
		粮食播种率 A_{11}	−	粮食播种面积/耕地总面积
	适应能力（AC）	财政支农支出 A_{12}	+	用于促进农业发展的财政支出
		道路密度 A_{13}	+	道路总里程/行政区划面积
		粮食总产量波动率 A_{14}	−	（当年粮食总产量 − 历年粮食产量均值）/历年粮食产量均值
		农业机械化水平 A_{15}	+	农业机械总动力/粮食播种面积

（3）生态安全脆弱性评价指标体系构建。

生态安全脆弱性是生态系统的客观属性，是生态环境面对自然、社会、经济等环境要素的扰动，而表现出的暴露性特征、易受损害倾向和对抗干扰的综合不稳定反应，这是自然环境变动和人为要素作用相互叠加的结果（周松秀等，2011）。

生态安全暴露性表现为粮食生产过程造成的污染对环境的冲击及资源的损耗情况。《中国农村发展报告 2020》指出，当前我国粮食产需缺口持续扩大，预计到 2025 年末将出现 1.3 亿吨缺口。为实现粮食增产，一方面，农户会将自然界形成的未利用地进行开垦，进而增大耕地面积，但这会直接造成生态环境的扰动（徐伟芳等，2019）；另一方面，农户会通过增大农业化学品投入的方式来提升粮食单产量，促进粮食生产效率提升。但化肥、农药的过量使用会造成大气、土地、水体污染（张英男等，2022），造成生态环境破坏。除此以外，粮食生产离不开水资源的投入与使用，而我国水资源较为短缺，且农业灌溉需要消耗全国可利用水资源的60%以上，这导致农业用水形势严峻。因此，选择土地垦殖率、化肥使用强度、农膜使用强度、农药使用强度和农业用水强度来反映生态安全暴露性。

生态安全敏感性表现为土地、水等资源易受损害的倾向。首先，随着人口增长和城镇化率提升，城镇会向外扩张，这可能会产生挤占耕地的倾向。为了保障足够的粮食产出，农户会减少土地休耕期限并提高复种次数，这会加大土地承载压力，使生态系统更容易受到冲击（周璐红等，2022）。其次，绿色农业是当前农业现代化的重要发展方向，这就要求农业资源减量投入，降低农业产业能耗，这不仅可以减少对环境的破坏，也能降低农业资源的成本支出，实现生态环境友好发展（何鹏等，2018）。最后，森林资源具有保持土壤、涵养水源、净化环境等重要功能，同时也能提升农业生态系统服务价值，改善生态环境（张碧桃等，2020）。为此，使用单位农业产值能耗、城镇化率、人口自然增长率、森林覆盖率和复种指数来表征生态安全敏感性。

生态安全适应能力反映了人们为应对生态环境扰动所采取的治理措施。首先，针对我国水资源现状，国务院于2013年印发《实行最严格水资源管理制度考核办法》，强调深入开展节水型社会建设，提高用水效率，在这一背景下，农业节水灌溉显得愈发重要（郭亚军等，2022）。其次，面对各类开发活动对生态环境的破坏，生态环境治理压力日益增长，因此需要及时使用水土流失治理、土地除涝、植树造林等措施，以恢复生活有机活力（刘国彬，2017）。最后，环保意识薄弱是我国生态环境遭受破坏的重要原因，研究表明，提高教育水平能显著改善生态效率（邓波等，2011）。因此，可以通过开展大规模教育普及活动来提升人们的环保意识的方式，从而改善生态环境。基于此，选取有效灌溉率、水土流失治理面积、除涝面积、植树造林面积、乡村平均受教育年限和节水灌溉面积来反映生态安全适应能力。生态安全脆弱性评价指标体系如表6.2所示。

表6.2　　　　　　　　　生态安全脆弱性评价指标体系

系统	要素	指标	性质	指标解释
生态安全脆弱性	暴露性（E）	土地垦殖率 B_1	+	耕地总面积/土地总面积
		化肥使用强度 B_2	+	化肥使用量/粮食播种面积
		农膜使用强度 B_3	+	农膜使用量/粮食播种面积
		农药使用强度 B_4	+	农药使用量/粮食播种面积
		农业用水强度 B_5	+	农业用水总量/粮食播种面积
	敏感性（S）	单位农业产值能耗 B_6	+	农业能耗/农业总产值
		城镇化率 B_7	+	城镇人口/总人口
		人口自然增长率 B_8	+	人口出生率－人口死亡率
		森林覆盖率 B_9	－	森林面积/土地总面积
		复种指数 B_{10}	+	农作物播种面积/耕地总面积
	适应能力（AC）	有效灌溉率 B_{11}	+	有效灌溉面积/农作物播种面积
		水土流失治理面积 B_{12}	+	反映水土流失治理情况
		除涝面积 B_{13}	+	反映土地免于淹涝的情况
		植树造林面积 B_{14}	+	反映生态改善情况
		乡村平均受教育年限 B_{15}	+	（小学学历人数*6＋初中学历人数*9＋高中学历人数*12＋大专及以上学历人数*16）/乡村6岁以上人数
		节水灌溉面积 B_{16}	+	反映农业节水发展情况

（4）指标处理与数据来源。

①指标标准化。不同指标的正负性质不同，且存在量纲差异，指标之间无法进行直接比较。因此，本章采用极差标准化法处理原始数据，使不同指标之间具备可比性（刘愿理等，2019）。具体公式如下：

正向指标　　　$X'_{ij} = (X_{ij} - \min X_j)/(\max X_j - \min X_j)$　　　(6.1)

负向指标　　　$X'_{ij} = (\max X_j - X_{ij})/(\max X_j - \min X_j)$　　　(6.2)

式中，X_{ij} 和 X'_{ij} 为第 i 年第 j 项指标的原始值和标准化值，其中，$0 \leq X'_{ij} \leq 1$；$\max X_j$ 和 $\min X_j$ 分别为第 j 项单项指标原始数据的最大值和最小值。

②指标赋权。不同指标对于粮食安全与生态安全脆弱性系统的重要性程度不同，这就需要对不同指标进行赋权处理，以明确不同指标之间的差异性。当前主要存在主观赋权法和客观赋权法两种方法。主观赋权法基于打分者个人经验确定指标权重，受到个人主观认知的影响较大。相比之

第6章 粮食和生态"双安全"脆弱性的预警

下，客观赋权法对原始数据的相互关系进行赋权，具有更强的数学理论依据。因此，采用数学性更强的客观赋权法来进行指标赋权，避免主观认知差异带来的误差。客观赋权法主要包括熵权法、变异系数法、主成分分析法等。熵权法起源于经典热力学理论，被香农（Shannon）优化后得以推广。该方法通过放大数据的局部差异来对指标赋权，但这种处理方式易受到异常值影响，导致指标赋权失真。变异系数法采用指标数据的均值和标准差进行赋权，这能弱化异常值对结果的影响，从而规避熵权法的弊端（王兴民，2020）。为避免单一赋权法带来的误差大、科学性低等问题，参照相关文献的处理方式（张宁等，2022），先运用熵权法和变异系数法求出各项指标的权重，随后引入欧几里得函数对两种权重进行组合，从而得到组合权重。具体计算公式如下所示。

熵权法计算公式为：

$$Y_{ij} = X'_{ij} \bigg/ \sum_{i=1}^{m} X'_{ij} \tag{6.3}$$

$$e_j = -(\ln mh)^{-1} \sum_{i=1}^{m} Y_{ij} \ln Y_{ij} \tag{6.4}$$

$$d_j = 1 - e_j \tag{6.5}$$

$$w'_j = d_j \bigg/ \sum_{j=1}^{n} d_j \tag{6.6}$$

式中，Y_{ij} 为第 i 年第 j 项指标的比重，其中，当 $Y_{ij}=0$ 时，令 $Y_{ij}\ln Y_{ij}=0$；e_j 为第 j 项指标的信息熵；d_j 为第 j 项指标的冗余度；w'_j 为熵权法计算的第 j 项指标权重；m 为研究年份数；n 为指标数量；h 为粮食主产区省份、自治区数量。

变异系数法计算公式为：

$$v_j = \sigma_j / \bar{x}_j \tag{6.7}$$

$$w''_j = v_j \bigg/ \sum_{j=1}^{n} v_j \tag{6.8}$$

式中，v_j 为第 j 项指标的变异系数；σ_j 为第 j 项指标的标准差；$\bar{x}_j$ 为第 j 项指标的均值；w''_j 为变异系数法计算得到的第 j 项指标的权重。

最后，将熵权法和变异系数法的权重进行组合，使指标权重更加精确。计算公式如下所示：

$$w_j^* = \alpha w_j' + \beta w_j'' \tag{6.9}$$

式中，w_j^* 为组合权重；α 为熵权法权重的偏好系数；β 为变异系数法权重的偏好系数，其中，$\alpha + \beta = 1$。

在此基础上，引入欧几里得函数 $d(w_j', w_j'')$ 求解偏好系数，可建立如下函数关系方程：

$$\begin{cases} d(w_j', w_j'') = \sqrt{\sum_j^n (w_j' - w_j'')^2} \\ d(w_j', w_j'')^2 = (\alpha - \beta)^2 \end{cases} \tag{6.10}$$

根据式（6.9）和式（6.10）可求得偏好系数 α 和 β 的值分别为 0.531 和 0.469。将 α 和 β 的值代入式（6.9）可得到组合权重 w_j^* 的值。粮食安全与生态安全脆弱性各项指标权重如表6.3所示。

表6.3　　粮食安全与生态安全脆弱性各项指标权重

系统	要素	指标	w_j'	w_j''	w_j^*	系统	要素	指标	w_j'	w_j''	w_j^*
粮食安全脆弱性	暴露性 0.355	A_1	0.118	0.106	0.113	生态安全脆弱性	暴露性 0.345	B_1	0.060	0.059	0.059
		A_2	0.051	0.062	0.056			B_2	0.046	0.054	0.050
		A_3	0.025	0.041	0.033			B_3	0.089	0.086	0.088
		A_4	0.032	0.047	0.039			B_4	0.069	0.068	0.068
		A_5	0.086	0.081	0.084			B_5	0.082	0.077	0.080
		A_6	0.023	0.038	0.030			B_6	0.102	0.093	0.098
	敏感性 0.293	A_7	0.017	0.032	0.024		敏感性 0.270	B_7	0.032	0.045	0.038
		A_8	0.111	0.089	0.101			B_8	0.011	0.026	0.018
		A_9	0.129	0.102	0.116			B_9	0.041	0.049	0.045
		A_{10}	0.014	0.031	0.022			B_{10}	0.076	0.067	0.072
		A_{11}	0.022	0.040	0.030			B_{11}	0.057	0.060	0.059
	适应能力 0.352	A_{12}	0.158	0.111	0.136		适应能力 0.385	B_{12}	0.077	0.076	0.076
		A_{13}	0.095	0.086	0.091			B_{13}	0.113	0.085	0.100
		A_{14}	0.026	0.043	0.034			B_{14}	0.115	0.094	0.105
		A_{15}	0.093	0.090	0.091			B_{15}	0.015	0.029	0.022
		—						B_{16}	0.016	0.032	0.023

第6章 粮食和生态"双安全"脆弱性的预警

③指标合成。根据所构建的评价指标体系,以及计算所得的指标权重,通过线性加权法计算,可以得到暴露性、敏感性和适应能力系数。计算公式为:

$$E_i = \sum_j^a X'_{Eij} w_j^*, \quad S_i = \sum_j^b X'_{Sij} w_j^*, \quad AC_i = \sum_j^c X'_{ACij} w_j^* \quad (6.11)$$

式中,E_i、S_i、AC_i 分别代表暴露性、敏感性和适应能力系数;X'_{Eij}、X'_{Sij}、X'_{ACij} 分别代表暴露性、敏感性和适应能力要素中第 i 年第 j 项指标的标准化值;a、b、c 分别代表各个要素中的指标数量。

根据 VSD 模型构成可知,粮食安全和生态安全脆弱性由暴露性、敏感性和适应能力组成,且与三要素之间存在紧密联系。其中,暴露性系数体现了粮食安全和生态安全受到的胁迫与冲击,因而与脆弱性系数呈正相关;敏感性系数反映了粮食安全和生态安全系统易遭受冲击的倾向性,因而与脆弱性系数呈正相关;适应性系数越大,意味着调整恢复能力越强,系统脆弱性越小,因而与脆弱性系数呈负相关。据此,参考已有研究成果(夏汉军,2020),可以得出脆弱性系数计算公式为:

$$V_i = E_i + S_i - AC_i \quad (6.12)$$

式中,V_i 为粮食安全脆弱性系数或生态安全脆弱性系数,脆弱性系数越大,意味着粮食安全或生态安全水平越低,反之则越高。

④指标数据来源。在经历了 1999~2003 年粮食减产后,从 2004 年至今,中央出台的每一份中央一号文件都聚焦于"三农"问题,这充分体现了政府对"三农"问题的重视。且在 2004 年以后,粮食主产区作为粮食生产主体功能区的地位得以明确。因此,以 2004~2020 年作为目标研究时段。其中农业产值比重、化肥施用量、农膜施用量、农药施用量、粮食总产量、粮食需求量、城镇化率、财政支农支出、总人口、人口自然增长率、土地面积、粮食播种面积、耕地面积、水资源总量、恩格尔系数等数据主要来源于《中国统计年鉴》(2005~2021);农业机械总动力、农作物受灾面积、农作物播种面积、经济作物播种面积、有效灌溉面积、植树造林面积、乡村受教育人数、粮食价格指数等数据主要来源于《中国农村统计年鉴》(2005~2021);森林覆盖率、节水灌溉面积、水土流失治理面积、除涝面积、农业用水量等数据主要来源于《中国环境统计年鉴》

(2005~2021);道路总里程数据源于《中国交通运输统计年鉴》(2005~2021);行政区划面积源于《中国城市统计年鉴》(2005~2021);农业能耗数据源于《中国能源统计年鉴》(2005~2021);农业从业人员数据源于各省份统计年鉴;部分缺失数据采用均值法补充。

6.1.2 粮食安全脆弱性

(1) 粮食安全脆弱性的时间维度分析。

根据表6.1构建的粮食安全脆弱性指标体系,能够计算得出粮食主产区各项指标的得分,结果如表6.4所示。

表6.4　　　　2004~2020年粮食安全脆弱性评价结果

指标	2004年	2005年	2006年	2007年	2008年	2009年	2010年	2011年	2012年
暴露性	0.192	0.186	0.193	0.209	0.189	0.208	0.185	0.183	0.173
敏感性	0.145	0.136	0.127	0.135	0.141	0.136	0.148	0.157	0.159
适应能力	0.054	0.063	0.086	0.095	0.102	0.121	0.128	0.137	0.151
脆弱性	0.283	0.260	0.235	0.248	0.228	0.221	0.205	0.204	0.180
指标	2013年	2014年	2015年	2016年	2017年	2018年	2019年	2020年	—
暴露性	0.180	0.176	0.174	0.180	0.173	0.176	0.170	0.175	—
敏感性	0.157	0.145	0.144	0.140	0.138	0.137	0.138	0.148	—
适应能力	0.157	0.165	0.178	0.177	0.173	0.192	0.198	0.206	—
脆弱性	0.180	0.155	0.142	0.142	0.139	0.121	0.108	0.118	—

第一,研究期内粮食安全脆弱性系数整体呈波动下降的趋势,由2004年的0.283下降至2020年的0.118,年均下降约0.010,说明粮食主产区粮食安全系统抗外部扰动能力在不断增强,粮食安全向好发展。从具体年份来看,我国粮食安全脆弱性系数可以划分为两个阶段:快速下降阶段(2004~2006年)和波动下降阶段(2007~2020年)。第一阶段粮食安全水平改善较快,其脆弱性系数由2004年的0.283下降至2006年的0.235,

年均下降约9.0%。该阶段粮食安全脆弱性系数下降较快的原因主要是1999~2003年粮食播种面积持续下降，导致我国粮食产量由1999年的3.652亿吨减产至2003年的3.058亿吨，加之这一时期我国开始实施退耕还林政策，4年累计退耕还林超过719.063万公顷，导致耕地生产力下降（Lei Wang et al.，2010）。政府为扭转这一现象，出台了一系列惠农政策，粮食生产重新受到政府重视，因而脆弱性系数快速下降。第二阶段粮食安全脆弱性系数呈波动下降的态势，由2007年的0.248下降至2020年的0.118，年均下降约0.9%。这一时期粮食安全系统发展较慢的原因是粮食安全脆弱性三要素相互掣肘，适应能力系数虽直线上升，但暴露性系数和敏感性系数也存在波动上升的趋势。需要注意的是，2020年粮食安全脆弱性系数有上升的趋势，主要是由于2020年暴露性系数和敏感性系数分别增长约0.005和0.011，但适应能力系数增长较慢，仅增加了约0.008。

第二，粮食安全暴露性系数小幅下降，说明外部环境的各种扰动呈减少趋势，其动态走势大致可以划分为波动下降（2004~2012年）和维持平稳（2013~2020年）两个阶段。第一阶段粮食安全暴露性系数由2004年的0.192下降至2012年的0.173。这主要是由于，2004年后，粮食生产稳步恢复，粮食产量逐年提升，确保了粮食自给率的增长，由136.6%增至166.9%。此外，这一时期政府对农业生产高度重视，气象灾害监测预警体系不断完善、防灾减灾知识大力普及等措施均有力地减轻了气象灾害对农业生产的影响，粮食主产区农作物受灾面积由2004年的2386.4万公顷减少至2012年的1643.9万公顷。需要注意的是，这一时期粮食安全暴露性在2007年和2009年有明显上升趋势，这主要是由于2007年的严重旱情和2008年末的大规模雨雪冰冻灾害，导致农业受灾面积激增，分别达到3419.0万公顷和3487.0万公顷，为研究期内最高水平，随之带来的是粮食自给率小幅下降，从而产生了这一现象。第二阶段粮食安全暴露性系数在0.176的水平上下波动，总体保持平稳。这一时期粮食主产区经济发展水平明显提高，但也带来了劳动力外流，耕地挤占等问题，导致劳动力强度和人均耕地面积持续下降；与此同时农业灾害预防投入进一步增大，防灾减灾技术提升，农作物受灾面积常年保持在较低水平，政府出台的多项政策也抑制了耕地非粮化倾向。在两方面的综合影响下，粮食安全暴露性系数总体保持平稳。

第三，粮食安全敏感性系数始终处于波动之中，说明粮食安全系统面对外部环境风险的易损性存在明显的阶段性特征，根据其变化大致可以划分为下降（2004~2006年）、上升（2007~2012年）、下降（2013~2020年）三个阶段。第一阶段粮食安全敏感性由2004年的0.145下降至2006年的0.127，年均下降约0.009。这是由于2004年后粮食生产恢复，人均粮食占有量、粮食播种率稳步上升，分别由期初的434.9千克每人、67.7%上升至2006年的477.4千克每人、71.1%。第二阶段粮食安全敏感性系数逐步上升，由2007年的0.135上升至2012年的0.159，增幅为17.9%，年均增长3.3%。出现这一现象主要是由农业产值比重持续下降和粮食价格指数持续上升造成的。粮食价格指数持续走高与能源价格上涨有关：一方面，能源价格上涨提高了粮食的生产成本；另一方面，我国在这一时期大力发展生物燃料，增大了粮食需求量。在二者的共同推动作用下，粮食价格指数以年均8.1%的速度逐年递增，强化了系统敏感性。第三阶段粮食安全敏感性系数逐年降低，总体向好发展。

第四，粮食安全适应能力系数呈现出明显的增长趋势，表明粮食主产区保障国家粮食安全的能力显著提升，这也是粮食安全脆弱性下降的重要原因。适应能力系数在2004~2020年持续上升，由0.053增至0.206，翻了近两番。究其原因，2004年以后，我国开始实施"村村通"建设工程，大力建设基础道路，到2020年粮食主产区道路总里程增加198.2万千米，打破了农村发展的交通瓶颈，为农业农村发展奠定了基础。此外，经济发展显著提升了农业支持力度，2020年粮食主产区财政支农支出超1.2万亿元，同比增长超5%。大量资金的投入，改善了农业生产条件，农业机械化水平也逐年递增，于2020年达到8.762kW/公顷，较2004年增长了72.1%，农业生产条件的改善提高了粮食生产技术，减少了粮食产量的波动，确保了粮食供给稳定。

（2）粮食安全脆弱性的空间维度分析。

根据粮食主产区粮食安全脆弱性的计算结果，选取2004年、2008年、

2012年、2016年、2019年和2020年6个年份的数据，按照等间距划分的原则，将脆弱性系数处于0.274~0.332的地区划分为高脆弱区，处于0.216~0.274之间的地区划分为较高脆弱区，处于0.157~0.216之间的地区划分为中脆弱区，处于0.100~0.158之间的地区划分为较低脆弱区，处于0.043~0.100之间的地区划分为低脆弱区。

总体来看，粮食主产区13个省份的粮食安全脆弱性呈现出三个特征：第一，粮食安全脆弱性逐年下降，粮食安全系统呈现稳中向好的发展趋势；第二，粮食主产区粮食安全脆弱性呈现出明显的"中部（黄淮海区）低，南（长江流域区）北（东北区）高"的特点；第三，2020年粮食安全脆弱性小幅下降。具体来看，2004年，粮食主产区的粮食安全脆弱性系数普遍较高，其中10个省份处于高脆弱区。到了2008年，这一数量减至4个，黄淮海区除安徽外，其余省份均处于较低脆弱区，而东北区和长江流域区的脆弱性水平较高，均处于较低脆弱区以下的等级，这说明粮食主产区粮食安全脆弱性"中部低、南北高"的特点较为显著。2012年以后，粮食安全脆弱性进一步下降，所有省份均已脱离高脆弱区。此外，这一阶段山东的脆弱性最低，其系数仅为0.097，在13个省份中长期保持领先地位。2016年，仅内蒙古的脆弱性系数较高，为0.247，处于较高脆弱区。2019年，粮食主产区的粮食安全保障能力迈上新的台阶，所有省份的脆弱性系数均脱离了较高脆弱等级。其中，黄淮海区除安徽外，各省份均为低脆弱区，而东北区和长江流域区各仅有一个省份位于这一等级，分别为黑龙江和湖南。需要注意的是，受新冠疫情影响，2020年粮食主产区的粮食安全脆弱性小幅上升，湖北和江西均上升一个等级。

6.1.3 生态安全脆弱性

（1）生态安全脆弱性的时间维度分析。

根据表6.2构建的生态安全脆弱性指标体系，能够计算得出粮食主产区各项指标的得分，结果如表6.5所示。

表 6.5   2004～2020 年生态安全脆弱性评价结果

项目	2004 年	2005 年	2006 年	2007 年	2008 年	2009 年	2010 年	2011 年	2012 年
暴露性	0.131	0.128	0.130	0.132	0.134	0.135	0.138	0.139	0.145
敏感性	0.125	0.127	0.112	0.111	0.108	0.109	0.107	0.107	0.100
适应能力	0.115	0.104	0.102	0.113	0.124	0.130	0.131	0.131	0.132
脆弱性	0.141	0.151	0.140	0.129	0.118	0.114	0.114	0.114	0.114
项目	2013 年	2014 年	2015 年	2016 年	2017 年	2018 年	2019 年	2020 年	—
暴露性	0.146	0.144	0.140	0.129	0.127	0.123	0.119	0.113	—
敏感性	0.096	0.097	0.096	0.099	0.102	0.099	0.106	0.110	—
适应能力	0.125	0.130	0.142	0.141	0.148	0.148	0.154	0.152	—
脆弱性	0.117	0.111	0.095	0.086	0.081	0.074	0.070	0.071	—

第一，粮食主产区生态安全脆弱性系数由 2004 年的 0.141 下降至 2020 年的 0.071，年均下降 0.004，降幅接近 50%，这意味着生态安全状况有了较大的改善。从具体年份来看，生态安全脆弱性的时序演化特征可以划分为下降（2004～2008 年）、停滞（2009～2012 年）和下降（2013～2020 年）三个阶段。第一阶段生态安全脆弱性系数由 2004 年的 0.141 下降至 2008 年的 0.118，年均降幅为 4.3%。这一时期暴露性系数保持稳定，敏感性系数由 0.125 稳步下降至 0.108，而适应能力系数则仅上升了 0.009，可见敏感性系数的改变是该阶段生态安全系统改善的重要原因。第二阶段生态安全水平提升速度较慢，几乎处于停滞状态，其脆弱性系数保持在 0.114 的水平。这主要是由于这一时期脆弱性的三大要素（暴露性、敏感性和适应能力）均发展缓慢，从而减缓了脆弱性下降的速度。第三阶段生态安全水平改善速度快于第一阶段，其脆弱性系数由 2013 年的 0.117 下降至 2020 年的 0.071，年均下降 6.8%。究其原因，在此期间敏感性系数和适应能力系数小幅提升，分别上涨了 0.014 和 0.027，而暴露性系数由 0.146 下降至 0.113，下降了 0.033，成为脆弱性下降的主要动力。

第二，生态安全暴露性以 2013 年为拐点，呈先升后降的趋势。第一阶段为 2004～2012 年，暴露性增强，其系数由 0.131 上升至 0.145，增幅约为11.2%。这一现象的主要原因是：在经历了1999~2003年粮食减产后，我国重新重视粮食生产，粮食主产区作为重要的粮食生产功能区，承担了粮食增产的主要责任，因此化肥、农药和农膜的使用量显著增加，九年间累计使用量增长超过35%，加剧了农业面源污染。第二阶段，暴露性系数由2013年的0.146下降至2020年的0.113，年均下降3.4%。这主要是因为农业可持续发展逐渐受到重视，绿色农业和循环农业得到推广，减少了农业生产资源的消耗，并减轻了农业面源污染。其中，2016年的暴露性系数下降了0.017，占这一时期下降总量的11.6%。这主要是由于当时的农业部颁布了《到2020年化肥使用量零增长行动方案》《到2020年农药使用量零增长行动方案》等一系列政策，推动了农业化学品减量使用（姚成胜等，2022）。相较于上一年，2016年粮食主产区的化肥、农药、农膜使用量减少了超过40万吨，有效缓解了生态环境受到的外部冲击。

第三，生态安全敏感性系数的动态走势呈先降后增的趋势，与暴露性系数的发展趋势相反。第一阶段发生于2004~2013年，敏感性降低，其系数由0.125下降到0.096，年均下降0.004。该阶段当时的农业部印发了《关于进一步加强农业和农村节能减排工作的意见》，推动了农业节能减排的实施，粮食主产区单位农业产值能耗由2004年的0.704吨标准煤每万元下降至2013年的0.143吨标准煤每万元。与此同时，国务院印发了《关于进一步完善退耕还林政策措施的若干意见》，使粮食主产区的森林覆盖率由27.7%上升至33.1%，从而降低了生态环境的易损倾向。第二阶段为2014~2020年，粮食主产区的生态安全敏感性逐年回升，其系数由0.097上升至0.110，涨幅约为13.5%，低于第一阶段的下降幅度。究其原因，这一阶段经济水平快速发展，粮食主产区城镇化率持续提升，由53.2%上升至62.1%，这增大了土地承载压力，增加了生态安全受损风险。

第四，生态安全适应能力总体向好发展，由2004年的0.115增至2020年的0.152，增幅约为32.1%，年均增长1.8%，表明粮食主产区在节水灌溉、植树造林、水土治理等方面取得了较大改善，生态安全的恢复能力和抗干扰能力显著提升。值得注意的是，适应能力系数在2005年、2006年和2013年出现了小幅下降。一方面，为保证稳定的耕地生产力，当时的国家林业局削减了部分造林计划，造成了 2005 年和 2006 年适应能力指数的下降。另一方面，2013 年粮食主产区节水灌溉面积新增量相较于上一年减少了 76.960 万公顷。在这两方面综合影响下，生态安全适应能力小幅下降。

（2）生态安全脆弱性的空间维度分析。

采用与粮食安全脆弱性类似的处理方法，将生态安全脆弱性系数处于 0.190~0.248 的地区划分为高脆弱区，处于 0.133~0.190 的地区划分为较高脆弱区，处于 0.076~0.133 的地区划分为中脆弱区，处于 0.019~0.076 的地区划分为较低脆弱区，处于 -0.038~0.019 的地区划分为低脆弱区。

总体来看，粮食主产区 13 个省份的生态安全脆弱性呈现出两个特征：第一，生态安全脆弱性逐年下降，生态安全系统呈现稳中向好的发展趋势；第二，粮食主产区生态安全脆弱性呈现出明显的"北部（东北区）低，中（黄淮海区）南（长江流域区）高"的特点。具体来看，2004 年，生态安全脆弱性的地区差异较大，其中，内蒙古和黑龙江为较低脆弱区，而辽宁、山东、江苏和湖北等省份为高脆弱区。2008 年，黑龙江、内蒙古、辽宁、江苏、四川和江西 6 个省份的生态安全系统稳健发展，其脆弱性均上升一个等级，其余省份则维持在原有等级。其中，黑龙江和内蒙古生态安全已处于低脆弱区，并长期保持这一水平，这表明粮食主产区生态安全脆弱性"北部低，中南高"的特点开始显现。2012 年，粮食主产区中多数省份的脆弱性仍保持原有等级，仅四川和江西下降一个等级，分别降至中脆弱区和较高脆弱区。2016 年之后，长江流域区的生态安全脆弱性大幅下降，四川转降至较低脆弱区，湖北、湖南、江西升至中脆弱区，说明长江流域的生态保护与修复取得了显著成效。2019 年，各省份的生态安全系统保持稳定，仅山东和湖北上升一个等级，分别升至中脆弱区和较低脆弱区，其余省份均保持原有等级。虽然受 2020 年新冠疫情影响，但仍有部分地区诸如吉林、辽宁、安徽、湖北的生态安全系统逐步改善，提升了粮食主产区整体抗风险能力。

6.2 基于脆弱性的粮食安全与生态安全耦合协同

粮食安全与生态安全存在一定的要素关联，二者相互作用、相互影响。在当前农业可持续发展及农业现代化、绿色化转型的背景下，充分协调粮食主产区粮食生产与生态保护之间的动态平衡关系尤为重要。因此，基于脆弱性理论，从粮食安全与生态安全相互作用的角度出发，构建了修正后的耦合协同模型，测度二者的耦合协同度，并分析其时序变化特征。在此基础上，还构建了重心—标准差椭圆模型，并借助 ArcGIS 10.5 软件研究粮食主产区耦合协同水平的重心迁移轨迹及地区分布。最后，利用马尔科夫链模型计算耦合协同水平的转移概率矩阵并进行预测，分析其演化态势。

6.2.1 耦合协同模型构建

在农业生产领域，粮食安全与生态安全通过各自的指标产生相互作用并彼此影响，两个系统从无序状态向协同发展转变，形成了典型的耦合关系（刘钒等，2021）。促进粮食安全与生态安全的匹配与协同，是实现我国农业可持续发展的重要内容。然而，粮食主产区各省份在自然资源、生态环境、经济水平、社会发展程度等方面存在较大差异，粮食安全脆弱性和生态安全脆弱性也呈现出一定的地区差异。为了更好地促进我国农业可持续发展，需要对不同地区中两个系统协同发展态势进行实证测算，以反映二者的协同发展程度。

当前采用的最广泛的耦合协同模型计算公式为：

$$C = \left[\left(\prod_{k=1}^{t} U_k \right) \Big/ \left(\frac{1}{n} \sum_{k=1}^{n} U_k \right)^n \right]^{1/n} \tag{6.13}$$

式中，k 为不同系统的序号；n 为系统的数量；U_k 为不同系统的系数（$0 \leq U_k \leq 1$）；C 为耦合度，其分布区间为 [0, 1]，当 C 越大，不同系统间的耦合度越高，反之则越低。

然而，由于设定问题，该模型测算得到的耦合度值并不是平均分布于[0,1]中的，而是集中分布于1的一端，这使得耦合度值的有效度降低，难以反映实际发展情况（王淑佳等，2021）。为此，采用修正后的耦合协同模型进行计算。当系统个数为2时，计算公式如下：

$$C = \sqrt{\left[1 - \sqrt{(\max U_k - \min U_k)^2}\right] \frac{\min U_k}{\max U_k}} \qquad (6.14)$$

式中，C 为耦合度，$\max U_k$ 和 $\min U_k$ 分别为粮食安全脆弱性和生态安全脆弱性两者之间的最大值和最小值。

由于耦合度不能全面反映出粮食安全脆弱性与生态安全脆弱性的整体发展趋势，因此需要引入综合评价指数和耦合协调度，计算公式如下：

$$T = \lambda U_1 + \mu U_2 \qquad (6.15)$$

$$D = \sqrt{CT} \qquad (6.16)$$

式中，T 为综合发展指数；λ 和 μ 为待定系数，认为粮食安全脆弱性和生态安全脆弱性同等重要，因此取 $\lambda = \mu = 0.5$；D 为耦合协同度。

6.2.2 耦合协同水平

根据上述的分析可以发现，粮食主产区的粮食安全脆弱性和生态安全脆弱性存在明显的地区分布差异，因此需要进一步分析二者的协调发展态势，以期为粮食主产区乃至我国的农业可持续发展提供重要参考。参照相关文献（殷伟等，2020）的处理方式，先对粮食主产区13个省份2004~2020年的粮食安全脆弱性系数和生态安全脆弱性系数进行归一化处理，再利用公式（6.16）测算耦合协同水平。根据计算得到的结果，采用等间距划分的原则，将耦合协同度处于[0.311,0.438]之间划分为低水平耦合阶段，处于[0.438,0.565]之间划分为拮抗阶段，处于[0.565,0.693]之间划分为中水平耦合阶段，处于[0.693,0.820]之间划分为磨合阶段，处于[0.820,0.947]之间划分为高水平耦合阶段。

(1) 耦合协同水平的时间维度分析。

图6.1反映了粮食主产区粮食安全与生态安全脆弱性耦合协同度的时

序变化特征。总体来看,粮食主产区两大系统的耦合协同水平表现出稳步上升的状态,仅在个别年份出现下降的情况。

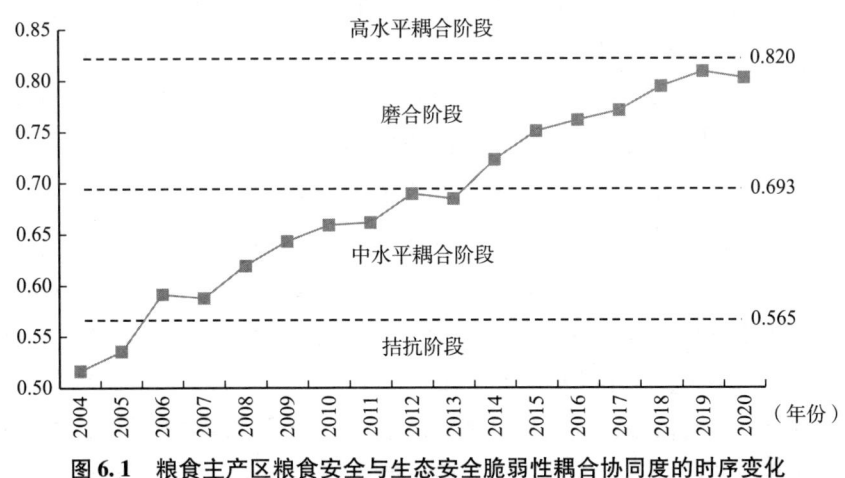

图 6.1　粮食主产区粮食安全与生态安全脆弱性耦合协同度的时序变化

具体来看,粮食主产区的耦合协同水平经历了拮抗阶段(2004~2005年)、中水平耦合阶段(2006~2013年)和磨合阶段(2014~2020年)。第一阶段耦合协同度发展态势良好,其数值由 0.516 上升至 0.534,增幅约 3.4%,说明这一时期粮食主产区的粮食安全及生态安全脆弱性均保持在较高的水平,但一系列的农业支持及生态保护政策仍取得了一定的积极成果。第二阶段粮食主产区的耦合协同水平呈现波动性特征,分别在 2007 年和 2013 年下降约 0.6% 和 0.7%。2007 年耦合协同度下降主要受到粮食安全脆弱性上升的影响,当年的旱灾造成了较大的粮食生产损失,并推动了粮食价格走高,制约了两大系统耦合协同水平向好发展的态势。2013 年耦合协同度下降则主要受生态安全脆弱性上升的影响,由于农业节水灌溉和水土流失治理情况出现波动,阻碍了粮食主产区向高水平耦合跨越的进程。第三阶段粮食主产区的耦合协同水平持续向好发展,其数值由 2014 年的 0.721 上升至 2019 年的 0.808,但在 2020 年新冠疫情的影响下,耦合协同度下降至 0.801,阻碍了向高水平耦合跨越的步伐。

(2)耦合协同水平的空间维度分析。

粮食主产区 13 个省份粮食安全与生态安全脆弱性耦合协同度的变化呈

现出两个特征：第一，各个省份的耦合协同水平逐年提升，两大系统向着协调状态稳固发展；第二，耦合协同水平由"中北高，南部低"向"南北中齐升"转变，各省份之间的差距逐渐缩小。

具体而言，2004年，粮食主产区中所有省份的耦合协同度均处于中水平耦合以下的阶段，最低值出现在湖北，为0.311；最高值出现在河北，为0.679。可以看出，不同省份间的耦合协同发展进度存在较大差距。2008年，多数省份的耦合协同水平实现了更高层次的跨越，仅湖南省由拮抗阶段降至低水平耦合阶段。这说明粮食主产区耦合协同水平整体向好发展，但仍存在恶化的风险。此外，这一时期粮食主产区中部和北部多数省份处于中水平耦合以上的阶段，而南部部分省份仍处于低水平耦合阶段，"中北高，南部低"的特征开始显现。2012年，共有7个省份的耦合协同水平保持在原有阶段，其余省份则实现了向上阶层的跨越。其中，湖南直接跳过拮抗阶段升至中水平耦合阶段，发展较为迅速，说明湖南农业绿色化转型加快，为实现粮食生产与生态保护之间的平衡奠定了坚实基础。2016~2019年，粮食主产区各省份的耦合协同水平基本保持稳定，并且呈现出"南北中齐升"的局面，大多数省份处于磨合以上的阶段，唯独辽宁仍处于中水平耦合阶段，显著滞后于其余省份。2020年，虽然受到突发事件影响，但粮食主产区各省份的耦合协同水平仍展现出强大的韧性，仅内蒙古降至磨合阶段，其余省份均保持现状，说明粮食主产区的农业绿色可持续发展成果稳固。

6.2.3 耦合协同水平的重心迁移轨迹

粮食主产区不同省份之间粮食安全与生态安全脆弱性耦合协同发展水平的变化存在差异，从空间演化角度进行探究，能够分析粮食主产区的粮食生产与生态保护的协同发展趋势，了解不同地区之间差距的演化态势，从而更加深入地把握粮食主产区耦合协同水平的发展特征。

（1）重心—标准差椭圆模型构建。

重心概念源于物理学，指的是重力作用点的平均位置。后来，这一概念也被引入社会科学研究,扩展为某一要素在空间上各个方向力量基本持平所处的位置(盖美等,2022)。分析重心对于研究不均衡分布的要素及其变化规律具有重要意义。粮食主产区各个省份分布在空间的位置不同,其自然资源禀赋、经济社会条件也不尽相同,因此耦合协同水平的发展速度也存在差异。基于此,本章将不同省份的粮食安全与生态安全脆弱性的耦合协同水平视为抽象的地理空间要素,利用重心迁移模型测算重心位置,并研究其移动距离和方向,从而揭示粮食主产区耦合协同水平的空间演变特征,为我国农业可持续发展提供重要参考。其计算公式为:

$$x_j = \sum_{i=1}^{n}(D_{ij}x_i) \Big/ \sum_{i}^{n} D_{ij} \qquad (6.17)$$

$$y_j = \sum_{i=1}^{n}(D_{ij}y_i) \Big/ \sum_{i}^{n} D_{ij} \qquad (6.18)$$

$$d_t = M\sqrt{(x_{m+t} - x_m)^2 + (y_{m+t} + y_m)} \qquad (6.19)$$

式中,(x_i, y_i) 为第 i 个地区的地理空间经纬度坐标;(x_j, y_j) 为耦合协同重心的经纬度坐标;D_{ij} 为不同地区的耦合协同度;d_t 为重心迁移距离;M 是经纬度转平面距离常数,通常取 M=111.11;(x_m, y_m) 和 (x_{m+t}, y_{m+t}) 分别为第 m 年和第 $m+t$ 年的重心坐标。

标准差椭圆,也称作"利菲弗方向分布",是一种用于分析某要素在整个研究区域中分布的研究方法,该方法主要通过方位角、短轴标准差、长轴标准差等参数的变化来描述要素在地理空间中的分布特征(赵璐等,2014)。其中,方位角反映了要素分布的趋势,长轴标准差反映数据分布方向,短轴标准差反映数据分布范围。因此,利用该方法可以直观反映粮食主产区不同省份耦合协同水平的空间分布态势及其演进规律。其计算公式为:

$$\tan\theta = \frac{A+B}{C} \qquad (6.20)$$

$$A = \sum_{i=1}^{n} D_{ij}^2 \tilde{x}^2 - \sum_{i=1}^{n} D_{ij}^2 \tilde{y}^2 \qquad (6.21)$$

$$B = \sqrt{(\sum_{i=1}^{n} D_{ij}^2 \tilde{x}^2 - \sum_{i=1}^{n} D_{ij}^2 \tilde{y}^2)^2 + 4\sum_{i=1}^{n} D_{ij}^2 \tilde{x}^2 \tilde{y}^2} \qquad (6.22)$$

$$C = 2\sum_{i=1}^{n} D_{ij}^2 \tilde{x}\tilde{y} \qquad (6.23)$$

$$\sigma_x = \sqrt{\sum_{i=1}^{n}(D_{ij}\tilde{x}\cos\theta - D_{ij}\tilde{y}\sin\theta)^2 \bigg/ \sum_{i=1}^{n} D_{ij}^2} \qquad (6.24)$$

$$\sigma_y = \sqrt{\sum_{i=1}^{n}(D_{ij}\tilde{x}\sin\theta - D_{ij}\tilde{y}\cos\theta)^2 \bigg/ \sum_{i=1}^{n} D_{ij}^2} \qquad (6.25)$$

式中，θ 为方位角；$\tilde{x}$ 和 $\tilde{y}$ 为粮食主产区不同省份与地理中心的坐标偏差；σ_x 和 σ_y 分别为沿短轴标准差和长轴标准差；D_{ij} 为不同地区的耦合协同度。

（2）耦合协同水平的重心迁移结果分析。

总体来看，粮食主产区的地理重心位于山东的聊城、济南、泰安和河南的濮阳四市的交界处，而两大系统耦合协同的重心则始终位于山东境内，在聊城与德州之间迁移，并在116°10′12″E～116°35′11″E、36°15′58″N～36°59′40″N 的范围内波动，呈现出明显的南移趋势，迁移距离约为51.669千米，且逐渐接近粮食主产区的地理重心。这说明粮食安全与生态安全协同发展的南北分异趋势有所弱化。具体来看，2004～2008 年，耦合协同重心先从聊城向东迁移了约 35.837 千米至德州，随后又向北迁移了约 25.618 千米。这一时期南北方的耦合协同水平处于快速分化阶段，主要是由于 2004 年后设立农机购置补贴政策，使得地势平坦的北方地区的粮食生产集约化水平迅速提升，同时退耕还林等生态保护措施进一步完善，促进了粮食安全与生态安全的协同发展，使得耦合协同重心北移，南北地区出现分化趋势。2008～2012 年，南方地区的粮食安全与生态安全脆弱性耦合协同水平快速提升，耦合协同重心向南迁移了约 51.661 千米，位于德州与聊城边界处。这说明这一时期南方地区的"后发优势"显现，其耦合协同水平的发展速度实现了对北方地区的赶超。2012～2020 年，耦合协同重心持续南移，9 年间累计迁移了约 41.349 千米，移动速度明显慢于前一阶段，表明这一时期粮食主产区南方和北方地区的农业可持续发展进程开始放缓。然而，在双方博弈下，南方地区依然占据优势，推动了耦合协同重心南移。需要注意的是，耦合协同重心逐渐接近粮食主产区的地理重心，说明粮食主产区内部的区域均衡性得到了很大程度的提升。与此同时，也需要防范耦合协同重心越过地理重心，避免南北区域不平衡进一步加剧。

从表6.6可以看出，粮食主产区粮食安全与生态安全耦合协同标准差椭圆的方位角总体保持在26°左右波动。其中，2004~2012年方位角波动下降，标准差椭圆向南—北方向转动；2012~2020年，方位角稳定上升，标准差椭圆向东—西方向转动，最终保持了北偏东—南偏西的分布方向。这说明粮食主产区东北—西南省份的耦合协同水平较高。此外，标准差椭圆的扁率在0.539~0.550波动，呈现明显的椭圆形状，说明粮食主产区耦合协同水平存在显著的区域分布差异特征。从标准差椭圆沿长轴、短轴标准差来看，长轴标准差总体呈缩短趋势，由2004年的1176.096千米下降至2020年的1147.906千米；而短轴标准差则呈现出先缩短随后又增长的变化趋势，由2004年的532.160千米缩短至2012年的518.650千米，后又增长到2020年的522.799千米。这说明，粮食主产区耦合协同水平在东北—西南方向上一直在集聚，而在西北—东南方向上呈现出先集聚后扩散的特征。

表6.6　　　　　重心—标准差椭圆模型基本参数

年份	重心坐标	长轴标准差（千米）	短轴标准差（千米）	方位角（°）	扁率
2004	116°11′02″E，36°43′41″N	1176.096	532.160	26.482	0.548
2008	116°35′11″E，36°59′40″N	1142.053	525.935	26.599	0.539
2012	116°22′31″E，36°32′25″N	1146.147	518.650	25.039	0.547
2016	116°16′15″E，36°20′49″N	1155.328	519.348	25.999	0.550
2020	116°10′12″E，36°15′58″N	1147.906	522.799	26.072	0.545

6.3　耦合协同水平的动态演化趋势预测

6.3.1　马尔科夫链模型构建

马尔科夫链模型是从马尔科夫随机过程理论中衍生的，能够反映状态转换的过程，多被用于描述自然或者社会现象的时空转移路径和转移概率，该方法具有稳定性、无后效性等特点（曹政等，2022）。通常而言，该方法要求某一要素的转变仅与当前时点的状态有关，与前一时点的状态相互独立。就粮食主产区不同省份粮食与生态"双安全"脆弱性的耦合协同度而言，其发展水平的阶段性转变仅受到当前发展状态的影响，因而符合马尔科夫链模型的计算条件。其计算公式如下：

$$p\{X(t_n) \leq x_n | X(t_1) = x_1, X(t_2) = x_2, \cdots, X(t_{n-1}) = x_{n-1}\} = p\{X(t_n) \leq x_n | X(t_{n-1}) = x_{n-1}\} \quad (6.26)$$

$$P = p_{ij} = n_{ij}/n_i \quad (6.27)$$

式中，$X(t_n)$ 为 $X(t_i) = x$ 下的条件分布函数；n_i 为 i 类型出现次数；p_{ij} 和 n_{ij} 分别为粮食主产区某省份从 t 时期的 i 类型转移到 $t+1$ 时期的 j 类型的概率及次数；P 为 $n \times n$ 阶的耦合协同水平的状态转移概率矩阵。

6.3.2 耦合协同的演化趋势预测结果

结合粮食主产区粮食与生态"双安全"脆弱性耦合协同水平状况，将耦合协同水平划分为5种类型。参考前文的划分方法，将低水平耦合阶段记为类型Ⅰ，其耦合协同度区间为［0.311, 0.438］；将拮抗阶段记为类型Ⅱ，区间为［0.438, 0.565］；将中水平耦合阶段记为类型Ⅲ，区间为［0.565, 0.693］；将磨合阶段记为类型Ⅳ，区间为［0.693, 0.820］；将高水平耦合阶段记为类型Ⅴ，区间为［0.820, 0.947］。在此基础上，使用MATLAB R2016b 软件计算粮食主产区耦合协同水平的转移概率矩阵，并向后预测直至耦合协调水平分布处于稳定状态（郭凤玉等，2021）。

由表6.7可以看出，粮食主产区耦合协同水平的转化总体呈现向好发展趋势，并表现出三个特征。第一，位于对角线上的转移概率较高。五种类型在下一时点仍保持原有状态的概率分别为50%、60.7%、78.5%、94.4%和93.3%，这说明粮食主产区耦合协同水平存在一定的"黏滞性"，较难向其他状态转变。此外，耦合协同水平越高，越不容易发展状态转变，其"黏滞性"更强。第二，耦合协同状态向更高一级转变的概率大于向更低一级转化的概率。其中，处于类型Ⅱ的省份向类型Ⅰ和类型Ⅲ转变的概率分别为 7.1% 和 32.2%，处于类型Ⅲ的省份向类型Ⅱ和类型Ⅳ转移的概率分别为 1.5% 和 20%，处于类型Ⅳ的省份向类型Ⅲ和类型Ⅴ转移的概率分别为 1.2% 和 4.4%。这说明粮食主产区耦合协同水平的演进趋势存在一定"惯性"，不容易发生退化。第三，耦合协同水平只在相邻状态发展转移，不存在越级演变或退化的现象。

表 6.7　粮食主产区耦合协同水平的马尔科夫链转移概率矩阵

t/t+1	类型Ⅰ	类型Ⅱ	类型Ⅲ	类型Ⅳ	类型Ⅴ
类型Ⅰ	0.500	0.500	0	0	0
类型Ⅱ	0.071	0.607	0.322	0	0
类型Ⅲ	0	0.015	0.785	0.200	0
类型Ⅳ	0	0	0.012	0.944	0.044
类型Ⅴ	0	0	0	0.067	0.933

在此基础上，以 2020 年各个省份耦合协同水平的状态分布为基期，往后预测 10 年，并测算出稳定状态下耦合协同水平的概率分布，结果如表 6.8 所示。

表 6.8　粮食主产区耦合协同水平的阶段演进概率预测　　单位：%

类型	2021年	2022年	2023年	2024年	2025年	2026年	2027年	2028年	2029年	2030年	稳态
Ⅰ	0	0.01	0.20	0.20	0.30	0.30	0.30	0.30	0.30	0.30	0.20
Ⅱ	0.12	0.18	0.21	0.22	0.23	0.23	0.22	0.22	0.21	0.21	0.16
Ⅲ	6.80	6.14	5.62	5.22	4.90	4.65	4.44	4.26	4.12	4.00	3.49
Ⅳ	68.46	67.66	66.86	66.09	65.36	64.68	64.04	63.45	62.92	62.43	58.14
Ⅴ	24.62	26.02	27.29	28.44	29.48	30.42	31.27	32.03	32.72	33.33	38.18

从各年份的分布概率来看，2021 年，耦合协同水平处于不同阶段的概率分别为 0、0.12%、6.80%、64.46% 和 24.26%。这说明粮食主产区耦合协同度较大概率处于磨合阶段，且不可能处于低水平耦合阶段。2025

年，处于低水平耦合阶段、拮抗阶段及高水平耦合阶段的省份的概率小幅上升，分别达到0.30%、0.23%和29.48%。相反，处于中水平耦合和磨合阶段的概率分别下降了1.9%和3.1%。到了2030年，处于低水平耦合阶段的概率保持平稳，仍为0.30%，而处于拮抗阶段、中水平耦合及磨合阶段的概率进一步下降，分别变为0.21%、4.00%和62.43%，仅处于高水平耦合阶段的概率上升了3.85%。从稳态分布来看，粮食主产区耦合协同水平的长期稳定状态大概率处于磨合阶段和高水平耦合阶段。其中，向磨合阶段转移的概率最高，为58.14%；向高水平耦合阶段转移的概率次之，为38.18%。此外，处于低水平耦合阶段、拮抗阶段及中水平耦合阶段的概率均较低，分别为0.2%、0.16%和3.49%。这说明未来粮食主产区耦合协同水平的发展趋势是向磨合阶段和高水平耦合阶段进阶。

耦合协同水平能够较好地反映粮食安全脆弱性与生态安全脆弱性相互联系的强度，但是难以表征两个系统之间的差距。由上述分析可以看出，粮食主产区的耦合协同水平快速提升，但其波动性依然较强。这说明两大系统之间仍处于博弈状态，耦合协同水平的提升在较大程度上是由于单一系统的改善。因此，本章引入相对发展度模型，探究粮食主产区粮食安全脆弱性与生态安全脆弱性在发展过程中哪一方处于主导地位，从而影响了协调发展的步伐，这有助于有效识别区域发展问题，为针对性地提出发展路径，促进区域协同发展提供依据。

6.4 基于脆弱性协同的"双安全"路径

6.4.1 粮食安全与生态安全相对发展度模型构建

粮食安全脆弱性与生态安全脆弱性的发展速度始终处于动态波动状态，而利用相对发展度模型能直观展示二者发展的快慢程度，从而判定不同地区的发展类型。其计算公式为：

第6章 粮食和生态"双安全"脆弱性的预警

$$F = \frac{U_1}{U_2} \qquad (6.28)$$

式中，F 为相对发展度；U_1 和 U_2 分别为经标准化后的粮食安全脆弱性系数和生态安全脆弱性系数。当 $U_1 > U_2$ 时，意味着该地区的生态安全发展水平滞后于粮食安全发展水平，因此当地的生态安全脆弱性更为明显；当 $U_1 < U_2$ 时，则意味着当地的粮食安全脆弱性更为明显。通常而言，粮食安全脆弱性与生态安全脆弱性的发展速度不可能完全处于同一水平，而且农业可持续发展也并不要求粮食安全与生态安全完全同步发展。因此，参照其他相关文献的处理方式，划分标准如表6.9所示。

表6.9　　　　　　　　　相对发展度类型判定

相对发展度	$F \leqslant 0.8$	$0.8 < F \leqslant 1.2$	$F > 1.2$
类型	粮食安全脆弱性主导型	同步发展型	生态安全脆弱性主导型

6.4.2　粮食安全与生态安全相对发展类型判定

由表6.10可以看出，粮食主产区总体由粮食安全脆弱性主导型与同步发展型交替出现，向生态安全脆弱性主导型与同步发展型交替出现过渡。具体而言，2004~2008年，粮食主产区的粮食安全滞后于生态安全，主要表现为粮食安全脆弱性主导型。可能的原因是，在前一时期粮食生产弱化及退耕还林、建设环境友好型社会等生态保护措施的影响下，粮食安全脆弱性与生态安全脆弱性两极分化加剧，导致二者未能协调有序发展。其中，2006年粮食主产区表现为同步发展型，但是这一时期二者的耦合协同水平仍保持在拮抗阶段，说明这只是一种低水平的协调发展。2009~2020年，粮食主产区逐步实现由粮食安全脆弱性主导型向同步发展型过渡。这一阶段粮食主产区注重保持粮食生产活动与生态环境保护之间的动态平衡关系，以低消耗的粮食生产活动推动生态保护，用优质的生态环境确保粮食生产平稳推进。其中，2014年、2019年为生态安全脆弱性主导型，原因在于这两年粮食生产实现大丰收，而生态环境保护措施未能及时跟上。可见，粮食主产区的粮食安全与生态安全在发展过程中仍有脱节的风险。

表6.10 粮食主产区粮食安全与生态安全脆弱性相对发展类型

项目	2004年	2006年	2008年	2010年	2012年
F	0.437	0.847	0.764	0.898	1.076
类型	粮食安全脆弱性主导型	同步发展型	粮食安全脆弱性主导型	同步发展型	同步发展型

项目	2014年	2016年	2018年	2019年	2020年
F	1.222	1.124	1.167	1.214	1.167
类型	生态安全脆弱性主导型	同步发展型	同步发展型	生态安全脆弱性主导型	同步发展型

进一步而言，从省域视角分析粮食安全脆弱性与生态安全脆弱性的发展类型，能够更为细致地了解粮食主产区在推进农业可持续发展进程中的短板，有利于精准施策，提高区域间的平衡性。

具体来看，2004年，粮食主产区中属于粮食安全脆弱性主导型、同步发展型、生态安全脆弱性主导型的省份分别有10个、1个和2个。到了2008年，这一数量变为8个、2个和3个。这说明这几年粮食主产区的粮食安全系统实现了稳定发展，有超越生态安全系统的趋势。2012年，处于粮食安全脆弱性主导型的省份大幅减少，下降为3个，并且在较长一段时间内保持在这一水平，而同步发展型和生态安全脆弱性主导型省份增多，意味着粮食主产区的生态安全系统处于滞后发展状态。2016年，湖北和江西由生态安全脆弱性主导型转变为同步发展型，湖南由同步发展型转变为生态安全脆弱性主导型，其余省份均保持稳定。2019年，仅内蒙古仍属于粮食安全脆弱性主导型，同时共有7个省份的粮食安全系统与生态安全系统处于同步发展状态。2020年，辽宁也实现了粮食安全与生态安全同步发展。值得注意的是，在研究期间内，内蒙古的相对发展度始终小于0.6，处于粮食安全脆弱性主导型；而江苏和山东的相对发展度始终大于2.0，处于生态安全脆弱性主导型。这说明这些省份要想促进两大系统协调发展，进而实现农业可持续发展，仍须做出更多的改进。

6.4.3 粮食安全与生态安全协调发展路径属性

根据前文中粮食主产区各个省份粮食安全脆弱性和生态安全脆弱性耦合协同的时空演化及两大系统的相对发展特征，结合粮食主产区粮食安全和生态安全现状，将不同发展状态的省份的发展路径细分为 3 个类型，进而针对性提出相关改进措施，以实现各省份内部及区域间的协调发展。

（1）粮食安全脆弱性主导型省份发展路径。

粮食安全脆弱性主导型省份主要包括内蒙古、四川 2 个省份，其协调发展类型有 80% 以上的年份处于粮食安全脆弱性主导型的状态，且近年来粮食安全与生态安全开始呈现出高水平耦合的特征。这意味着这 2 个省份的农业可持续发展能力较强，但目前粮食安全保障能力滞后于生态环境水平，仍有一定的提升空间，因此需要强化粮食安全保障能力，并保持当前的生态环境稳态，在维持两大系统协调发展状态的基础上实现进一步提升。

首先，要加快落实《关于促进小农户和现代农业发展有机衔接的意见》《"十四五"推进农业农村现代化规划》等一系列农业现代化发展政策，持续推进农业机械化改造，实现农业劳动力替代，鼓励碎片化土地的适度流转，促进土地规模化经营，提高利用效率。例如，内蒙古可推广"土地托管"模式，实现统一机械化耕作；四川可持续推进耕地"小改大""坡改缓"等宜机化改造。其次，内蒙古作为农业灾害高发区，应加强灾害天气预警与防控能力，降低农作物受灾率，减少自然灾害对粮食生产的影响。内蒙古和四川两地也可以设立生态环境反哺资金，中央财政资金也可适当倾斜，对生态环境改善较好的地区在农业生产资金支持方面给予更多补助，推动其粮食安全保障能力的提升。

（2）生态安全脆弱性主导型省份发展路径。

生态安全脆弱性主导型省份主要包括江苏、山东、河南、湖南、辽宁 5 个省份，其协调发展类型超过一半的年份表现为生态安全脆弱性主导型，且多数地区的粮食安全与生态安全处于磨合阶段，因此需在稳定粮食生产的基础上，重点抓好生态环境建设，促进两大系统的协调发展状态实现新的突破。

首先，应落实化肥、农药零增长方案的要求，推进化肥、农药等农用化学品的负增长施用，并利用生物技术合成绿色有机化肥，推广绿色低毒农药替代传统农药。同时，可以建立农业指导站，指导农户科学施用化肥、农药，提高使用效率，减少土地及水源中的残留，增强生态恢复能力。例如，江苏可根据当地实际，大力推广"有机肥＋配方肥＋水肥一体化"模式。其次，应参照《农业面源污染治理与监督指导实施方案（试行）》的意见，从防治模式、监测体系、绩效评估等方面入手，推广"政府＋协会＋农户""龙头企业＋协会＋农户"等模式，强化农业面源污染治理，减少污水中氨氮、总磷等含量，降低大气、土地、水源污染，并且可以通过种养循环的方式来实现畜禽粪污还田利用，推动种养循环，提高耕地生产力。例如，河南、湖南可积极承接国家畜禽粪污资源化利用项目，打响水环境整治攻坚战，降低农业面源污染。最后，应进一步落实《关于创新体制机制推进农业绿色发展的意见》，推进节水农业发展，要以水资源承载力为基础，科学确定农业用水量，适当调配区域间的水资源；同时也应推广管道输水、滴灌、喷灌等各类节水灌溉技术，推动灌区配套设施改造，优化农作物的种植方式，提高农业用水效率。例如，山东、辽宁等省份可进一步积极探索"集、蓄、保、用"一体化的高效节水模式。其中，辽宁作为粮食主产区内长期处于中水平耦合的地区，要在改善生态环境承载力的同时，坚守耕地保护红线和粮食生产目标，避免出现"顾此失彼"的现象，稳定促进二者的协调提升。

（3）同步发展型省份发展路径。

同步发展型省份主要包括河北、吉林、黑龙江、安徽、江西、湖北6个省份，其协调发展类型逐渐由粮食安全脆弱性主导型或生态安全脆弱性主导型过渡为同步发展型，实现了粮食安全与生态安全协调发展。但这种协调依然不稳定，仍然存在恶化风险。因此，这些省份要继续优化粮食安全保障并强化生态环境承载力。

首先，应贯彻落实2023年中央一号文件精神，推进农业现代化发展，落实"长牙齿"的耕地保护措施，明确耕地用途，统筹永久基本农田、生态保护红线和城镇开发边界这三条控制线，确保耕地长期可利用。同时，加快建设高标准农田，着力提升耕地等级，深挖耕地增产潜力，促进粮食生产提质增效。例如，吉林、黑龙江可积极实施黑土地保护工程，严防数量减少和质量下降；河北可积极落实《关于全面加强耕地用途管制的通知》，开展耕地保护专项治理，规范利用和保护基本农田，遏制耕地"非农化"，并有序推进耕地休耕、复耕工作，提高耕地质量，以维持粮食安全与生态安全的高水平耦合状态。其次，要明确"绿水青山就是金山银山"的生态发展理念，防止山林湖草湿地出现"逆生态化"倾向，并以最严格的措施控制环境污染，减少生态损害（姚成圣等，2019）。例如，湖北可持续推进生态保护修复工程，大力建设生态廊道，严格开展国土综合整治，恢复生态环境承载力。最后，应坚持农业可持续发展目标。例如，安徽、江西等地可积极探索"稻鱼共生""稻鸭共生"等复合型农业模式，并通过合理发展林下经济、草地经济，实现粮食生产与环境保护的协调发展，促进粮食安全与生态安全向高水平耦合迈进。

6.4.4 粮食和生态"双安全"目标协同的政策路径

党的二十大报告从完整、系统的角度，以"全方位"的高度概括了夯实粮食安全根基、保障粮食安全的系统性措施。此外，报告还指出，"大自然是人类赖以生存发展的基本条件……我们应加快发展方式绿色转型"。这对保障我国粮食安全作出了进一步的指示，也为农业绿色可持续发展指明了方向。因此，从宏观层面看，应建立全方位的农业可持续发展长效机制。

第一，要全方位夯实粮食安全根基，健全利益补偿机制，不能让粮食主产区因"重农抓粮"而利益受损。因此，要强化对主产区的政策扶持和财政拨款力度，从降低种粮成本、稳定生产积极性、提高粮食收益等多方面入手。

第二，要全方位保障粮食安全，打通粮食生产全流程的"痛点"与"堵点"。一方面，要提升粮食技术生产条件，加强粮食良种培育，发展高效化肥、低毒农药，并逐步推广生物防治，降低粮食生产过程中的生态压力，减少对生态环境的破坏；另一方面，也要抓好粮食仓储建设，扩建、增建运输道路，减少粮食在储备和运输过程中的损耗。

第三，要全面落实粮食安全责任，抓好粮食安全考核机制。因此，既要发挥主产区的粮食安全"压舱石"作用，还要切实稳定主销区的粮食自给率，并确保产销平衡区粮食基本自给，为粮食主产区适当分减压力。

第四，大力发展生物多样性农业，探索农牧结合的技术路径。一方面，可以利用大面积秸秆还田、引入环保型生物物种、使用有机肥培育土壤微生物等方法，推进粮、畜、微（微生物）多元复合循环发展，以此来改良土壤，提高土地肥力、改善耕地质量、减少农业面源污染；另一方面，可以引入适合当地生态环境特色的物种，利用生物多样性来丰富农业生态系统内部的食物链，加强物种种群制约，进而增强生态系统的稳定性和持续性。

第五，粮食主产区粮食安全与生态安全的协同发展存在脱节风险。粮食安全脆弱性主导型的省份逐渐减少，同步发展型的省份逐年增多，而生态安全脆弱性主导型的省份呈现出先增后减的趋势。当前，内蒙古、四川两省、自治区为粮食安全脆弱性主导型，应在维持当前生态环境稳态的基础上，强化粮食安全保障能力；江苏、山东、河南、湖南、辽宁5省属于生态安全脆弱性主导型，应在稳定粮食生产的基础上，重点抓好生态环境建设；河北、吉林、黑龙江、安徽、江西、湖北6省为同步发展型，要继续强化粮食安全保障并强化生态环境承载力。

6.5 本章小结

（1）粮食主产区粮食高位增产，粮食生产总体形势较好，但仍面临诸多风险与挑战。一是存在区域发展不均衡问题。省际粮食产能差距较大，且差距有持续扩大的趋势。二是存在农业化学品过量施用问题，虽然近年来有减量趋势，但农药施用强度（7.6 公斤/公顷）、化肥施用强度（313.5 公斤/公顷）仍高于国际安全警戒线，农膜施用强度（11.9 公斤/公顷）也高于政策指导标准。三是存在严峻的环境资源约束问题。例如水资源，一方面，我国水资源在时间与空间层面存在分布不均现象，难以有效满足农业用水需求；另一方面，粮食主产区农业用水强度较高，水资源短缺现象明显。这些问题制约了主产区农业的可持续发展。

（2）粮食主产区粮食安全脆弱性和生态安全脆弱性逐年降低，且存在明显的区域分异现象。粮食安全脆弱性水平在时间上呈不断下降趋势，在空间分布上呈现出"中部（黄淮海区）低，南（长江流域区）北（东北区）高"的现象；生态安全脆弱性在时间上呈逐渐下降趋势，在空间分布上呈"北部（东北区）低，中（黄淮海区）南（长江流域区）高"的现象。

（3）粮食主产区粮食安全与生态安全脆弱性的耦合协同发展态势良好。从时间上看，耦合协同水平实现了由拮抗阶段向磨合阶段的转变，但未能实现向高水平阶段跨越，且协同发展的稳定性不强，存在波动风险；从空间上看，耦合协同水平呈现出由"中北高，南部低"向"南北中齐升"转变的特征，且各省份之间的差距不断缩小。

（4）从重心迁移路径来看，粮食主产区粮食安全与生态安全脆弱性耦合协同的重心总体向南迁移，逐步接近粮食主产区的地理重心，并且耦合协同水平在东北—西南方向上持续集聚，在西北—东南方向上先集聚后扩散。从演化趋势来看，耦合协同水平存在一定的"黏滞性"，其发展状态难以越级演变且不易退化。未来 10 年，耦合协同水平将向磨合阶段和高水平耦合进阶，并最终形成稳态。

第7章 粮食和生态"双安全"脆弱性防控政策

粮食安全问题一直是党和国家历届领导人高度重视的重要问题。中华人民共和国成立初期，毛泽东就提醒全党："不抓粮食很危险。不抓粮食，总有一天要天下大乱。"① 改革开放后，邓小平讲："不管天下发生什么事，只要人民吃饱肚子，一切就好办了。"② 江泽民谈道："如果农业和粮食生产出了问题，任何国家也帮不了我们。靠吃进口粮过日子，必然受制于人。"③ 胡锦涛强调："中国一贯高度重视农业特别是粮食问题。"④ 2013年12月23日，习近平总书记在中央农村工作会议上强调"中国人的饭碗任何时候都要牢牢端在自己手上"⑤。党的二十大再次强调："全方位夯实粮食安全根基，……牢牢守住18亿亩耕地红线，……确保中国人的饭碗牢牢端在自己手中。"⑥ 这些指示及论述都表明党和政府始终把解决人民的吃饭问题作为治国安邦的首要任务。

70多年来，在中国共产党的领导下，经过艰苦奋斗和不懈努力，我们实现了由"吃不饱"到"吃得饱"，再到"吃得好"的历史性转变，粮食安全取得了举世瞩目的伟大成就。1949~2021年，粮食年均增产157.3亿

---

① 《毛泽东文集》第7卷，人民出版社1999年版。
② 《邓小平文选》第2卷，人民出版社1994年版。
③ 中共中央文献研究室：《十四大以来重要文献选编（上）》，人民出版社1996年版。
④ 胡锦涛：《在八国集团同发展中国家领导人对话会议上的讲话》，人民日报，2008年7月10日。
⑤ 《中央农村工作会议在北京举行 习近平李克强作重要讲话》，中国共产党新闻网，2013年12月25日。
⑥ 习近平：《高举中国特色社会主义伟大旗帜 为全面建设社会主义现代化国家而团结奋斗》，人民日报，2022年10月17日。

斤，单产年均增长66.55千克每公顷，总产量突破1.3万亿斤并持续丰产，我国以世界9%的耕地和6%的淡水资源养活了世界20%的人口。[①] 这些成就的取得与我国实施的粮食安全政策密不可分。目前，学术界对粮食安全政策的研究主要集中在以下两个方面。

一方面是粮食安全政策的演变。赵发生（1988）介绍了1949~1984年中国粮食的生产、购销、调运、储存、检验，以及粮油工业、科技、财务等方面的基本情况，分析了中华人民共和国成立后35年的粮食政策及其效果。唐正芒（2010）进一步梳理了1949~2010年我国的粮食政策，为研究当代中国粮食工作的历史提供了线索。王扬等（2004）则以改革开放为起点，根据改革开放以来不同时期我国粮食政策变动的特征，将1978~2004年我国粮食安全政策发展划分为六个阶段，在此基础上对25年来粮食安全政策调整的特征进行分析，同时分析了中央政府在粮食政策中的行为逻辑。胡岳岷（2006）将1978年后我国的粮食安全发展历程分为快速发展、停滞徘徊、稳定发展、回落调整四个阶段，并分别阐述各个阶段我国采取的粮食安全政策。颜波等（2009）依据经济社会发展的需要和粮食供求形势的变化，把1978~2009年我国粮食流通体制的改革划分成七步，同时对粮食流通体制改革30年来所取得的成就进行梳理并总结经验。

另一方面是粮食安全政策绩效评价。田建民等（2010）在系统梳理我国粮食安全政策后认为，过去实行的各项政策在提高粮食产量、稳定粮食价格、维护粮食市场秩序等方面发挥了一定的积极作用，但还是存在粮食补贴标准不统一、粮食主产区补偿机制不完善、粮食最低收购价制度执行不力等问题，并提出了相应的改进措施。董巍（2011）则通过分析我国粮食安全政策及制度变迁主体的行为与变迁路径选择，对我国粮食安全保障制度变迁的绩效进行了评价，认为构建粮食安全保障体系的重点在于建立粮食安全法律法规体系。不同于对整个粮食安全政策绩效进行评价，占金刚（2012）针对粮食安全补贴政策，利用面板数据模型、农户生产行为决策模型及统计软件等工具，分别对粮食生产性政策、收入补贴政策和最低

---

① 中华人民共和国国务院新闻办公室：《中国的粮食安全》，人民出版社2019年版。

收购价政策进行了绩效评价。

7.1　粮食安全政策的演进路径

　　为保障我国粮食安全,党和国家根据不同历史时期的国情及粮情,出台了一系列粮食安全政策。我国学者对粮食安全政策的演进轨迹进行了广泛深入的研究。张军伟(2017)依据市场与政府作用的此消彼长,把中华人民共和国成立 60 多年的粮食安全政策分为自由购销时期(1949~1952)、统购统销时期(1953~1978)、"双轨制"时期(1979~2000)、市场经济完善时期(2001~2015)。而陈玉中(2021)在梳理改革时期中国共产党领导粮食流通体制改革的过程时,依据政策调控实践情况,将 1978~1995 年的粮食安全政策进行了更细致的划分。他认为 1978~1985 年属于"统购统销的制度下稳步放活粮食经营"阶段;1985~1992 年属于"取消粮食统购,实行合同订购"阶段;1993~1995 年属于"放开粮食价格和经营,实行'两条线'运行"阶段。这种细致的划分充分体现出"双轨制"的过程性。此外,他认为 1996~2003 年属于"三项政策、一项改革"阶段;2004~2012 年属于"积极稳妥放开粮食收购市场,实行粮食最低收购价政策"阶段。陈祥云等(2020)另辟蹊径,从相对宏观的视角,对中华人民共和国成立以来不同阶段的重大粮食政策进行分析。他们将自由购销阶段和统购统销阶段统一划分为从短暂的自由购销到统购统销政策时期(1949~1985),这一划分在本质上与大多数学者是一样的;将 1985~2004 年划分为四轮粮食政策改革的曲折探索时期,这一时期的粮食安全政策主要围绕市场化改革,包括其他学者所划分的"双轨制"时期、"三项改革、一项政策"时期等,这样的划分很好地抓住了这一时期粮食安全政策的共同特征;将 2004~2014 年划分为粮食支持保护政策的逐渐完善时期;将 2014~2019 年划分为"三量"齐增背景下的结构调整时期。

　　根据政府对粮食市场的干预程度,本章将粮食安全政策的演进划分为自由购销阶段、统购统销阶段、"双轨制"阶段、市场化改革阶段、粮食

第7章 粮食和生态"双安全"脆弱性防控政策

系统支持保护阶段，以及粮食安全系统性巩固阶段。

（1）中华人民共和国成立初期粮食自由购销阶段（1949~1952年）。

对于自由购销阶段的划分，各学者的意见较为一致。成升魁等（2018）认为1949~1952年实行自由购销体制，粮食市场多种所有制经济成分并存；周洲等（2017）根据不同时期我国粮食政策变动的特征，将1949~1952年划分为自由购销阶段。

中华人民共和国成立初期，受长期战乱影响，我国农村生产力大幅下降，粮食生产遭受重创。1949年我国的粮豆作物总产量为2264.00亿斤，比1936年（中华人民共和国成立前最高）减产近24.53%，而我国对粮食的需求却在不断增加，粮食供需矛盾突出。再加上当时一些粮商频繁的投机行为，粮食市场价格剧烈波动，给人民的生活造成了较大威胁（唐正芒等，2009）。1949~1952年我国的粮食市场实行自由购销，为了稳定粮食市场，国家主要用经济手段对粮食市场进行调控。在这一政策下，粮食的买卖双方在市场中可自由交易，政府无权干预，这一阶段的粮食是自由流通的。

这一时期的政策不仅涉及生产及流通方面，还涉及储备方面。在生产方面，政府主要通过土地改革激发农民的生产积极性。到1953年春，除西藏自治区、新疆维吾尔自治区外，全国土地改革基本完成，共有约3亿少地或无地农民分得7亿亩土地，并免交地租700亿斤粮食，人均每年多收100~150千克粮食，极大地提高了农民种粮积极性（张军伟等，2017）。与此同时，政府还大力修筑灌溉工程，许多农田的水利条件得到了改善。流通方面，政府在维持自由购销的同时，加强粮食市场管理，严厉打击投机行为。储备方面，1950年3月，政务院发布《关于统一国家公粮收支、保管、调度的决定》要求各地相继建立各级粮食局和中央公粮库，进一步加强公粮和贸易粮的统一调度工作（陈玉中等，2021）。与此同时，为了满足粮食储存的需要，在中华人民共和国成立初期，粮食部门就着手开展库容扩展工作，包括改建仓库、发展货场、租用仓库等。

自由购销阶段的粮食安全政策起到了增加粮食产量、稳定粮食价格及增加粮食库存的作用。1949~1952年我国粮食产量实现了四连增，其中

1950年（2642.50亿斤）的增幅最大，相比于1949年（2264.00亿斤）增加约16.70%，粮食产量的增长为稳定粮食局势奠定了物质基础。1950年3月全国粮食批发价格指数为100，1950年12月、1951年12月、1952年12月的价格指数分别为76.61、88.29、88.24，这对促进经济发展起到了积极的作用（唐正芒等，2009）。

（2）计划经济时期粮食统购统销阶段（1953~1977年）。

学术界对统购统销时期的界定比较清晰。陈祥云（2020）、卢良恕（2007）在对中华人民共和国成立以来不同阶段的重大粮食政策及粮食流通体制改革进行梳理时，将统购统销阶段划分为1953~1977年。

我国于1952年开始实施"一五"计划，该计划以工业化为中心，因此当时工业生产对粮食的需求量激增。1952年下半年至1953年上半年，全国收入粮食547亿斤、支出587亿斤，出现了40亿斤的赤字，各地粮仓储粮量大幅下降（薄一波，1991）。在实施工业化战略后，我国的城镇人口规模迅速扩大，人们对粮食的需求随之增加。中共中央察觉到这些问题，1953年11月国家正式实施粮食统购统销政策。在这一政策下，国营粮食企业在粮食市场中占主导地位，粮食价格完全由国家决定，农民生产的粮食先卖给国家，国家再供应社会所需的粮食。

中华人民共和国成立初期便进行了土地改革，地主阶级封建剥削的土地所有制被废除，农民土地所有制得以实施，农民生产热情高涨。但由于同期农民粮食消费增加和私商活跃等原因，国家收购的粮食不但没有增加，反而有所下降，国家粮食供需矛盾加剧。为了保障国家社会主义工业化的实现，中共中央在1953年10月通过了《关于实行粮食的计划收购与计划供应的决议》，当时的政务院在同年11月19日下达了《关于实行粮食的计划收购和计划供应的命令》，这标志着粮食统购统销政策正式出台。1955年8月，国务院又出台了《农村粮食统购统销暂行办法》和《市镇粮食定量供应暂行办法》，在全国范围内实行"定产、定购、定销"的制度。1957年10月，国务院进一步出台了《关于粮食统购统销的补充规定》，在坚持粮食"三定"的基础上，向丰收地区增购一些粮食。

1957年我国超额完成了"一五"计划的各项经济指标，奠定了社会主

第 7 章　粮食和生态"双安全"脆弱性防控政策

义工业化的初步基础。1958 年我国发动了"大跃进"运动和人民公社化运动。1958 年 8 月，中共中央在北戴河会议上通过了《关于一九五九年计划和第二个五年计划问题的决议》，提出我国粮食总产量要达到 8000 亿 ~ 10000 亿斤，为实现上述粮食指标，全国各地发动增产运动，虚报浮夸竞相升级。

"大跃进"运动和牺牲农业发展工业的政策使粮食生产元气大伤，为恢复粮食生产水平，中共中央发出了一系列指示。1960 年 5 月，中共中央发出《关于农村劳动力安排的指示》，指出"必须高度重视农业特别是粮食生产，合理安排农村劳动力，保证粮食生产所必需的劳动力。"1960 年 8 月，中共中央发出《关于全党动手，大办农业，大办粮食的指示》，指出"粮食生产是比工业生产还要费力的事情，粮食问题的解决关系到人民的生活、影响工业的发展。"经过全党全国上下的共同努力，农业生产逐步得到恢复和发展。1961 年粮食产量止住了下滑趋势，1962 年回升到 3200 亿斤，比上一年增产 250 亿斤[①]。

统购统销政策是国家在物质资源极度匮乏情况下满足城乡人民需要，实现社会主义工业化的无奈之举。这一政策的实施缓和了粮食供求的紧张形势，有利于维护社会稳定发展，但也严重损害了农民利益，阻碍了农村经济发展，最终导致城乡差距进一步拉大。综上所述，表 7.1 总结了统购统销阶段的粮食安全政策。

表 7.1　　　　　　　　统购统销阶段的粮食安全政策

时间	文件	内容
1953.10.16	《关于实行粮食的计划收购与计划供应的决议》	在农村向余粮户实行粮食计划收购（简称统购）政策；对城市人民和农村缺粮人民，实行粮食计划供应（简称统销）政策
1953.11.23	《关于实行粮食的计划收购和计划供应的命令》	政府对粮食市场进行严格管制；国家对私营粮食工商业进行严格管制；严禁商人私自经营粮食

---

① 中共中央党史研究室：《中国共产党历史：(1949 - 1978) 第二卷（下）》，中共党史出版社 2011 年版。

续表

时间	文件	内容
1955.8.25	《农村粮食统购统销暂行办法》《市镇粮食定量供应暂行办法》	定产、定购、定销；城镇的粮食采用定量供应的方法
1957.10.11	《关于粮食统购统销的补充规定》	丰收地区以丰补歉；国家粮食机构帮助农民进行粮食品种调剂

（3）改革开放后粮食"双轨制"阶段（1978~1993年）。

各学者对"双轨制"阶段的划分不尽相同。廖进球等（2018）根据中央政府历次调整创新粮食收购价格政策的阶段性特征，将1985~1997年划分为"双轨制"阶段；周洲等（2017）根据中华人民共和国成立以来不同时期我国粮食政策变动的特征，将1978~1997年划分为"双轨制"阶段。本章考虑到"双轨制"时期的过程性，借鉴了第二种划分思路，同时对时间范围进行了调整，将1978~1993年划分为"双轨制"阶段。

1978年，安徽省凤阳县小岗村人创立的"家庭大包干"模式开启了农村改革的大门。小岗村的改革犹如星星之火，在全国迅速形成燎原之势。到1984年底，全国99%以上的生产队伍实行了家庭联产承包责任制。家庭联产承包责任制对传统人民公社制度下的生产队经营体制的全面取代，使得我国农业生产的决策方式和激励机制发生了根本性变化，农业生产绩效不断提高（毛佳等，2021）。家庭联产承包责任制的实施极大地解放和发展了农村生产力，并从根本上调动了广大农民的生产积极性，迅速扭转了我国粮食长期短缺局面，但也导致部分地区粮食库存过大，出现了卖粮难的困境。国家为了既能掌握一定粮源，又能减少库存及财政补贴压力，采取了市场交换与政府控制并存的"双轨制"政策。粮食购销的"双轨制"呈现出过程性特征，具体可分为萌芽阶段、形成阶段、发展阶段和衰落阶段四个阶段。

①计划为主的"双轨制"（1978~1984年）。

从1978开始，国家开始了粮食流通体制的市场化变革，主要着眼于建立生产责任制、调整统购价格等，引导统购价格在粮食资源配置过程中发挥关键作用。这些变革最终使"双轨制"得以确立,所以这一时期可被划分为"双轨制"的萌芽期。

1978年12月,党中央召开了十一届三中全会,决定将全党的工作重点放到社会主义现代化建设上来。大会通过的《关于加快农业发展若干问题的决定(草案)》明确提出要建立农业生产责任制,同时提出要实施粮食统购任务量减少和粮食统购价格上调的政策。这大大减轻了农民征购负担,提高了农民收入。1979年实行超购粮食加价和减少征购基数政策,粮食流通变得更加活跃。1980年9月中共中央发布了《关于进一步加强和完善农业生产责任制的几个问题》,鼓励各地依据自身实际情况,因地制宜,建立各种形式的农业生产责任制。1982年1月,国务院发布了《关于实行粮食征购、销售、调拨包干一定三年的通知》,生产队、小组和农民按规定完成征购任务后,有权自行处理多余粮食。同年12月中共中央通过了《当前农村经济政策的若干问题》,提出要适应商品生产需要,发展多种多样的合作经济。同时为适应改革需要,国家1979年4月恢复了粮食部,并在1982年3月把粮食部、供销合作总社并入商业部。

②计划和市场并重的"双轨制"阶段(1985~1990年)。

大幅提高粮食统购价格极大地调动了农民生产积极性,实现了粮食产量高速增长,但粮食统销价格却基本没有变化,导致我国1978~1984年粮食价格补贴大幅增长,国家财政不堪重负。因此1985~1990年,我国对粮食流通体制再次进行了改革,主要包括以下两个方面。

在粮食收购方面,1985年,中央一号文件提出,"除个别品种外,国家不再向农民下达农产品统购派购任务,按照不同情况,分别实行合同定购和市场收购。"这表明我国粮食政策由原来的统购统销正式变为订购统销和议购议销并行的"双轨"运行政策,标志着"双轨制"正式确立。1987年,《把农村改革引向深入》进一步明确提出,"在今后比较长的一段时期内,必须继续实行合同定购与市场收购的制度。"就这样,"双轨制"政策逐步得到了发展。

在粮食价格方面,1985年以后,合同订购事实上已经演变成了变相的"统购+补贴"。由于国家财力有限,1985年后合同订购价格只进行了微调，远不及农业生产资料和日用工业品价格的上涨幅度，且国家对粮食生产者的补助也未能完全到位，粮食生产的机会成本迅速增加，农民种粮积极性被大大削弱。为了调动农民增产粮食和棉花的积极性，在1989年的政府工作报告中，国务院决定：从1989年4月1日起，将合同定购粮食的收购价格平均提高18%；合同定购以外的粮食实行市场交易，价格随行就市；同时，在新棉上市时适当提高棉花收购价格。1990年国务院印发了《关于建立国家专项粮食储备制度的决定》，决定建立国家专项粮食储备，搞好丰歉调剂，保证粮食市场供应和粮价基本稳定。

③市场为主的"双轨制"阶段（1991～1993年）。

改革统购以来，粮食收购价格一提再提，但统销价格却一直未动，使得粮食购销价格倒挂现象更加严重。除此之外，国家还经常因粮食收购或者供给不足，将议价收购部分转成平价销售，导致财政亏损更加严重。因此，改革粮食销售政策迫在眉睫。1991年5月，国务院决定提高城镇居民定量内口粮的销售价格，平均一次提价67%。1992年2月，国务院决定：从当年新粮上市起，将玉米、稻谷的订购价格均提高。经过这二次提价后，我国粮食基本实现了购销同价。1993年2月，国务院在《关于加快粮食流通体制改革的通知》中指出要放开经营、放开价格。1993年11月，中共中央、国务院在《关于当前农业和农村经济发展的若干政策措施》中决定，从1994年开始，国家对粮食定购实行"保量放价"的政策。在这一政策下，国家对粮食的订购数量保持不变，但订购价格会随着市场行情进行调整。这一政策出台标志着实行多年的"双轨制"退出了历史舞台。

"双轨制"是我国粮食政策由计划转向市场过程中的过渡形式，它是对实施多年的"统购统销"政策的矫正。在收购方面，"双轨制"下政府对粮食的收购依然存在，但收购范围在不断减小。在销售方面，粮食由一开始的计划供应变为后来的开放销售。我国粮食市场体系在这一时期也得到了快速发展，出现了粮食零售市场、粮食批发市场、粮食期货市场等。综上所述，表7.2总结了"双轨制"阶段的粮食安全政策。

第7章 粮食和生态"双安全"脆弱性防控政策

表7.2　　　　　　　"双轨制"阶段的粮食安全政策

时间	文件	内容
1978.12.22	《关于加快农业发展若干问题的规定（草案）》	实行农业生产责任制；严禁分田单干，实行承包经营
1982.1.13	《关于实行粮食征购、销售、调拨包干一定三年的通知》	除西藏、新疆外，中央对各省、自治区、直辖市实行粮食包干
1983.1.2	《关于当前农村经济政策的若干问题》	允许农户在完成统一的粮食调拨任务后，将剩余的粮食进行多种形式的销售
1985.1.1	《关于进一步活跃农村经济的十项政策》	粮食按合约定购；定购粮价格由国家确定，定购以外粮食的价格由市场决定；市场价低于原统购价时，国家按原统购价敞开收购
1993.2.20	《关于建立粮食收购保护价格制度的通知》	保护范围是国家定购和专项储备的粮食品种；保护标准是相关粮食品种按不低于定购价制定的保护价
1993.11.5	《关于当前农业和农村经济发展的若干政策措施》	明年开始，国家定购的粮食都要"保量放价"；要尽快把粮食企业的财务挂账问题处理好

（4）粮食购销市场化改革阶段（1994~2003年）。

1993年下半年，受上半年国家货币大量投放、粮食供给紧缺等因素影响，粮食价格迅速上涨。为稳定粮价，政府出台了一系列政策以达到重新加强对粮食市场管理的目的。这些政策的实施将我国的粮食流通体制重新拉回价格"双轨制"阶段，价格市场化改革进程有所放缓。1994年发布《国务院关于深化粮食购销体制改革的通知》，以强化粮食定购政策，同时大幅度提高粮食定购价格，四种粮食价格比上年平均提高了44.4%。1995年2月，中央农村工作会议就实行和落实粮食省长负责制达成了一致，所谓的粮食省长负责制就是省长必须负责本省的粮食供求平衡和粮食市场的相对稳定。1996年，国家决定再次提高粮食定购价格，粮食收购价格接连提高激发了粮食生产者的生产积极性，粮食生产又迎来了一个新高潮。但随着粮食市场供给量大幅增加，粮食价格开始下跌。这一阶段的粮食政策发挥出平抑粮价、稳定粮食市场的效果，但国家更多的是采用行政方法进行调控,这从某种程度上来说是粮食市场化改革中的一次"倒退"。

粮食收购价格的大幅提升及粮食省长责任制的有效推行使得我国粮食产量大幅回升。但在粮食连年丰收的情况下,我国粮食市场的价格却连年走低,农民收入问题日益突出。同时,加入WTO也为我国加快市场化改革步伐提供了客观机遇。

1998年,党的十五届三中全会对农业发展形势做出了"粮食和其他农产品大幅度增长,由长期短缺到总量大体平衡、丰年有余,基本解决了全国人民的吃饭问题"的论断。在此基础上,中央计划对农业和农村经济结构进行"战略性调整"。同年5月,在《国务院关于进一步深化粮食流通体制改革的决定》中,提出了改革的总原则是四分开一完善(即实行政企分开、中央与地方责任分开、储备与经营分开、新老财务账目分开,完善粮食价格机制),改革的重点是贯彻三项政策、加快自身改革。2000年,在《国务院关于进一步完善粮食生产和流通有关政策措施的通知》中,提出促进农业和粮食生产结构调整、扩大仓库建设规模、完善"三项政策、一项改革"方案等。2001年,在《国务院关于进一步深化粮食流通体制改革的意见》中,提出加快推进粮食主销区粮食购销市场化改革、完善国家粮食储备体系、加强粮食市场管理等。

在这一阶段,我国还开始逐步推进粮食购销市场化改革试点工作。经国务院批准,2001年初浙江在全国率先开始了粮食购销市场化尝试。同年7月,在《国务院关于进一步深化粮食流通体制改革的意见》中,提出可以将市场化改革拓展到浙江、福建、上海、广东、海南、江苏、北京、天津等经济较发达地区。改革的总体目标是,在国家宏观调控下,充分发挥市场机制对粮食购销和价格的形成作用,完善粮食价格形成机制。

这一轮改革是在我国粮食取得连年丰收的背景下进行的,对连年丰收情况下如何保护农民种粮积极性、加强市场调控等难题进行了积极探索,为全面放开粮食购销市场积累了经验、创造了条件。但是由于政策目标的多重性和对困难预计不足,政策实施效果并没有预期那么明显。例如,农村私营粮商通过价格低收低走赚取差价,这在一定程度上降低了市场上的粮价,导致收购价格和经营成本高的国有粮食企业无法实现

第7章 粮食和生态"双安全"脆弱性防控政策

顺价销售。综上所述，表7.3总结了粮食购销市场化改革阶段的粮食安全政策。

表7.3 粮食购销市场化改革阶段的粮食安全政策

时间	文件	内容
1998.5.10	《关于进一步深化粮食流通体制改革的决定》	维持粮食定购和按保护价敞开收购农民余粮的制度，定购价和保护价由本决定提出的原则制定
1999.5.30	《关于进一步完善粮食流通体制改革政策措施的通知》	适当压缩粮食保护价收购的地区范围；允许调整定购粮收购价格
2000.6.10	《关于进一步完善粮食生产和流通有关政策措施的通知》	促进生产结构调整；加强仓储建设；继续调减保护价收购范围
2001.7.31	《关于进一步深化粮食流通体制改革的意见》	加快主销区粮食购销市场化；放开粮食收购
2003.5.19	《关于2003年粮食收购价格有关问题的通知》	适当调减保护价收购范围，落实优质优价；主产区继续坚持保护价收购制度
2003.12.31	《关于促进农民增加收入若干政策的意见》	调整农业结构，增加农业投入；逐步降低农业税

（5）粮食系统支持保护阶段（2004~2014年）。

20世纪末到21世纪初，用于粮食生产的耕地数量急剧下滑。1998~2003年，粮食总播种面积减少了14377千公顷，粮食产量下降1632亿斤，粮食供求矛盾十分尖锐。在这种背景下，为提高农民生产积极性、促进农民收入增加，2004~2014年我国对粮食安全政策进行了新一轮调整，逐步完善了支持保护政策体系。

一是取消农业税。2004年的中央一号文件《中共中央 国务院关于促进农民增加收入若干政策的意见》明确提出，对农业要采取"多予、少取、放活"的方针，逐步降低了农业税税率。2005年12月29日，十届全国人大常委会第十九次会议做出了自2006年1月1日起废止《中华人民共和国农业税条例》的决定,这标志着在我国延续了 2600 年的农业税从此退出历史舞台。

二是完善粮食补贴政策。巨额的间接粮食补贴不但增加了国家财政负担,而且大部分补贴并未落到农民手中,政策远没有达到预期效果。2004 年,中央决定逐步建立和完善对粮农的直接补贴机制,并在随后几年中明确加大补贴力度。2005 年,财政部等部门联合发布了《关于进一步完善对种粮农民直接补贴政策的意见》,其中对国家发放补助金的时间、方式等都作了较为详细的规定。2008 年,《国家粮食安全中长期规划纲要(2008~2020 年)》提出要完善种粮直补、良种补贴、农机具购置补贴、农资综合补贴四项补贴,并不断增加补贴范围,提高补贴标准,完善最低收购价格,加快建立全国统一开放和竞争有序的粮食市场体系。

三是制定粮食收储托市政策。2004 年起,国务院全面放开国内粮食购销市场,实现购销市场化和市场主体多元化。国务院在 2004 年颁布的《粮食流通管理条例》中指出,粮价主要由市场形成,但在粮食供求形势发生重大变化时由国务院决定在主产区对短缺重点粮食品种实行最低收购价政策。2007 和 2008 年,中央政府针对玉米和大豆出台了类似最低收购价的临时收储政策。这些政策从出台后逐渐演变成提高农民生产积极性的常态化支持政策。

四是出台激励政策。2005 年 4 月,财政部印发《中央财政对产粮大县奖励办法》,对产粮大县分地区进行奖励。2008 年,《国家粮食安全中长期规划纲要(2008—2020)》提出新增粮食千亿斤生产能力计划,加大粮食生产投入。

这一阶段的粮食政策改革是建立在农村税费改革基础之上的,极大地调动了农民种粮积极性,促进了粮食生产稳定发展。通过最低收购价和临时收储政策,政府增强了对粮食的调控能力。这些政策的实施使得粮食综合生产能力有效提升,产量持续快速上涨,夯实了经济社会稳定发展基础。综上所述,表 7.4 总结了支持保护政策的逐步完善阶段的粮食安全政策。

第7章 粮食和生态"双安全"脆弱性防控政策

表7.4　支持保护政策的逐步完善阶段的粮食安全政策

时间	文件	内容
2004.5.23	《关于进一步深化粮食流通体制改革的意见》	放开主产区的粮食收购市场和价格；鼓励并规范多种市场主体从事粮食经营
2004.5.19	《粮食流通管理条例》	在主产区对短缺重点粮食品种实行最低收购价政策
2006.5.13	《关于完善粮食流通体制改革政策措施的意见》	完善最低收购价政策执行预案；对最低收购价范围外的主要粮食品种，在价格下跌较多时，政府要及时采取有效措施调节供求
2008.11.13	《国家粮食安全中长期规划纲要（2008—2020年）》	完善四项补贴；完善最低收购价，探索目标价格补贴等
2008.12.31	《关于2009年促进农业稳定发展农民持续增收的若干意见》	进一步增加农业农村投入；较大幅度增加农业补贴；增强农村金融服务能力

（6）粮食安全系统性巩固阶段（2014~2021年）。

2004年以来逐步建立的以最低收购价为主体的财政支粮政策体系在迅速扭转前期粮食生产下滑态势的同时，也保障了农民增产增收和粮食安全。但随着国内外环境的变化，支粮政策边际效应递减的负面影响开始显现，突出表现在粮食生产量、进口量和库存量"三量齐增"现象。研究认为，收储政策的问题累积导致"三量齐增"现象，而最低收购价政策扭曲了粮食价格的市场形成机制。由此，我国开始了新一轮的政策改革完善。

2014年的中央一号文件指出，要完善粮食等重要农产品价格形成机制，健全农产品市场调控制度，逐步建立推行目标价格制度并展开试点。2015年，当时的农业部在《关于"镰刀湾"地区玉米结构调整的指导意见》中，提出减少该地区的玉米种植面积以缓解国内玉米库存压力。2016年，中央发布的《关于落实发展新理念加快农业现代化实现全面小康目标的若干意见》提出坚持市场化与保护农民利益并重，实行"市场定价，价补分离"政策。2018年的中央一号文件指出要消化库存，健全粮食主产区利益补偿机制。2019年的中央一号文件提出要稳定粮食种植面积，保障重要农产品供给。2020年的中央一号文件要求稻谷、小麦、玉米全面实施完全成本保险和收入保险试点，借此完善稻谷和小麦的最低收购价政策。2021年的中央一号文件强调要稳定种粮农民补贴，坚持并完善稻谷、小麦最低收购价政策。

这一阶段的政策调整坚持贯彻了新粮食安全观和国家粮食安全战略，粮食收储制度改革坚持渐进式推进，农业支持保护政策体系在探索中逐步完善，这在一定程度上调动了农民产粮、地方政府抓粮的积极性。这些政策的实施有效地提升了粮食综合生产能力，明显增强了粮食安全保障能力，为端牢中国人自己的饭碗发挥了重要作用。综上所述，表7.5总结了"三量"齐增时期内的政策转型。

表7.5　　　　　　"三量"齐增时期内的政策转型

时间	文件	内容
2014.1.19	《关于全面深化农村改革加快推进农业现代化的若干意见》	探索农产品价格与政府补贴脱钩；逐步推行目标价格制度并展开试点；完善主产区利益补偿机制
2015.10.12	《关于推进价格机制改革的若干意见》	继续执行并完善稻谷、小麦最低收购价政策；继续实施大豆目标价格改革试点；改革完善玉米收储制度
2015.12.31	《关于落实发展新理念加快农业现代化实现全面小康目标的若干意见》	价格形成机制与收储制度，坚持市场化与保护农民利益并重；实行"市场定价、价补分离"
2018.1.2	《关于实施乡村振兴战略的意见》	消化库存；试点完全成本保险和收入保险
2019.2.20	《关于坚持农业农村优先发展做好"三农"工作的若干意见》	保障重要农产品供给；完善金融服务
2021.1.4	《关于全面推进乡村振兴加快农业农村现代化的意见》	大力实施乡村建设行动；稳定种粮农民补贴，坚持并完善稻谷、小麦最低收购价政策

7.2　粮食安全政策的演进逻辑

长期以来，在传统"民以食为天"的安全观和"人多地少水缺"先天不足的资源条件下，我国坚持独立自主、自给自足的政策导向，实施以政府为主导的粮食政策，旨在适应经济体制和战略的调整，以及达成安全和效率等多重目标（陈祥云等，2020）。这一过程总体上遵循着从计划经济体制向市场经济体制转变的逻辑，不同主体的利益调整贯穿政策变迁始终，变迁过程与宏观经济的发展变化及改革需求相适应，并始终遵循以人民为中心的演进特征。

（1）粮食政策始终遵循以人民为中心。

习近平在党的二十大报告中指出："江山就是人民，人民就是江山。"[①]人民性是马克思主义政党的根本属性，是中国共产党执政为民的行动指南，这一根本属性在党的各项决策部署中得到了集中体现（唐踔等，2021）。在保障粮食安全方面，党和政府始终将实现农民增收作为制定粮食政策的重要目标之一。纵观我国粮食安全政策的演进过程，粮食产业已由"低税"向"非税"转变，流通环节中的"间接补贴"已转变为对农民的"直接补贴"，这充分体现党和政府以人民为中心的价值理念，也是我国粮食政策的显著特征。

（2）从计划经济体制向市场经济体制转变是我国粮食政策的演进方向。

总体看来，1978 年以前我国粮食市场主要实施统购统销的政策，政府在粮食市场中既是买家又是卖家，粮食价格直接由政府决定而与供求无关。1978 年到 20 世纪 90 年代初期，农民在完成统购任务后，可以通过集市自由买卖粮食。由此，粮食政策开始沿着市场化方向进行。到了 1993 年，国务院决定实施保量放价政策，但在不到一年的时间内便又回到原有模式，并且对粮食购销和价格的控制在原来基础上有所加强，我国粮食市

[①] 习近平：《高举中国特色社会主义伟大旗帜　为全面建设社会主义现代化国家而团结奋斗》，人民日报，2022 年 10 月 17 日。

场化进程出现了较大程度的"回转"。尽管市场化改革经常出现反复，但整体来看，从统购统销到价格"双轨制"再到市场的全面放开，这一过程体现了我国粮食市场化倾向。从粮食储备及调拨政策角度来看，我国粮食管理权力也经历了从中央下放到各地区的市场化过程。在粮食计划管理时期，中央直接计划省际粮食调拨，而省内粮食调拨由省政府统一组织和安排。随着改革的深入，这种集中统一的管理方式也逐步开始解体，中央和省级政府在事权上不断变革。1986年的中央一号文件提出，为了合理调节粮食调出省与调入省之间的经济利益，促进粮食流通，发挥各自优势，从1986年起，对各省、自治区、直辖市实行粮食调拨包干制度，并对调拨价格和财政补贴办法作适当调整。包干以外需要调出、调入的粮食，由各地区自行商议，进行议价购销。1993年2月，国务院在《关于加快粮食流通体制改革的通知》中规定："各省、自治区、直辖市人民政府要切实加强粮食管理，搞好本地区粮食数量、品种平衡，确保城乡市场粮食供应。"1994年5月，国务院在《关于深化粮食购销体制改革的通知》中进一步规定："实行省、自治区、直辖市政府领导负责制，负责本地区粮食总量平衡，稳定粮食面积、稳定粮食产量、稳定库存，灵活运用地方粮食储备进行调节，保证粮食供应和粮价稳定。"

（3）不同主体的利益调整是驱使粮食政策演化变迁的动力特征。

从制度经济学角度来看，每一次政策变迁都是既有利益安排被打破、新利益秩序被建立的过程，利益调整必然意味着利益分配方式的改变（王辉等，2013）。国家、粮食生产者及粮食消费者在权利和义务关系上的重新划分是我国粮食流通体制变革过程的实质。从粮食生产者的角度来看，统购统销政策要求他们将粮食产出全部用于国家经济发展。在这一政策下，粮食生产者不用担心粮食销售问题，但同时较低的统购价格会使粮食生产者利益受损，粮食生产者失去了获得更多利益的权利。国家在意识到这一情况后，打算通过提高统购价格来给予粮食生产者更多的实惠，但这并不能扭转粮食生产者利益被侵犯的情况。因此粮食政策导向逐渐演变为在保证国家粮食安全的前提下，粮食生产者可以在市场上出售粮食产品，粮食生产者的利益得到了一定的维护。在改革不断深入的背景下，国家不断加大对粮食生产者权益的维护力度。从粮食消费者的角度来看，在统购统销政策下，他们可以用低于市场的价格获得粮食产品，成功度过了粮食供不应求的困难时期。这种低价的粮食政策一直持续到改革开放以后，但粮食供求价格倒挂让国家背负了巨大的财政压力。因此政府逐步提高粮食销价、开放粮食市场，使得粮食价格慢慢向市场水平过渡。虽然粮食消费者将部分利益让渡给粮食生产领域，但由于国家对粮食补贴的力度较大，总体来说，粮食消费者仍是受益方。从国家角度来看，其在粮食政策上追求的是粮食安全与粮食市场稳定。

（4）粮食政策适应宏观经济的发展变化及改革需要。

因改革开放以前我国实行计划经济，社会主义工业化的大规模建设迫切需要农业部门来支撑工业发展，而粮食作为农业的根本，自然也就成为国家管制的首要对象。故在计划经济时代，国家粮食政策的主要目的是在保证粮食稳定供给的同时保证城市居民利益。但伴随着改革开放的进行，国民经济得到迅速发展，这一目标被逐渐弱化（柯炳生等，1998）。改革开放在很大程度上提高了人民的生活水平，粮食消费在居民的消费中所占比例急剧下降，大部分城市消费者对于粮食价格的承受力大大提高。但随着城乡居民收入差距的进一步拉大，农民收入问题逐渐引起了政府关注，增加农民收入成为政府制定粮食政策过程中一个重要的考虑因素。另外，粮食供应条件得到改善，粮价持续上涨，造成了粮食购销价格逆差，导致国有粮食企业蒙受巨大损失，政府补助持续上涨。因此，如何提高粮食生产经营水平和粮食补贴的使用效益，已成为政府粮食调控的又一个重要目的。同时，随着我国经济市场化改革深入，我国粮食市场价格波动问题也日益突出，而粮食价格作为"万价之基"，直接关系到市场总体物价的稳定和宏观经济的运行。因此，健全和完善国家的粮食宏观调控体系、稳定粮食市场价格也逐渐成为政府粮食政策的一个重要目标。

7.3 "双安全"目标下脆弱性防控对策

党的二十大标志着我国进入全面建设社会主义现代化的新时期。习近平总书记在党的二十大报告中指出，全面建设社会主义现代化国家"必须增强忧患意识，坚持底线意识""统筹发展和安全""坚持农业农村优先发展""全方位夯实粮食安全根基。"在全球性极端气候和重大灾害频发的大背景下，新时代我国粮食安全政策必须牢固树立"底线思维"和"忧患意识"。我国耕地污染及耕地损毁问题持续存在，耕地保护任务越来越重；种粮收益较低，农民种粮积极性普遍不高；农业机械开发相对滞后，现有农机产品难以满足农业发展需要。因此，总体而言，中国粮食安全处于一种"紧平衡"状态，基础并不牢固、形势不容过分乐观。在新时期，要解决好这些新问题，需要树立新的粮食安全治理理念，具体要做到以下几点。

（1）应进一步加强粮食综合生产能力建设，保障粮食产能安全。

保障粮食产能安全是保障我国粮食安全的重要一环。现阶段我们需要投资农业科技研究及农业基础设施建设，以提升粮食综合生产能力，而无须过度追求粮食产量的高增长。主要需要做好以下几方面的工作。

一是保证耕地数量和质量。要确保粮食安全，就必须保有相当数量和质量的耕地。耕地资源的数量和质量是粮食生产的基本保证，耕地资源安全是我国粮食安全的关键。习近平总书记曾经强调过："保护耕地要像保护文物那样来做，甚至要像保护大熊猫那样来做。"新时期要确保国家粮食安全，就必须旗帜鲜明地站起来捍卫18亿亩耕地红线，落实"藏粮于地"战略。具体可以从以下几个方面入手。首先，要坚持科学用地、节约用地。要建立行之有效的、科学的土地利用机制，倡导能占用坏地就不占用好地、能占用未利用地就不占用耕地的用地观念。其次，要坚持落实耕地保护责任制，加大执法力度。地方政府要落实《违反土地管理规定行为处分办法》；还要建立部门联动配合机制，加强和纪检监察机关、司法机关的配合，加大执法力度，从法律层面加强耕地保护。最后，要坚持科学宣传，使耕地保护观念深入人心。耕地保护已经到了刻不容缓的地步，政府要加强科学宣传，让更多的国民了解我国耕地现状及面临的严峻形势，参与到耕地保护中来。

二是加快发展农业科技。"科学技术是第一生产力"，建设现代农业、提高农业综合生产能力，必须依靠农业科技的不断进步和创新。2013年习近平总书记在山东考察时就曾提出要重视和依靠农业科技进步、走内涵式农业发展道路的思想。因此，我们需摒弃依靠增加投资、扩大规模的外延式种粮观，要聚焦和依靠科技创新的力量。具体可以从以下几个方面入手。首先，要不断提高农业科技自主创新能力，通过完善体系和创新机制，尽快使我国农业生物技术和信息技术的原始性创新能力得到明显提升。其次，要提高农业科技成果转化应用能力。农业科技的推广应用，必须贴近农民，把服务基层、服务农民作为核心任务，在科技成果推广扩散的过程中，为农民提供便利的条件。最后，要加大培训新型农民的力度和广度，提高农民的综合素质，开展针对性强、务实有效、通俗易懂的农业科技培训。

三是进一步提高农民种粮积极性。农民种粮积极性下降是新时期我国保证粮食安全必须面对的一个问题。农民的积极性是发展农业和农村经济的根本。具体可以从以下几个方面入手。首先，要充分利用好价格机制，将不同品质的粮食分开定价，让拥有优质粮食资源的农民获得更高的经济收益，从而提高农民种植优质粮食的积极性。其次，要进一步调整粮食直接补贴方式。当前实行的粮食补贴机制在一定程度上提高了农民粮食生产的积极性，不过仍然存在着一些问题。今后应当进一步提高粮食直接补贴的标准，同时将粮食补贴的范围进行适当调整，补贴应集中给粮食主产区的粮农。最后，要实施特殊情况下的生产救助政策，降低自然灾害对农民造成的损失。

（2）保证粮食安全的重点应由数量安全向质量安全转变。

由于新时期我国社会主要矛盾发生了改变，只追求高产及增产的传统粮食安全观也需做出调整，将保证粮食安全的重点由数量转变为质量才能在新时期保障我国的粮食安全。党的十八大以来，习近平总书记十分重视农产品和食品安全，他强调："要坚持数量质量并重，在保障数量供给的同时，更加注重农产品质量和食品安全，注重生产源头治理和产销全程监管，让人们吃得饱、吃得好、吃得放心。"粮食是最基本的食品，是其他食品加工的原材料，粮食质量安全决定了食品安全。因此，在保证粮食数量充足的条件下，保证粮食质量非常重要。

保证粮食质量可以从产出和管理两个方面入手。在粮食产出方面，要确保粮食产区有良好的生态环境，采用优质粮食种子进行种植，且在种植过程中应减少农药、化肥等的使用量；在粮食管理方面，要着力提升粮食管理人员的专业素质和管理能力，同时建设并完善粮食质量监管体系和安全保障体系，加大监管和检验检测力度。

（3）在保证粮食数量安全的前提下注重结构安全。

从粮食产量来看，我国粮食总产量近年来屡创新高。因此目前我国粮食安全问题的重点不在于粮食数量而在于粮食结构，主要表现为以下两个方面。在粮食品种结构方面，小麦和稻谷供需基本平衡但未来消费需求不断增长，保供能力趋于弱化；玉米因国家补贴政策被大量种植，呈现出明显的挤出效应；大豆作为高度依赖进口的作物，国内供应严重不足。在粮食品质结构方面，普通粮食供给过剩，而高质量粮食存在供给不足情况。所以在新时期应进一步改变粮食生产结构，使其更加符合市场需求，这样才能更大程度地保障我国的粮食安全，为此需要做好以下几方面的工作：

一是区分口粮及饲料粮，根据两者的需求调整粮食种植结构。长期以来，我国口粮和饲料粮未作区分，粮食在供应给人们进行消费的同时还被用作饲料粮。这不仅造成了粮食的极大浪费，还造成了耕地、劳动力等生产资料的巨大浪费，同时也阻碍了农业生产结构的合理化。

二是进一步压缩一般粮食品种的生产，扩大优质、专用粮食品种的生产。随着居民收入增长，人们的消费结构在不断升级。在这种情况下，居民对一般品种粮食的需求可能不增反降，而对一些优质、专用粮食的需求将不断增加。未来我国粮食生产结构也须做出调整，以适应升级后的粮食消费结构，从而确保粮食安全。

三是引导粮食同蔬菜、瓜果等其他经济作物的空间宏观布局与种植决策，鼓励将一定比例的土地流转给种粮大户、家庭农场、粮食合作社等新型经营主体，以缓解结构性供需失衡现象。

（4）在保证粮食数量安全的前提下注重粮食贸易安全。

目前我国进口状况正从少量向大规模转变，仅靠本国生产全部粮食作物在一定程度上将加剧我国农业资源约束，但由于国外农产品优势较大，过高的进口量也易成为安全隐患。习近平总书记曾指出："在国内粮食生产确保谷物基本自给、口粮绝对安全的前提下，为了减轻国内农业资源环境压力、弥补部分国内农产品供求缺口，适当增加一些粮食的进口和加快农业走出去的步伐是必要的，但要把握好进口规模和节奏，防止冲击国内生产，给农民就业和增收带来大的影响"。因此，实施多元化的粮食进口策略以降低粮食进口的风险是有必要的，具体需要做到以下两点。

一是实现贸易伙伴多元化，建立比较稳定的贸易关系。在WTO规则内，建立长期稳定的贸易关系是中国粮食贸易政策的出发点。但是，需要避免提供进口粮食的国家过于集中，以免在国际交往中处于被动地位。与此同时，还需充分利用主要粮食出口国之间的利益矛盾，掌握进口粮食的主动权。另外，要尽可能地减少贸易摩擦和贸易不稳定性，发展良好合作关系。

二是强化国外耕地资源开发合作。目前，我国耕地开发程度比较高，可适当引导国内企业到一些耕地尚未完全开发的国家购买或租用土地，建立稳定的粮食生产基地。这样既可以增加中国进口粮食的供给来源，又可以防止其他国家粮食封锁带来的不安全性。

习近平总书记在党的二十大报告中强调，必须高度重视我国粮食安全问题，"确保粮食、能源资源、重要产业链供应链安全""全方位夯实粮食安全根基""确保中国人的饭碗牢牢端在自己手中"。当前世界之变、时代之变、历史之变正以前所未有的方式展开，国内外粮食安全格局复杂多变，我国粮食生产、供需、贸易层面遭受诸多冲击与挑战，亟须认清我国整体粮食安全发展形势，加快提升高层次粮食安全保障水平，具体要注意以下几点。

一是牢牢守住粮食耕地红线，确保耕地保量保质并行。首先，要严格实行耕地保护制度，坚决守住18亿亩耕地红线，坚持17亿亩粮田和15.5亿亩农田两条基本底线。其次，要加强耕地用途管制，坚决遏制耕地"非农化"和"非粮化"趋势，大力清除大棚房、违章建筑等各种破坏和占用耕地行为，确保耕地面积不减少、粮食产量不下降。再次，要实行耕地保护党政同责制度，严格落实耕地保护责任制，任何地方都不应以任何借口转移或推卸耕地保护责任,依法依规做好耕地占补平衡工作。最后,要恢复耕地生态,牢固树立和践行绿水青山就是金山银山的理念。站在人与自然和谐共生的高度谋划农业发展,加强耕地数量、质量、生态"三位一体"保护和管控机制,建立健全耕地休耕轮作制度,维护耕地生态平衡,增加优质粮田比重。

二是提高农业规模经营水平,提升粮食产业管理效率。首先,要推动农业规模经营。由社区网格党支部牵头领办合作社,与农业生产经营主体签订土地流转合同,促进小规模、分散化农业经营方式向适度规模、多元主体的土地流转和服务引领型规模经营方式转变。其次,要提高农民生产积极性,全面推进乡村振兴。坚持农业农村优先发展,巩固拓展脱贫攻坚成果,提高农民待遇,调整农资价格及质量水平,稳定粮食收购价格,宣传粮食生产重要性,提升粮农自我价值荣誉感。再次,要转变农业经营管理方式。构建现代农业经营体系、生产体系和产业体系,减少生产、加工、流通、存储、消费环节的成本消耗,着力提高粮食产业全要素生产率。最后,要提高粮食产业信息化智能化水平。依托大数据、数字孪生等前沿数字技术,加快粮食生产、储备、流通智能管理系统建设,提升粮食产业管理效率。

三是加强农业科技研发推广,推进粮食产业绿色发展。首先,要突破粮食种业技术攻关。坚持科技是第一生产力,突破从基础研究、前沿技术、共性关键技术、品种创制到示范应用的全产业链育种科技攻关,实现种业科技自立自强、种源自主可控。其次,要提升农机装备研发应用水平。坚持创新是第一动力,由专门机构统筹,强化跨界、跨学科的农机装备研发,打造智能农机产业链发展高地,扩大农民购置农机补贴范围,提高农机装备使用率。再次,要培育农业拔尖创新人才。坚持人才是第一资源,将农业生产技术人才培养纳入政府定向人才培养计划,逐步形成企业、地方农业高校、协会与研究所一体的产学研联合体,提高粮食生产从业人员的科学理论和生产实践技能。最后,要加快农业发展方式绿色转型。实施全面节约战略,推动形成绿色低碳的农业方式,发展化肥绿色增值、稻渔综合种养模式的病虫害防控措施,推广喷灌、微灌、滴灌等高效

第7章 粮食和生态"双安全"脆弱性防控政策

节水灌溉技术,协同推进降碳、减污、扩绿、增长。

四是顺应粮食消费变化趋势,优化粮食供给品种结构。首先,要推动主粮安全观向"大食物观"转变。坚持宜粮则粮、宜牧则牧、宜渔则渔,优化食品供给品种结构,适度进口必需食品,强化粮食优价优质特征。其次,要实施粮食供给侧品种结构性改革。根据市场消费需求变化,深化粮食收储制度改革,抓好粮食收购与不合理库存消化,积极调整粮食各品种的种植比例,稳定稻谷、小麦产量的同时扩大玉米、大豆种植面积。再次,要关注国民饮食营养健康需求。紧跟消费者膳食结构变化特征,开展满足国民营养需求的饮食研究,根据不同地域、人群的膳食健康状况,提供精准、细致的食品供应策略。最后,要加强粮食消费市场监测。通过建立可靠粮食市场消费信息获取渠道,及时获取市场变动信息,重点关注主要粮食品种供需平衡状况,提升粮食供给应变能力。

五是协调粮食产销区域矛盾,强化粮食供应链韧性。首先,要落实主产区粮食生产责任。主产区必须把粮食生产摆在首要位置,巩固并提高主粮生产能力,坚持粮食产量增长与质量提升并重,确保主产区粮食生产供给稳定。其次,要确保主销区和产销平衡区具备应有的粮食自给能力,使两区保持特定粮食自给水平,维持应有的粮食产能,抵制占用耕地的现象,确保永久基本农田用于粮食生产,共同承担维护国家粮食安全责任。再次,要完善粮食储备运行管理机制。推动中央储备与地方储备、政府储备与企业储备相互补充、协同发展,优化粮食储备区域布局,保证突发情况下粮食供应的畅通性、及时性。最后,要强化"产、购、储、加、销"协同保障机制,加快粮食生产体系和流通体系升级,推动粮食生产、收购、存储、加工、销售等环节有效衔接、融合、运转,提升后疫情时代我国的粮食供应链安全水平。

六是提升外粮资源管控能力,主动避免各类外部风险。首先,要坚持粮食"以内为主,以外为辅"原则。增强国内粮食安全大循环的内生动力和可靠性,提升国际粮食安全循环质量和水平,从提高自主创新能力和提升品质角度出发,提高国粮产品竞争力,抵挡不必要的外粮涌入,稳固国粮稳产保供基础。其次,要树立粮食安全"三元平衡"思维。摒弃传统粮食供给、需求一体的"二元平衡"思维范式，构建新发展格局下粮食国际贸易、供给、需求一体的"三元平衡"框架，推动相应的粮食安全政策转型。再次，要实施粮食进口多元化战略，拓宽外粮来源，避免主要进口粮食来源集中在少数供应商手中，谨慎把握粮食进口规模、节奏、方式与布局，确保外粮品种结构、空间布局结构、运输方式、运输路线多元化。最后，要建立农产品进口监测与预警系统，强化对国际市场粮、油、棉、糖、肉等大宗农产品的监测预警工作，密切追踪重要粮食进口国家的粮食生产、出口情况，提高本国对外部风险的防范能力。

七是升级农业支持政策体系，增强国际粮食安全治理能力。首先，要坚持"引进来"与"走出去"的农业开放方针，吸引外来资本与先进技术，鼓励本国粮食企业走出国门，加快农业贸易强国建设，提高中国在国际粮食贸易舞台上的地位。其次，要升级我国现行的农业支持政策体系，综合考虑国际贸易规则、国内粮农的需求和未来 WTO 农业政策走向，充分利用"黄箱"支持空间，增加"绿箱"补贴力度，提高我国农业支持政策的可行性。再次，要积极参与国际粮食安全治理体系的建设与改革，完善我国自身的粮食流通和储备体系，加强国际国内粮食市场整合能力和突发情况应急能力，增强中国参与全球粮食安全治理的底气。最后，要共同营造全球粮食安全良好发展环境，利用我国周边地区政治经济共识，构建区域粮食治理多边平台，逐步扩大粮食安全合作范围，遏制粮食安全单边霸权主义，推动全球粮食治理朝着更加公正合理的方向发展。

第8章 研究结论与启示

8.1 研究结论

本书基于粮食主产区粮食和生态"双安全"目标下的生态脆弱性预警和防控,研究了粮食主产区"双安全"的理论机制和保障形势与问题,重点测度了单一目标下粮食安全和生态安全的脆弱性水平,并进行了动态演变和空间迁移的多维预警分析。从互掣性和协同性两个角度实证分析了粮食安全保障的生态代价以及脆弱性协同路径,在此基础上分析了"双安全"目标下脆弱性防控政策。研究形成了如下结论。

一是粮食功能区面临影响"双安全"的严峻形势与问题。粮食主销区的粮食生产效能不断减退,粮食产量增加的速度小于人口增加的速度,口粮压力较大,农业用地减少,粮食产量占全国比重下降幅度大,粮食主销区严重依赖于粮食输入,粮食安全形势较为严峻。粮食产销平衡区耕地面积呈现下降趋势,粮食播种面积占比也逐步下降,粮食储备不断减少。粮食主产区则面临耕地质量降低、水利基础设施建设薄弱、粮食生产成本提高等诸多问题。从粮食主产区作物结构来看,玉米产出占比上升,稻谷产出占比下降,小麦产出占比波动较弱。从粮食溢出的情况来看,粮食主产区的粮食溢出率进一步扩大。从粮食种植的生态承载来看,水土资源约束趋紧,生态承载压力大,面临耕地质量退化、生物多样性降低、土壤和水体污染等挑战。

二是粮食主产区粮食安全的脆弱性显现多维警示特征。粮食主产区省际层面的粮食安全暴露性水平、敏感性水平、适应能力水平以及脆弱性水平均呈现出地区差异性。粮食主产区粮食安全系统所承受的综合压力有所减小，对外界压力的反应力增强，维护粮食安全系统的能力显著增强，脆弱性指数总体呈波动式下降趋势。粮食主产区粮食安全脆弱性水平存在较强的空间自相关性，脆弱性水平的空间差异呈先扩大后减弱的趋势，但地区差异总体依然显著，呈多级分化分布趋势。暴露性准则层对粮食安全脆弱性的主要贡献因子为农作物受灾率、单位粮食播种面积用水量；敏感性准则层主要贡献因子为恩格尔系数、粮食溢出率和农业生产资料价格指数等指标，适应能力准则层主要贡献因子为农药施用强度、财政支农支出和农业机械化水平等。

三是粮食主产区生态安全脆弱性的空间演化趋势形成。粮食主产区大部分省份的农业生态脆弱性程度呈现稳中向好。各省份的农业生态脆弱性等级都在变动，内蒙古的农业生态脆弱性由较高脆弱区升为中脆弱区，黑龙江、吉林、山东、安徽、湖北、江西、四川由高脆弱区变为中脆弱区。大部分省份的农业生态脆弱性指数在空间上没有明显关系，且与邻域的粮食单产在空间上呈现随机分布的形式。农业生态脆弱性的地理重心坐标迁移经历了"西南→东北→西北→东北"的往复演化过程，整体自西南向东北方向迁移，且移动幅度较大。

四是粮食主产区粮食安全保障的生态代价进一步增大。粮食主产区省际层面的粮食产能和生态系统服务价值存在地区差异性，但相邻区域之间呈现趋同性，存在生态—农业产出错配的现象。耕地利用变化对生态系统服务价值和粮食产量的影响具有正负两个方向的作用，在数量上和空间分布上呈现出"相当"和"相对"的特征。粮食主产区保障粮食安全造成的ESV损失总量达41953.79亿元，单位粮食产量的生态代价较大。实现粮食与生态"双安全"，需要提升粮食单产、严控耕地非农化、减缓土地逆生态化、有效提升未利用地垦殖率，减少粮食生产过程中的资源消耗和环境污染。

五是粮食主产区"双安全"脆弱性的协同性正趋于稳定。粮食主产区粮食安全脆弱性和生态安全脆弱性逐年降低,且存在明显的区域分异现象。粮食安全脆弱性水平在时间上呈不断下降趋势,在空间分布上呈现出"中(黄淮海区)低,南(长江流域区)北(东北区)高"的现象;生态安全脆弱性在时间上呈逐渐下降趋势,在空间分布上呈"北(东北区)低,中(黄淮海区)南(长江流域区)高"的现象。粮食主产区粮食安全与生态安全脆弱性的耦合协同发展态势良好,但协同发展的稳定性不强。粮食主产区粮食安全与生态安全脆弱性耦合协同的重心总体向南迁移,并逐步接近粮食主产区地理重心,未来10年耦合协同水平将向磨合阶段和高水平耦合进阶并形成稳态。

8.2 政策启示

一是强化脆弱性监管和风险防控。建立粮食主产区生态环境脆弱性评价体系和粮食生产、农业生态环境双重考核机制。加强对粮食主产区生态环境的监管,实现对粮食主产区农业和生态安全的动态监测。强化农业生产、生态环境风险评估、监测与预警能力建设,从源头上消除各种因素干扰。建设包含自然灾害预警、病虫害识别监测、农业气象预报、农业用药等农业信息资源共享平台。建立粮食生产风险转移、分散的长效机制,推动政策性农业保险制度在主产区的广泛应用,分散农业生产和经营风险,稳定农业生产。

二是强化农业与生态的区域治理协同。统筹协调农业生产活动的经济效益与生态效益,将粮食生产导致的生态环境损耗纳入到利益补偿范畴内,形成有利于保护耕地、湿地等自然资源的激励机制。通过各种政策性补贴和支持鼓励农户采用绿色的农业生产方式,建立专门的农业生态补偿专项资金。对生态脆弱区实施定时定量的土地休耕、停耕等生态补偿措施。按照"生态禀赋"因地制宜制定粮食发展规划,构建"点—线—面"的跨区域合作机制,促进生态资源要素的优化配置和高效融合,提高先进农业生产要素在区域间的流动效率,促进区域间耕地生态承载力的均衡与协调。

三是加强粮食主产区农业生态保护。建立农业用水监管机制,加强农业水资源管理,提升农业用水效率。做好农业生产中的蓄水、保水、养水工作,推广管道输水、滴灌、喷灌等灌溉技术,逐步减少直至淘汰大水漫灌的用水方式。提高农户节约用水的意识,转变传统用水方式。发展生态友好型农业,通过生态种植、生态养殖以及种养结合提升生态承载能力。大力发展绿色农业,生产绿色农产品,鼓励农业企业绿色生产,制定绿色生产标准,减少农药、化肥、难降解塑料薄膜的使用。加大对农药残留、土地板结、耕地贫瘠化等问题解决的技术研发支持。

四是培育生态型技术性新型农民。把新型农民的建设与发展农业、农村生态保护有机结合起来,强化农民绿色化、生态化、精细化种植和养殖的自主意识和能力,让生态文明观念和思想深入人心,并逐步影响农民农业生产和农村风俗习惯。提高农业科技成果转化应用能力,在农业科技的推广应用中必须贴近农民、服务农民。加大培训新型农民的力度和广度,提高农民的综合素质,开展针对性强、务实有效、通俗易懂的农业科技培训。强化农村青少年的农业技术技能免费培训,大力培育新生代农民。

五是推进生态文明的粮食供给侧变革。统筹粮食生产安全和生态安全,加强耕地数量、质量、生态"三位一体"保护和管控机制,建立健全耕地休耕轮作制度,强化耕地生态恢复,维护耕地生态平衡,增加优质粮田比重,增强生态优化的粮食供给能力建设。推动主粮安全观向"大食物观"转变,立足生态系统的多样性建立"大食物"安全保障体系,坚持宜粮则粮、宜牧则牧、宜渔则渔,优化食品供给品种结构。实施粮食供给侧结构性改革,深化粮食收储制度改革,抓好粮食收购与不合理库存消化,积极调整粮食各品种的种植比例,稳定稻谷、小麦产量的同时扩大玉米、大豆种植面积。加强粮食消费市场监测,及时获取市场变动信息,重点关注主要粮食品种供需平衡状况,提升供给应变能力。

8.3　进一步研究的方向

　　本书是作者继《我国粮食主产区粮食安全与生态安全的包容性研究》（2021年版）后的第二部聚焦粮食主产区粮食和生态"双安全"的专著，本书从粮食安全和生态安全相互促进和相互"掣肘"的理论机理出发，多维解构和测算了粮食主产区"双安全"保障的生态脆弱性，提出了防控脆弱性和实现"双安全"的政策路径和对策建议。在第一部和第二部相继研究了粮食主产区"双安全"的"包容性"和"脆弱性"后，紧接着应该是粮食主产区粮食和生态"双安全"保障的效能、效率与效应研究，以及跳出粮食主产区考察产销区间粮食和生态"双安全"间的互动协作关系，这将是进一步研究的两个最重要的方向。

参 考 文 献

[1] 白杨，欧阳志云，郑华，等. 海河流域农田生态系统环境损益分析 [J]. 应用生态学报，2010（11）：2938-2945.

[2] 蔡文香，卢万合，冯婧，等. 中国粮食安全脆弱性评价与政策建议 [J]. 中国人口·资源与环境，2015（1）：319-322.

[3] 蔡文. 中国粮食安全问题研究述评 [J]. 粮食与饲料工业，2009（3）：1-3.

[4] 曹二佳. 基于 VSD 模型的子午岭区生态脆弱性时空变化 [D]. 兰州：兰州大学，2020.

[5] 曹政. 陕西省区域经济时空分异及其影响机制的多尺度分析 [D]. 西安：西北大学，2022.

[6] 陈冬冬，高旺盛，隋鹏，等. 现代种植业系统及粮食生产能量转化效率的动态分析——以山前平原河北栾城县为例 [J]. 地理科学进展，2008（1）：99-104.

[7] 陈飞，侯杰，于丽丽，等. 全国地下水超采治理分析 [J]. 水利规划与设计，2016（11）：3-7.

[8] 陈枫，李泽红，董锁成，等. 基于 VSD 模型的黄土高原丘陵沟壑区县域生态脆弱性评价——以甘肃省临洮县为例 [J]. 干旱区资源与环境，2018（11）：74-80.

[9] 陈佳，杨新军，尹莎，等. 基于 VSD 框架的半干旱地区社会—生态系统脆弱性演化与模拟 [J]. 地理学报，2016（7）：1172-1188.

[10] 陈江. 粮食安全观视阈下粮食主产区利益补偿新思路 [J]. 学术交流，2016（10）：121-126.

[11] 陈星霖. 广西农业生态脆弱性评价及区划研究 [J]. 中国农业资源与区划, 2020 (3): 212-219.

[12] 陈彦光. 基于 Moran 统计量的空间自相关理论发展和方法改进 [J]. 地理研究, 2009 (6): 1449-1463.

[13] 陈燕. 高质量发展视角下的粮食安全问题研究 [J]. 东南学术, 2020 (1): 176-183.

[14] 陈源源, 吕昌河, 尚凯丽. 食物安全的内涵、指标与评价方法综述 [J]. 中国农学通报, 2017 (22): 158-164.

[15] 成升魁, 李云云, 刘晓洁, 等. 关于新时代我国粮食安全观的思考 [J]. 自然资源学报, 2018 (6): 911-926.

[16] 程伟礼, 马庆, 等. 中国一号问题: 当代中国生态文明问题研究 [M]. 上海: 学林出版社, 2012.

[17] 仇焕广, 栾昊, 李瑾, 等. 风险规避对农户化肥过量施用行为的影响 [J]. 中国农村经济, 2014 (3): 85-96.

[18] 崔明明, 聂常虹. 基于指标评价体系的我国粮食安全演变研究 [J]. 中国科学院院刊, 2019 (8): 910-919.

[19] 崔宁波, 董晋. 主产区粮食生产安全: 地位、挑战与保障路径 [J]. 农业经济问题, 2021 (7): 130-144.

[20] 党二莎, 胡文佳, 陈甘霖, 等. 基于 VSD 模型的东山县海岸带区域生态脆弱性评价 [J]. 海洋环境科学, 2017 (2): 296-302.

[21] 邓波, 张学军, 郭军华. 基于三阶段 DEA 模型的区域生态效率研究 [J]. 中国软科学, 2011 (1): 92-99.

[22] 邓伟, 周渝, 张勇, 等. 重庆市生态保护红线区生态系统服务价值时空演变特征及其驱动 [J]. 长江流域资源与环境, 2020 (1): 79-89.

[23] 翟虎渠. 坚持依靠政策、科技与投入确保我国粮食安全 [J]. 农业经济问题, 2004 (1): 24-26.

[24] 丁梦婷, 裴凤松, 胡引翠, 等. 基于 LUCC 的江苏省生态系统服务价值时空变化特征研究 [J]. 生态学报, 2020 (19): 6801-6811.

[25] 丁振民, 姚顺波. 陕西省耕地转移对生态系统服务价值的影响

[J]. 资源科学, 2019 (6): 1070-1081.

[26] 杜福光, 张亚南, 高超. 河北省农业生态环境脆弱性评价研究[J]. 环境与发展, 2016 (1): 36-41.

[27] 付博, 姜琦刚, 任春颖, 等. 基于神经网络方法的湿地生态脆弱性评价 [J]. 东北师大学报（自然科学版）, 2011 (1): 139-143.

[28] 傅伯杰, 张立伟. 土地利用变化与生态系统服务: 概念、方法与进展 [J]. 地理科学进展, 2014 (4): 441-446.

[29] 盖美, 岳鹏, 杨苘菲. 环渤海地区海洋生态环境评价及影响因素识别 [J]. 资源科学, 2022 (8): 1645-1662.

[30] 高帆. 粮食安全的真问题是什么？[J]. 调研世界, 2006 (3): 36-37.

[31] 高宏伟. 农业生态安全视角下的农村土地流转分析 [J]. 经济问题, 2015 (2): 105-108.

[32] 高名姿, 孙玮, 曹蕾. 农业机械化、规模经营与农民增收——基于江苏省种植类家庭农场的抽样调查证据 [J]. 中国农机化学报, 2022 (12): 206-214.

[33] 高昕. 新常态下我国粮食主产区综合利益补偿机制创新研究 [J]. 中州学刊, 2016 (10): 49-53.

[34] 高延雷, 张正岩, 王志刚. 基于熵权TOPSIS方法的粮食安全评价: 从粮食主产区切入 [J]. 农林经济管理学报, 2019 (2): 135-142.

[35] 公茂刚, 王学真. 发展中国家粮食安全的脆弱性分析 [J]. 山东大学学报（哲学社会科学版）, 2009 (4): 32-39.

[36] 龚亚男. 广东省"三生空间"用地转型的时空演变及其生态环境效应 [D]. 广州: 华南理工大学, 2020.

[37] 管文闯, 饶碧玉, 路远, 等. 基于DPSIRM模型的高原城市水源地水资源脆弱性评价及障碍诊断 [J]. 中国农村水利水电, 2022 (3): 147-154, 162.

[38] 郭凤玉, 孟静怡, 徐磊, 等. 冀北山区农业生态效率时空演变特征及预测分析 [J]. 中国农机化学报, 2021 (10): 146-156.

[39] 郭林涛.我国中长期粮食供应的脆弱性分析及其应对[J].中州学刊,2020(8):32-37.

[40] 郭琳.澜沧江上游高山峡谷区粮食安全状况及其变化特征分析——以德钦县为例[J].中国人口·资源与环境,2015(2):254-257.

[41] 郭亚军,邱丽萍,姚顺波.节水灌溉技术对农户农业收入影响分析[J].经济问题,2022(4):93-100.

[42] 郭泽呈,魏伟,庞素菲,等.基于SPCA和遥感指数的干旱内陆河流域生态脆弱性时空演变及动因分析——以石羊河流域为例[J].生态学报,2019(7):2558-2572.

[43] 郭珍.石油农业、污水灌溉与耕地污染防治[J].南通大学学报(社会科学版),2016(5):111-116.

[44] 郝雯悦,王西娜,王月梅,等.小麦过量施肥的危害及化肥减施途径[J].现代农业科技,2022(24):40-44,48.

[45] 何才华,熊康宁,粟茜.贵州喀斯特生态环境脆弱性类型区及其开发治理研究[J].贵州师范大学学报(自然科学版),1996(1):1-9.

[46] 何可,宋洪远.资源环境约束下的中国粮食安全:内涵、挑战与政策取向[J].南京农业大学学报(社会科学版),2021(3):45-57.

[47] 何鹏,郭耀辉,熊鹰,等.四川省农业循环经济发展评价[J].中国农学通报,2018(29):137-142.

[48] 贺晓英,李菲,郭蓓.农地非农化过程中损失农地的生态价值研究——以陕西省为例[J].安徽农业科学,2012(26):13134-13137.

[49] 洪涛.粮食安全观也需与时俱进[J].中国农村科技,2017(10):12.

[50] 胡超,杨仪,周红卫,等.DRASTIC在某地下水水源地脆弱性评价中的应用[J].山西建筑,2022(6):116-118.

[51] 胡赛.基于土地利用变化的生态系统服务价值及生态补偿标准研究[D].徐州:中国矿业大学,2020.

[52] 胡斯威,米长虹,师荣光,等.农业可持续发展研究热点与趋势——基于文献计量的可视化分析[J].农业资源与环境学报,2022(1):

1-10.

[53] 华树春,钟钰. 我国粮食区域供需平衡以及引发的政策启示 [J]. 经济问题,2021 (3): 100-107.

[54] 黄秉信,宋勇军. 我国粮食生产重心进一步向北转移 [J]. 中国粮食经济,2020 (7): 49-52.

[55] 黄秋洁. 新时期我国粮食安全问题研究综述 [J]. 社会科学动态,2021 (5): 67-75.

[56] 姬翠梅. 生态—经济—社会系统视角下的山西省农业生态安全评价 [J]. 中国农业资源与区划,2019 (5): 174-179.

[57] 贾晶晶,赵军,王建邦,等. 基于SRP模型的石羊河流域生态脆弱性评价 [J]. 干旱区资源与环境,2020 (1): 34-41.

[58] 江松颖,刘颖,金雅. 我国粮食综合生产能力影响因素及其变迁分析 [J]. 统计与决策,2016 (14): 118-121.

[59] 金鹏. 陕北黄土高原耕地生态安全时空变化及障碍因子诊断 [D]. 西安:长安大学,2021.

[60] 蓝盛新,李美芳,王平,等. 资源环境承载力研究进展与方法述评 [J]. 中南林业科技大学学报(社会科学版),2022 (1): 21-30.

[61] 雷百战,刘序,牛志凯,等. 基于PSR模型的珠三角都市农业生态安全综合评价 [J]. 中国农学通报,2019 (29): 159-164.

[62] 雷金睿,陈宗铸,陈小花,等. 1980—2018年海南岛土地利用与生态系统服务价值时空变化 [J]. 生态学报,2020 (14): 4760-4773.

[63] 李程琳. 区域绿色发展评价体系构建与改进措施研究——以甘肃省为例 [D]. 杭州:浙江大学,2021.

[64] 李刚. 农村劳动力转移对粮食生产的影响机制与异质性研究 [J]. 四川农业大学学报,2022 (5): 792-798.

[65] 李鹤,张平宇,程叶青. 脆弱性的概念及其评价方法 [J]. 地理科学进展,2008 (2): 18-25.

[66] 李洪广,周旭,肖杨,等. 基于SRP模型的西南喀斯特山区生态脆弱性时空变化特征 [J]. 生态科学,2021 (3): 238-246.

[67] 李佳芮，张健，司玉洁，等．基于VSD模型的象山湾生态系统脆弱性评价分析体系的构建［J］．海洋环境科学，2017（2）：274－280．

[68] 李江南，丑洁明，赵卫星，等．1991～2019年中国农业生态系统旱涝脆弱性评估［J］．气候与环境研究，2022（1）：19－32．

[69] 李姣，李朗，李科．隐含水污染视角下的中国省际农业生态补偿标准研究［J］．农业经济问题，2022（6）：106－121．

[70] 李俊高，李俊松，任华．农业补贴对粮食安全与农民增收的影响——基于马克思再生产理论的分析测度［J］．经济与管理，2019（5）：20－26．

[71] 李莉，王晓婷，王辉．脆弱性内涵、评价与研究趋势综述［J］．中国渔业经济，2010（3）：161－169．

[72] 李龙，吴大放，刘艳艳．国内外土地利用与生态系统服务研究热点与趋势——基于CiteSpace计量分析［J］．水土保持研究，2020（5）：396－404．

[73] 李梦娜，钱会，乔亮．关中地区农业干旱脆弱性评价［J］．资源科学，2016（1）：166－174．

[74] 李楠楠，介冬梅，刘洪妍，等．基于层次分析法的河南省粮食安全综合评价［J］．地域研究与开发，2014（1）：103－108．

[75] 李平星，陈诚．基于VSD模型的经济发达地区生态脆弱性评价——以太湖流域为例［J］．生态环境学报，2014（2）：237－243．

[76] 李平星，樊杰．基于VSD模型的区域生态系统脆弱性评价——以广西西江经济带为例（英文）［J］．Journal of Resources and Ecology，2014（2）：163－170．

[77] 李倩，李伦．基于PSR理论的河南省水资源脆弱性评价［J］．河南城建学院学报，2015（4）：48－53．

[78] 李晓，谢永生，李文卓，等．黄淮海冲积平原区粮食生产生态成本探究［J］．中国农业科学，2011（11）：2294－2302．

[79] 李秀霞，齐露鹭，牟晓庆．吉林省农用地生态服务功能价值时空演化研究［J］．中国农业资源与区划，2018（11）：25－33．

[80] 李秀香, 和聪贤. 我国粮食安全水平评估与对策 [J]. 江西社会科学, 2020 (11): 13-27.

[81] 李永化, 范强, 王雪, 等. 基于SRP模型的自然灾害多发区生态脆弱性时空分异研究——以辽宁省朝阳县为例 [J]. 地理科学, 2015 (11): 1452-1459.

[82] 李雨凌, 马雯秋, 姜广辉, 等. 中国粮食主产区耕地撂荒程度及其对粮食产量的影响 [J]. 自然资源学报, 2021 (6): 1439-1454.

[83] 李长生, 肖向明, 张宇, 等. 中国农田的温室气体排放 [J]. 第四纪研究, 2003 (5): 493-503.

[84] 李长松, 周玉玺. 中国粮食主产区农业水资源脆弱性与粮食安全时空耦合关系研究 [J]. 生态与农村环境学报, 2022 (6): 722-732.

[85] 联合国粮食及农业组织. 2014世界粮食不安全状况 [R]. 联合国粮食及农业组织, 2014.

[86] 刘钒, 余明月. 长江经济带数字产业化与产业数字化的耦合协调分析 [J]. 长江流域资源与环境, 2021 (7): 1527-1537.

[87] 刘国彬, 上官周平, 姚文艺, 等. 黄土高原生态工程的生态成效 [J]. 中国科学院院刊, 2017 (1): 11-19.

[88] 刘慕华, 肖国安. 土地生态视角下中国粮食综合生产可持续能力研究 [J]. 科学决策, 2019 (10): 22-53.

[89] 刘钦普, 孙景荣, 濮励杰. 中国及欧美主要国家化肥施用强度与综合效率比较研究 [J]. 农业工程学报, 2020 (14): 9-16.

[90] 刘同山. 新时代保障国家粮食安全的内涵、挑战与建议 [J]. 中州学刊, 2022 (2): 20-27.

[91] 刘伟东, 刘翀, 张靖. 克孜勒苏河流域生态脆弱性评价 [J]. 天津农业科学, 2018 (4): 79-81, 90.

[92] 刘小茜, 王仰麟, 彭建. 人地耦合系统脆弱性研究进展 [J]. 地球科学进展, 2009 (8): 917-927.

[93] 刘晓洁, 贺思琪, 陈伟强, 等. 可持续发展目标视野下中国食物系统转型的战略思考 [J]. 中国科学院院刊, 2023 (1): 112-122.

[94] 刘洋，周孟亮，翟雪玲，等．农户农膜回收行动受偿意愿及影响因素研究——基于新疆1029户棉农的调查［J］．干旱区资源与环境，2020 (9)：31-38.

[95] 刘影，李丹，何蕾，等．赣南地区农业生态系统脆弱性评价及驱动力分析［J］．江西师范大学学报（哲学社会科学版），2016 (3)：72-79.

[96] 刘愿理，廖和平，李涛，等．山区土地利用多功能时空分异特征及影响因素分析［J］．农业工程学报，2019 (21)：271-279.

[97] 娄佩卿，付波霖，林星辰，等．基于GEE的1998~2018年京津冀土地利用变化对生态系统服务价值的影响［J］．环境科学，2019 (12)：5473-5483.

[98] 芦蔚叶，姜志德，张应龙，等．保障粮食安全造成的生态价值损失评估模型及应用［J］．生态学报，2012 (8)：2561-2570.

[99] 陆海燕，孙桂丽，李路，等．基于VSD模型的新疆生态脆弱性评价［J］．新疆农业科学，2020 (2)：292-302.

[100] 罗承平，薛纪瑜．中国北方农牧交错带生态环境脆弱性及其成因分析［J］．干旱区资源与环境，1995 (1)：1-7.

[101] 罗海平，李卓雅，王佳铖．基于PSR模型的中国粮食主产区农业生态安全评价及障碍因素诊断［J］．统计与信息论坛，2022 (1)：22-33.

[102] 罗海平，潘柳欣，胡学英，等．我国粮食主产区粮食安全保障的生态代价评估：2000-2018年［J］．干旱区资源与环境，2022 (1)：1-7.

[103] 罗海平，潘柳欣，余兆鹏．基于粮食安全贡献度的中国粮食主产区粮食供求格局演变［J］．浙江农业学报，2020 (11)：2077-2087.

[104] 罗海平，余兆鹏，朱勤勤．基于粮食调出的我国粮食主产区粮食安全贡献度研究：1985—2015［J］．农业经济，2019 (2)：3-5.

[105] 罗海平，朱勤勤，罗逸伦，等．耕地生态足迹与生态承载力研究——基于中国粮食主产区2007—2016年面板数据［J］．华东经济管理，2019 (5)：68-75.

[106] 罗海平，邹楠，潘柳欣，等．基于生态安全的我国粮食安全评

价与预警 [J]. 统计与决策, 2021 (8): 94 - 97.

[107] 罗利军. 节水抗旱稻的培育与产业发展 [J]. 中国稻米, 2022 (5): 14 - 19.

[108] 罗斯炫, 何可, 张俊飚. 增产加剧污染？——基于粮食主产区政策的经验研究 [J]. 中国农村经济, 2020 (1): 108 - 131.

[109] 罗万纯. 中国粮食安全治理: 发展趋势、挑战及改进 [J]. 中国农村经济, 2020 (12): 56 - 66.

[110] 吕明, 黄宜, 陈蕊. 中国绿色农业区域差异性分析 [J]. 农村经济, 2022 (12): 78 - 87.

[111] 吕新业, 冀县卿. 关于中国粮食安全问题的再思考 [J]. 农业经济问题, 2013 (9): 15 - 24.

[112] 马贝, 徐晗筱, 高强. 农业生态系统脆弱性评估: 基于西北五省区的实证 [J]. 统计与决策, 2020 (21): 82 - 86.

[113] 马彪, 陈璐. 粮食主产区粮食生产与经济发展的"剪刀差"现象分析 [J]. 农村经济, 2019 (5): 51 - 59.

[114] 马凤娇, 刘金铜. 基于能值分析的农田生态系统服务评估——以河北省栾城县为例 [J]. 资源科学, 2014 (9): 1949 - 1957.

[115] 马九杰, 张象枢, 顾海兵. 粮食安全衡量及预警指标体系研究 [J]. 管理世界, 2001 (1): 154 - 162.

[116] 马骏, 李昌晓, 魏虹, 等. 三峡库区生态脆弱性评价 [J]. 生态学报, 2015 (21): 7117 - 7129.

[117] 毛学峰, 刘靖, 朱信凯. 中国粮食结构与粮食安全: 基于粮食流通贸易的视角 [J]. 管理世界, 2015 (3): 76 - 85.

[118] 孟斌, 王劲峰, 张文忠, 等. 基于空间分析方法的中国区域差异研究 [J]. 地理科学, 2005 (4): 11 - 18.

[119] 牛敏杰, 赵俊伟, 尹昌斌, 等. 我国农业生态文明水平评价及空间分异研究 [J]. 农业经济问题, 2016 (3): 17 - 25, 110.

[120] 牛文元. 可持续发展理论的内涵认知——纪念联合国里约环发大会20周年 [J]. 中国人口·资源与环境, 2012 (5): 9 - 14.

[121] 牛文元. 生态环境脆弱带 Ecotone 的基础判定 [J]. 生态学报, 1989 (2): 97-105.

[122] 欧阳志云, 王如松, 赵景柱. 生态系统服务功能及其生态经济价值评价 [J]. 应用生态学报, 1999 (5): 635-640.

[123] 欧阳志云, 王效科, 苗鸿. 中国陆地生态系统服务功能及其生态经济价值的初步研究 [J]. 生态学报, 1999 (5): 19-25.

[124] 彭继权, 吴海涛, 汪为. 农业机械化水平对农户主粮生产的影响 [J]. 中国农业资源与区划, 2021 (1): 51-59.

[125] 齐姗姗, 巩杰, 钱彩云, 等. 基于SRP模型的甘肃省白龙江流域生态环境脆弱性评价 [J]. 水土保持通报, 2017 (1): 224-228.

[126] 世界研究所. 生态系统与人类福祉: 评估框架 [M]. 张永民, 译. 北京: 中国环境科学出版社, 2007.

[127] 钱力, 王花. 农村家庭相对贫困的脆弱性测量及影响因素分析 [J]. 农业经济与管理, 2022 (2): 49-58.

[128] 乔青, 高吉喜, 王维, 等. 生态脆弱性综合评价方法与应用 [J]. 环境科学研究, 2008 (5): 117-123.

[129] 秦磊, 韩芳, 宋广明, 等. 基于PSR模型的七里海湿地生态脆弱性评价研究 [J]. 中国水土保持, 2013 (5): 69-72.

[130] 秦腾, 佟金萍. 长江经济带水—能源—粮食耦合效率的时空演化及影响因素 [J]. 资源科学, 2021 (10): 2068-2080.

[131] 邱语. 云南省资源环境承载力综合评价及优化路径研究 [D]. 昆明: 云南财经大学, 2020.

[132] 屈志强, 沈婷婷, 徐胜利, 等. 生态脆弱性评价概述 [J]. 草原与草业, 2020 (3): 1-4, 42.

[133] 任世鑫, 李二玲, 邓晴晴, 等. 中国三大粮食作物化肥施用特征及环境风险评价 [J]. 长江流域资源与环境, 2019 (12): 2936-2947.

[134] 商彦蕊, 史培军. 人为因素在农业旱灾形成过程中所起作用的探讨——以河北省旱灾脆弱性研究为例 [J]. 自然灾害学报, 1998 (4): 35-43.

[135] 商彦蕊. 自然灾害综合研究的新进展——脆弱性研究 [J] 地域研究与开发, 2000 (2): 73-77.

[136] 尚二萍, 许尔琪, 张红旗, 等. 中国粮食主产区耕地土壤重金属时空变化与污染源分析 [J]. 环境科学, 2018 (10): 4670-4683.

[137] 尚立照, 张龙生. 基于"成因—结果"指标的甘肃各县区生态脆弱性定量评价 [J]. 中国水土保持, 2010 (6): 11-13, 23.

[138] 尚旭东, 朱守银, 段晋苑. 国家粮食安全保障的政策供给选择——基于水资源约束视角 [J]. 经济问题, 2019 (12): 81-88.

[139] 邵秋芳, 彭培好, 黄洁, 等. 长江上游安宁河流域生态环境脆弱性遥感监测 [J]. 国土资源遥感, 2016 (2): 175-181.

[140] 邵新霞, 黄宏胜, 陈美球, 等. 江西省农户生态耕种影响因素的空间分异研究 [J]. 长江流域资源与环境, 2021 (11): 2792-2800.

[141] 申婧. 生态脆弱性综合评估与发展对策研究 [D]. 北京: 华北电力大学, 2018.

[142] 沈满洪. 资源与环境经济学 [M]. 北京: 中国环境出版社, 2015.

[143] 史洋洋, 吕晓, 黄贤金, 等. 江苏沿海地区耕地利用转型及其生态系统服务价值变化响应 [J]. 自然资源学报, 2017 (6): 961-976.

[144] 寿飞云. 基于生态系统服务供求评价的空间分异特征与生态格局划分——以长三角城市群为例 [D]. 杭州: 浙江大学, 2020.

[145] 舒英格, 彭文君, 周鹏鹏. 基于灰色三角白化权集对分析模型的喀斯特山区农业生态环境脆弱性评价 [J]. 应用生态学报, 2020 (8): 2680-2686.

[146] 宋静静, 陈璐, 张智鹏, 等. 基于支付意愿法的黄海海域物种多样性维持服务价值评估 (2002—2012) [J]. 生态学报, 2020 (12): 3901-3908.

[147] 宋守信, 许葭, 陈明利, 等. 脆弱性特征要素递次演化分析与评价方法研究 [J]. 北京交通大学学报 (社会科学版), 2017 (2): 57-65.

[148] 宋小青. 论土地利用转型的研究框架 [J]. 地理学报, 2017 (3): 471-487.

[149] 宋焱. 我国粮食主产区粮食生产与生态环境的协调性研究——基于生态系统服务价值视角 [D]. 南昌：南昌大学，2018.

[150] 苏芳，刘钰，汪三贵，等. 气候变化对中国不同粮食产区粮食安全的影响 [J]. 中国人口·资源与环境，2022（8）：140-152.

[151] 苏慧，张仲伍，张兴毅，等. 基于能值分析山西省生态经济系统可持续研究 [J]. 西南农业学报，2019（5）：1187-1193.

[152] 孙国军. BP人工神经网络在生态环境脆弱性评价方面的应用——以乌拉特前旗为例 [J]. 西北师范大学学报（自然科学版），2012，48（5）：105-108，114.

[153] 谭清月，许明祥，李彬彬，等. 中国生态系统服务研究发展过程解析 [J]. 水土保持研究，2018（4）：330-337.

[154] 田亚平，刘沛林，郑文武. 南方丘陵区的生态脆弱度评估——以衡阳盆地为例 [J]. 地理研究，2005（6）：843-852.

[155] 田亚平，向清成，王鹏. 区域人地耦合系统脆弱性及其评价指标体系 [J]. 地理研究，2013（1）：55-63.

[156] 涂建军，刘莉，张跃，等. 1996—2015年我国经济重心的时空演变轨迹——基于291个地级市数据 [J]. 经济地理，2018（2）：18-26.

[157] 万红莲，毛楠，宋海龙，等. 基于县域尺度的榆林市农业生态系统脆弱性空间演变研究 [J]. 江西农业学报，2021（10）：131-137.

[158] 万红莲，朱婵婵，宋海龙，等. 西安地区生态环境脆弱性评价研究 [J]. 四川环境，2017（5）：143-148.

[159] 汪朝辉，王克林，熊鹰，等. 湖南省洪涝灾害脆弱性评估和减灾对策研究 [J]. 长江流域资源与环境，2003（6）：586-592.

[160] 汪希成，吴昊. 我国粮食供求结构新变化与改革方向 [J]. 社会科学研究，2016（4）：130-135.

[161] 汪希成，徐芳. 我国粮食生产的区域变化特征与政策建议 [J]. 财经科学，2012（4）：80-88.

[162] 王大力，吕兵，丁文丽. 云南省粮食生产空间格局演化及其影响因素 [J]. 经济问题探索，2021（12）：136-148.

[163] 王钢, 钱龙. 新中国成立 70 年来的粮食安全战略: 演变路径和内在逻辑 [J]. 中国农村经济, 2019 (9): 15-29.

[164] 王海平, 陈志峰, 许标文, 等. 福建省粮食安全及其评价研究 [J]. 福建农业学报, 2015 (12): 1207-1213.

[165] 王继军, 权松安, 郭满才. 退耕还林还草中建立生态系统与经济系统"弹性资源"初论 [J]. 水土保持通报, 2004 (5): 95-98.

[166] 王介勇, 赵庚星, 王祥峰, 等. 论我国生态环境脆弱性及其评估 [J]. 山东农业科学, 2004 (2): 9-11.

[167] 王经民, 汪有科. 黄土高原生态环境脆弱性计算方法探讨 [J]. 水土保持通报, 1996 (3): 32-36, 43.

[168] 王静爱, 史培军, 朱骊. 中国主要自然致灾因子的区域分异 [J]. 地理学报, 1994 (1): 18-26.

[169] 王立锋, 董艳玲. 粮食安全视角下农业供给侧结构性改革问题研究 [J]. 现代管理科学, 2017 (11): 21-23.

[170] 王莉, 张斌, 田国强. 农膜使用回收中的政府干预研究 [J]. 农业经济问题, 2018 (8): 137-144.

[171] 王嫚嫚, 刘颖, 蒯昊, 等. 土地细碎化、耕地地力对粮食生产效率的影响——基于江汉平原 354 个水稻种植户的研究 [J]. 资源科学, 2017 (8): 1488-1496.

[172] 王念, 程昌秀, 林耿. 中国农产品贸易结构演化及对粮食安全的影响 [J]. 地理学报, 2022 (10): 2599-2615.

[173] 王淑佳, 孔伟, 任亮, 等. 国内耦合协调度模型的误区及修正 [J]. 自然资源学报, 2021 (3): 793-810.

[174] 王险峰. 化肥农药减施技术探讨 [J]. 化工管理, 2016 (34): 76-82.

[175] 王小莉, 高振斌, 苏婧, 等. 区域生态系统服务价值评估方法比较与案例分析 [J]. 环境工程技术学报, 2018 (2): 212-220.

[176] 王兴民, 吴静, 白冰, 等. 中国 CO_2 排放的空间分异与驱动因素——基于 198 个地级及以上城市数据的分析 [J]. 经济地理, 2020

(11)：29－38.

[177] 王岩，方创琳，张蔷．城市脆弱性研究评述与展望 [J]．地理科学进展，2013 (5)：755－768.

[178] 王燕，刘邦凡，郭立宏．基于 SEEA－2012 我国绿色 GDP 核算体系构建及时空格局分析 [J]．生态经济，2021 (9)：136－145.

[179] 王一杰，邸菲，辛岭．我国粮食主产区粮食生产现状、存在问题及政策建议 [J]．农业现代化研究，2018 (1)：37－47.

[180] 王永琪，马姜明．基于县域尺度珠江—西江经济带广西段土地利用变化对生态系统服务价值的影响研究 [J]．生态学报，2020 (21)：7826－7839.

[181] 王钊．三江源草地生态服务价值变化及生态补偿研究 [D]．北京：中国地质大学，2019.

[182] 王兆峰，田俊峰．湖南省耕地资源利用安全综合评价与提升路径研究 [J]．中国土地科学，2021 (1)：48－58.

[183] 王哲，赵帮宏．农业高效节水模式研究——以河北省张北县为例 [J]．农业经济问题，2014 (10)：41－45.

[184] 卫龙宝，张艳虹，高叙文．我国农业劳动力转移对粮食安全的影响——基于面板数据的实证分析 [J]．经济问题探索，2017 (2)：160－167.

[185] 文小才，杨淑燕．财政补贴政策促进粮食主产区增产增收效果评价研究——以河南省为例 [J]．价格理论与实践，2022 (1)：91－95.

[186] 乌宁巴特，刘新平，马相平．叶尔羌河流域土地生态脆弱性差异评价 [J]．干旱区地理，2020 (3)：849－858.

[187] 吴春生，黄翀，刘高焕，等．基于模糊层次分析法的黄河三角洲生态脆弱性评价 [J]．生态学报，2018 (13)：4584－4595.

[188] 吴健生，宗敏丽，彭建．基于景观格局的矿区生态脆弱性评价——以吉林省辽源市为例 [J]．生态学杂志，2012 (12)：3213－3220.

[189] 吴玲，刘腾谣．我国粮食生产区域变化对粮食主产区影响效应分析——以黑龙江省为例 [J]．中国农业资源与区划，2016 (8)：116－123.

[190] 吴强,张园园,张明月.中国畜牧业碳排放的量化评估、时空特征及动态演化:2001—2020 [J].干旱区资源与环境,2022 (6):65-71.

[191] 吴琼.基于景观格局的辽宁海岸带生态脆弱性评价 [D].大连:辽宁师范大学,2014.

[192] 吴志华,胡学君.中国粮食安全研究述评 [J].江海学刊,2003 (3):69-73.

[193] 夏汉军,李聪媛,赵迪.我国粮食安全脆弱性时空变化分析 [J].南方农业学报,2020 (8):2044-2050.

[194] 仙巍,李涛,邵怀勇.基于SVM的安宁河流域生态环境脆弱性评价 [J].环境科学与技术,2014 (11):180-184.

[195] 向临川,黄志强,龙腾腾,等.基于VSD模型的滇中地区森林火灾脆弱性影响因素分析 [J].林业调查规划,2021 (1):43-47.

[196] 肖宝玉.中国LUCC研究特征与趋势:基于CiteSpace的分析 [J].亚热带资源与环境学报,2020 (1):61-70.

[197] 肖国安.未来十年中国粮食供求预测 [J].中国农村经济,2002 (7):9-14.

[198] 肖攀,刘春晖,苏静.粮食安全视角下农业保险财政补贴政策效果评估 [J].统计与决策,2019 (23):157-160.

[199] 谢高地,成升魁,肖玉,等.新时期中国粮食供需平衡态势及粮食安全观的重构 [J].自然资源学报,2017 (6):895-903.

[200] 谢高地,鲁春霞,肖玉,等.青藏高原高寒草地生态系统服务价值评估 [J].山地学报,2003 (1):50-55.

[201] 谢高地,张彩霞,张雷明,等.基于单位面积价值当量因子的生态系统服务价值化方法改进 [J].自然资源学报,2015 (8):1243-1254.

[202] 谢高地,甄霖,鲁春霞,等.一个基于专家知识的生态系统服务价值化方法 [J].自然资源学报,2008 (5):911-919.

[203] 谢文宝,曹冲,刘国勇,等.耕地撂荒的区域差异及驱动因素分析——基于CFD和CHFS农户调查数据的研究 [J].安徽农业大学学报(社会科学版),2022 (6):23-30.

[204] 徐超璇, 鲁春霞, 黄绍琳. 张家口地区生态脆弱性及其影响因素 [J]. 自然资源学报, 2020 (6): 1288-1300.

[205] 徐呈呈, 胡蔚, 张晓妮. 西安市都市农业高质量发展评价及对策研究 [J]. 中国农业资源与区划, 2023 (7): 248-258.

[206] 徐君, 李贵芳, 王育红. 生态脆弱性国内外研究综述与展望 [J]. 华东经济管理, 2016 (4): 149-162.

[207] 徐伟芳, 胡月明, 陈飞香, 等. 青海省耕地后备资源特征及限制开发利用的因素分析 [J]. 中国农业资源与区划, 2019 (11): 42-47.

[208] 徐新良, 李嘉豪, 申志成, 等. "一带一路"沿线国家农田生态系统脆弱性及其对气候变化的响应 [J]. 地球信息科学学报, 2020 (4): 877-886.

[209] 徐艳晴, 刘鑫, 曹靓, 等. 耕地"非粮化"领域政府部门职责明晰化研究 [J]. 中国土地科学, 2022 (10): 13-20.

[210] 许红. 我国粮食生产的变化趋势及空间分异研究 [J]. 中国农业资源与区划, 2020 (9): 146-154.

[211] 薛联青, 王晶, 魏光辉. 基于PSR模型的塔里木河流域生态脆弱性评价 [J]. 河海大学学报(自然科学版), 2019 (1): 13-19.

[212] 薛平平, 张为付. 江苏粮食消费变化及其对我国粮食安全的贡献度分析 [J]. 农业现代化研究, 2019 (2): 206-214.

[213] 杨法暄, 郑乐, 钱会, 等. 基于DPSIR模型的城市水资源脆弱性评价——以西安市为例 [J]. 水资源与水工程学报, 2020 (1): 77-84.

[214] 杨飞, 马超, 方华军. 脆弱性研究进展: 从理论研究到综合实践 [J]. 生态学报, 2019 (2): 441-453.

[215] 杨建利, 雷永阔. 我国粮食安全评价指标体系的建构、测度及政策建议 [J]. 农村经济, 2014 (5): 23-27.

[216] 杨锦英, 韩晓娜, 方行明. 中国粮食生产效率实证研究 [J]. 经济学动态, 2013 (6): 47-53.

[217] 杨磊. 我国粮食安全风险分析及粮食安全评价指标体系研究 [J]. 农业现代化研究, 2014 (6): 696-702.

[218] 杨明,陈池波,钱鹏,等.双循环背景下中国粮食安全:新内涵、挑战与路径 [J].国际经济合作,2020 (6):103-114.

[219] 杨明德.论喀斯特环境的脆弱性 [J].云南地理环境研究,1990 (1):21-29.

[220] 杨明智,裴源生,李旭东.中国粮食自给率研究——粮食、谷物和口粮自给率分析 [J].自然资源学报,2019 (4):881-889.

[221] 杨勤业,张镱锂,李国栋.中国的环境脆弱形势和危急区域 [J].地理研究,1992 (4):1-10.

[222] 杨文杰,刘丹,巩前文.2001—2016年耕地非农化过程中农业生态服务价值损失估算及其省域差异 [J].经济地理,2019 (3):201-209.

[223] 杨鑫,穆月英.中国粮食生产与水资源的时空匹配格局 [J].华南农业大学学报(社会科学版),2019 (4):91-100.

[224] 杨志新.北京郊区农田生态系统正负效应价值的综合评价研究 [D].北京:中国农业大学,2006.

[225] 姚成胜,黄琳,吕晞.中国中部地区粮食安全水平及其对国家粮食安全的保障能力评价 [J].地域研究与开发,2015 (6):149-154.

[226] 姚成胜,李慧贤,杨一单.中国水稻生产与化肥施用的脱钩关系及其关联效应分析 [J].中国农业资源与区划,2022 (10):63-74.

[227] 姚成胜,滕毅,黄琳.中国粮食安全评价指标体系构建及实证分析 [J].农业工程学报,2015 (4):1-10.

[228] 姚成胜,殷伟,黄琳,等.中国粮食生产与消费能力脆弱性的时空格局及耦合协调性演变 [J].经济地理,2019 (12):147-156.

[229] 姚成胜,殷伟,李政通.中国粮食安全系统脆弱性评价及其驱动机制分析 [J].自然资源学报,2019 (8):1720-1734.

[230] 姚成胜,朱鹤健.区域主要食物资源安全评价及其安全对策:以福建省为例 [J].自然资源学报,2008 (5):832-840.

[231] 姚昆,余琳,刘光辉,等.基于SRP模型的四川省生态环境脆弱性评价 [J].物探化探计算技术,2017 (2):291-295.

[232] 叶延琼,章家恩,秦钟,等.佛山市农田生态系统的生态损益

[J]. 生态学报, 2012 (14): 4593-4604.

[233] 易小兰, 颜琰. 劳动力价格对粮食生产的影响及区域差异 [J]. 华南农业大学学报（社会科学版）, 2019 (6): 70-83.

[234] 殷培红, 方修琦. 中国粮食安全脆弱区的识别及空间分异特征 [J]. 地理学报, 2008 (10): 1064-1072.

[235] 殷伟. 我国粮食生产与消费能力脆弱性的时空格局及耦合协调性演变 [D]. 南昌: 南昌大学, 2020.

[236] 尹飞, 毛任钊, 傅伯杰, 等. 农田生态系统服务功能及其形成机制 [J]. 应用生态学报, 2006 (5): 929-934.

[237] 尹靖华, 顾国达. 我国粮食中长期供需趋势分析 [J]. 华南农业大学学报（社会科学版）, 2015 (2): 76-83.

[238] 雍红月, 李松林. 区域经济动态发展水平的全局主成分分析方法 [J]. 内蒙古大学学报（自然科学版）, 2005 (1): 21-25.

[239] 于法稳, 王广梁, 林珊. 粮食主产区农业绿色发展的关键问题及路径选择 [J]. 重庆社会科学, 2022 (7): 6-18.

[240] 于贵瑞, 张雪梅, 赵东升, 等. 区域资源环境承载力科学概念及其生态学基础的讨论 [J]. 应用生态学报, 2022 (3): 577-590.

[241] 余慧容, 刘黎明. 可持续粮食安全框架下的农业"走出去"路径 [J]. 经济学家, 2017 (5): 84-90.

[242] 元媛, 刘金铜, 靳占忠. 栾城县农田生态系统服务功能正负效应综合评价 [J]. 生态学杂志, 2011 (12): 2809-2814.

[243] 张碧桃, 周忠学. 秦巴山区土地利用变化对农业生态系统服务的影响——以汉中盆地为例 [J]. 陕西师范大学学报（自然科学版）, 2020 (1): 21-31.

[244] 张彪, 史芸婷, 李庆旭, 等. 北京湿地生态系统重要服务功能及其价值评估 [J]. 自然资源学报, 2017 (8): 1311-1324.

[245] 张琛, 周振. 人口结构转型视角下中长期中国粮食产需形势分析与政策建议 [J]. 宏观经济研究, 2022 (12): 126-139, 167.

[246] 张殿发, 卞建民. 中国北方农牧交错区土地荒漠化的环境脆弱

性机制分析［J］.干旱区地理,2000（2）:133-137.

［247］张海姣,张正河.中国粮食主产区粮食生产发展路径研究［J］.粮食科技与经济,2013（3）:5-7.

［248］张亨明,章皓月,朱庆生."双循环"新发展格局下我国粮食安全隐忧及其消解方略［J］.改革,2021（9）:134-144.

［249］张红梅.遥感与GIS技术在区域生态环境脆弱性检测与评价中的应用研究［D］.福州:福建师范大学,2005.

［250］张慧,林美卿.我国农业生态问题、原因及对策研究［J］.山东农业大学学报（社会科学版）,2019（2）:86-90,107.

［251］张慧.基于生态视角的中国粮食可持续安全研究［D］.长沙:湖南大学,2017.

［252］张建伟,蒲柯竹,图登克珠.中国农业经济高质量发展指标体系构建与测度［J］.统计与决策,2021（22）:89-92.

［253］张妮,周忠学.城市化进程区农业生态系统正负服务测算——以长安区为例［J］.干旱区地理,2018（2）:409-419.

［254］张宁,杨肖,陈彤.中国西部地区水—能源—粮食系统耦合协调度的时空特征［J］.中国环境科学,2022（9）:4444-4456.

［255］张攀.复合产业生态系统能值分析评价和优化研究［D］.大连:大连理工大学,2011.

［256］张鹏岩,耿文亮,杨丹,等.黄河下游地区土地利用和生态系统服务价值的时空演变［J］.农业工程学报,2020（11）:277-288.

［257］张平,朱翔,贺清云,等.长江经济带生态系统服务供需时空分异与平衡格局分析［J］.生态科学,2020（6）:155-166.

［258］张启,李明玉.基于VSD模型的区域生态脆弱性评价——以延边朝鲜族自治州为例［J］.延边大学农学学报,2018（4）:7-15.

［259］张卫峰,季玥秀,马骥,等.中国化肥消费需求影响因素及走势分析Ⅲ人口、经济、技术、政策［J］.资源科学,2008（2）:213-220.

［260］张行,陈海,史琴琴,等.陕西省景观生态脆弱性时空演变及其影响因素［J］.干旱区研究,2020（2）:496-505.

[261] 张兴榆，黄贤金，赵雲泰，等．近10年江苏省土地利用重心与经济重心迁移轨迹对比分析［J］．长江流域资源与环境，2011（1）：14－20．

[262] 张学玲，余文波，蔡海生，等．区域生态环境脆弱性评价方法研究综述［J］．生态学报，2018（16）：5970－5981．

[263] 张艳芳，李云．1995—2015年关中平原城市群生态系统服务价值（ESV）及其时空差异［J］．浙江大学学报（理学版），2020（5）：615－623，629．

[264] 张燕，高翔，赵泽慧，等．基于加权KL－TOPSIS评价中国大陆食物安全脆弱性的区域差异［J］．中国农业资源与区划，2020（4）：94－107．

[265] 张应良，徐亚东．新形势下我国粮食安全风险及其战略应对［J］．中州学刊，2023（3）：52－61．

[266] 张英男，龙花楼．农业生产转型及其环境效应的研究进展与展望［J］．自然资源学报，2022（7）：1691－1706．

[267] 张玉星，黄晓军，郑殿元．长江经济带高温热浪时空特征及脆弱性评价［J］．长江流域资源与环境，2023（2）：440－450．

[268] 张元红，刘长全，国鲁来．中国粮食安全状况评价与战略思考［J］．中国农村观察，2015（1）：2－14，29．

[269] 张媛媛，卢荣旺，唐波，等．贫困地区生态—经济系统脆弱性时空格局及障碍度研究——以粤北韶关市8县为例［J］．生态经济，2021（8）：213－220．

[270] 张哲晰，高鸣，穆月英．"双循环"格局下中国粮食安全路径与展望［J］．世界农业，2021（7）：4－10，118．

[271] 张志高，耿益新，蔡茂堂，等．1978－2017年河南省气候生产潜力时空演变及趋势分析［J］．水土保持研究，2020（6）：247－253．

[272] 章家恩，骆世明．农业生态安全及其生态管理对策探讨［J］．生态学杂志，2004（6）：59－62．

[273] 仉振宇．黄河流域城镇化质量时空演变及驱动力研究［D］．西

安：西安理工大学，2021．

[274] 赵会杰，于法稳．基于熵值法的粮食主产区农业绿色发展水平评价 [J]．改革，2019（11）：136－146．

[275] 赵惠敏．新时期粮食主产区利益补偿机制研究 [J]．社会科学战线，2021（12）：50－55．

[276] 赵丽平，侯德林，王雅鹏，等．城镇化对粮食生产环境技术效率影响研究 [J]．中国人口·资源与环境，2016（3）：153－162．

[277] 赵璐，赵作权．基于特征椭圆的中国经济空间分异研究 [J]．地理科学，2014（8）：979－986．

[278] 赵梦蝶．基于区域差异性多维框架下内蒙古生态补偿机制扶贫绩效评估 [D]．呼和浩特：内蒙古大学，2021．

[279] 赵伟静，王红瑞，杨亚锋，等．中国粮食主产区水资源承载力评价及动态演化分析 [J]．水电能源科学，2021（11）：56－60．

[280] 赵鑫，张宝林，苏晓菲，等．气候变化对粮食安全的影响 [J]．农产品加工（下半月），2018（22）：69－71，74．

[281] 郑克强，金恩焘，罗海平，等．我国粮食安全与生态安全空间包容性研究——以粮食主产区为例 [J]．山东社会科学，2019（2）：124－129．

[282] 钟钰，洪菲．构建粮食主产区发展补偿机制的思考 [J]．中州学刊，2019（6）：30－36．

[283] 周江燕，白永秀．中国城乡发展一体化水平的时序变化与地区差异分析 [J]．中国工业经济，2014（2）：5－17．

[284] 周劲松．山地生态系统的脆弱性与荒漠化 [J]．自然资源学报，1997（1）：10－16．

[285] 周璐红，曹瑞超，王盼婷．基于土地资源承载力的农业生产适宜性评价——以陕西省为例 [J]．生态经济，2022（9）：125－130．

[286] 周松秀，田亚平，刘兰芳．南方丘陵区农业生态环境脆弱性的驱动力分析——以衡阳盆地为例 [J]．地理科学进展，2011（7）：938－944．

[287] 周小平，冯宇晴，罗维，等．两种生态系统服务价值评估方法比较研究——以四川省金堂县三星镇土地整治工程为例 [J]．生态学报，

2020 (5): 1799-1809.

[288] 朱满乐. 基于 GIS 的上杭县生态脆弱性时空演变研究 [D]. 长沙: 中南林业科技大学, 2021.

[289] 朱勤勤. 基于生态足迹的我国粮食主产区粮食安全可持续性研究 [D]. 南昌: 南昌大学, 2019.

[290] 朱泽. 中国粮食安全状况的实证研究 [J]. 调研世界, 1997 (3): 22-27.

[291] 朱震达. 中国的脆弱生态带与土地荒漠化 [J]. 中国沙漠, 1991 (4): 15-26.

[292] 祝宏辉, 张颖. 新疆农田生态系统服务价值变化及影响因素分析 [J]. 石河子大学学报（自然科学版）, 2020 (3): 340-346.

[293] ADGER W N. Vulnerability [J]. Global environmental change, 2006 (3): 268-281.

[294] KENDALL A, SPANG E S. The role of industrial ecology in food and agriculture's adaptation to climate change [J]. Journal of Industrial Ecology, 2020 (2): 313-317.

[295] Brown L R. Who will feed China? Wake-up call for a small planet. [J]. London England Earthscan Publications, 1995.

[296] POLSKY C, NEFF R, YARNAL B. Building comparable global change vulnerability assessments: The vulnerability scoping diagram [J]. Global Environmental Change, 2007 (3): 472-485.

[297] NGKC, OOI A P, WONG W, et al. The geomorphology and ecosystem service economic value baselines of tributary watersheds in Malaysia [J]. Environment, Development and Sustainability, 2021 (10): 1-22.

[298] Chambers R. Editorial introduction: Vulnerability, coping and policy [J]. IDS Bulletin, 1989 (2): 1-7.

[299] LIU C, HE Q, LI Y. Spatiotemporal evaluation of Socio-Ecological-Economic system vulnerability: A County-Level analysis of chongqing, China [J]. Sustainability. 2020 (9): 3912.

[300] COATES J. Build it back better: Deconstructing food security for improved measurement and action [J]. Global Food Security, 2013 (3): 188 – 194.

[301] Colin Polsky, Rob Neff, Brent Yarnal. Building comparable global change vulnerability assessments: The vulnerability scoping diagram [J]. Global environmental change, 2007 (3 – 4): 472 – 485.

[302] CUTTER S L, BORUFF B J, SHIRLEY W L. Social vulnerability to environmental hazards [J]. Social Science Quarterly, 2003 (2): 242 – 261.

[303] DUPOUY E, GURINOVIC M. Sustainable food systems for healthy diets in Europe and Central Asia: Introduction to the special issue [J]. Food Policy, 2020 (prepublish): 101952.

[304] FRISON E, CLÉMENT C. The potential of diversified agroecological systems to deliver healthy outcomes: Making the link between agriculture, food systems & health [J]. Food Policy, 2020 (prepublish): 101851.

[305] FAO. The State of Food Insecurity In the World [R]. FAO, 2001.

[306] Agriculture Ovganization of the United States. The state of food insecurity in the world 2013: The multiple dimensions of food security [M]. Fao, 2013.

[307] QIN G W, NIU Z D, YU J D, et al. Soil heavy metal pollution and food safety in China: Effects, sources and removing technology [J]. Chemosphere, 2021, 267: 129205.

[308] BURTON I. The environment as hazard [M]. Guilford press, 1993.

[309] IPCC. Climate Change 2001: Impacts, Adaptation, and Vulnerability [R]. Cambridge: Cambridge University Press, 2012.

[310] KALANTARI Z, FERREIRA C S S, KEESSTRA S, et al. Nature-based solutions for flood-drought risk mitigation in vulnerable urbanizing parts of East – Africa [J]. Current Opinion in Environmental Science & Health, 2018, 5: 73 – 78.

[311] WANG L, LI C, YING Q, et al. China's urban expansion from

1990 to 2010 determined with satellite remote sensing [J]. Chinese Science Bulletin, 2012, 57: 2802-2812.

[312] AUGUSTYNCZIK A L D, YOUSEFPOUR R. Assessing the synergistic value of ecosystem services in European beech forests [J]. Ecosystem Services, 2021, 49: 101264.

[313] BROWN L R. Building a sustainable society [M]. New York: W. W. Norton & Co., 1981.

[314] LIU G J, WANG J L, LI S H, et al. Dynamic evaluation of ecological vulnerability in a lake watershed based on RS and GIS technology [J]. Polish Journal of Environmental Studies, 2019 (3): 1785-1798.

[315] SHI L Y, ZHANG M, ZHANG Y J, et al. Comprehensive analysis of nitrogen deposition in urban ecosystem: A case study of Xiamen city, China [J]. Sustainability, 2018 (12): 4673.

[316] MAXWELL D. Programmers in chronically vulnerable areas: Challenges and lessons learned [J]. Disasters, 1999 (4): 373-384.

[317] MAXWELL S, FRANKENBERGER T. Household Food Secirity: Conceptis, Indicators, Measurements, A Technical Review. UNICEF, New York and IFAD, Rome, 1992.

[318] NAVASA J M, TELFERB T C, ROSSB L G. Separability indexes and accuracy of neuron-fuzzy classification in geographic information systems systems for assessment of coastal environmental vulnerability [J]. Ecological Informatics, 2012 (11): 43-49.

[319] JOY N M, PAUL S K. Analysis of the economic value and status of the ecosystem services provided by the Ashtamudi Wetland Region, a Ramsar Site in Kerala [J]. Journal of the Indian Society of Remote Sensing, 2021 (49): 897-912.

[320] PAL S, DEBANSHI S. Methane emissions only negligibly reduce the ecosystem service value of wetlands and rice paddies in the mature Ganges Delta [J]. Environmental Science and Pollution Research, 2022 (19): 27894-27908.

[321] PEROSA F, FANGER S, ZINGRAFF HAMED A, et al. A meta-analysis of the value of ecosystem services of floodplains for the Danube River Basin [J]. Science of the Total Environment, 2021, 777: 146062.

[322] KOPITTKE P M, MENZIES N W, WANG P, et al. Soil and the intensification of agriculture for global food security [J]. Environment International, 2019, 132: 105078.

[323] MERCADER – MOYANO P, MORAT O, SERRANO – JIMÉNEZ A. Urban and social vulnerability assessment in the built environment: An interdisciplinary index-methodology towards feasible planning and policy-making under a crisis context [J]. Sustainable Cities and Society, 2021, 73: 103082.

[324] POLSKY C, NEFF R, YARNAL B, Building comparable global change vulnerability assessments: The vulnerability scoping diagram [J]. Global Environmental Change, 2007 (3): 472 – 485.

[325] Rahib H A, Kaan U, Umit I, et al. Assessment of food security risk level using type 2 fuzzy system. Procedia Computer Science, 2016, 102: 547 – 554.

[326] RAI R, ZHANG Y L, PAUDEL B, et al. Satellite image-based monitoring of urban land use change and assessing the driving factors in Pokhara and Bharatpur metropolitan Cities, Gandaki Basin, Nepal [J]. Journal of Resources and Ecology, 2020 (1): 87 – 99.

[327] COSTANZA R, D'ARGE, D E GROOT R, et al. The value of the world's ecosystem services and natural capital [J]. Nature: International weekly journal of science, 1997 (6630): 253 – 260.

[328] DOUGHTY R, XIAO X M, WU X C, et al. Responses of gross primary production of grasslands and croplands under drought, pluvial, and irrigation conditions during 2010 – 2016, Oklahoma, USA [J]. Agricultural Water Management, 2018, 204: 47 – 59.

[329] SMIT B, WANDEL J. Adaptation, adaptive capacity and vulnerability [J]. Global Environmental Change, 2006 (3): 282 – 292.

[330] SPERANZA C I, WIESMANN U, RIST S. An indicator framework for assessing livelihood resilience in the context of social-ecologicaldynamics [J]. Global Environmental Chang, 2014 (1): 109-119.

[331] The Economist Group. Global Food Security Index. [2019-07-01].

[332] HERTEL T W, BALDOS U L C. Attaining food and environmental security in an era of globalization. Global Environmental Change, 2016, 41: 195-205.

[333] Timmerman P. Vulnerability, resilience and the collapse of society [M]. ronto Canada: Institute for Environmental Studies University of Toronto, 1981.

[334] MASIPA T. The impact of climate change on food security in South Africa: Current realities and challenges ahead [J]. Jàmbá: Journal of Disaster Risk Studies, 2017 (1): 1-7.

[335] TURNER B L, MATSON P A, MCCARTHY J J, et al. Illustrating the coupled human-environment system for vulnerability analysis: three case studies [J]. Proceedings of the National Academy of Sciences, 2003 (14): 8080-8085.

[336] UNISDR. Living with risk: A global review of disaster reduction initiatives [R]. United Nations, 2004.

[337] VRABCOVÁ P, HÁJEK M. The economic value of the ecosystem services of beekeeping in the Czech Republic [J]. Sustainability, 2020 (23): 10179.

[338] WILLIAMS L R R, KAPUSTKA L A. Ecosystem vulnerability: A complex interface with technical components [J]. Environmental Toxicology and Chemistry, 2000 (4): 1055-1058.

后　记

本书是作者立足我国粮食主产区开展粮食和生态"双安全"研究的第二部专著,是作者及团队十余年从"双安全"视角研究粮食主产区的又一成果集成,是国家社会科学基金项目(项目批准号:21BJL079)的最终成果,是南昌大学理论经济学博士点建设项目成果。

十年来,我经历了从"经济特区"研究向一个完全不相干研究领域——"粮食安全"研究转型的艰难决策,经历了连续六年申报国家社科基金都落榜的"尴尬"和"无助"。一切的改变是源于一个偶然的选择,选择"粮食主产区"作为研究的主体对象;源于一个笃信,我深切地认为"生态安全是粮食主产区实现我国粮食安全长久保障的根本前提";更是源于研究中"粮食主产区""粮食安全""生态安全"三位一体的结合。正是源于这样的"选择"、这样的"笃信"、这样的"结合",事情开始朝着"顺"的方向走了。

十年来,从2014年发表第一篇CSSCI源刊的"粮食安全"研究学术论文算起,聚焦"粮食安全"相关研究我们团队已发表学术论文近四十篇、专著两部,相关成果获省领导批示以及中央一级内刊《经济要参》刊发和特别推荐。

十年来,从2017年第一次以"粮食主产区""粮食安全""生态安全"三位一体的主题申报国家社科基金并立项开始,相继又在2021年、2024年不间断获得国家社科基金立项支持。目前已主持完成三项国家社科基金项目(含一项重点),参与申请国家社科基金重大、重点项目各一项。

十年来,围绕"粮食安全"研究,已培养硕士研究生宋焱、朱勤勤、余兆鹏、周静逸、邹楠、艾主河、万明辉、潘柳欣、何志文、李卓雅、王

后 记

佳铖、桂俊练、黄彦平等"粮食安全"研究的"小专家"。在截至2024年已毕业的十三名硕士研究生中五位考上博士研究生，三位考上公务员（含一位省选调生），其他都在金融机构工作。五位学生在校期间获得国家奖学金，而剩下的同学则几乎均获得了省级奖学金。十年来，我见证了他们每一个人在南昌大学刻苦钻研、不断进步的三年。同时，他们每个人的三年汇聚成了我的十年。尽管他们中大多数人并没有直接参与本书的撰写，但我依然希望能以这样的方式记住他们的名字，记住他们的优秀，记住陪我走过的十年光阴！

十年是一个并不算短的时间段，人的一生并没有几个十年。为此，以"十年"为时间节点去总结、反思和感悟匆匆的岁月是必要的。在此，我要特别感谢这十年、二十年来支持和关爱我的师者和引路人。感恩我的硕士生导师叶祥松教授，感谢二十年来对我的悉心栽培和特别关爱，感谢为我开启了学术的大门，感谢为本书作序。感谢我的博士生导师深圳大学钟坚教授，感谢深圳大学原党委副书记陶一桃教授，感谢你们在我攻读博士学位期间的无私教诲和莫大鼓励，以及延续至今的长久关心和关爱。感恩南昌大学中国中部经济社会发展研究中心原常务副主任傅春教授把我引进了"家一般温暖"的"中部中心"。感谢南昌大学原党委书记周绍森教授，"老人家"与我同住一个小区，我经常"没大没小"地与"这么大的领导"畅谈，"老爷子"身上干事的精气神和为人的气度让我感动，视"中部中心"为自己孩子的那份真情，让人动容。我要特别感谢南昌大学中国中部经济社会发展研究中心原主任、江西财经大学党委书记刘耀彬教授以及南昌大学中国中部经济社会发展研究中心原常务副主任彭继增教授，感谢你们近十年来对我学术上的极大帮助，多少次迷茫时的点拨、多少次带我做课题、多少次帮我论证课题申报书、多少次面对面交流专报的撰写、多少次给予我"继续加油"的鼓励，这一切的一切都使我永生难忘！

同时，本书作为国家社科基金项目的最终成果，在课题研究中万明辉、潘柳欣、李卓雅、王佳铖、桂俊练、郑杰、张恒等同学以各种形式参与了课题部分研究和文稿撰写工作，同时何志文、桂俊练、黄彦平、帅文涛、李秀丽、许扬帆、裴佳琪、姚琴、常怡春、古薇等同学参与了部分文字校对工作，在此一并表示感谢。感谢课题组王娜（排名第二）、刘欢（排名第三）等同志的辛勤付出和大力支持。

  感谢经济科学出版社宋涛等同志在本书的校对、编辑、编审、出版、发行等各个环节中的卓越工作和付出！感谢南昌大学社科处、南昌大学经济管理学院、南昌大学中国中部经济社会发展研究中心、南昌大学革命老区中国式现代化研究中心对本书的出版支持。

  最后，希望本书的出版是我"粮食安全"研究未来十年一个新的"开始"而不是"结束"。同时，鉴于本人学术水平和能力有限，书中"挂一漏万"的地方一定不少，我真诚地希望广大读者和专家提出宝贵意见，希望更多的读者和专家关注粮食主产区、加入研究"国家粮食安全"的队伍中。

2025 年 5 月 1 日